Karl-Heinz Göttert

# Mythos Redemacht

## Eine andere Geschichte der Rhetorik

S. FISCHER

MIX
Papier aus verantwortungsvollen Quellen
FSC® C083411
www.fsc.org

Erschienen bei S. FISCHER
2. Auflage März 2015

Satz: Pinkuin Satz und Datentechnik, Berlin
Druck und Bindung: CPI books GmbH, Leck

ISBN 978-3-10-026531-9

# Inhalt

# Prolog

## Von der Redevergessenheit der Rhetorik

Dieses Buch wäre wohl nicht ohne Barack Obama entstanden. Wie viele politisch Interessierte habe ich seinerzeit den amerikanischen Wahlkampf des Jahres 2008 verfolgt, zuerst die Auseinandersetzung im eigenen demokratischen Lager mit Hillary Clinton, dann mit dem Republikaner John McCain. Zwischendurch war Obama im Juli nach Berlin gekommen und sprach vor der Siegessäule. Ich hatte nicht erwartet, in modernen oder gar postmodernen Zeiten mit einer Gestalt konfrontiert zu werden, die so sehr an die klassischen Redner erinnert. Entgegen den trübsinnigen Reflexionen über das Ende der Redekunst in der veränderten Medienwirklichkeit der Gegenwart meldete sich die Tradition zurück. Es gab sie also noch, die große Rede mit sprachlicher Kunst und perfekter Präsentation – ich weiß, in massenmedial inszenierter Form, und die Teleprompter waren anfangs ebenfalls kaum zu entdecken. Im charismatischen Auftreten eines bislang unbekannten Senators kehrten jedenfalls nach dem Augenschein Gestalten wie Cicero, Bernhard von Clairvaux, der ältere Pitt oder auch Luther, Bismarck, Lassalle wieder.

Denn dies war die eigentliche Entdeckung an Obama für mich als langjährigen Kenner der Rhetorik: Es gab nicht nur die Rhetorik, die die Redekunst beschreibt und die dann die Rhetoriker aller Zeiten mit ihren Alternativen beschäftigt hat. Es gab den Redner, der die Rhetorik in seinen Reden umsetzte. Außenstehende werden sich verwundert die Augen reiben. Aber man muss wissen: Wir verwenden das Wort Rhetorik in einer unhandlichen Doppeldeutigkeit, bezeichnen damit sowohl die Beschreibung der Redekunst wie die Redekunst selbst. Die Wissenschaft beschäftigt sich mit beidem, aber mit erheblicher Schlagseite. Wir besitzen mittlerweile eine perfekte Aufarbeitung der rhetorischen Fachliteratur von der Antike bis heute. Das im Tübinger Zentrum der Rhetorikforschung von Gert Ueding herausgegebene *Historische Wörterbuch der Rhetorik* (1992–2012) bietet all dies in zehn Folianten. Die ca. 1300 Artikel informieren über jede erdenkliche Variante rhetorischer Lehre, ordnen sie in den Kontext der politischen, sozialen, philosophischen Traditionen ein, und dies über die verschiedenen Kulturen mit ihren verschiedenen Sprachen hinweg (einschließlich fernöstlicher Kulturen). Wir wissen also über den theoretischen Aspekt der Rhetorik bestens Bescheid, nicht aber über den praktischen. Wir kennen die Rhetoriker und ihre Rhetoriken (einschließlich des Rednerideals, das Franz-Hubert Robling behandelt hat), viel weniger aber die Redner und ihre Reden selbst. Die Wissenschaft von der Rhetorik, so könnte man es etwas zugespitzt sagen, hat ihren zweiten Aspekt, ohne den es den ersten gar nicht geben könnte, weitgehend vergessen.

Dafür gibt es Gründe, auch verständliche. Außenstehende wissen in der Regel ebenfalls nicht, dass die rhetorische Theorie von großer Bedeutung für unsere Kultur im Ganzen war. Was in dieser Theorie über die Voraussetzungen künstlerischer Produktion und Produktivität beschrieben wurde, hatte Auswirkungen auf die Literatur, Musik, Architektur und Malerei bis zum 18. Jahrhundert. Erst danach kamen die Genies, die mit den vermeintlich unvermeidlichen Regeln nichts mehr anfangen konnten. Folglich spielte die Rhetorik keine Rolle mehr. Und folglich war deren Wiederentdeckung von größter Bedeutung für die historische Betrachtung. Nur hatte die Wiederentdeckung eben auch diese Misslichkeit. Weil es Philologen wie Robert Curtius oder Walter Jens waren, die an der Spitze standen, galt das Interesse der Rhetorik*theorie*, nicht denen, für die diese Theorie einmal ausgearbeitet worden war. Untersuchungen, die sich mit Rednern und ihren Reden über größere Zeiträume hinweg beschäftigen, sind demgegenüber in Deutschland bzw. in deutscher Sprache selten. *Die Kunst der politischen Rede in England* von Hildegard Gauger bildet eine frühe Ausnahme. Die Antike behandelt neuerdings Wilfried Strohs *Die Macht der Rede*. Weiter gibt es Monographien wie besonders im Falle von Hitler (herausgegeben von Josef Kopperschmidt) oder knapp kommentierte Anthologien wie etwa Karl Heinrich Peters *Reden, die die Welt bewegten* (mit Ausgriff auf Reden aus aller Welt) oder Gert Uedings (speziellere) *Deutsche Reden von Luther bis zur Gegenwart*.

Aber es gibt auch in diesen ebenso kenntnis- wie hilfreichen Werken ein Manko. Es liegt in dem kaum wirklich begründeten, ich würde sogar sagen: kaum wirklich durchschauten Narrativ von der »Macht der Rede« (das Strohs Werk nicht zufällig als Titel führt). Wie nicht anders zu erwarten, stammt es aus der Rhetorik. Als Aristoteles gut hundert Jahre nach Perikles wissen wollte, wie Überredung unter Alltagsbedingungen zustande kommt, äußerte er einige wenig zusammenhängende Thesen, die wohl damals gängige Meinung waren. Wir glauben am meisten, »wo wir annehmen, dass etwas bewiesen sei«, liest man und dann weiter, dass »die Menschen von Natur aus für die Wahrheit hinlänglich begabt seien«, wie es ja merkwürdig wäre, »wenn wir mit unserer Körperkraft so viel erreichen, mit der Sprache aber nicht«. Dahinter steckt nun einmal nichts als bloßer Optimismus. Aber es kommt auch handfester: Zum Glaubhaftmachen trügen Schlussverfahren mehr bei als Beispiele, weil Schlussverfahren mehr »erregten«. Dabei verwässert Aristoteles dies wieder mit der Bemerkung, angesichts »der äußerst ungebildeten Art der Zuhörer« sei es am besten, sich an das zu halten, worüber sich diese »freuten«, zum Beispiel über bekannte Sentenzen, die »zufällig« zu einem »speziellen Fall« passten – bei einer Rede über missratene Kinder etwa die Sentenz über die Torheit, Kinder zu zeugen. Überhaupt überredeten Ungebildete das Volk besser als Gebildete, »weil die Gebildeten über Allgemeines und Allgemeingültiges sprechen, die Ungebildeten über das Naheliegende«. Aber das letzte Wort lautet doch klar: Mit Kunst komme man weiter, weil eine kunstvolle Rede Würde verleihe und Würde Vertrauen. Man solle solche Fähigkeiten nur nicht zu deutlich sehen lassen, weil sie dann Verdacht auslösten.

Aristoteles geht also von einer Macht der Rede aus, die auf Kunst beruht, auf Wissen um die Wirkung von Kunst. Cicero, der sich klar auf Aristoteles stützte (wer tat dies nicht?), sah allein schon in der Sprachfähigkeit des Menschen das Mittel der Vereinigung und in rhetorischer Kunst die Möglichkeit direkter Menschenführung – als Überwältigung des Hörers durch den überlegenen Redner, der den richtigen Weg weiß. Am Ende steht das Wort von Quintilian, dass nur ein moralisch Untadeliger wirklich reden könne, weil die Natur als Mutter und nicht Stiefmutter an uns gehandelt haben würde, »wenn sie wirklich die Redegabe als Helfershelferin bei Verbrechen, als Gegnerin der Unschuld und Feindin der Wahrheit erfunden (hätte)«. Dagegen ist immerfort, aber auch verdächtig leise protestiert worden, ohne dass der entscheidende Punkt und damit die eigentliche Mythenbildung in diesem Mythos bemerkt worden wäre: die Engführung von Redekunst und Natur. Nein, die Redekunst, die zur Macht führt, ist nicht »natürlich« und vor allem nicht von sich aus »moralisch«. Diese Redekunst, von der die besten Rhetoriken der Antike sprechen, ist ein (sehr eindrucksvolles) kulturelles Narrativ, eine durch und durch kulturell organisierte Form von Rede. Nur wer glaubt, Reden nach diesem Narrativ seien von vornherein und umstandslos auf Macht abonniert, muss irritiert sein, wenn er sieht, dass Reden tatsächlich keine Macht ausüben. Und statt über die Abnahme dieser Macht zu reflektieren – ohnehin irgendwie paradox bei der Grundannahme von einer der Rede schlicht innewohnenden Macht –, scheint es naheliegender, Krisen der Redekunst mit Problemen dieses Narrativs in Zusammenhang zu bringen.

All dies aber bekommt man sehr viel besser zu Gesicht, wenn man statt von den Rhetoriken von den Rednern ausgeht.

Denn damit wird schlagartig ein weiteres Manko der allein oder vornehmlich rhetorikorientierten Betrachtung von Redekunst deutlich: die überaus einseitige, ja geradezu betriebsblinde Beurteilung einer Rede- und Rednergeschichte, in der es letztlich nach den demokratischen Griechen und republikanischen Römern überhaupt keine großen Reden und Redner mehr gegeben haben soll. Jedenfalls vor allem im politisch zerrissenen Deutschland nicht, wogegen die Engländer und Franzosen mit ihren Parlamenten noch eine gewisse Ausnahme bildeten. Walter Jens' wirkmächtiger Aufsatz *Von deutscher Rede* bindet große Redekunst an genau das, was Rhetoriker wie Cicero als Voraussetzung zugrunde legten: die politisch »freie« Rede (»Herrscht das Volk, regiert die Rede; herrscht Despotismus, dann regiert der Trommelwirbel«) – woran gemessen die Deutschen »zwischen Konstanz und Kiel« rednerisch kaum wirklich Vorzeigbares zustande gebracht haben (konnten). Abgesehen davon, dass Demokratie weder in der Antike noch in der Moderne politische und/oder moralische rednerische Qualität verbürgte und in Monarchien höchst beachtlich geredet wurde (wovon in diesem Buch noch ausführlich Zeugnis abgelegt wird): Dass in den Archiven der Klöster noch heute zigtausende unentdeckte Predigten liegen, dass es kein einziges Jahr der Weltgeschichte gibt, in dem nicht Gerichte tagten, wird bei solchen Aussagen mehr oder weniger übersehen oder als irrelevant beiseitegeschoben. Alle diese Beispiele entsprechen eben nicht oder zu wenig der Vorstellung von »menschenwürdiger« Rede, die nur bei »republikanischer Freiheit« zustande komme. Aber das Urteil entbehrt jeder empirischen, will sagen: redegeschichtlichen Grundlage, es stammt geradewegs aus den Rhetoriken, die ihre eigenen Produkte desavouierten.

Womit schließlich ein drittes und vielleicht das größte Manko anzusprechen wäre, das mit dem Narrativ der Redemacht verbunden ist. Wer nämlich dieses Narrativ für etwas universell Gültiges hält, verschließt sich von vornherein den Blick für seine Bedingtheiten. Man kann aber fragen, ob es für die Vorstellung von der Redemacht nicht eine Erklärung historischer Art gibt, eine Erklärung, die die aristotelisch-ciceronianisch-quintilianische Selbstverständlichkeit in eine zeittypische Konstruktion überführt. Ich formuliere noch einmal den wichtigsten Punkt: Der Redner will sein Gegenüber *beeindrucken*, ihn regelrecht *unterwerfen*, indem er *kunstvoll* redet. Er übt Macht aus, natürlich nicht brachiale, aber intellektuelle, und findet Beifall für diese Macht. Das Modell läuft damit hinaus auf einen überlegenen Redner und einen sich der Überlegenheit unterwerfenden Hörer. Dieses Modell aber entspricht unverkennbar dem traditionellen Geschlechterverhältnis, ist ihm womöglich schlicht nachgebildet (vielleicht sogar am genauesten in der antiken Knabenliebe mit ihrem »pädagogischen« Grundzug). Der von den Rhetoriken anvisierte Redner ist danach jedenfalls »männlich« und rechnet mit einem Publikum »weiblicher« Art. Bei der Analyse von Hitler-Reden hat man auf den eigenartigen Kopulationscharakter hingewiesen, auf die »spitzen Schreie«, die dem Gebrüll des Diktators folgten. Man hat einfach nicht bemerkt, dass Hitler die Tradition nur etwas zu wörtlich nahm.

Kein Wunder, dass diese Form der Redekunst in dem Augenblick in Schwierigkeiten geriet, als sich das Geschlechterverhältnis neu formierte. Spezifisch »männliche« Elemente wie eine hochgestochene Argumentation verschwinden oder werden um »weibliche« Elemente ergänzt, wie sie von erzählerischen Einlagen ausgehen, die statt auf Bewunderung des Redners auf Empathie mit der vorgetragenen Sache ausgehen. Während diese Zeilen entstehen, höre ich von EU-Parlamentspräsident Martin Schulz, dass er seine Reden, in denen er sich um das Amt des Präsidenten der EU-Kommission bewirbt, mit dem Erzählen von »Stories« anreichert (»Dazu kann ich Ihnen eine Story erzählen …«). In der Knesset in Jerusalem handelte diese Story von einem palästinensischen Jungen, der ihn danach gefragt hatte, weshalb Israelis pro Tag über 70 Liter Wasser verfügten, Palästinenser nur über 17. Auch wenn sich hinterher herausstellte, dass die Zahlen stark übertrieben waren: Der andersartige Mechanismus von Überzeugungsarbeit durch Geschichten statt durch logische Schlussfolgerungen wird durchaus deutlich. Übrigens passt dies zu den Beobachtungen heutiger Neurowissenschaftler, die in ihren listigen Experimenten herausgefunden haben, dass Hörer vor zu direkt oder gar aggressiv vorgetragenen Argumenten zurückschrecken. Die argumentativ und/oder sprachkünstlerisch hochaufgerüstete Macht der Rede kann so gesehen geradezu kontraproduktiv sein, jedenfalls stellt sie sich als alles andere heraus denn eine Art Naturkonstante. Man muss sich eher darüber wundern, wie lange sich das Konzept in der europäischen Kultur behaupten konnte.

Letztlich hätte man schon lange gewarnt sein können. Überzeitlich Gültiges gibt es nicht allzu oft. Dafür viel Eurozentrismus, der von sich auf andere schließt, ohne die anderen auch nur der Erwähnung wert zu finden. Sollte das nicht auch für die Redekunst gelten, für die Rede vor großem Publikum, wie wir sie in der Politik, in den Gerichten, in den Kirchen kennen? So dass die Könner einer Tradition angehören, die in oder vielleicht sogar für Europa bzw. in der Folge für die europäische Kultur insgesamt erfunden und sehr lange weitergereicht wurde? Und das im Gegensatz zu anderen Traditionen, die wir nur nie wirklich kennengelernt, weil wir ihnen ohnehin nicht allzu viel zugetraut haben? Eine anstrengende Überlegung, die rasch verpuffen könnte, wenn man bedenkt, zu welchem Vergleich sie zwingt. Zum Vergleich etwa mit arabischen oder asiatischen Kulturen und all den anderen, die es auf dieser Erde gab und gibt. In diesem Buch wird aus Gründen beschränkter Kompetenz ein vorsichtigerer Weg eingeschlagen. Kein großangelegter Vergleich, aber auch kein allzu naiver Eurozentrismus. Ich suche nach einer Beschreibung der europäischen (immer mitgedacht: der von Europa beeinflussten wie etwa der amerikanischen) Redekunst als einer klar datierbaren Erfindung, die zum ebenso klar verfolgbaren Erfolgsmodell wurde und zuletzt noch Obama hervorgebracht hat. Aber ich bin vorsichtig, rechne mit Variationen, die letztlich mit dem nicht wirklich bewussten oder bewusst gewordenen Narrativ von der Macht der Rede zusammenhängen.

Die Redekunst europäischer Tradition – nur so viel sollte zunächst deutlich werden – ist nicht alternativlos, weil universalistisch, oder gar universalistisch und deshalb alternativlos. Diese Redekunst ist nur eine perfekt ausgebaute Redekunst mit einer großen Erfolgsgeschichte. Es geht nicht darum, diese Redekunst als einen Irrweg zu entlarven. Aber es scheint angebracht, sie einmal gewissermaßen von außen zu betrachten, jedenfalls von einem Standpunkt, der sie in ihrer Konstruktion zu verstehen sucht – und damit als Mythos ebenso enttarnt wie ernst nimmt. Denn dann zeigen sich neue Entwicklungen innerhalb dieser Kunst als Folgen von Einsichten, die an der Konstruktion eben doch gewisse Zweifel haben oder seine Möglichkeiten ausweiten wollen. Der alte, fast möchte man sagen: ewige Streit um etwas mehr oder etwas weniger Rhetorik in der Rede, in der Antike vorgeführt als Streit um Attizismus oder Asianismus, hat womöglich etwas zu tun mit dem Protest gegen ein zu aggressiv ausgelegtes oder auch ausgelebtes Überredungskonzept. Und die seit der Medienrevolution, speziell dem Fernsehen einsetzenden Veränderungen in Richtung einer mehr am Alltag, an der Konversation orientierten Rhetorik könnten sich als Kurskorrekturen an einem zu »männlich« gewordenen Ideal erweisen. Übrigens zeigt sich beim Hinweis auf den Parallelfall der Konversation, dass es auch in Europa immer schon eine »weibliche« Redekunst gab: Die Konversation wurde so gut wie nie als rhetorikfähig eingeschätzt, sondern als Sonderfall gesehen, in dem Kooperationsforderungen, ja Harmonieregeln galten, die jeder Form von Machtausübung misstrauen.

Es spricht also etwas dafür, die europäische Redekunst einmal im Ganzen zu betrachten: als Ringen mit ihrem von der Rhetorik zugeordneten, wenn nicht verordneten Narrativ. Ich stütze mich dabei stets auf die Redner und ihre Reden. Mir ist durchaus klar, dass diese Redner in der Regel in die Schule der Rhetorik gegangen sind und das Narrativ von der Macht der Rede von dort mitgenommen bzw. die wesentlichen Lehren verinnerlicht haben. Sie fanden zum Beispiel Hinweise auf eine nötige Sensibilität bei der Anwendung von Kunst, sofern der Redner in der Einleitung seiner Rede Wohlwollen erregen möge (ehe dann das eigentliche Unterwerfen beginnen kann). Aber die Umsetzung solcher Lehren zeigt eine Bandbreite, die die Lehrwerke niemals erreichten. Vor allem kann der entscheidende Punkt beim Blick auf die zeitgenössischen Rhetoriken nicht verstanden werden: nämlich die Art, wieweit sich die Redner das jeweils aktuelle Konzept der Kunst wirklich zu eigen gemacht haben. Es ist eine Sache, immer wieder eine Kunst des Redens auszubuchstabieren, die sehr alte Vorgaben auf den neuen Stand der Wissenschaft bringt. Und eine andere, mit den gelernten Vorgaben umzugehen, sie auf die Möglichkeiten der eigenen Persönlichkeit und der sozialen Bedingungen optimal abzustimmen. Die Überraschung liegt dann nicht unbedingt darin, dass Redner aktuelle Konzepte perfekt umsetzten, sondern darin, dass sie diese Konzepte kreativ handhabten. Dazu gehört die Beobachtung, dass selbst in Zeiten des theoretisch geäußerten Verdachts gegen Kunst die Kunst immer wieder dasjenige Element war, das in der europäischen Kultur offenbar unverzichtbar schien, wenn man Reden hielt.

Wer ins Inhaltsverzeichnis dieses Buches blickt, wird nach dem Voranstehenden vielleicht weniger irritiert sein, wenn er feststellt, dass ich die Redner nicht kontinuierlich aufführe, sondern in Pärchen. Der Kenner weiß, dass ich damit einer Idee folge, die Plutarch in seinen *Parallelen Lebensbeschreibungen* angewendet hat, wo er Alexander den Großen mit Caesar verglich oder Cicero auf Demosthenes folgen ließ. Plutarch (gestorben 125 n. Chr.) ging es darum, die Gleichwertigkeit oder Gleichrangigkeit der griechischen und römischen Kultur und damit letztlich die für ihn zusammengehörige antike Kultur als einzig denkbare zu demonstrieren. Mir kommt es darauf an, die europäische Redekunst über die verschiedenen Zeiten und Nationen hinweg in ihrer Besonderheit, ja in ihrer durch und durch historischen Sonderbarkeit herauszuarbeiten. Ich gebe zu, dass das eine oder andere Pärchen (wie bei Plutarch auch) etwas zusammengezwungen wirkt. Aber abgesehen vom auflockernden Effekt vermeidet diese Darstellung eine Konsequenz der Chronologie, die ich schlicht ausschließen möchte: die Suggestion von »Entwicklung«, das Erzählen einer »Geschichte« der Redekunst, die jedenfalls mit den von mir benutzten Quellen nur auf Willkür hinauslaufen kann. Ich interessiere mich nicht für eine irgendwie motivierte Abfolge der Redner und ihrer Reden, sondern für ihre immer neue Umsetzung der fixen Idee von Macht und Unterwerfung mit den Mitteln von Kunst. Statt zu kontinuierlicher Entwicklung hat dies im Übrigen eher zu überraschenden Wiederholungen oder eigenwilligen Schleifen geführt.

Die Betrachtung ist – zusammengefasst und zugespitzt – durch und durch historisch, sofern jede Rede (nach Maßgabe des hier zur Verfügung stehenden Platzes) möglichst sorgfältig in ihren Kontext eingebettet wird. Aber sie ist noch mehr systematisch, sofern das Interesse dem speziellen Punkt ihrer im Tiefen gelegenen Einheit über die Zeiten hinweg gilt. Plutarch interessierte sich ebenfalls nicht für Chronologie, sondern zeigte, wie vernarrt die Römer in die griechische Kultur waren. Ich möchte zeigen, wie vernarrt die europäische Redekunst in die Kunst war und sich nicht vorzustellen vermochte, dass Überredung auch anders zustande kommen kann als nach dem Konzept von Überwältigen und Sichunterwerfen. Was Aristoteles als Erster aus der zeitgenössischen Praxis herausgelesen hat, sollte sich zum immer weniger befragten Mythos verfestigen. Wir haben in der jüngsten Vergangenheit auf vielen Gebieten lernen müssen, dass selbstverständliche Gewohnheiten oder Praktiken kulturell geprägt sind. Selbst dem Gedächtnis sind soziale Voraussetzungen nachgewiesen worden, die in verschiedenen Kulturen variieren. Es darf eigentlich nicht verwundern, dass dies auf unsere Art zu reden ebenfalls zutrifft. Wir »bewohnen« (Jan Assmann) in den verschiedenen Kulturen nicht nur unsere Erinnerungen auf je spezifische Weise, wir »bewohnen« auch durchaus unterschiedliche Häuser des Redens. Wie das europäische Haus aussieht, was ihm an Umbauten nicht erspart blieb und worin möglicherweise seine Zukunft liegt, soll im Folgenden näher in den Blick gefasst werden.

Noch stärker zusammengefasst und zugespitzt: Es geht nicht darum, die Geschichte der Rhetorik »umzuschreiben«, sondern es geht um den Versuch, eine »andere«, weniger bekannte, vielleicht auch aufgrund der Materialfülle schwerer zugängliche Seite dieser Geschichte herauszuarbeiten: nämlich der rednerischen, nicht der theoretischen Rhetorik, der europäischen, nicht einer idealen oder idealisierten Rhetorik, schließlich um den für diese europäische Rhetorik so zentralen Aspekt der Macht, den man besser versteht, wenn man ihn nicht als naturgegeben hinnimmt, sondern als gemacht oder gar als Mythos. Die Anordnung des Stoffes in Pärchen statt in großen Linien mag die äußere oder äußerliche Form der Andersheit darstellen. Vielleicht können Leserinnen und Leser damit jedoch am leichtesten für den inneren oder tieferen Aspekt der Betrachtung gewonnen werden.

## Ein griechischer »Sonderweg«?

Nach einem hübschen sprachlichen Bild, das Augustinus zugeschrieben wird (ich habe die genaue Stelle leider nie gefunden), geht der Anfang in allem Fortschritt mit. Es ist klar, was dies für das hier vorliegende Unterfangen bedeutet: Falls es eine europäische Redekunst mit eigener Kontur gegeben hat, ist der Anfang von größter Bedeutung. Dazu existiert eine vielzitierte These wiederum schon aus der Antike. Sie stammt von Cicero und steht in dessen Geschichte der Redner, dem *Brutus*. Dort liest man, die Redekunst sei als letzte aller Künste (also nach Dichtkunst, Musik, Tanz usf.) in Griechenland erfunden worden, und zwar im Zusammenhang mit der Entstehung der Demokratie in Zeiten des Friedens. Cicero nennt auch einen ersten Namen – es ist Perikles:

> Diese Epoche also war es, die als erste in Athen einen nahezu vollkommenen Redner hervorgebracht hat. Denn nicht bei den Gründern eines Staates, nicht bei Kriegführenden, nicht bei Unterdrückten, die von tyrannischer Willkürherrschaft gefesselt sind, pflegt die Lust am Reden zu erwachen: des Friedens Gefährtin ist die Redekunst, Begleiterin der Ruhe, Zögling eines schon wohl geordneten Staatswesens.

Ich unterbreche kurz, um die wichtigsten Fakten in Erinnerung zu rufen. Perikles lebte von ca. 490 bis 429. Seine politische Tätigkeit fällt zusammen mit dem Ausbau der Demokratie in Athen, die wesentlich sein Werk war. 514 und 510 hatte der Adel die Söhne des letzten großen Tyrannen Peisistratos ermordet bzw. vertrieben und eine Adelsherrschaft (Oligarchie) eingerichtet. Dann radikalisierte sich das System. Immer mehr Rechte gingen an die (Voll)bürger, die in gewählten Gremien Gericht hielten und die Politik bestimmten. Der Adel verlor immer weiter an Einfluss, bis im entscheidenden Jahr 462/1 nur noch ein einziges Vorrecht übrig blieb: die Blutsgerichtsbarkeit im Areopag.

Damit hatte ein einzigartiger Prozess seinen Höhepunkt erreicht, den der Historiker Christian Meier in seinem Buch *Athen. Ein Neubeginn der Weltgeschichte* (1993) als »Sonderweg« bezeichnete: Eine kleine Stadt, die immerhin 490 bei Marathon und 480/479 bei Salamis und Platää die Perser besiegt hatte, organisierte sich selbst. Während ringsum Monarchien mit Einzelnen an der Spitze das Weltgeschehen prägten, entstand in Griechenland die erste Demokratie in einer (bloßen) Stadt. Ihre Ressourcen vergrößerte sie durch einen politischen Bund mit den in der Ägäis und am kleinasiatischen Ufer gelegenen Griechenstädten, und zwar unter dem (wie sich bald zeigte: vorgeschobenen) Motto des Schutzes gegen die Perser. Wenige Jahrzehnte gelang dies im Frieden mit dem Hauptkonkurrenten, nämlich Sparta. Dann wurde die Macht Athens so groß, dass selbst Perikles die Kräfte nicht mehr mit friedlichen Mitteln ausbalancieren konnte. 431 begann der Peloponnesische Krieg mit Sparta, bei dem sich Athen hinter seine Langen Mauern (rings um die Stadt mit Zugang zum Hafen) zurückzog und von See aus sein Überleben sicherte. 404 endete die Entwicklung in der Katastrophe, die die Demokratie in Athen hinwegfegte. Perikles war zu dieser Zeit längst tot. Er hatte den Kriegsausbruch nur wenige Jahre überlebt.

Was sagt Cicero? Dass die Kunst der Rede etwas mit Frieden zu tun habe, wofür die Demokratie die besten Voraussetzungen biete. Als Cicero dies schrieb, fand gerade das nächste große Experiment mit einem nichtmonarchischen Staat sein Ende: das republikanische Rom. Cicero setzt diesen Untergang in eins mit dem Untergang der Rede, der freien Rede, bei der »die Autorität und das Wort eines verantwortungsbewussten Bürgers den Händen wütender Mitbürger die Waffen noch entwinden konnte«. Die Macht der Rede ist danach nicht nur an die Potenz eines Redners, sondern auch an ein Publikum gebunden, das die Freiheit des Redens zulässt. *Dies* sei zum ersten Mal in Griechenland verwirklicht worden, in Athen. Aber nicht nur dort. Cicero fährt nämlich fort:

> So sagt auch Aristoteles, es sei erst nach Vertreibung der Tyrannen in Sizilien gewesen, als nach langer Pause Privatansprüche wieder vor den Gerichten eingeklagt wurden: da hätten bei der scharfsinnigen, aber auch streitlustigen Anlage jenes Volkes zwei Sizilianer, Korax und Teisias, erstmals Regeln und Vorschriften verfasst. Zuvor sei nämlich noch

niemand gewohnt gewesen, systematisch und kunstgerecht Reden zu halten.

Es gab also einen weiteren demokratischen Start in Griechenland, nach den Anfängen in Athen, aber vor der Radikalisierung von 462/1. Denn im sizilianischen Syrakus, einer von Korinth gegründeten Kolonie, hatte es drei Brüder gegeben, die als Tyrannen herrschten und beseitigt wurden, der letzte Bruder, Thrasybulos, im Jahre 466. Weil die Tyrannen viel Besitz an sich gerissen hatten, ging es nun um die Einklagung alter Ansprüche in ordentlichen Verfahren. Für Cicero liegt eine gewisse Pointe darin, dass dabei nicht nur geredet wurde, sondern kunstgerecht. Und dass weiterhin erste Lehrer auftraten, die dieses kunstgerechte Reden systematisierten. Um 466 gab es also nicht nur bereits Redner und Publikum, sondern auch eine systematisierte Redekunst in Form von (schriftlich fixierter) Rhetorik. Der zweite Fall, Syrakus, unterscheidet sich dabei vom ersten, von Athen, in einem wichtigen Punkt. Diesmal ist nicht von Politik die Rede, sondern vom Rechtswesen bzw. von Gerichten.

Was bedeutet das für die Erfindung der Redekunst? Stammt die Beredsamkeit nun aus der Politik oder aus dem Rechtswesen? Wer diesen Unterschied für weniger bedeutsam hält, weil in beiden Fällen wenigstens Friede zu den Voraussetzungen gehören, muss irritiert sein, wenn er von weiteren »Helden« der Beredsamkeit hört, die Cicero heranzieht. So heißt es, dass schon Homer etwas davon verstanden habe. Aber es folgt auch die Bemerkung, die Redekunst stamme nicht aus Griechenland, sondern aus Athen. Also doch nicht Homer in fernen Zeiten und unklarer Region, sondern diese konkrete Umgebung des demokratischen Stadtstaats. Ein ganzes Gemeinwesen stützt sich auf Reden, und es stützt sich dabei auf die Form von Rationalität, die sich bei Homer allenfalls andeutet: auf die Anerkennung von etwas Verbindlichem, das über bloßer Macht steht. Warum braucht man in Monarchien keine Reden? Weil ohnehin von oben und über alle Köpfe hinweg entschieden wird. Es wäre falsch zu glauben (und wird in diesem Buch ausführlich widerlegt), große Reden gebe es nur in Demokratien. Aber tatsächlich bilden Demokratien eine sehr günstige Voraussetzung für Reden, weil die politischen Entscheidungen ohne äußere Macht zustande kommen. Sie kommen eben durchs Reden zustande. Wie hat man sich dies näher vorzustellen?

Hören wir dazu etwas ausführlicher den Historiker Christian Meier mit seiner These vom Aufstieg Athens als »Sonderweg«. Inmitten monarchisch organisierter Staaten habe Athen den Nachweis erbracht, dass sich politische Macht auch anders organisieren lässt: eben verteilt auf im Prinzip alle – in diesem Fall scheiden universalistische Thesen von vornherein aus. Damit habe Athen allerdings eine Option eröffnet, die nicht mehr verlorenging, sondern im Gegenteil Europa prägen sollte. Athen machte eben den Anfang. Athen *beschritt* den Sonderweg. Wie konnte es dazu kommen? Einige der historischen Fakten kennen wir schon. Die Athener bauten seit Ende des 6. Jahrhunderts ihr politisches System Schritt für Schritt in Richtung Beteiligung der Bürger um. Es gab nur noch die Volksversammlung sowie die Gerichtsgremien – und Redner, die mit diesen Instrumentarien umgehen konnten. Derjenige, dem dies am besten gelang, wurde berühmt: Perikles. Einer, der ihn selbst erlebt hatte, war Thukydides, Verfasser der *Geschichte des Peloponnesischen Krieges.* Von ihm stammt auch das Urteil über die athenische Demokratie im Allgemeinen und Perikles im Besonderen. Sein berühmtes Fazit: Athen war »der Form nach eine Demokratie, in Wirklichkeit die Herrschaft des ersten Mannes«. Christian Meier hat das Urteil des Thukydides bestätigt. Und er hat Hinweise gegeben, worauf diese einzigartige Stellung beruhte. Sie beruhte tatsächlich auf einer überragenden Beredsamkeit. Wir wissen auch, wie dies genauer aussah. Perikles stand durchaus im Wettbewerb mit Konkurrenten, verdrängte sie aber und behauptete eine Ausnahmestellung. Sein einzig verbliebener Gegner war Kimon.

Der hat es versucht, sich gegen die Macht von Perikles' Beredsamkeit zu behaupten. Er ließ seine Anhänger in geschlossenen Blocks auftreten, um wirkungsvoller Beifall bzw. Missfallen auszudrücken. Aber gerade Kimon bezeugt die Redekunst von Perikles auf unvergleichliche Weise. Wenn er Perikles im Zweikampf niederringe, so Kimon, werde Perikles dies bestreiten, bis alle ihm glaubten.

Auf Perikles' Beredsamkeit ist noch zurückzukommen. Zuvor aber im Zeitraffer mit der Hilfe von Meier die Fortsetzung der Geschichte Athens unter rednerischem Gesichtspunkt. Nach Perikles' Tod gab es ein weiteres Duo, das die Geschicke der Stadt bestimmte: Nikias und Kleon. Nikias entstammte wie Perikles dem alten Adel, pflegte dessen Ideale, speziell eine betont ehrbare Lebensführung. Kleon gehörte dem neuen Typ des Geldadels an, war mit einer Gerberei reich geworden und benahm sich betont rüpelhaft. Und er biederte sich dem Volk an, nutzte dessen Schwächen aus, zum Beispiel den Blutdurst. Als sich im Krieg die Stadt Mytilene ergab, beratschlagte man in Athen über die Bestrafung. Kleon schlug gegen Nikias die Ermordung aller Männer sowie die Versklavung der Frauen und Kinder vor. Die Versammlung schwelgte in Rache, stimmte zu. Ein Schiff sollte den Beschluss übermitteln. Am nächsten Tag kam man zur Besinnung, hob das Urteil auf und schickte ein neues, das im letzten Moment das Schlimmste verhinderte. Kommentar von Thukydides: Das Volk fiel auf alles herein, beklatschte Pointen, bevor sie gefallen waren, wurde »Zuschauer der Worte«, unfähig, die Wirklichkeit wahrzunehmen. Als es später in brenzliger Situation wieder einmal um Krieg oder Frieden ging, setzte sich Kleon gegen Nikias mit Krieg durch und stellte (diesmal erfolgreich) den Antrag, eine eroberte Stadt zu zerstören und die Bürgerschaft hinzurichten. Erst als Kleon im Kampf fiel, kam es zum Frieden. Es ist der sogenannte Nikiasfrieden von 421, der für eine Zäsur im Peloponnesischen Krieg führte und Athen noch einmal die Vorherrschaft sicherte.

Aber die Geschichte ging weiter, und sie führte diesmal in die Katastrophe. Denn es gab ein letztes Duo mit einem noch gefährlicheren, weil noch klügeren Beteiligten: Nikias hatte es nun mit Alkibiades zu tun, einem Adligen vornehmster Abstammung mit ungezügeltem Machtstreben. Wieder einmal ging es um Krieg oder Frieden, zur Abstimmung stand das Ausgreifen nach Sizilien, nach Syrakus. Nikias war dagegen, aber Alkibiades wollte sich profilieren. Und er tat es mit dem Plädoyer für Krieg. Schon in der Auseinandersetzung mit der Insel Melos hatte Alkibiades nach dem Bericht des Thukydides seine Vorstellungen von Politik umschrieben: rücksichtslose Ausdehnung und Behauptung von Macht. In zynischster Weise wurden die Argumente der Melier zurückgewiesen, ihnen die Devise entgegengehalten, dass es Recht allenfalls bei gleichen Kräften geben könne, bei ungleichen nur pure Unterwerfung, auch und gerade mit der Folge von Hass (Machiavelli lässt grüßen). Alkibiades hatte damit bei der Volksversammlung Erfolg. Und er hatte es auch in der Frage der Expedition nach Sizilien, die erst scheiterte, als man ihn abgesetzt hatte. So nahm das Schicksal Athens endgültig seinen Lauf. Ohne rechte Führung ging der Peloponnesische Krieg verloren. 411 folgte ein Staatsstreich mit Auflösung der Demokratie und Herrschaft des Adels. Dann kam es unter Alkibiades, inzwischen rehabilitiert, zur Wiederherstellung der Demokratie. Aber das Chaos war komplett. Siegreiche Feldherren wurden wegen unterlassener Bergung eigener Leute zum Tode verurteilt. Die letzten Schlachten gingen verloren, Athen kapitulierte 404. Es folgte das Schreckensregiment der sogenannten 30 Tyrannen, ehe zuletzt erneut die Demokratie wiederhergestellt wurde.

Warum all diese historischen Fakten? Weil sich zeigt, dass es mit dem Zusammenhang von Demokratie und Redekunst komplizierter ist, als jedenfalls Cicero es andeutete (und Walter Jens wieder aufgriff). Die Demokratie kam nicht ohne Redekunst aus, aber sie lief auch aufgrund der Bindung an die Redekunst gründlich aus dem Ruder. Die Macht der Rede mochte in einzelnen Fällen groß sein, in anderen versagte sie oder zeigte gar ihre Kehrseite im Sieg der Unvernunft. Der griechische »Sonderweg« in die Demokratie war wohl wirklich weltgeschichtlich von unschätzbarer Bedeutung. Und mit diesem »Sonderweg« hängt auch der Aufstieg der Redekunst in einer ganz bestimmten Form zusammen. Nur garantierte die Demokratie keine Redekunst, in der Redner ihre Macht zum Besten der Allgemeinheit nutzten. Fast das Gegenteil ist der Fall. Die athenische Demokratie wurde ruiniert – durch Redner. Man kann allenfalls sagen, dass die Demokratie eine Redekunst hervorbrachte, die doppelgesichtig war, zum Guten ebenso ausschlagen konnte wie zum Schlechten. Das erste Experiment mit der Verlagerung von Macht ins Reden ging jedenfalls zwiespältig aus. Nicht nur monarchische Macht, die Macht des Befehls, kann Unheil anrichten, sondern auch rednerische Macht. Das ist das Ergebnis, wenn man auf die politische Entwicklung sieht.

Aber es gibt noch eine andere Erfahrung, die in Griechenland mit dem Reden gemacht wurde. Sie liegt in der Entdeckung der eigenartigen Form von Rationalität, die dem Reden zugrunde liegt bzw. auf die sich die Macht der Rede stützt. Auch in diesem Fall muss man sich wenigstens in groben Zügen die Entwicklung klarmachen.

## Rationalitätsvertrag

Diese Entwicklung beginnt vor den demokratischen Zeiten, sie lässt sich erstmals bei Homer fassen. Zwar spielen in der *Ilias* und in der *Odyssee*, datiert auf die zweite Hälfte des 8. Jahrhunderts v. Chr., noch die Götter eine entscheidende Rolle, sofern sie willkürlich in das menschliche Schicksal eingreifen und Fragen nach Recht und Moral an den Rand drängen. Aber Einzelne lehnen sich gegen Willkür und Schicksal auf und haben auch Erfolg – davon wird noch die Rede sein. Den entscheidenden Schritt aus dieser Welt tat dann die Tragödie, die seit Anfang des 5. Jahrhunderts beim Fest der Großen Dionysien Jahr für Jahr vor der gesamten Athener Bürgerschaft aufgeführt wurde. Schon in der ersten erhaltenen überhaupt, in den 472 aufgeführten *Persern* des Aischylos (übrigens eines Mitkämpfers bei Marathon und ausgerechnet mit dem jungen Perikles als Chorführer), geht es um Maßhalten als eine Tugend, deren Verletzung in den Untergang führt. Vor den versammelten Athenern, die gerade dem Untergang durch die Perser mit knapper Not entgangen waren, zeigt das Stück Mitleid mit dem unterlegenen Angreifer. Und nicht dass Xerxes nach Athen zog, sondern dass er beim Übergang über den Hellespont das Meer geißeln ließ, als es sich gegen einen Brückenbau wehrte, gilt als Untat. Xerxes ist an seiner Hybris gescheitert, an einer Untugend, die sich an der Vernunft versündigt, was sich bitter rächen muss.

Die Tragödien zeigen an solchen Beispielen jedenfalls das Gegenbild. Bestehen können Menschen nur bei Befolgung von Tugenden, deren wichtigste vier (die späteren Kardinaltugenden) schon Aischylos selbst vor ihrer endgültigen Systematisierung bei Platon aufzählt: Weisheit, Gerechtigkeit, Tapferkeit, Maß. Viele Tragödien buchstabieren diese Tugenden regelrecht aus. In der *Orestie* des Aischylos von 458 geht es etwa um die Gerechtigkeit. Dumpfer Mythos liegt zugrunde: Die Götter scheinen gnadenlos ein Geschlecht zu verfolgen. Agamemnon, der seine Tochter Iphigenie für guten Fahrtwind nach Troja opfern will (was nur die Götter verhindern), wird von seiner Frau ermordet, was wiederum der Sohn rächt, indem er die Mutter tötet. Dann kommt es zur Anklage vor dem Athener Blutgericht, dem Areopag (der gerade damals auf diese Funktion zurückgeschnitten worden war). Orest wird mit einer Stimme Mehrheit zum Tode verurteilt, irgendwie verständlich, er hat die Mutter umgebracht, gesteht es sogar. Aber irgendwie auch unverständlich, denn er tat es im Rahmen dieses furchtbaren Schicksals eines Hauses, an dem der Mord buchstäblich klebte.

Da tritt die Göttin Athene auf und gibt ihre Stimme ab: *gegen* die Verurteilung. Orest ist damit freigesprochen. Gerechtigkeit kann schwierig sein, auf jeden Fall etwas, was sich bloßer Willkür ebenso wie sturer Gesetzestreue entzieht. Und dieser Gerechtigkeit wurde nicht in einem Gewaltakt Genüge getan, sondern im freien Spiel der Kräfte, der Meinungen. Wie Homer kann auch die Tragödie diese Form von Rationalität (noch) nicht ohne Götter inszenieren. Aber die Rationalität ist da und durch nichts mehr wegzukomplimentieren. Nur ist sie immer gefährdet. Antigone geht in der gleichnamigen Tragödie des Sophokles (aufgeführt wahrscheinlich 442) in den Tod, weil sie sich gegen Kreon auflehnt, der den Bruder (wegen schlimmer Verfehlung) nicht beerdigen lassen will (was eine noch schlimmere Verfehlung wäre). In der *Medea* des Euripides von 431 beklagt der Chor das Schicksal der Medea, die mit ihren Kindern von Jason schmählich verlassen wurde. Glaube und Treue seien auf den Kopf gestellt, heißt es, als würden die Flüsse aufwärtsfließen. Und dann: »Der Eide Kraft schwand und die Göttin Scham / Weilt nicht mehr in dem griechischen Land. In den Himmel flog sie.« Man weiß also um die Tugenden, von denen hier wieder eine besonders grundlegende genannt wird. Und man weiß, dass ihre Rolle als Stütze der Zivilisation gefährdet ist.

Woher haben dies Aischylos, Sophokles, Euripides – die großen Tragödiendichter, die in der Zeit des Perikles und dann des Peloponnesischen Krieges die Athener in die Probleme der Rationalität einführten? Die Antwort ist seit langem klar, auch wenn man über Einzelheiten streitet: Es handelt sich um eine intellektuelle Strömung, an der viele beteiligt waren, die als sogenannte Sophisten, Weisheitslehrer, auftraten. Eine ungleiche, unübersichtliche Truppe. Ihre Wirkung verdankten sie einem Skandal: Sie lehnten die alten Göttergeschichten mit ihrer Unmoral ab. Ein besonders radikaler Reflex dieser Meinung findet sich in einer Tragödie des Euripides von 431. Dort heißt es: »Denn wer behauptet, etwas über die Götter zu wissen, weiß nur eins, nämlich wie man Leute mit Worten beschwatzt.« Anderswo, bei dem heute weniger bekannten Kritias, gibt es schon den Slogan von der Religion als Opium fürs Volk. Die Berufung auf die Götter diene als Mittel, damit sich die Menschen an Gesetze hielten, im Übrigen würden überall verschiedene Ordnungen gelten. Bei einigen Völkern verbrenne man die Leichen der Väter, bei anderen esse man sie. Scheinbar göttliche Gebote erwiesen sich demnach als bloß überkommen, was leicht hinausläuft auf eine Philosophie des Skeptizismus, die an jeder Vernunft zweifelt. Aber dies ist bei den Sophisten selten der Fall, im Gegenteil. Es gibt moralische Gebote, man muss und kann deren Prinzipien erkennen. Nur beim Herkommen gibt es Willkür. Es lässt sich vorstellen, zu welchen Spannungen dies führte.

Für uns von großer Bedeutung ist die Tatsache, dass einige Sophisten diese Überzeugungen mit der Redefähigkeit verknüpften. Wenn es keine Instanz außer der Vernunft gibt, rückt die Wahrheit in die Überzeugungskraft. Nur drohte hier der nächste Schock. Einige Sophisten taten nichts lieber, als den Beweis dafür anzutreten, dass mit entsprechender Kunst jedes Argument durchzusetzen ist, vor allem immer auch das Gegenteil. Als Gorgias aus Sizilien 427 nach Athen kam, brillierte er mit einer Rede zum Lob der Helena, die jeder mythosfeste Athener verabscheute, weil sie den Trojanischen Krieg ausgelöst hatte. Aber Gorgias deklinierte mögliche Gründe für Helenas Verhalten durch und siehe da: Sie wurde von Paris entführt, folgte nur einem Zwang, für den sie nicht zur Rechenschaft zu ziehen ist. Nicht ohne Begeisterung wurde Gorgias überall in Griechenland als Starredner engagiert, durfte bei den Olympischen Spielen auftreten und sogar im ansonsten kulturell weniger engagierten Sparta. Entsprechend gelangte er zu Reichtum, wie überhaupt Redner nun reich wurden. Hippias von Elis, ein Spezialist für einen Seitenzweig der Rhetorik, die Mnemotechnik (mit deren Hilfe er 50 Namen nach einmaligem Vorsprechen wiedergeben konnte), prahlte mit diesem Reichtum, was Platon dann ironisch als »Beweis« seiner »Weisheit« aufführt. Überhaupt hat sich Platon mit diesen Sophisten und Redelehrern auseinandergesetzt, zwei von ihnen, Gorgias und Protagoras, einen kompletten Dialog gewidmet – darüber später mehr.

Für uns am wichtigsten ist dabei Protagoras. Es sind zwei schwer interpretierbare und von Platon eher polemisch verzerrte Aussagen, die so schwer wiegen. Die eine spricht vom Menschen als Maß aller Dinge, was auf jeden Fall darauf hinausläuft, dass Normen nicht von oben kommen oder sonstwie Ewigkeitswert besitzen. Vielmehr werden sie im Für und Wider erstritten, zu jeder Behauptung existiert eine Gegenbehauptung. Folglich gibt es Gültigkeit nur im Streit oder auch Wettstreit der Meinungen. Hier wurzelt das, was man als das »Könnensbewusstsein« der Sophisten bezeichnet hat. Die andere Aussage wiegt noch schwerer und ist auch noch schwerer zu deuten: Sie spricht davon, dass sich der schwächere *logos* zum stärkeren mache lasse. Unter *logos* ist dabei eine vorgetragene »Meinung« oder ein »Argument« zu verstehen. Bei »schwächer« und »stärker« darf man nicht an »schlechter« und »besser« denken. Es geht also nicht darum, dass bei entsprechendem Können jede Dummheit erfolgreich vertreten werden kann. Was gemeint ist, sieht man eher am Beispiel des Perserkriegs mit einem stärkeren Feind (den Persern) und einem schwächeren Verteidiger (den Griechen). Schwächer bedeutet hier nämlich: auf den ersten Blick schwächer – wenn man nicht an Besonnenheit, Klugheit, Tapferkeit denkt. In der Rede kann der entsprechend »weise« Redner Irrtümer oder Falscheinschätzungen aufdecken. Ja, dazu ist die Rede eigentlich da. Sie ist das Dorado derjenigen, die sich nicht einschüchtern lassen, die im Tosen der Meinungen das »Richtige« finden. Oder anders ausgedrückt: Rationalität stellt sich nicht von selbst ein. Sie muss vertreten werden. Und vertreten wird sie durch Redner.

Dabei aber kommt nun etwas Entscheidendes ins Spiel, das besonders Aristoteles klar gesehen hat. Rationalität kann nicht allein für sich selbst betrachtet werden, sondern nur zusammen mit dem Publikum, für das sie entwickelt wird – jedenfalls in allen Fragen, die mit dem wahren Leben und seinen grundsätzlichen Unwägbarkeiten zu tun haben. In der Geometrie ist es anders, in der Geometrie überredet man nicht, sondern lehrt man, weil es klares Wissen gibt. In der Politik kann man davon nicht ausgehen, hier gibt es nur Wahrscheinlichkeiten. Und genau dafür gibt es nach Aristoteles eine Redekunst, ein methodisches Vorgehen auch auf Feldern, auf denen Methode etwas anderes bedeutet. Das muss man als Redner ebenso anerkennen wie als Publikum. Redner und Publikum schließen sozusagen einen Vertrag über die Anerkennung einer geminderten Form von Rationalität. Wonach die große Pointe folgt, nämlich mit der Ersetzung oder mindestens Stützung von Rationalität durch gewisse Hilfsmittel: durch die (Dreiheit von) Rednerpersönlichkeit, durch argumentatives Wissen und durch sprachliches Können. Weil auf gewissen Gebieten Rationalität nicht in ihrer wissenschaftlichen Idealform anwendbar ist, akzeptiert man die Macht der Redekunst. Persönlichkeit, Argumente und sprachliche Fähigkeiten ersetzen »objektive« Rationalität. Das ist der Vertrag: die Partnerschaft zwischen Redner und Publikum, das Einverständnis darüber, dass Meinungen mit Gründen vertreten werden und der Redner dabei zusätzliche, ja »unsachliche« Mittel einsetzen darf, diesen Gründen Gewicht zu verleihen.

Es ist schon eine durchaus eigenartige Idee, die Aristoteles als das Natürlichste von der Welt hinstellt. Es geht wirklich um »Überreden«, jemanden durch Reden zu etwas bewegen (als Sinn von lateinisch *persuadere*), um das Ausspielen von Macht beim Reden, die dann vom Publikum genossen werden kann. Der im humanistischen Gymnasium aufgerissene Abgrund zum angeblich allein wirklich rationalen »Überzeugen« ist ganz unhistorisch, knüpft an lateinisch *convincere* an, jemanden durch Zeugen zur Anerkennung einer Tatsache bringen. Nein, auch überreden ist rational, nur eben in dieser geminderten Form, die man anerkennen muss. Erst die Aufklärer entdeckten im *persuadere* die »Suada« und drehten darauf ihre polemischen Pirouetten. René Descartes spielt in den ersten Paragraphen der *Regeln zur Ausrichtung der Erkenntniskraft* aus dem Jahre 1628 mit dem Gegensatz von »erkennen« und »mutmaßen«, spricht beim Mutmaßen von einem »Aufputzen« von »Hirngespinsten mit Gründen« (Regel 2). Als Kant in seiner *Kritik der Urteilskraft* von 1790 (im berühmten § 53) die Rhetorik verurteilte, sprach er weder von »überreden« noch von »überzeugen«, sondern stellte der »Kunst, sich der Schwächen der Menschen zu seinen Absichten zu bedienen« das »ruhige Nachdenken« gegenüber. Wo dann doch einmal die Überredung ins Spiel kommt, fällt das Urteil vernichtend aus: »Hat [das Fürwahrhalten] nur in der besonderen Beschaffenheit des Subjekts seinen Grund, so wird es Überredung genannt.«

Aristoteles erhielt also seine Antwort, es hat lange genug gedauert. Nur haben sich die Redner wenig darum bekümmert. Sie interessierten sich ohnehin wohl nur in Ausnahmefällen für die Probleme der Rationalität, sondern folgten den Konsequenzen, die früh in Griechenland gezogen wurden. Und man muss sagen: Sie hielten sich erstaunlich genau an Aristoteles und seine Vorstellungen von dieser geminderten Form von Rationalität, mit der sich die realen Probleme in der Welt besser lösen ließen als mit einer Form von Wahrheit, die nur in der Geometrie durchzuhalten ist. Die Demokratie – so lässt sich zusammenfassen – war es nicht unbedingt und vor allem nicht allein, die am Anfang der Redekunst steht. Von mindestens gleicher Bedeutung war der beschriebene Rationalitätsvertrag, der letztlich in der Anerkennung von rednerischer Kunst als Ersatz besteht. Damit hat Europa seine Erfahrungen gemacht, gute und schlechte. Es war auf jeden Fall ein erfolgreiches Rezept, auch anpassungsfähig und von mancherlei Wandlungen geprägt. Man wüsste gerne, was genau zu seiner Auslösung und seinem so grandiosen Erfolg führte. Aristoteles hat es nicht gewusst, sondern sich mit dem Argument der Natürlichkeit herausgeredet. Dabei ist es dann bis heute mehr oder weniger geblieben.

## Priamos und Häuptling Seattle

Es ist Zeit für einen Test mit konkreten Rednern. Ich sprach von einem europäischen Redner, der im Zusammenhang mit der griechischen Demokratie eine Art Rationalitätsvertrag mit seinem Publikum einging. Es ist klar, was fehlt. Es müsste eine Alternative aufgezeigt werden: ein nichteuropäischer Redner mit nichteuropäischer Redekunst. Wo wären Unterschiede zu erwarten? Ganz sicher nicht im Sinne eines Mehr oder Weniger an Rationalität, wie man es einmal unter kolonialistischen Vorzeichen ungeniert angenommen hat. Es könnte aber sein, dass es andere Anforderungen an das gibt, was ich notdürftig zusammenfassend als Rationalitätsvertrag bezeichnet habe. In welcher Richtung man dabei suchen könnte, möchte ich versuchsweise an einer kleinen Parallele zeigen.

Ich ziehe zunächst den Autor heran, den Cicero immerhin als allerersten bzw. allerfrühesten nennt: Homer. Es geht um die *Ilias*, das Epos, das den Kampf um Troja schildert, vor der Fortsetzung durch die *Odyssee* mit der Irrfahrt des Odysseus nach dem Sieg der Griechen. Die beiden Werke können nach heutigem Kenntnisstand nicht demselben Autor zugeschrieben werden, gehören aber in eine gemeinsame Tradition mit viel Bearbeitung der Texte. Mit diesem Doppelschlag beginnt auf jeden Fall im 8. vorchristlichen Jahrhundert die europäische Epik. Und sie beginnt unfassbar perfekt, mit großartigen Figuren und einer souveränen Handlungsführung (vom Kampf um Troja werden insgesamt nur 50 Tage berichtet, den Schluss mit der brennenden Stadt und den fliehenden Bewohnern erzählt Odysseus in der *Odyssee*). Und darunter immer wieder Reden oder redenartige Auftritte – sie machen mehr als die Hälfte des gesamten Textes aus.

Eine dieser Reden findet sich schon fast am Ende der *Ilias*. Der griechische Held Achill hat nach langem Schmollen in den Kampf gegen die Trojaner eingegriffen, weil sein Freund (und Geliebter) Patroklos gefallen war. Rasend vor Wut gerät er an den trojanischen Helden Hektor, besiegt ihn, tötet ihn. Aber damit nicht genug, bindet er den Leichnam an sein Pferd und umrundet auf diese schaurige Weise jeden Morgen das Grab von Patroklos. Zeus selbst, der den Tod von Hektor wollte, weil er von Anfang an auf Seiten der Griechen stand, kann dies nicht mehr mit ansehen und lässt Achill durch dessen eigene Mutter, die Göttin Thetis, um die Herausgabe des Leichnams bitten. Achill aber bleibt hart. So kommt es zum großen Showdown. Hektors Vater Priamos selbst geht in die Höhle des Löwen, zum Mörder seines Sohnes, und bittet ihn um die Leiche. Das geht nicht ohne Götterhilfe, in diesem Fall mit einem Geleit durch Hermes, der Priamos an allen Wachen vorbei in Fantasy-Manier durch die Lüfte ans Ziel bringt. Dann steht Priamos vor dem überraschten Helden, der gerade sein Mahl beendet hat (wundervoll wiedergegeben auf zahlreichen Vasenbildern), und muss sein Anliegen vortragen.

Wer kleinlich ist, wird das Folgende für ein Gespräch halten, denn es folgen Rede und Gegenrede. Aber Priamos' Beitrag bietet Redekunst, verlässt sich auf sie. Priamos kommt nicht einfach mit einer Bitte oder gar einem Befehl. Damit hat Zeus es durch Thetis versucht, mit der ganzen Autorität des Obersten der Götter. Genau das hat nichts bewirkt. Priamos will jedoch etwas bewirken, er will die Leiche. Und so sagt er etwas, was auf dieses Gegenüber, auf dieses sehr kleine, aber sehr unangenehme Publikum namens Achill abgestimmt ist. Er sagt etwas, was Achills Meinung ändern, was Achill einsehen soll. Was ist dies? Nachdem er die Knie des Mörders umschlungen und seine Hände geküsst hat, heißt es:

> Deines Vaters gedenk, o göttergleicher Achilleus,
> Sein[er], der bejahrt ist wie ich, an der traurigen Schwelle des Alters!

Das hat Erfolg. Zwar bietet Priamos auch noch reichlich Lösegeld und jammert Achill vor, dass Hektor nur der letzte von insgesamt 50 Söhnen war, die er alle vor Troja verloren hat. Aber er endet mit diesem entscheidenden Argument, dem noch eine nicht unwichtige Nuance hinzugefügt wird:

> Scheue die Götter demnach, o Peleid, und erbarme dich meiner,
> Denkend des eigenen Vaters!

Die Erinnerung an den Vater soll ein Mitleid auslösen, das dem Willen der Götter entspricht. Im Griechischen steht hier ein entscheidender Begriff: *aidos*, übersetzt meist als »Scham«, als Anerkennung eines Gesetzes, das über menschlichen Einschätzungen steht und das man besser beachtet. Es gibt also (auch schon bei Homer) ein Gebot, das niemand gebietet, so dass sich auch ein Achill daran halten kann, ohne sein Gesicht zu verlieren.

*Das* funktioniert. Denn alsbald sitzen beide heulend nebeneinander, Priamos in Gram um seinen Sohn und Achill in Gram um den Vater, den er, der einzige Sohn, zehn Jahre nicht umsorgen konnte. Zwar wird es noch einmal gefährlich, als Achill zur Besinnung kommt und Priamos einen Vortrag darüber hält, dass er sich keineswegs als Einziger beklagen könne, auch nicht wegen dieser vielen verlorenen Söhne. Denn dahinter stünden nur die Götter, die gute und schlechte Lose verteilten, wobei ihm, Achill, auch nur der baldige Tod bestimmt sei. Nein, das Jammern rührt ihn überhaupt nicht, im Gegenteil, er droht, sich seine Milde noch einmal zu überlegen. Zeus' Aufforderung hat schon nicht geholfen, Lösegeld noch viel weniger – dafür ist Achill zu reich und zu wütend. Es ist nur dieses Mitleid mit dem Vater, in dem Achill den eigenen sieht und das Gesetz anerkennt, dass man Väter zu achten hat. Es ist demnach wirklich rational, dies zu tun. Aber es ist auch rational, es gerade diesem wütenden Achill zu sagen, der sich normalerweise nichts sagen lässt. Priamos hat nicht mit der »Wahrheit« sein Ziel erreicht, sondern indem er den richtigen Nerv traf. Der große Achill gibt sich auf der ganzen Linie geschlagen. Er rückt nicht nur die Leiche heraus, sondern lässt sie von Spezialistinnen auch noch herrichten und gesteht Priamos schließlich zehn Tage Trauerzeit zu, während der alle Kämpfe vor Troja ruhen sollen.

Die Rede hatte also Erfolg, weil es eine kluge Rede war, eine rednerisch kluge. Kein Frieden, keine Demokratie, aber dieses Element von Rationalität, das die andere Seite einbezieht, auf die diese Form der Rationalität wirken soll. Das Nachsehen bei Homer wurde also belohnt. Cicero hatte recht mit dem Bezug, obwohl er nicht ganz zu seinem eigenen Konzept von Frieden und Demokratie passt. Darüber hinaus gibt es einen ganz anderen Pferdefuß, der den Wert dieser Rede einschränkt. Die alles entscheidende Idee nämlich kam nicht von Priamos. Es gab vielmehr einen Tipp von Hermes: Die Idee mit dem Vater war die Idee eines Gottes. Wenn also Redekunst, dann war sie an dieser wundervollen, aber auch sehr frühen Stelle keine menschliche. Sie verdankt sich noch dem Mythos, der ohnehin die Szenerie beherrscht. Aber man kann natürlich auch sagen: Die Stelle wurde nicht von einem Gott gedichtet, sondern von Homer. Der legte nur die Idee zu diesem Paradefall rednerischer Kunst einem Gott in den Mund. Fast 3000 Jahre später gibt es eine ähnliche Szene in Moskau, wo Bundeskanzler Adenauer über diplomatische Beziehungen mit der Sowjetunion verhandelt und unbedingt die deutschen Kriegsgefangenen heimführen will. Da wendet sich Carlo Schmid an Nikita Chruschtschow und appelliert statt an die »Gerechtigkeit« an die »Großherzigkeit des russischen Volkes« und hat damit Erfolg. Helmut Schmidt beruft sich auf

Theodor Heuss in seiner Trauerrede auf Carlo Schmid, der die Szene so wiedergab: »Das sei das rechte Wort auf rechte Art gewesen, hat Chruschtschow entgegnet, nun könne man weitersprechen.«

So also halten Europäer Reden. Man kann nicht erwarten, dass dies eine erschöpfende Antwort ist. Das Beispiel enthält nur den Hinweis auf Rationales, auf den Redner als Publikums-Redner, als ein Redner, der seine Rede jedenfalls nicht in erster Linie an der Sache oder gar an der Wahrheit orientiert. Ganz von fern wird damit durchaus deutlich, worin Größe bei Rednern liegen könnte. Nicht im Erfolg, es hätte bei Achill auch schiefgehen können, wäre um ein Haar schiefgegangen. Aber im Anstreben von Erfolg mit bestimmten, und zwar auf keinen Fall auf bloßer Gewalt beruhenden Mitteln. Priamos hat das Überzeugende gefunden, sein Gegenüber (mit Hilfe eines Gottes) richtig eingeschätzt, seine Worte auf diese Einschätzung gebaut. Es hat gereicht. Die Dummheit mit dem Jammern hat Achill ihm nachgesehen. Im entscheidenden Moment aber bildeten Priamos und Achill eine gewisse Einheit des Verstehens. Ohne den Beitrag Achills hätte es kein Ergebnis gegeben. Priamos hat den Gedanken gefunden, Achill hat sich auf eine Formulierung eingelassen, die dieses Sicheinlassen ermöglichte. Europäische Reden beruhen auf einer Form von Rationalität, die statt auf Wahrheit auf dem Blick fürs Wirkungsvolle beruht. Noch kommt dieses Wirkungsvolle nur in einem Argument zur Geltung, noch ist es nicht das ganze Auftreten des Redners mit der aristotelischen Dreiheit von Autorität, logischen und sprachlichen Kunststücken. Aber es wird schon klar, dass es eines Zusammenspiels bedarf. Macht scheitert, wenn das Gegenüber mächtiger ist. Aber auch Rationalität scheitert, wenn das Gegenüber sich nicht auf sie einlässt, wenn sie nicht auf dieses Gegenüber abgestimmt ist. Redner verlassen sich auf Rationalität, aber nicht auf *ihre*. Der »gute« Redner weiß, was sein Gegenüber will.

Und nun die Gegenprobe mit einer garantiert nichteuropäischen Rede, wiederum nicht aus einer Blütezeit oder von einem besonders berühmten Redner. Im Jahre 1855 kam es in Washington zu einem denkwürdigen Auftritt. Der Präsident der Vereinigten Staaten, Franklin Pierce, hatte den indigenen Duwamish das Angebot gemacht, ihr Land zu kaufen und die Bevölkerung in einem Reservat unter Schutz zu stellen. Darauf wandte sich ihr Häuptling Seattle an den »großen Häuptling der Weißen« mit einer Rede, deren Übersetzung von dem amerikanischen Dichter William Arrowsmith in eine (von mir nicht beurteilbare) »authentische« Fassung gebracht wurde. Heute wird der Text an Schulen gelesen, wenn es gilt, sich Gedanken über Ökologie zu machen. Die Rede fungiert als bedeutendes und anrührendes Zeugnis eines Eintretens für die Bewahrung der Erde. Die folgende Interpretation will daran nicht das Geringste ändern, sondern nur eine zusätzliche Frage stellen: Worin unterscheidet sich Häuptling Seattle von europäischen Rednern?

Ich sehe die Antwort vor allem darin, dass diese Rede in geradezu provozierender Weise nicht auf Überredung angelegt ist. Sie hat durchaus eine klare Meinung, legt diese Meinung jedoch ohne Rücksicht auf das Gegenüber dar. Häuptling Seattle bedankt sich für das »freundschaftliche« Angebot, sichert zu, es sich zu überlegen, weiß aber, dass bei Nichtverkauf schlichte Gewalt droht. Seine Verhandlungspartner werden sich das Land mit ihren »Gewehren« nehmen. Dabei verweist er nicht auf das eklatante Unrecht, sondern auf sein Unverständnis des Ansinnens:

> Wie kann man den Himmel kaufen oder verkaufen – oder die Wärme der Erde? Diese Vorstellung ist uns fremd. Wenn wir die Frische der Luft und das Glitzern des Wassers nicht besitzen – wie könnt Ihr sie von uns kaufen? Wir werden unsere Entscheidung treffen.

Diese Passage ist einer europäischen Argumentation deshalb nicht unähnlich, weil Vergleiche eine Rolle spielen. Aber es ist eben nicht so, dass das vorgetragene Argument auf den Verständnishorizont seines Hörers zielt. Es gilt vielmehr absolut. Häuptling Seattle hat ein klares Ziel. Er will nicht verkaufen oder nur deshalb verkaufen, um Schlimmeres zu verhüten. Das aber sagt er nicht bzw. deutet es höchstens an. Er sagt, warum das Ansinnen seiner Meinung nach »unmöglich« ist. Er vermittelt seine Auffassung, ohne Rücksicht darauf, wie diese Auffassung wirkt. Man denke noch einmal an Priamos vor Achill. Priamos will die Leiche seines Sohnes. Er sagt aber nicht oder jedenfalls nicht nur, was er für vernünftig, sondern was er (auf den Rat eines Gottes) für zielführend hält. Die Rede von Häuptling Seattle und ihre Wirkung auf uns beruht geradezu darauf, dass er dieser anderen Logik folgt: sich nicht auf Vorstellungen einzulassen, die ihm abwegig erscheinen. Häuptling Seattle will Erfolg ohne Eingehen auf den, der diesen Erfolg gewähren kann.

Von daher gibt es nicht nur keinerlei Schmeichelei gegenüber dem ungleichen Partner, sondern im Gegenteil klare Kritik:

> Wir wissen, dass der weiße Mann unsere Art nicht versteht. Ein Teil des Landes ist ihm gleich jedem anderen, denn er ist ein Fremder, der kommt in der Nacht und nimmt von der Erde, was immer er braucht. Die Erde ist sein Bruder nicht, sondern Feind, und wenn er sie erobert hat, schreitet er weiter. Er lässt die Gräber seiner Väter zurück – und kümmert sich nicht. Er stiehlt die Erde von seinen Kindern – und kümmert sich nicht. Seiner Väter Gräber und seiner Kinder Geburtsrecht sind vergessen. Er behandelt seine Mutter, die Erde, und seinen Bruder, den Himmel, wie Dinge zum Kaufen und Plündern, zum Verkaufen wie Schafe oder glänzende Perlen. Sein Hunger wird die Erde verschlingen und nichts zurücklassen als eine Wüste.

Man kann angesichts dieser Ausführungen von einer Argumentation sprechen, die sich an logischer Stringenz kaum von einer europäischen unterscheidet. Die Beschreibung ist kraftvoll und unterstützt die Logik des Gesagten perfekt. Auch die Stilistik ist mit ihrer einprägsamen Bildlichkeit und den

Wiederholungen so entwickelt, wie wir es von europäischen Reden her kennen. Eine besonders gelungene Stelle sei noch mitgeteilt:

> Meine Worte sind wie die Sterne, sie gehen nicht unter. Jeder Teil dieser Erde ist meinem Volk heilig, jede glitzernde Tannennadel, jeder sandige Strand, jeder Nebel in den dunklen Wäldern, jede Lichtung, jedes summende Insekt ist heilig, in den Gedanken und Erfahrungen meines Volkes. Der Saft, der in den Bäumen steigt, trägt die Erinnerung des roten Mannes.

Aber man sieht: Die Wirkung ist anders berechnet. Sie ist nicht auf Überredung abgestellt, auch nicht in der Form einer Erregung von Mitleid (obwohl jedem heutigen Leser zum Heulen zumute sein dürfte). Sie ist überhaupt nicht an Erfolg orientiert, sondern eher an Würde. Es mag europäische Reden geben, für die man Ähnliches geltend machen kann. Aber dies ist nicht das, was wir an ihr als typisch erfassen. Umgekehrt dürfte Häuptling Seattle manchem europäischen Redner überlegen sein. Aber nicht in diesem wesentlichen Punkt einer Rede, die auf Wirkung berechnet ist und ein Ziel erreichen will.

Man könnte sich schließlich fragen, ob eine europäische Rede in diesem Fall erfolgreicher gewesen wäre, denn dem Häuptling war keinerlei Erfolg beschieden, das Volk der Duwamish hat nicht überlebt. Aber Erfolg ist immer das schlechteste Kriterium zur Beurteilung von Reden. Auch Demosthenes und Cicero hatten nicht immer Erfolg, gerade bei ihren wichtigsten Reden nicht. Redner mit deren Gaben dürften im Übrigen an diesem amerikanischen Präsidenten ebenfalls abgeprallt sein. Häuptling Seattle wirkt mit seiner Schlichtheit eher besser als die antiken Spezialisten. Eines aber sieht man deutlich: Der europäische Redner ist von Anfang an ein hohes Risiko eingegangen. Er hat darauf gesetzt, dass Rationalität als Kunst entwickelbar, ja bis zu einem gewissen Grade durch Kunst ersetzbar ist. Er hat sich von dieser Kunst Macht versprochen. Die Kalkulation ist weitgehend in Erfüllung gegangen, jedenfalls immer dann, wenn sich das Publikum auf den Pakt eingelassen hat. Der europäische Redner bietet so gesehen ein Experiment mit einer speziellen Form von bzw. des Umgangs mit Rationalität. An einer Figur wie Häuptling Seattle kann man immerhin erahnen, dass dieses Experiment nicht alternativlos war.

# Von Perikles bis Obama

# Perikles und Richard von Weizsäcker

## Perikles' Gefallenenrede

Perikles also soll nach Cicero der erste große und nun auch schon komplette Redner europäischer Tradition gewesen sein – nicht mehr abhängig vom Tipp eines Gottes wie Priamos. Leider kennen wir seine Reden nicht und schon gar nicht aus erster, aus der eigenen Hand. Noch hat kein Politiker seine Reden aufgeschrieben, noch gab es keine Stenographen. Wir sind angewiesen auf das Zeugnis des Thukydides, der sich nicht nur allgemein (positiv) über Perikles' Redekunst geäußert, sondern auch eine Rede in leider nicht kontrollierbarer Weise im Wortlaut wiedergegeben hat: die berühmte Gefallenenrede. Es spricht einiges dagegen, dass wir Perikles so lesen, wie er wirklich sprach. Thukydides hat zwar Authentizität zum Maßstab seiner Berichte gemacht und, wie er selbst betont, sich von Anfang an Notizen über die Ereignisse und wohl auch Reden angefertigt, die er in großer Zahl seiner *Geschichte des Peloponnesischen Krieges* einfügte. Aber diese Reden dienten der Charakterisierung der Redner, schufen gewissermaßen Idealbilder, bei denen der Wortlaut dann doch nicht die entscheidende Rolle spielte. Immerhin könnte Thukydides die Gefallenenrede selbst gehört haben. Die Seuche von 430 hat er so genau beschrieben, dass heutige Mediziner von Augenzeugenschaft ausgehen. Die Gefallenenrede lag damals nur ein halbes Jahr zurück. Trotzdem: Im Folgenden bedeutet »Perikles« immer nur der Perikles des Thukydides.

Immerhin wissen wir sehr genau über die Rahmenbedingungen Bescheid. Es geht um den ersten Winter im Peloponnesischen Krieg. Die Waffen ruhten, man ehrte die Toten. In Athen wurde dazu ein Redner bestellt, wie bei allem anderen auch durch Wahl. Diese Wahl fiel auf Perikles, ein klares Zeugnis der Anerkennung seiner Verdienste. Das Ereignis vollzog sich bei den Gräbern etwas außerhalb des Stadtgebietes, unter großer Anteilnahme. Thukydides erwähnt ausdrücklich eine eigens errichtete Rednerbühne, »um möglichst weithin von der Menge gehört zu werden«. Perikles sprach dabei vor denen, vor denen er auch sonst sprach. Und er wusste um die vorhandene Tradition, zitiert sie sogar. Man habe bei dieser Gelegenheit immer zuerst denjenigen gerühmt, der die Tradition begründete, beginnt er. Aber das wolle er anders handhaben. Das Argument ist höchst eigenartig: Es gehe um Männer, die etwas »getan« hätten. Ihnen sei dafür Ehre zu erweisen, und zwar am besten ebenfalls durch ein Tun – und nicht durch Reden. Denn dabei bestehe die Gefahr, dass ein »minder guter« Redner alles nur verderbe. Ein Hörer, der im Krieg mitgekämpft hatte, könnte zum Beispiel das Lob für unzureichend halten, einer, der nicht dabei war, für übertrieben. Es gehe also um das rechte Maß, um die große Schwierigkeit, dieses Maß zu treffen, weil eine Untugend jedes Wort zu missdeuten drohe: Neid. Er bemühe sich entsprechend um die unterschiedlichen Erwartungen, die zu erfüllen seien. Eigentlich, so muss man als damaliger wie heutiger Leser folgern, ist eine angemessene Rede in dieser Situation unmöglich. Aber Perikles sagt: Er wolle es trotzdem versuchen.

Eine kostbare Stelle, dieser Redebeginn. Perikles macht sich als allererstes Gedanken um sein Publikum, spricht über die Möglichkeit und Unmöglichkeit, vor ihm zu reden. Ein Mann, der maßgeblich das politische Schicksal seiner Stadt auf Reden gestellt hat, räumt ein, dass Reden schnell scheitern können, weil die Zuhörer zu Unterschiedliches wünschen bzw. erwarten. Rhetorisch ist dieser Einsatz dabei eher einfach: Es geht um eine Captatio benevolentiae, um die Erregung von Wohlwollen, wie es die Lehrbücher später für den Redebeginn in zahlreichen Varianten ausarbeiteten. Man solle dem Zuhörer zeigen, wie demütig man ihm gegenüber auftrete. Das öffne sein Herz. Mag sein, dass Perikles gewissermaßen im Vorgriff auf die künftige Rhetorik so verfuhr, mag sein, dass es auch schon entsprechende Empfehlungen gab. Aber etwas anderes ist ja viel interessanter. Rhetorische Trickserei hin oder her, wir hören aus dem Mund eines Demokraten etwas über die Probleme des Redens in der Demokratie. Man stützt sich auf Reden und weiß, dass Reden schwierig sind. Man stützt sich auf Rationalität und weiß, dass diese Rationalität an Affekten wie Neid rasch zerschellen kann. Perikles redet trotz der Schwierigkeiten, setzt auf die Wirkung des Zugeständnisses. Es redet jemand, der etwas vom Reden versteht – die Offenheit verstört nicht, sondern weckt Zutrauen. Einem solchen Redner kann man getrost zuhören.

Christian Meier hat in seiner Beurteilung von Perikles den Gedanken geäußert, dass das demokratisch gewordene Athen »führende Persönlichkeiten« suchte, ihnen folgte. Die Demokratie habe solche »führenden Persönlichkeiten« hervorgebracht, die Überzeugungskraft mit Ansehen gepaart hätten. Die Mehrheit brauchte Autorität, an der man sich orientieren konnte, und Macht erlangte, wer sich »sehr genau auf den Bahnen hielt, auf denen sich der Wille der Mehrheit bewegte«. Weiter: Erfolg hatte, »wer das aufnehmen, zu formulieren und je neu im Einzelnen zu bestimmen wusste, ja mehr noch: wer dazu passte«. Das ist nicht mit Blick auf die Gefallenenrede gesagt, könnte aber an ihr abgelesen sein. Perikles weiß, dass nichts ohne die Erwartungen des Publikums geht. Es ist nicht rational, so zu verfahren, wie man selbst denkt. Rational ist, an das Denken derer anzuschließen, die man überzeugen will. So gesehen ist es wie bei Homer. Wir hätten also wirklich einen Pakt hinsichtlich der Rationalität, einen Sonderweg auch in dieser spezielleren Hinsicht, beim Reden. Man hat sich auf Gleichheit eingelassen und die Entscheidung ins Reden verlegt, in überzeugendes Reden. Aber man wusste auch, was dies bedeutete. Der Redner musste an den Horizont des Publikums anschließen. Der Redner musste wissen und berücksichtigen, was »alle« dachten. Er musste sogar wissen und berücksichtigen, was sie fälschlicherweise (im Affekt) dachten. Interessant, dass dieses Kolleg über die Probleme des Redens zur Captatio benevolentiae werden konnte.

Die Rede selbst, ungefähr fünf Druckseiten, entfaltet dann das Lob der Demokratie, die für alle ersichtlich eine durchaus schwere Nebenwirkung hat, ja zum Tod einiger führt, die sich für sie einsetzen. Die Aufgabe des Redners ist sehr klar, liegt in der Verteidigung trotz dieser Nebenwirkung. Perikles spricht von der »Lebensform«, durch die »wir so groß wurden«, und malt sie in den Einzelheiten aus, die die Zuhörer kannten und einmal mehr als überlegen anerkennen sollten. Es ist dieses Leben in Freiheit, ohne Druck, auch ohne Nachteile, wenn man nicht zu den Reichen, Privilegierten gehörte. Jeder lässt jeden so gelten, wie er ist, jeder kann handeln, wie und soweit er will. Und immer gibt es einen Ausgleich für all die Anstrengungen: Wettspiele und Opfer. Dabei profitiert man von einer frühen Form von Globalisierung: Güter aus aller Welt fließen in die Stadt. Man weiß heute, was das bedeutete: zum Beispiel frische Weintrauben mitten im Winter (aus Afrika). Weiter verweist Perikles auf die Offenheit dieser Stadt, dass sie Fremde auch im Krieg nicht ausweise, dass sich jeder den Reichtum ansehen könne. Weiter auf das Unangestrengte des Tuns, auf den Verzicht auf ewiges Sichplagen in Vorwegnahme einer vermeintlich schwierigen Zukunft (wie in Sparta). Weiter auf die Liebe zur Schönheit, zum Geist.

Und dann ist Perikles auch wieder beim Reden. Hier in Athen werde alles von jedem Einzelnen selbst entschieden, nach entsprechendem »Durchdenken«:

> Denn wir sehen nicht im Wort eine Gefahr fürs Tun, wohl aber darin, sich nicht durch Reden zuerst zu belehren, ehe man zur nötigen Tat schreitet. Denn auch darin sind wir wohl besonders, dass wir am meisten wagen und doch auch,

> was wir anpacken wollen, erwägen, indes die andern Unverstand verwegen und Vernunft bedenklich macht.

Man kann sagen, dass Perikles an dieser Stelle mehr als an jeder anderen idealisiert. Man kann sogar sagen, dass er sich gründlich täuschte, denn Athen sollte sich ja mit seinem Konzept bald übernehmen und abstürzen. Aber hier interessiert etwas anderes. Perikles sorgt nicht nur für (seine) Autorität, indem er an die Gedanken des Publikums anschließt. Er formuliert sein Anliegen auch auf eine Weise, die Achtung abnötigt. Der gerade zitierte Gedanke enthält ein intellektuelles Spiel, eine hübsche Antithese: Es geht um Wort und Tun, um Reden und Handeln, um eine richtige und eine verkehrte Reihenfolge. Richtig ist: zuerst erwägen, dann wagen. Falsches gibt es sogar in zweierlei Varianten: als Handeln aufgrund von Unverstand und Nichthandeln aufgrund von Nachdenken. Natürlich machen es nur die Athener, die Demokraten, richtig.

Solche Formen sprachlicher Kunst verwendet Perikles ständig. Ständig spricht er Gegensätze an, um seine Gedanken zu präzisieren. Die »meisten«, die eine Gefallenenrede gehalten haben, haben es so und so gemacht, »er selbst« wolle es anders machen. Der »wohlwollende« Hörer könnte das und das denken, der »unkundige« jenes. »Wir« zeigen jedem unsere Stadt, die »anderen« verstecken sie, »wir« erziehen unsere Kinder frei, die »anderen« quälen sie. Ein ganzes Feuerwerk von Antithesen zeigt schließlich den Unterschied von Athen und dem Konkurrenten Sparta, dem man die Toten verdankt:

> Wir lieben das Schöne und bleiben schlicht, wir lieben den Geist und werden nicht schlaff. Reichtum dient bei uns dem Augenblick der Tat, nicht der Großsprecherei, und seine Armut einzugestehen ist nie verächtlich, verächtlicher, sie nicht tätig zu überwinden. Wir vereinigen in uns die Sorge um unser Haus zugleich und unsre Stadt, und den verschiedenen Tätigkeiten zugewandt, ist doch auch in staatlichen Dingen keiner ohne Urteil. Denn einzig bei uns heißt einer, der daran gar keinen Teil nimmt, nicht ein stiller Bürger,

> sondern ein schlechter, und nur wir entscheiden in den Staatsgeschäften selbst oder denken sie doch richtig durch.

So geht es lange weiter – die schon zu Beginn zitierte Stelle schließt unmittelbar hier an. Perikles selbst fasst das Gesagte zusammen als »Beweise«, die er für sein Lob der Stadt und der für diese Stadt Gefallenen vorgetragen hat. Natürlich sind das keine Beweise im logischen Sinne, es sind die Beweise, die den Zuhörern aus dem Herzen sprechen. Daneben sind es sprachlich wohlformulierte Beweise. Auch in diesem Punkt hören wir eine wichtige Antithese, die wieder einmal die Probleme der Redekunst auf den Punkt bringt: Es handle sich bei seinem Reden nicht um »Prunk mit Worten für den Augenblick …, sondern (um) die Wahrheit der Dinge«. Perikles weiß, dass er kunstvoll redet, gründet seine Autorität darauf – und sagt, dass sich dahinter kein bloßes Kalkül verbirgt. So häuft er weiter seine Antithesen an, bietet auch gezielte Wortwiederholungen, anaphorische Wendungen wie die folgende:

> Von ihnen [den Gefallenen] aber hat keiner wegen seines Reichtums, um ihn lieber noch länger zu genießen, sich feig benommen; keiner hat in der Hoffnung der Armut, er könne, wenn gerettet, vielleicht noch reich werden, Aufschub der Gefahr gesucht …

Perikles stützt seine Autorität auf vieles, aber er stützt sie auch auf sprachliche Kunst. In dieser Hinsicht ist er der erste wirklich komplette europäische Redner, auch wenn sich diese Kunst noch erheblich entwickeln, sich eine stilistische Meisterschaft ausbilden sollte, die die argumentativen Aspekte noch viel stärker ergänzte bzw. mitformte. Man kann davon ausgehen, dass das athenische Publikum, von den Sophisten und der Tragödie geprägt, eine Kennerschaft ausgebildet hatte, der man nicht mehr mit sprachlichem Fast Food kommen konnte. Perikles redete diesem Publikum nicht unbedingt nach dem Mund, aber nach seinem Geschmack. Die Regeln für Macht und Unterwerfung waren jedenfalls ausgebildet.

Zweieinhalb Jahrtausende später sind Grundzüge dieses

Redens immer noch zu erkennen. Es geht wieder um ein Gedenken, und zwar um ein eher noch schwierigeres. Und es geht wieder um Zweifel, wie man es dem Publikum sagen könnte. Schließlich gehört zur Lösung die Tatsache, dass der Redner seine Gedanken in einer argumentativ sowie sprachlich gehobenen Form präsentiert. Und auch diesmal gelingt es. Der Redner gewinnt Macht, das Publikum akzeptiert sie, weil es mit dieser Form von Macht einverstanden ist. Gemeint ist die Gedenkrede zum 40. Jahrestag der Beendigung des Krieges in Europa und der nationalsozialistischen Gewaltherrschaft, die Richard von Weizsäcker am 8. Mai 1985 im Bonner Bundeshaus hielt.

## Von Weizsäcker zum 40. Jahrestag des Kriegsendes

In der Geschichte der Bundesrepublik hat es bislang kaum eine Rede zu größerer Berühmtheit gebracht. Dabei war sie unter schwierigen Umständen zustande gekommen. Der gemeinsame Besuch von Bundeskanzler Kohl und dem amerikanischen Präsidenten Reagan auf dem Bitburger Soldatenfriedhof zum gleichen Gedenken wenige Tage zuvor missriet als Versöhnungsgeste, weil sich unter den Gräbern Angehörige der Waffen-SS fanden. Aus Kreisen der Heimatvertriebenen hatte es im Vorfeld des Jahrestages revanchistische Töne gegeben. In dieser Situation wandten sich führende Politiker an den Bundespräsidenten mit der Bitte um klärende Worte. Einige Abgeordnete der CDU/CSU und der Grünen blieben demonstrativ fern. Aber die Rede gelang und erzielte einmalige Resonanz. Zwei Millionen Exemplare wurden anschließend verteilt. Viele Zeitungen druckten sie ab, die New York Times mit vollem Wortlaut. Es gab Übersetzungen in 13 Sprachen, darunter eine japanische Ausgabe. In einer Dokumentation haben Ulrich Gill und Winfried Steffani alle wichtigen angesprochenen

Gruppen um eine Stellungnahme gebeten und (mit Ausnahme des DDR-Vertreters) erhalten – mit meist zustimmendem bis überschwänglichem Kommentar (»Sternstunde unserer Republik«, »Glücksfall deutscher Nachkriegsgeschichte«). Aber die Beiträge zeigen auch etwas, was hier besonders interessiert: Sie belegen den Zusammenhang von Wirkung und Formulierung, ja zeigen die Wirkung in nicht unwesentlichen Zügen als Folge der Formulierung.

Man kann als zentralen Satz der Rede die Aussage ansehen: »Der 8. Mai war ein Tag der Befreiung.« Diese Aussage war keineswegs neu. Im Gegenteil, sie stellte die offizielle Deutung in der DDR dar, womit sich eine gewisse Besetzung verband, die jedoch schon vorher in der Bundesrepublik durchbrochen worden war. Am 27. Februar 1985 hatte Bundeskanzler Kohl im Bericht der Bundesregierung zur Lage der Nation im geteilten Deutschland über die Befreiung »vom Schrecken des Krieges und von tausend Verstrickungen« gesprochen, »die der totalitäre NS-Staat geschaffen hatte« – und dann: »Der 8. Mai war ein Tag der Befreiung.« Alfred Grosser hat in seiner Stellungnahme zur Rede betont, dass sich Kohl im KZ Bergen-Belsen im April 1985 eher noch deutlicher zu »Scham« und »Verantwortung« geäußert und schon Bundespräsident Scheel am 6. Mai 1975 formuliert hatte: »Wir wurden von einem furchtbaren Joch befreit«, wobei er ebenfalls wie von Weizsäcker den Beginn der »deutschen Tragödie« auf 1933 und nicht 1945 datierte. Was also ist so zentral an diesem zentralen Satz?

Die Antwort lautet: Von Weizsäcker stellt die »Definition« des 8. Mai insgesamt ins Zentrum seiner Rede, gliedert die Rede um immer neue Anläufe zu dieser Definition, von der der zitierte Satz nur einen ausmacht – darauf beruht ein Teil der Klarheit der Argumentation. Zu Beginn spricht der Bundespräsident von »vielen Völkern«, die des Tages gedenken, um dann zu den Deutschen überzugehen: »Wir Deutsche begehen den Tag …«, »Wir müssen …«, »Wir brauchen …«, »Der 8. Mai ist für uns …«, »Der 8. Mai ist für uns Deutsche …«, »Wir dürfen den 8. Mai 1945 nicht vom 30. Januar 1933 trennen.« Erst nach diesen verschiedenen Aspekten, zu denen es gehört, dass der Tag nicht zum »Feiern« (wie in der DDR), sondern zum »Nachdenken« anregen müsse, fällt der zentrale Satz, übrigens in markanter Wiederholung des wichtigsten Wortes:

> Der 8. Mai war ein Tag der Befreiung. Er hat uns alle befreit von dem menschenverachtenden System der nationalsozialistischen Gewaltherrschaft.

Aber die Rede geht ja weiter, variiert die zentrale Aussage weiter: »Der 8. Mai ist ein Tag der Erinnerung«, heißt es zu Beginn des zweiten Abschnitts. »Der 8. Mai ist ein tiefer, historischer Einschnitt, nicht nur in der deutschen, sondern auch in der europäischen Geschichte«, lautet der Beginn des vierten Abschnitts. Die Rede deutet den 8. Mai in seinen Facetten, das Neue liegt in der Ausbreitung dieses Panoramas des Gedenkens. Das Wichtigste ist dabei die Verbindung von Rückblick und Zukunft. Der letzte Satz nach all den Facetten im ersten Abschnitt fasst dies in zwei deutlichen Antithesen zusammen:

> Wir haben wahrlich keinen Grund, uns am heutigen Tag an Siegesfesten zu beteiligen. Aber wir haben allen Grund, den 8. Mai 1945 als das Ende eines Irrweges deutscher Geschichte zu erkennen, das den Keim der Hoffnung auf eine bessere Zukunft barg.

Damit ist die Überleitung zur »Erinnerung« gegeben. Man kann davon ausgehen, dass dies das heikelste Stück der Rede war, sofern nun die Betroffenen sowohl vollständig wie jeweils angemessen angesprochen werden mussten. Nach einer rhetorisch kunstvollen Deutung der »Erinnerung« als Anverwandlung des Vergangenen »zu einem Teil des eigenen Innern« folgt eine litaneiähnliche Aufzählung: »Wir gedenken …«, wobei die »Toten des Krieges« insgesamt, die »sechs Millionen Juden« sowie die vielen anderen Opfer bis hin zu den Kommunisten erwähnt sind. Auch das »Gebirge menschlichen Leids« ist als eine solche Litanei ausgeformt. Besonders ausführlich behandelt von Weizsäcker die Frauen und vor allem den Holocaust.

Ein weiterer Großabschnitt ist der Kriegsschuld gewidmet, ein wiederum weiterer den Folgen des Zusammenbruchs mit dem sensiblen Thema der Vertreibung. Dann folgen die Schlussabschnitte: die Aussöhnung mit den ehemaligen Kriegsgegnern, mit den USA und Frankreich, ein Wort zur Teilung der einen deutschen Nation und schließlich ein kurzer Blick auf die so schwierig verlaufene Diskussion des Gedenkens ausgerechnet nach 40 Jahren. Von Weizsäcker sucht mit der Berufung auf die Rolle dieser Frist im Alten Testament (wo die Israeliten nach der Flucht aus Ägypten 40 Jahre in der Wüste verbringen, ehe sie das verheißene Land erreichen – nach Aussterben der »ägyptischen« Generation also) einen versöhnlichen Abschluss mit dem Hinweis auf »Klassisches«. Auch der Bundesrepublik, so soll man wohl folgern, stehen nun bessere Zeiten zu. Die neue Generation soll ihre eigene »Zukunft« gestalten, die unheilvolle Vergangenheit nur noch als »Warnung« vor Augen haben.

Der Aufbau der Rede ist also klar und berücksichtigt die entscheidenden Aspekte des Themas. Aber von Weizsäcker formuliert die einzelnen Gedanken bei allem Verzicht auf großes Pathos rhetorisch anspruchsvoll. Immer wieder zeigen sich kleine Wiederholungen und Wortspiele, vor allem viele Antithesen. »Der eine kehrte heim, der andere wurde heimatlos«, heißt es, und sofort danach: »Dieser wurde befreit, für jenen begann die Gefangenschaft.« Etwas weiter zusammenfassend: »Verbittert standen Deutsche vor zerrissenen Illusionen, dankbar andere Deutsche für den geschenkten neuen Anfang«, »Der Blick ging zurück in einen dunklen Abgrund der Vergangenheit und nach vorn in eine ungewisse dunkle Zukunft.« Oder etwas ausführlicher, wobei man sieht, wie rhetorisch Kunstvolles mit äußerster Einfachheit zusammengeht:

> Es geht nicht darum, Vergangenheit zu bewältigen. Das kann man gar nicht. Sie lässt sich ja nicht nachträglich ändern oder ungeschehen machen. Wer aber vor der Vergangenheit die Augen verschließt, wird blind für die Gegenwart …

Die Willkür der Zerstörung wirkte in der willkürlichen Verteilung der Lasten nach. Es gab Unschuldige, die verfolgt wurden, und Schuldige, die entkamen. Die einen hatten das Glück, zu Hause in vertrauter Umgebung ein neues Leben aufbauen zu können. Andere wurden aus der angestammten Heimat vertrieben.

Gelegentlich sind es lediglich variierende Wiederholungen, die die (rhetorisch geforderte) Fülle des Ausdrucks ausmachen: »Es gab viele Formen, das Gewissen ablenken zu lassen, nicht zuständig zu sein, wegzuschauen, zu schweigen.« Gelegentlich werden Sätze anaphorisch eingeleitet: »Wir alle … müssen die Vergangenheit annehmen. Wir alle sind von ihren Folgen betroffen …« Nicht vergessen sei auch die kleine Erzählung vom »Lehrer aus England«, der einst Kleve bombardiert hatte und nun aus der Stadt ein Versöhnungsbrot erhielt – von der besonderen Eignung solchen »Beschreibens« für die Akzeptanz des Vorgetragenen gerade in modernen Zeiten war schon die Rede.

Wenn man sich in die Reaktionen der Betroffenen versenkt, stehen Beobachtungen zum sachlichen Gehalt der Rede im Vordergrund. Der Völkerrechtler Horst Fischer verweist auf die »Kompliziertheit der Materie«, angesichts derer »die knappen, mehr plakativen Formulierungen« kaum eine »Signalwirkung« in Richtung einer neuen Bewertung der Probleme gehabt haben konnten. Herbert Czaja, Präsident des Bundes der Vertriebenen, lobt die Grundrichtung der Rede, wendet sich scharf gegen revanchistische Forderungen im eigenen Lager, aber geht auch jeder Einzelheit der Formulierungen hinsichtlich möglicher Fehldeutungen und Mängel nach, vermisst ausdrücklich die Anerkennung des Rechts auf Heimat als »göttliches« Gebot. In den meisten anderen Bewertungen ist es umgekehrt die Ausgewogenheit der Aussagen, die an der Rede besonders bewundert wird, überhaupt das detaillierte Eingehen auf die einzelnen Betroffenen, wie es besonders der Vertreter des Widerstands hervorhebt.

Aber es gibt eben auch Anerkennung für die Formulierungen als solche. Jitzak Ben-Ari, Botschafter des Staates Israel, sagt es kaum mit dem Wunsch, Rhetorikspezialisten zu gefallen, wenn er die Redekunst anspricht: Die »Sprache der Rede Weizsäckers« sei »reich und einfach zugleich, schön, geistvoll« gewesen und »drückte Gedanken aus, die von allen Menschen verstanden wurden«. Von Weizsäcker habe sich bemüht, alle Menschen »anzusprechen und zu überzeugen«, seine Ausführungen seien »von klarem und humanem Denken geprägt« gewesen. Lew Kopelew, Kriegsteilnehmer auf russischer Seite und später wegen seiner Regimekritik ausgebürgerter Schriftsteller, geht im Kontrast auf die üblichen »wortreichen, aber halbherzigen, bald naiv-einfältigen, bald schlau-hinterlistigen rhetorischen Gänge um den heißen Brei« aus und lobt das »Meisterwerk der rhetorischen Kunst« vor allem aufgrund der »ungekünstelten Aufrichtigkeit«. Auch der britische Historiker Nevil Johnson verweist auf das bei Festtagsreden Übliche, die »wohlüberlegten Gemeinplätze«, denen er im Falle von Weizsäckers dessen »subtile und komplizierte Gedankengänge« gegenüberstellt, die in »Stil und Aufbau« fast einer Predigt glichen. Wenn er den Argumenten besonders aufgrund »der geistigen Strenge und moralischen Würde« »großen Respekt« zollt, werden ebenfalls rhetorische Kategorien angesprochen, ja es ist genau der Zusammenhang von Inhalt und Form berufen, ohne den Wirkung nach europäischen Vorstellungen eben nicht zustande kommt.

Lässt sich von Weizsäckers Rede tatsächlich mit der des Perikles vergleichen? Der rein äußerliche Bezug liegt auf der Hand: die Festtagsrede hier wie dort, noch mehr: die Ähnlichkeit des Gedenkens, die ja in beiden Fällen ein Totengedenken war. Aber man kann viel weitergehen. Perikles stellt seine Rede unter ein Paradox, das die Hörer ebenso überraschen wie beeindrucken musste. Es galt, die Toten zu ehren. Das gehe eigentlich nicht, hören wir. Und dann folgt die Ehrung doch: als Lob der Stadt, als Lob Athens. Die Toten, so löst sich das

Paradox auf, sind für eine einzigartige Lebensform gefallen. Perikles wollte nicht über die Toten sprechen, weil es angeblich nicht auf befriedigende Weise möglich sei. Und nun kommt heraus, wie es eben doch funktioniert: Im Preis der Stadt steckt ein überzeugender, ja der einzig wirklich überzeugende Preis der Toten, ohne die es die Stadt nicht gäbe. Und von Weizsäcker? Auch er legt seiner Rede ein großes Paradox zugrunde: Die Niederlage war die Befreiung, die Kapitulation der Neubeginn. Die Wahrheit kommt hier wie dort in nichts so klar zum Ausdruck wie in der paradoxen Zuspitzung. Man kann es aber eben auch anders sagen: Der Redner gewinnt, wenn er zu solcher Kunst fähig ist. Die Hörer sind beeindruckt – und folgen ihm. In dieser Hinsicht hat sich von Perikles bis von Weizsäcker nichts Wesentliches geändert.

# Athener Pnyx und Pariser Nationalkonvent

## Auf der Pnyx

Leider haben wir für die frühe Zeit der antiken Klassik kaum überlieferte Reden. Reden von Perikles vor der Volksversammlung gibt es nicht. Genauso wenig von Kleon und all den anderen Akteuren. Wenn man von dem Sonderfall Gorgias absieht, auf den noch einzugehen ist, setzen die ersten wirklich wörtlich überlieferten Reden nach der großen Niederlage Athens im Peloponnesischen Krieg ein. Zweimal war in dieser Endphase die Demokratie durch eine Oligarchie ersetzt worden (413 und 403), zweimal wurde dies rückgängig gemacht (410 und 403). Danach traten dann nicht nur wieder Redner auf, sondern diese Redner veröffentlichten ihre Reden, besonders die großen Drei der griechischen Redekunst: Lysias, Isokrates, Demosthenes. Es handelt sich dabei allerdings überwiegend um Prozessreden: Verteidigungen von Angeklagten in besonders schwierigen Lagen – teils zu didaktischen Zwecken, teils als Werbung für deren Schreiber. Von Demosthenes gibt es auch politische Reden in der Zeit, als Athen ein letztes Mal in der Auseinandersetzung mit Philipp von Makedonien seine Freiheit zu bewahren suchte, ehe diese 338 nach der Niederlage bei Chaironeia und schließlich 322 nach der Niederlage gegen den Alexander-Nachfolger Antipatros endgültig verlorenging. Wir haben es also insgesamt mit zwei großen Phasen der Demokratie in Athen (im 5. und im 4. Jahrhundert) mit durchaus unterschiedlichen Spielregeln zu tun, auch unterschiedlichen Rollen der Redner und nicht zuletzt unterschiedlicher Überlieferung.

Halten wir uns zunächst an die »klassische« Zeit. Thukydides gibt Reden wie bei der Ehrung der Gefallenen oder anlässlich von diplomatischen Gesandtschaften wieder. Uns interessieren jedoch die Abläufe vor allem auf dem Platz der Volksversammlung, der Pnyx, wo seit ca. 460 die wichtigen politischen Entscheidungen fielen. Mogens Herman Hansen hat aus Fragmenten ein Mosaik zusammengesetzt. So kennen wir immerhin den Ort, der in den 30er Jahren des 20. Jahrhunderts ausgegraben wurde. Er lag südöstlich der Agora (dem Marktplatz) auf einer Anhöhe, mit der Rednertribüne an der höchsten Stelle, und bot Platz für ca. 6000 Bürger. Genau dies war das Quorum bei wichtigen Entscheidungen. Man konnte also sehen, wann es erfüllt war, wobei die Beteiligung anfangs eher zu wünschen übrigließ, erst mit Erhöhung der Diäten zunahm. Um 403/02, nach der Niederlage Athens im Bundesgenossenkrieg, wurde die Pnyx (mit aufwendigen Erdarbeiten: die Rednertribüne kam nun ans früher tiefer gelegene andere Ende) auf ca. 6500 Plätze, und 340, also kurz vor der Niederlage bei Chaironeia, sogar auf 13 800 erweitert. Zwar hatte man die Befugnisse der Volksversammlung leicht eingeschränkt, ihre grundsätzliche Bedeutung aber war geblieben. Athen wurde, wie es Aristoteles als Zeitgenosse in seiner genauen Beschreibung der Verfassung festhält, vom »Volk« regiert (womit er durchaus kritisch das »gemeine Volk« der zahlreichen Ruderer im Gegensatz zu den adligen Rittern und dem Mittelstand der schwerbewaffneten Hopliten meinte). Nur in seltenen Fällen nutzte man für die Volksversammlung auch das nahe gelegene Dionysostheater mit seinen 14 000 Sitzplätzen. Erst in hellenistischer Zeit löst es die Pnyx als Beratungsplatz endgültig ab.

Wie oft tagte man, was wurde verhandelt? Auch darüber wissen wir sehr genau Bescheid. In der klassischen Zeit erfolgte die Einberufung nach Bedarf mehrmals im Monat (mit einem Jahr zu zehn Monaten), im 4. Jahrhundert gab es feste Termine. Viermal mussten die athenischen Bürger ihr Tagesgeschäft liegenlassen und über ihr Schicksal beraten bzw. abstimmen –

dafür wurde man sofort nach Ende der Sitzung bezahlt. Um die Bereitwilligkeit für Anklagen zu fördern, waren Belohnungen ausgesetzt, und zwar zwei Drittel bis drei Viertel vom Vermögen des Verurteilten. Weil dies rasch geradezu berufsmäßig betrieben wurde (von sogenannten Sykophanten), gab es bald einen Deckel: Plädierte die Versammlung mit weniger als einem Fünftel auf schuldig, erhielt der Ankläger eine Geldstrafe samt weiterem Klageverbot. Um abzukürzen: Der Aufwand war gigantisch, ja unzumutbar. Dabei muss man berücksichtigen, dass man als Bürger nicht nur in der Volksversammlung Sitzungspflichten hatte, sondern weiterhin in den Rat der 500 gewählt werden konnte, der jeden Tag (außer an Feiertagen) zusammentrat, schließlich als Richter in die verschiedenen Gerichte, die mit mehreren 100 Bürgern besetzt waren. In diesen drei Athener Institutionen also traten Redner auf. Es ist klar, dass keine schwieriger war als die Volksversammlung. Wer möchte heutzutage ohne Mikrophon vor 6000 sprechen?

Genau das aber wurde verlangt. Unter diesen Umständen geriet ein Ideal arg in Bedrängnis: das Ideal eines Redners als Laie, der eine gute Idee hat und dann loslegt. Abgesehen von den intellektuellen Anforderungen gab es schlicht körperliche, stimmliche vor allem, aber auch eine gewisse Begabung hinsichtlich der Präsentation, was Gestik, Mimik, überhaupt das Auftreten insgesamt betrifft. Es bedurfte also einer gewissen Ausbildung und der notwendigen Zeit bzw. der finanziellen Mittel, sich diese Zeit zu nehmen. Im 5. Jahrhundert waren es nicht zufällig Adlige, die sich als redende Politiker betätigten, Perikles ist das beste Beispiel. Bei Kimon, dem Neureichen, könnte Naturbegabung eine Rolle gespielt haben, wenn Aristophanes' Karikierungen halbwegs zutreffen. Auch später, im 4. Jahrhundert, sind die politischen Führer immer noch häufig Adlige wie zum Beispiel Demosthenes. Nur etwas anderes hat sich mittlerweile deutlich gezeigt: eine Zunahme von Professionalität in jeder Hinsicht. Das Publikum gewöhnte sich an gewisse Vorstellungen von einem guten Redner, verlangte sie und bekam das entsprechende Ergebnis. Über die intellektuellen Voraussetzungen ist noch zu sprechen. Wie aber kam man an die körperlichen Fähigkeiten? Hier einige Details nach meiner *Geschichte der Stimme*.

Es gab zunächst einmal ein Vorbild: den Schauspieler, man könnte auch sagen: den *alten* Profi, was das Auftreten vor großem Publikum betrifft – das Dionysostheater fasste, wie gesagt, 14 000 Personen. Schauspieler wurden systematisch geschult, was bis in Speisevorschriften reichte und durchaus auch die Ermahnung zur Enthaltsamkeit beim Geschlechtsverkehr enthielt. Cicero hat in seiner wichtigsten Rhetorik, *De oratore* (Vom Redner), ein Bild davon gezeichnet, das trotz der späteren Zeit durchaus die Anfänge beleuchtet. Dabei grenzt er deutlich den Redner vom Schauspieler ab, aber man merkt, wie unklar die Grenzziehung gewesen sein muss:

> Und doch wird, wenn es auf mich ankommt, keiner, der die Redekunst studiert, sich wie die Griechen und die tragischen Schauspieler zum Sklaven seiner Stimme machen. Sie deklamieren jahrelang im Sitzen und lassen täglich, ehe sie auftreten, im Liegen ihre Stimme nach und nach ansteigen; desgleichen nehmen sie sie, wenn sie aufgetreten sind, im Sitzen vom höchsten bis zum tiefsten Ton zurück und sammeln sie gewissermaßen ein. Wenn wir das machen wollten, wären unsere Klienten schon verurteilt, ehe wir so oft, wie es die Vorschrift fordert, den Paean oder den Hymnus vorgetragen hätten.

Im Übrigen ist Cicero widerlegt – von sich selbst. Nicht nur, dass er in seiner Rhetorik das Kapitel des Auftretens unter deutlichem Hinweis auf das Vorbild des Schauspielers beginnt (auch wenn es Grenzen der Nachahmung gebe). Gerade er hätte fast die eben erst begonnene Karriere als Prozessredner beenden müssen, weil ihm die Stimme versagte. Er ging daraufhin nach Rhodos zu Apollonios Molon, der ihn auf Vordermann brachte, ganz sicher auch mit therapeutischen Methoden, wie sie bei Schauspielern gang und gäbe waren. Es bedurfte also einiger Voraussetzungen körperlicher Art, um den Anforderungen gewachsen zu sein. Karrieren entschieden sich an der entsprechenden Eignung. Von Sophokles wissen wir, dass er eine schwache Stimme hatte und in seinen eigenen Tragödien (fast so wie Alfred Hitchcock in seinen Filmen) stumm auftrat: als ballspielende Nausikaa. Für Platon wird ebenfalls Stimmschwäche bezeugt. Aristoteles stieß mit der Zunge an. Isokrates fürchtete sich vor großem Publikum und sprach überhaupt zu leise. Zur Verbesserung soll er, der selbst für zehn Minen unterrichtete, zehnmal zehntausend ausgesetzt haben, beschränkte sich aber letztlich aufs Redenschreiben für andere.

Fast wäre der berühmteste Redner der griechischen Antike ebenfalls an seinem Organ gescheitert: Demosthenes. Nach dem Erlebnis einer Rede des Kallistratos verließ er spontan Platons Akademie, um diesem Könner nachzueifern. Aber der erste Redeversuch endete mit einem Fiasko. Seine Art zu sprechen wirkte fremd (er hatte Schwierigkeiten mit dem R), die Stimme war zu schwach, die Aussprache zu undeutlich und der Periodenbau mangels Atem zerrissen – dass die Argumente nicht überzeugten, wirkt fast nebensächlich. Nach einem wiederholten Reinfall rettete ihn ein Schauspieler. Der Tragöde Satyros machte ihm vor, wie man einen Text gestaltet, und es zeigte sich: Der Text hörte sich an wie neu. Zwar klingt die Geschichte vom unterirdischen Raum, in dem Demosthenes fortan trainierte, nach einer Legende, wie sie damals die Fremdenführer erfanden. Aber die berühmten Steine im Mund könnten der Wahrheit entsprechen, zumal sie mit zwei weiteren Details verknüpft sind, die alle der damaligen Praxis entsprachen. Er musste im Gehen, sogar im Bergaufgehen sprechen. Und er musste sich vor einen Spiegel stellen: Belastung für die Stimme und Kontrolle der Gestik also. Mit all dem hat Demosthenes dann bekanntlich Erfolg gehabt.

Redner also wurde man nicht von selbst, es bedurfte der körperlichen Übung, einer zunehmend professionelleren (und teureren) Schulung. Allerdings gab es Grenzen dieser Ertüchtigung, die sich in der Abgrenzung vom Schauspieler bemerkbar machten: Der Redner sollte als Person wirken, mit einer gewissen Natürlichkeit als Unterpfand seiner Aufrichtigkeit. Diese Natürlichkeit schloss auch Defekte ein. Als wiederum Cicero (diesmal im *Brutus*) die Redekunst seines Vorbilds Antonius – des Republikaners, nicht des späteren Triumvirn – charakterisierte, machte er auf die Tatsache aufmerksam, dass dessen Stimme »von Natur aus etwas rau« gewesen sei, um dann fortzufahren:

> Aber eben dieser Defekt verwandelte sich gerade für ihn in einen Vorzug. In seinen pathetischen Klagen machte sich etwas Kläglich-Rührendes bemerkbar, wohlgeeignet, ihm Vertrauen zu erwerben und Mitleid zu erregen.

Im Übrigen waren Stimmriesen keineswegs beliebt. Karneades, ein griechischer Philosoph des 2. Jahrhundert, verfügte über ein solch imposantes Organ. Als er nach entsprechender Mahnung seines Lehrers pikiert nach dem Maß fragte, erhielt er die Antwort, dieses sei ihm in der Form des Publikums gegeben. Wie sehr Lautstärke geradezu ins Gegenteil ausschlagen konnte, zeigt der Fall von Kimon, jedenfalls nach seiner Charakterisierung oder auch Karikierung in Aristophanes' Komödien. Der »Brüllochs mit der Donnerstimme«, wie es in den *Rittern* heißt, war immer wieder ein beliebtes Angriffsziel. In der gleichen Komödie ist die Rede ebenso von der »schönsten Brüllstimme« wie vom »verworf'nen, wüsten Schreier«, der ganz Athen »mit seinem ständ'gen Brüllen« »schon taub gemacht« habe. In den *Wespen* bezeichnete Aristophanes die Stimme seines Intimfeinds gar als die eines »angebrannten Schweins«, und im *Frieden* verglich er sie mit dem Toben eines Gießbaches. Wer hierin eine typische Übertreibung der Komödie sieht, findet bei Thukydides eher Bestätigung: Auch er brandmarkt das wilde Schreien und bringt es in Zusammenhang mit Demagogie. Ein paar Jahrhunderte später macht sich Cicero (wiederum im *Brutus*) über bloße Schreier lustig: Sie sprängen aus Unfähigkeit ins Schreien wie Lahme aufs Pferd.

Das Auftreten des Redners unterlag dabei einer Entwicklung, man könnte auch sagen: Der Geschmack änderte sich. Die Virtuosität des Schauspielers wurde offenbar nach und nach von Rednern übernommen, aber auch abgelehnt. In römischer Zeit entbrennt der Streit um Attizismus und Asianismus, wobei Attizismus die eher schlichte Variante darstellte, Asianismus die in Kleinasien in Mode gekommene pathetische. Cicero sieht sich klar als Attizisten und poltert gegen diejenigen, die »mit hohler heulender Stimme nach asiatischer Manier« sängen bzw. nach Art der Rhetoriklehrer aus Phrygien und Karien »schon fast eine Arie« aufführten. Auch Quintilian fordert zwar sorgfältige Ausbildung, den Aufbau einer guten körperlichen Konstitution mit gesunder Ernährung und einfacher Lebensführung (samt Enthaltsamkeit vom Geschlechtsverkehr), will aber statt allzu viel Finesse eher Stärke und Widerstandsfähigkeit. Im Gegensatz zum Schauspieler müsse der Redner »so vieles rau und erregt vortragen«, liest man. Wer die Nächte zu durchwachen und den Qualm der Studierlampen zu ertragen habe, könne sich mit »Feinheiten« nicht aufhalten. Aber man darf sich nicht täuschen: Quintilian will kein rednerisches Raubein. Der schreiende Kimon wäre auch ihm ein Graus gewesen. Bei der Gestik, die Quintilian so subtil behandelt, darf der Redner den rechten Arm (der linke bleibt ohnehin in der Toga) nicht über Kopfhöhe heben.

Im klassischen Athen wird man von solchen Feinheiten noch weit entfernt gewesen sein, aber sie deuten sich an. Zum Rationalitätsvertrag gehört jedenfalls ein Auftreten, das dem Anliegen entspricht. Es gilt in erster Linie für diejenigen, die politischen Einfluss suchen, also vor der Volksversammlung. Vor Gericht dürfte es schlichter zugegangen sein. Ankläger und Verteidiger mussten zwar in eigener Person agieren, aber sie durften sich Hilfe holen. Es gab professionelle Redenschreiber, Ghostwriter, die Texte lieferten, die dann nur noch zu »verkörpern« waren. Das wird manchen immer noch schwer genug gefallen sein. Es gab jedenfalls höchst unterschiedliche Redner in dieser notgedrungen redseligen Athener Demokratie: freiwillige, halb-freiwillige und auch gezwungene. Es gab erfolgreiche und gescheiterte. Man hatte in ein paar Jahrzehnten Erfahrungen damit gemacht, was es heißt, eine Bürgerschaft durch Reden zu führen. Nirgends in der Alten Welt gab es ein Vorbild. Das redende Athen war von Monarchien umgeben, in denen Einzelne das Sagen hatten und ihre Macht durch Befehle ausdrückten. Das redende Athen erlebte Höhenflug und Absturz. Es ist keine Frage, dass es dabei ein Erfahrungspotential aufbaute, das allen künftigen Zeiten zum Maßstab werden sollte. Vor allem die in der Neuzeit entstehenden Parlamente zeugen davon.

Dabei zeigt sich immer wieder, dass die Zeit die Bedingungen verändert. Als sich in der Französischen Revolution ein Parlament formte, war die soziale Umwelt eine komplett andere. Aber es gibt auch erstaunliche Parallelen. Allein die Zahl der Abgeordneten fordert wieder einmal ihren Tribut hinsichtlich der Stimmstärke, ohne die niemand auftreten konnte. Wieder kommen als Redner nur Persönlichkeiten in Frage, die für ihre Aktivitäten die nötigen Ressourcen besitzen oder sie organisieren. Und wieder können diese Redner nicht reden, wie sie wollen, wenn sie Erfolg haben wollen. Sie passen sich Anforderungen an, die das Publikum definiert. Es entsteht ein anderes Spiel, aber wieder ein Spiel, an dem Redner wie Publikum teilnehmen, auf das sie sich verständigen. In einem Fall aber hat sich seit der Antike am allerwenigsten geändert: Es geht nicht ohne Kunst. Die Macht der Rede beruht weiter auf vorgezeigtem Können. Gerade das Ringen um dieses Können mit seinem durchaus neuen bzw. modernen Ergebnis zeigt, wie sehr man weiter in der Politik auf sprachliche Kunst baute.

## Im Pariser Nationalkonvent

Mit der Französischen Revolution entstand in Europa das zweite Parlament, das für die spätere Entwicklung größte Bedeutung gewinnen sollte: Nach London (wovon noch näher die Rede sein wird) entwickelte sich Paris als Ort eines Geschehens von weltgeschichtlicher Bedeutung. Aus den Generalständen, die der König 1789 wegen des drohenden Staatsbankrotts einberief, übernahm der Dritte Stand unter Zuzug von Geistlichkeit und Adel die Legislative als Nationalversammlung. Nach der Erklärung der Menschen- und Bürgerrechte verabschiedete sie eine Verfassung, in der die Privilegien des Adels und der Geistlichkeit abgeschafft waren. Noch existierte die Monarchie, bahnte sich eine konstitutionelle Lösung wie in England (mit Vetorecht der Königs) an. Aber die Flucht und anschließende Gefangensetzung von Ludwig XVI. führte zu einer zweiten Revolution. Im August 1792 wurden die Tuilerien gestürmt, im September das Königtum abgeschafft und die Republik ausgerufen. Alleiniges Regierungsorgan war nun der Nationalkonvent. In ihm hatten sich mittlerweile zwei führende Parteien gebildet, die sich bis aufs Messer bekämpften: die konservativen Girondisten und die radikalrevolutionären Montagnards. Vor allem Letztere stützten sich auf Clubs, die außerhalb des Parlaments tagten und in ganz Frankreich bis zu 2000 Zweigstellen unterhielten: die Jakobiner, die Cordeliers, die Feuillants.

Die Parallele zu Athen (und der entscheidende Unterschied zu England, das nur anfangs als Vorbild diente) lag in der politischen Beteiligung letztlich jedes Bürgers über ein immer weiter ausgedehntes Wahlrecht. Es gibt in der Neuzeit allein aufgrund der Größenordnung aber auch etwas bislang Unbekanntes. Die Reden dienten nicht der Überredung der eigenen Anhänger, schon gar nicht der Gegner, sondern eher der Machtbehauptung und des Machtausbaus der Partei. Vor allem aber zielten sie auch noch rein medial über die Köpfe der

Anwesenden hinweg auf die Öffentlichkeit. Nach jeder Rede konnten die Parteien beschließen, sie drucken zu lassen und in ganz Frankreich als Flugblätter zu verteilen. Die Reden münden in Schriftlichkeit, wobei diese Schriftlichkeit den mündlichen Ursprung im konkreten Auftritt regelrecht simuliert. Dabei stellte dieser Auftritt wie in der Antike enorme Anforderungen. Die Redner mussten sich vor einem Publikum verständlich machen, zu dem außer den 700 Abgeordneten auch noch 2000 Beobachter auf den Galerien hinzukamen, die für ihre Plätze bezahlten bzw. von den Parteien für ihr Beifallklatschen (als die berüchtigten Claqueure) bezahlt wurden. Ein redeunfähiger Politiker war unter diesen Umständen nicht denkbar. Schon an der Stimme konnte man wieder einmal scheitern. Aber auch an den sprachlichen Fähigkeiten. Es ist charakteristisch, dass zunächst eine Berufsgruppe dominierte: die Advokaten. Denn in Frankreich hatte es eine besonders gepflegte Redekunst an den königlichen »Parlamenten«, den Gerichtshöfen, gegeben. Die Pflege der Rhetorik war an den Schulen Hauptfach, in der *Encyclopédie* stammt der Artikel zur Redekunst (*éloquence*) von keinem Geringeren als Voltaire, der besonders lange Artikel zum sprachlichen Schmuck von einem der Herausgeber selbst, von d'Alembert.

Ohne Rhetorik also ging überhaupt nichts. Aber gerade die Französische Revolution ist ein Beispiel dafür, wie rasch und wie tiefgreifend dabei Wandlungen erfolgten. Dies lässt sich deutlich machen, wenn man Beispiele aus der Anfangszeit der Revolution mit solchen der fortgeschrittenen Entwicklung vergleicht. Für die Anfangszeit stehen dabei die Reden von Mirabeau. Wer in der Schule aufgepasst hat, erinnert sich wohl am ehesten an den Auftritt des Grafen in Versailles am 23. Juni 1789. Nach der Einberufung der Generalstände ging es zuerst um die Vorfrage, wie die Generalstände agieren sollten: einzeln oder geschlossen. Während der Dritte Stand sich im berühmten Ballhausschwur auf gemeinsames Agieren festlegte, »befahl« der König in einer Ansprache getrenntes. Als der

Zeremonienmeister den Dritten Stand daraufhin aufforderte, den Saal zu verlassen und sich in seine »Kammer« zu begeben, kam es zu dem Wort, das Kleist in seinem Aufsatz *Über die allmähliche Verfertigung der Gedanken beim Reden* (1805/06) festgehalten hat: »... so sagen Sie Ihrem Könige, dass wir unsre Plätze anders nicht, als auf die Gewalt der Bajonette verlassen werden.« Was Kleist nicht anführt, ist die Tatsache, dass vor der Versammlungshalle 4000 Soldaten standen. Aber sie erhielten keinen Befehl zum Eingreifen, vielmehr bestätigte der König vier Tage später den Beschluss, womit das Ende des Absolutismus vollzogen war.

Das Entscheidende an Mirabeaus Wort liegt also weniger darin, dass er es improvisierte, als darin, dass er in der heiklen Situation als Sprecher eines noch völlig unausgereiften Gremiums auftrat. Was ihn dazu profilierte, war seine Vergangenheit als Anwalt. Mirabeau hatte sich in einem spektakulären Ehescheidungsprozess mit Erfolg selbst vertreten und einen ebenfalls spektakulären Kampf für die Pressefreiheit geführt. In seinem Wahlkampf in Aix gewann er dann die Wahl zum Deputierten für den Dritten Stand (nachdem er anfangs als Graf den Adel vertreten wollte, der ihn aber wegen seiner anrüchigen Vergangenheit ablehnte). In der Nationalversammlung gewann er rasch Gewicht aufgrund einer rhetorisch ausgefeilten Redekunst, die er seiner Bildung verdankte.

Für uns interessant sind zwei Reden, die er zwei Tage nach dem Sturm der Bastille am 14. Juli am selben Tag hielt. Denn hier zeigt sich, dass Mirabeau beim Zeremonienmeister zwar die Konfrontation suchte, nicht aber mit der Monarchie. Der König sollte die neuen Minister entlassen und sich an die Entscheidungen der Volksversammlung binden. Dies trägt Mirabeau nicht im Stil der »Forderung« vor, sondern verpackt es in eine Form des Dankes, die an die Huldigungssituationen der monarchistischen Vergangenheit erinnert (wovon später noch genauer die Rede sein wird). Statt das königliche Kabinett direkt anzugreifen und der Fehler anzuklagen, formuliert

Mirabeau die »Frage«, ob das Kabinett in Zukunft die Gesetze befolgen werde. Während sein Kollege Antoine Barnave mit einer direkten Forderung kurz zuvor gescheitert war, hatte Mirabeau mit der »Huldigung« Erfolg. Der Konsens ist dem Gegenspieler abgerungen, aber nicht aufgedrungen worden. Umgekehrt konnte Mirabeau am 26. September 1789 die Nationalversammlung dazu bringen, die Steuerforderungen des Königs bzw. seines Ministers Necker zu bewilligen, um das noch größere Übel des Bankrotts zu verhindern. In einem einzigen rhetorischen Feuerwerk führte er seine Zuhörer an den »Abgrund«, der sich bei einer Verweigerung aufgetan hätte:

> Aber glauben Sie, dass Sie nichts mehr schuldig sein werden, weil sie nicht bezahlt haben? Glauben Sie, dass die Tausende, die Millionen von Menschen, welche durch die schreckliche Explosion oder ihre Gegenstöße in einem Augenblicke alles das verlieren werden, was den Trost ihres Lebens ausmachte und vielleicht ihre einzige Nahrungsquelle, sie in Frieden ihres Verbrechens genießen lassen werden? Stoische Betrachter der unberechenbaren Leiden, welche diese Katastrophe über Frankreich ausgießen wird, fühllose Egoisten, die Sie meinen, dass diese Zuckungen der Verzweiflung und des Elends wie so viele andere vorübergehen werden, und dies umso schneller, je heftiger sie sein werden, sind Sie ganz sicher, dass so viele brotlose Menschen Sie ruhig die Gerichte genießen lassen werden, deren Anzahl und Köstlichkeit Sie nicht haben vermindern wollen?

Die Nationalversammlung billigte darauf einen Steueraufschlag von 25 Prozent. Mirabeau galt als Retter der Nation. Dies verdankte er seiner Redekunst, die eine Zuhörerschaft von überwiegend Gebildeten erreichte.

Nur war diese rhetorische Kunst aufs engste an den königlichen Hof gebunden, ja Rhetorik stand für die Revolutionäre vielfach für das verhasste *Ancien régime*. So verstand es sich fast von selbst, dass sich diese Rhetorik wandeln musste, wenn sie statt Eingeweihte Massen ansprechen sollte. Und es verstand sich auch fast von selbst, in welche Richtung: nämlich in die von Einfachheit, Verständlichkeit – das große Schlagwort lautete Lakonismus. Damit war aber etwas anderes gemeint als eine Vereinfachung des Satzbaus oder genereller Verzicht auf Schmuck. Wie der neue Kalender eine neue Zeitrechnung einführte oder der christlichen Festkultur eine revolutionäre etwa mit dem Fest »des höchsten Wesens« entgegengesetzt wurde, so sollte auch die Sprache neu erfunden werden: als eine republikanische »Gemeinsprache« gegenüber dem aristokratischen »Missbrauch«, als ein Französisch, in dem jedes Wort die »wahre Realität« wiedergebe.

Der Literaturwissenschaftler Jacque Guilhaumou hat die Einzelheiten ans Licht gezogen. 1790 erschien im *Mercure nationale* ein Artikel *Über den Einfluss der Worte und die Macht des Sprachgebrauchs.* Darin wendet sich der »patriotische Grammatiker« François-Urbain Domergue gegen die rhetorischen »Kunststücke« der Aristokratie, sucht aber auch Begriffe wie den der Aristokratie selbst zu klären. Dies ist charakteristisch für die damalige Diskussion. In einem eigenen Lexikon mit dem Titel *Der Missbrauch der Wörter* geht es um »Ausdrücke, mit denen man uns jeden Tag betäubt«. Man hört förmlich in die Reden des Konvents hinein, wenn man liest:

> Die Gesellschaft wird alle Redner … zulassen, doch unter der ausdrücklichen Bedingung, dass ihre emphatischen Phrasen, ihre neuen Redewendungen, ihre Ausrufe, ihre maßlosen Übertreibungen, ihre ekstatischen Bewegungen, ihre langen Aufzählungen, mit einem Wort all ihre rhetorische Gewaltstreiche, welcher Art auch immer, nicht dazu dienen, Irrtümer, Absurditäten oder Lügen zu maskieren und ihnen so heimlich Eingang in das Herz der Gesellschaft zu verschaffen.

Gegen solche falschen »Prediger« (»die unverständigen, doch fanatischen und ungehobelten Schwätzer, die sich in den Straßen zu Erziehern des Volkes aufwerfen«) beruft sich der anonyme Verfasser auf den »gesunden Menschenverstand« und empfiehlt klare Definitionen für »große Worte« wie Wahrheit, Gerechtigkeit, Freiheit, Geist der Öffentlichkeit, Patriotismus und so fort.

Damit steht der Anonymus nicht allein. Louis-Marie Prudhomme geht in seinen *Revolutionen von Paris* den Sprachfallen nach, die die Monarchisten dem »gaffenden Volk« stellen und macht es am Beispiel des Begriffs »Militär« deutlich: »Ihr seid keine Militärs, sondern bewaffnete Eigentümer, ihr seid keine Soldaten …, sondern bewaffnete Staatsbürger.« Robespierre, mit dem ich mich noch genauer beschäftigen werde, zeigt es am Wort »Volk«, das er als »Allgemeinheit der Individuen« verstanden wissen will und nicht als Reduktion auf einen *Teil* der Nation, und zwar einen, den man vom politischen Geschehen ausklammern könne. Eine seiner berühmten Reden (*Über die Mark Silbers*) beschäftigt sich mit den Fallstricken einer »aristokratischen« Sprache, die den Begriff »Volk« durch den des »passiven Staatsbürgers« ersetzte, um diesen vom »aktiven« abzugrenzen, dessen einzige Existenzbedingung in der Fähigkeit besteht, eine Mark Silber als Steuer bezahlen zu können:

> Sie haben sich darauf verlassen, dass die Menschen mit Worten leicht zu regieren seien, und so haben sie uns hinters Licht zu führen gesucht, indem sie die offensichtlichste Vergewaltigung der Menschenrechte in diesen neuartigen Begriff (des »passiven Staatsbürger«) gekleidet haben … Ich werde nicht aufhören, gegen diesen verfänglichen und wildfremden Ausdruck zu protestieren, der sowohl unser Gesetzbuch als auch unsere Sprache schänden wird.

Auf gleiche Weise habe man den Begriff des »Eigentümers« auf eine bestimmte Klasse der Besitzenden eingeschränkt und davon auch noch den Begriff des »Bürgers« abhängig gemacht. Politik wird in einem kleinen, aber wichtigen Punkt damit Sprachpolitik, republikanisches Bewusstsein beginnt mit der Hoheit über sprachliche Definitionen. In Paris gründete sich eine Gesellschaft der Verfassungsfreunde, die mit nichts anderem beschäftigt war als mit der »Erneuerung der Sprache«. Immer wieder artikulieren sich politische Konflikte als Sprachkonflikte. Als Ludwig XVI. im Sommer 1791 aus Paris flieht und in Varenne aufgegriffen wird, erfolgt eine Debatte, wie das Ereignis zu bezeichnen ist, wobei die Monarchisten statt auf republikanische »Flucht« auf »Entführung« plädieren.

Die Sprachdebatte hat damit eine stark philosophische Seite, man diskutiert über Wörter und ihre Beziehung zur Realität, wobei sich Domergue als der wichtigste Vertreter der Jakobiner in dieser Frage auf Natur und Vernunft bezieht, wie es der französischen Aufklärung entstammt. Domergue selbst spricht von einer »vernunftgegründeten Rhetorik« und erntet Kritik von Konservativen wie Sebastien Mercier, der sich gegen das »nichtige Wörterbuch« und die »ungehobelte Sprache« dieser Richtung wendet. Man stößt aber auch auf Stimmen, die weniger die sprachphilosophischen Fragen aufgreifen als die traditionelle Rhetorik im Sinne der Stilistik, speziell die Syntax. Die Advokaten waren in der Monarchie nicht nur mit monarchistisch besetzten Wörtern, sondern vor allem mit monarchistischen Stilvorbildern aufgewachsen. Ein Abgeordneter der Montagnards, Joseph Lequinio, forderte in seiner Schrift *Die zerstörten Vorurteile* dazu auf, diese Rhetorik gegen den »Despotismus« der Revolutionäre zu benutzen:

> Es ist an euch, werdet zu Scharlatanen … Täuscht Eure Zuhörer so gut Ihr könnt. Ergeht Euch in Wortströmen, um ihnen keine klaren Ideen von den Dingen zu lassen … Bedient Euch pompöser Phrasen, wohlklingender Worte, zahlloser Perioden, und endet in ausschweifenden Bewegungen, die ins Herz gehen und die Vernunft töten.

Gegen solche Strategien wendet sich Antoine Tournon, indem er für Sprachökonomie eintritt und eine Syntax fordert, die ausdrücklich den üblichen Gebrauch abschüttelt, zum Beispiel den König mit einem grammatisch falschen »Ihr« anzureden. Die »wahre Rhetorik« ist für Tournon eine grammatisch korrekte, der Sieg der Leidenschaften über die Vernunft wird abgelehnt. Der Sieg der Menschenrechte geht regelrecht einher mit dem Sieg eines grammatisch korrekten Französisch.

So weit jedenfalls die Theorie, die nur teilweise zur Praxis passte, wie noch zu zeigen ist. Es geht aber nicht nur um sprachliche oder stilistische Konsequenzen, es geht um eine neue Einstellung zur Funktion der Rede überhaupt, die sich mehr und mehr statt auf Wahrheit auf die Beschaffung von Mehrheiten bezieht. Die Redekunst hat sich dabei weniger geändert, als man denken könnte – wir werden es bei Maximilien de Robespierre sehen. Zuvor soll jedoch noch ein anderes Thema behandelt werden. Wir verstehen die Redner besser, wenn wir die Institutionen kennen, in denen sie agierten. Es muss aber auch etwas gegen die Vorstellung getan werden, Redekunst sei eine Garantie für gesittete politische Verhältnisse. Es war schon in Athen nicht so. Und der katastrophalste Einbruch ist mit den Nationalsozialisten verbunden. Es hat keinen Zweck, es als bloßen Störfall an den Rand der Betrachtung zu rücken: Redekunst kann mit ihrer Macht sehr leicht und geradewegs in übelste Formen von Demagogie münden.

# Demagogie in Athen und bei den Nationalsozialisten

## Demagogie in Athen

Der Dämpfer für die Hoffnungen, die mit dem demokratischen Athen verbunden waren, ist keineswegs mit der Niederlage des Stadtstaates verbunden. Er erfolgte bereits zeitgleich mit der letzten großen Phase der Tragödie, dem Werk des Euripides, also noch mitten im Peloponnesischen Krieg auf der Höhe der Macht. Denn diese Demokratie hatte von Anfang an ihre Kritiker. In Pseudoxenophons Buch *Über die Verfassung der Athener* (geschrieben zwischen 430 und 411) findet sich die Bemerkung, das Volk schaue immer nur auf seinen Nutzen. Man höre gerne auf jeden Dummkopf, wenn er nur auf der eigenen Seite stehe. Auch die Tragödie lässt sich zunehmend demokratiekritisch lesen, wie wiederum Christian Meier gezeigt hat. In Euripides' *Herakliden* wird die Sorge der Athener für die Schwachen und Verfolgten einmal jenseits der gängigen Propagandareden vorgeführt. Und in den *Troerinnen* zeigt der gleiche Autor im Jahre 415 die ganze Sinnlosigkeit eines Krieges mit seinen Gewaltexzessen, wobei zum Schluss Kassandra das tote Troja glücklicher preist als das lebende Athen. Schließlich führt Euripides in den *Phönizierinnen* 410, nach der Katastrophe der Sizilianischen Expedition, die Konsequenzen ungehemmten Machtstrebens auf. Meier wörtlich:

> Das Stück muss von beklemmender Aktualität gewesen sein. Die Feigheit des Menelaos, der sich verschanzt hinter der Einsicht, man könne nur das Mögliche tun – und dann auch das nicht versucht. Die Worte klingen gut, aber sie haben nichts zu besagen … Der Großvater Orests, Tyndareos, tritt

> auf, schäbig und herzlos … malt dann in langen, schönen Worten aus, wie wichtig es doch sei, dass man sich an das Gesetz halte – und hat nur den einen Wunsch, nämlich die Enkel schrecklich bestraft zu sehen … In der Volksversammlung sucht sich der alte Herold des Agamemnon bei den Freunden von dessen Mördern beliebt zu machen … Den Ausschlag aber gibt ein übler Demagoge, der gar kein rechter Argiver ist und den der adlige Tyndareos unterstützt. Orest selbst … hält am Ende die billige Untat, die er vorhat, den Mord an Helena und ihrer Tochter, die Bestrafung des Menelaos für ruhmvoll und heroisch; eine völlige Perversion der alten Ideale … Aber das ist alles nur so dahergesagt, weil es ihm gerade einfällt … Man kann nichts mehr dafür. So macht es ja auch der Demos, der so oft andere für etwas bestraft, was er selbst beschlossen hat … Demagogie und billige Strafsucht setzen sich durch, vom Opportunismus sekundiert …

Die Kritik an Demokratie und ihrem Fundament, der rednerischen Auseinandersetzung, war also von Anfang an da. Man darf sich nicht durch Perikles mit seiner Verklärung der politischen Verhältnisse blenden lassen.

Mit noch ganz anderen und wesentlich schärferen Mitteln aber setzte sich ein anderes Genre mit dem Thema auseinander: die Komödie, die am Fest der Dionysien immer den Schluss nach der Aufführung von drei Tragödien bildete. Die Athener saßen also noch da, hatten gerade womöglich Tiefschürfendes über die Abgründe menschlichen Daseins gehört und wurden nun mit ihrem Alltag konfrontiert, auch mit dem Alltag der Demokratie. Es war vor allem Aristophanes, der dabei speziell die Volksversammlung mit ihren Rednern aufs Korn nahm. Seit 424, also noch zur Zeit des demokratischen Höhenflugs, führte er seine Stücke vor. Seine Hauptzielscheibe war dabei Kleon, der Gerberfabrikant und Aufsteigertyp, der zusammen mit dem adlig-konservativen Nikias das neue Duo nach Perikles und Kimon bildete. Kleon war aber auch der neue Typ des Redners, den man später als »Demagogen« bezeichnet hat: ein Volksführer oder auch Volksverführer, der das Reden zum eigenen Nutzen instrumentalisierte. Und noch etwas zeichnete (wie schon erwähnt) diesen Redner aus: Kleon brüllte, benahm sich aufdringlich pöbelhaft, mit vorgezeigter Verachtung für alles Aristokratische, das bislang die Bühne beherrscht hatte. Aber das Publikum hatte sich seit den perikleischen Tagen offenbar geändert, schätzte diesen Grobian, der die Diäten erhöhte und auf einen Krieg setzte, der Athen weiter reich machte. Noch wusste niemand, dass es der Weg ins Verderben war.

Immerhin legt Aristophanes den Finger in die Wunde. Kleon ist sein Wunschfeind, mit seinem Gebrüll ebenso wie mit seiner Kriegslüsternheit. Auch die Volksversammlung, die Pnyx, gehört zu diesem Feindbild, denn Aristophanes weiß genau, dass kein Redner es zu Größe bringen kann ohne Gefolgschaft. Dies zeigt sich gleich in der ersten erhaltenen Komödie, die er 425 zur Aufführung bringen konnte: in den *Acharnern*. Thema sind die Bauern aus dem von Mauern ungeschützten Attika, die seit Jahren in Athen leben müssen, abgeschnitten von ihren Arbeitsstätten. Den Beginn macht eine Szene auf der Pnyx. Der Bauer Dikaiopolis (»gerechte Bürgerschaft«) ist entsetzt über die Leere, die er dort antrifft. Niemand scheint sich für das Thema Frieden zu interessieren. Als Dikaiopolis darüber reden will, wird er weggeschickt und fasst darauf einen bizarren Plan. Er schließt mit den gegnerischen Spartanern einen Separatfrieden – ein Witz, wie er bei uns einmal mit atomwaffenfreien Dörfern aufkam. Als er die Acharner für seinen Plan gewinnen will, drohen die, ihn umzubringen. Er legt, um seine Wahrhaftigkeit zu unterstreichen, seinen Kopf auf einen Hackblock und attackiert seine Gegenspieler:

> Denn unser Landvolk kenn ich, oh, das freut sich, / wenn so ein Prahlhans sie und unsre Stadt / Lobhudelt, einerlei, ob wahr, ob falsch, / Und sie derweil – sie merken's nicht – verkauft; / Auch kenn ich unsre alten Herrn, die denken / Nur

> drauf, uns stets zu beißen mit Prozessen; / Auch weiß ich von mir selbst, wie voriges Jahr / Mir Kleon mitgespielt, des Lustspiels wegen. / Er schleppte vor den Rat mich und ergoss /Aus seinem falschen Maul 'nen Schwall voll Lügen, / Wusch mir den Kopf mit seiner Jauche, dass / Ich bald in seinem Gerberloch ersoff.

Ganz nebenbei kommt also heraus, worauf die Feindschaft zwischen Aristophanes und Kleon *auch* beruhte. Aber die Kritik zielt ja weiter als auf den privaten Konflikt, sie zielt eben vor allem auf dieses phrasenreiche Reden mit einem phrasenschluckenden Publikum. Um dagegen mithalten zu können, kommt es zu einem hübschen komödiantischen Motiv. Dikaiopolis geht zum berühmten Euripides, um sich von ihm Requisiten zu besorgen, die ihn zu einem großen Redner machen sollen. Bei diesen Requisiten aber handelt es sich um Lumpen – also auch die Tragödie bekommt ihr Fett weg, wenn es beim Anprobieren heißt: »Welch schöne Phrasen stecken mir schon im Leib!« Als es dann zum Rednerwettstreit zwischen Dikaiopolis und dem kriegsbegeisterten Lamachos kommt, schwenkt der Chor der Acharner zu Dikaiopolis um und kritisiert plötzlich die Kriegstreiber, die das Volk köderten, es als »veilchenbekränztes« umschmeicheln. Dann ergießt sich der ganze Spott über Kleon, den »hasenfüßigen Hundsfott«:

> Klage führen wir, die Alten aus der alten, guten Zeit: / Schlecht hat uns der Staat vergolten, dass wir ihm zur See gedient; / So verpflegt ihr uns im Alter für der Jugend saure Mühn, / Daß ihr allen Tort uns antut, an den Hals Prozesse werft / Uns verspotten lasst von jungen, losen Rednern, uns, gebeugt / Von den Jahren … Wankend, mit gebrochner Stimme stehn wir an dem Rednerstein, / Unsre Augen sehen nichts mehr als das Dunkel der Justiz; / Doch das junge, feine Herrchen, der studierte Staatsanwalt, / Trifft uns Schlag auf Schlag, umgarnt uns mit Perioden rund und nett …

Eine ausgemachte Invektive also gegen die demokratischen Redner, bei der Dikaiopolis übrigens nicht gegen den Krieg überhaupt spricht, sondern gegen gerade diesen, den seiner Meinung nach unverantwortliche Redner vom Zaun brachen. Bei Marathon nämlich, so heißt es, habe man den Feind gehetzt, jetzt hetzten uns »böse Buben«, etwa Kephisodemos, »jenes freche Rabulistenmaul«. Das Stück endet dann mit komödiantischer Spottlust. Noch einmal tritt Lamachos auf, der Kriegsbefürworter. Ein Bote ruft ihn zur erneuten Schlacht. Da muss er sich den Tornister holen lassen, während Dikaiopolis nach dem Speisekorb ruft. Und so stehen dann Harnisch gegen Trinkkanne, Feindeshaufen gegen Saufgesellen. Als Lamachos schließlich verwundet zurückkehrt, wiederholen sich die Gegensätze, Lamachos wird von Soldaten gestützt, Dikaiopolis von Dirnen (mit etlichen Anzüglichkeiten wie dem »harten Stoß« des Gegners gegenüber dem »harten Stoß« im Bett).

Kein Zweifel: Aristophanes hat einen Nerv getroffen. Die Redekunst kann zur Demagogie verkommen, die Volksversammlung zum willigen Werkzeug werden. Noch viel schärfer ist dies das Thema in der Komödie *Die Ritter*, aufgeführt ein Jahr nach den *Acharnern*, also 424. Es ist die Zeit des Höhenflugs von Kleon nach einem großen Sieg über Sparta. Kleons Konkurrent Nikias war vom Strategenamt zurückgetreten, Demosthenes (nicht zu verwechseln mit dem späteren großen Redner) hatte die eigentlichen Grundlagen gelegt, aber Kleon verbuchte den Erfolg dreist für sich allein. Weiter erhöhte er die Tagegelder für die Beteiligung an der Volksversammlung, was ihm ebenfalls Sympathien einbrachte.

Doch nun kommt die Abrechnung in der Komödie. Denn in ihr tritt Kleon als Obersklave auf, der das »Volk« (den Demos) tyrannisiert. Gegen seine Dreistigkeit suchen sich die beiden Untersklaven Nikias und Demosthenes zu helfen, indem sie den Obersklaven durch einen anderen ablösen, einen Wursthändler, noch frecher und pöbelhafter als Kleon. Als der Wursthändler darauf hinweist, dass er nichts gelernt habe, bekommt er zu hören, eben dies sei zusammen mit Niedertracht die beste Voraussetzung, um das »Volk« zu führen:

> Hofierst dem Volk und streichst ihm süße Wörtchen / Wie ein Ragout ums Maul; du hast ja, was / Ein Demagog nur immer braucht: die schönste / Brüllstimme, bist ein Lump von Haus aus, Krämer, / Kurzum, ein ganzer Staatsmann!

Der Chor der Ritter (der Oberschicht) assistiert bei diesem Unterfangen, und das Unheil nimmt seinen Lauf. Im Brüllwettstreit sticht der Wursthändler den Gerber Kleon aus, was der Chor aufatmend kommentiert:

> O du verworfner, wüster Schreier, voll von deinem Übermut / Sind die Länder und das Meer, jede Tagung des Volks, / Sind Finanzen und Behörden, Anwaltschaft und Gericht. / Allen Dreck wühlst du auf, hast so unsern ganzen Staat / Einem Sumpf gleichmacht! / Hast mit deinem ständ'gen Brüllen ganz Athen schon taub gemacht …

Noch eine Weile geht der Wettstreit der Redner weiter, die Gegner beschimpfen sich und drohen mit Klagen. Als Kleon vorschlägt, der Göttin 100 Ochsen zu opfern, übertrumpft ihn sein Gegner mit 200. Schließlich ist Kleon besiegt und wird davongejagt, der Chor bejubelt den Nachfolger:

> O du Glückskind, alles hast du herrlich angefangen! / Seinen Meister hat der Spitzbub jetzt gefunden, der ihn weit / Überstrahlt an Schurkerei, / Ränken, Kniffen aller Art, / Und Geschwätz, glatt und schlau …

So kommt es zu einem Rat an den Wursthändler, sich beim »Volk« einzuschmeicheln. Er tut es wirklich und übertrumpft dabei einen letzten Rückkehrversuch Kleons. Der nämlich bietet dem »Volk« an, sich nach dem Schnäuzen an seinem Kopf abzuwischen, aber der Wursthändler bietet sogleich seinen dagegen an. Immerhin findet Aristophanes zu einem versöhnlichen Ende. Denn er lässt den Wursthändler den Frieden ausrufen, was das »Volk« freudig begrüßt. Man hat trotzdem von der »vielleicht schärfsten und gewagtesten politischen Satire der Weltliteratur« (Hans-Joachim Newiger) gesprochen und damit vor allem auf die Kritik an der Demagogie als Verfallsprodukt der Demokratie verwiesen. Für die *Ritter* trifft dies voll zu. Auch in den *Wespen*, wo die Richterwut der Athener aufs Korn genommen wird, oder im *Frieden*, wo es anlässlich des Nikiasfriedens um die unbeirrbare Kriegswut der Athener geht, spielt Demagogie eine zentrale Rolle.

Aristophanes aber geht noch subtiler auf die Hintergründe ein, spricht geradezu den Rationalitätsvertrag an, der der Konstruktion von Demokratie und Redekunst zugrunde liegt. Dies ist der Fall in den *Wolken*, aufgeführt 423. Hier steht die sophistische Redekunst im Zentrum, die ausgerechnet Sokrates zum Inbegriff der neuen bzw. neumodischen Form von »Bildung« macht (was nicht zuletzt zu dessen Todesurteil beigetragen hat). Denn als die Hauptfigur Strepsiades sich überlegt, wie er seinen Gläubigern entkommen kann, geht er zusammen mit seinem Sohn, der ihn mit seiner Pferdeleidenschaft ruiniert hat, zu Sokrates, um von ihm die Kunst zu erlernen, die »schlechtere« Sache zur »guten« zu machen. Hier also ist es, dieses für die Beurteilung der Redekunst so zentrale Diktum, und es wird in der zweifellos so nicht gemeinten Version verwendet: »Der Redner, der der schlechten [Sache] sich bedient, / Gewinnt, so heißt's, auch wenn er unrecht hätte.« In einer launigen Variante wird die Idee auch als Kunst beschrieben, nichts zu zahlen.

Sokrates also führt in diese Kunst ein, die aus den Wolken stammt: Sinnbild für »göttliche Mächte«, die Gedanken und Logik verleihen – »und den Zauber des Worts und den blauen Dunst, Übertölplung, Floskeln und Blendwerk«. Die Sophisten, so erfährt Strepsiades, ernährten sich davon, als »Quacksalber, Propheten echt thurischen [kampflustigen] Stamms, brillantringfingrige Stutzer, dithyrambische Schnörkelversdrechsler zuhauf, sternschnuppenbeguckende Gaukler«. Und Sokrates sagt auch etwas über die Grundlage dieser Kunst. Es gebe keine Götter, keinen Zeus, der donnere, weil dies in Wirklichkeit Wolkenwirbel hervorbrächten, so wie im Körper der Bauch einen Furz. Es gibt also keine Autorität, es sei denn diese neue: die »Zunge«, will sagen: das Wort, mit dem man alles machen kann. Wie kann man sich zum Beispiel um Zinszahlung drücken? Indem man eine thessalische Hexe dafür bezahlt, den Mond vom Himmel zu holen. Und warum? Weil Geld monatlich verzinst wird, was ohne Mond also nicht mehr nötig ist. Man sieht: Aristophanes greift nicht nur eine zur Demagogie verkommene Redekunst an, er kennt auch deren Mittel. Wenn ein Ehebrecher seinen Fehltritt mit Hinweis auf Zeus rechtfertigen soll, entspricht dies einem Topos in der *Rhetorik* des Aristoteles: »Wenn schon ein Unsterblicher, dann erst recht ein Sterblicher …«

Man könnte sich weiter auf die Komödie *Die Vögel* aus dem Jahre 414 berufen, in der Aristophanes die Athener ein »Wolkenkuckucksheim« gründen lässt, in dem der höchste Gott »Überredefreund« heißt. Dies würde nur den Gesamteindruck verstärken: Mit dem Aufkommen von Rednern, die ein Publikum mit nichts als ihrer Rede überzeugen wollen, gibt es eben solche und solche. Es gibt jedenfalls keine unschuldige Redekunst. Aber es gibt auch kein unschuldiges Publikum. Im Gegenteil: Es wird klar, dass Redner und Publikum zusammenspielen – ebenfalls so oder so. Es gibt Perikles und das perikleische Publikum. Und es gibt Kleon und das Kleonsche Publikum. Redner können moralischen Maßstäben genügen oder auch nicht. Man kann *mit* moralischen Maßstäben »Größe« erlangen und *ohne*. Die Lobredner der Redekunst haben, wenn sie nicht naiv von einer Art »natürlichen« Verbindung mit der Moral ausgingen, darauf gepocht, dass moralische Redekunst siegen *kann*. Darauf beruht letztlich das Wort von der Macht der Rede, die sich *nur* der Rede verdankt. Dann ist Perikles ein bevorzugtes Beispiel. Aber man muss eben auch diese andere Seite sehen, die Aristophanes aufdeckt. Die Macht der Rede kann leicht eine Schwester der Gewalt werden.

Sie ist es im Laufe der Geschichte mehr als einmal geworden, ganz besonders in der jüngeren Vergangenheit bei den Nationalsozialisten, speziell bei Hitler – dem neuen »Schreier« nach Kimon. Der große Unterschied zu Athen liegt allerdings darin, dass wir die Konsequenzen nicht aus der Sicht der zeitgenössischen Kritik vorfinden, sondern im Wesentlichen auf die historische Analyse angewiesen sind.

## Demagogie bei den Nationalsozialisten

Beim Verständnis der NS-Geschichte hat es viel Schaden angerichtet, in Hitler das bloße Monster zu sehen, das die naiven Deutschen ins Unglück geführt habe. Alle bedeutenden neueren Biographien, von Ian Kershaw bis Volker Ullrich, belegen demgegenüber das Zusammenwirken von Führer und Verführten sowie die besonderen Umstände. Dabei könnte übersehen werden, dass selbst ein scheinbar unbedeutendes Detail leicht falsch eingeschätzt wird. Hitler hat den Erfolg seiner Redekunst zugeschrieben, aber er war keineswegs der Einzige, der damals redete. Im Gegenteil: Hitler wurde groß, weil er eine Erwartung der damaligen Zeit erfüllte. Das berüchtigte Wort des späteren Diktators, das er 1919 nach einem Auftritt vor 111 Zuhörern äußerte – »Ich konnte reden« – muss als die Entdeckung gelesen werden, dass *auch er* reden konnte. Hitler wurde Mitbewerber im Redekampf und war anfangs keineswegs der dominierende. Er begann seine Karriere in München 1919 als »zweiter Redner«, stieg erst allmählich zum »Starredner« (Ullrich) der Deutschen Arbeiterpartei auf, um in lautsprecherloser Zeit dann Säle wie den Münchner Zirkus Krone mit 6000 Personen zu füllen. Trotzdem blieb er nicht unangefochten. Goebbels beschrieb eine Rede im Februar 1926 als »fabelhaft ungeschickt und unsicher«, und noch nach der Reichstagswahl im November 1932, also kurz vor der »Machtergreifung«, lasteten parteiinterne Kritiker den Misserfolg seiner »Hetze« an. Erst die knapp gewonnene nächste Wahl entschied alles.

Wichtiger als der Hinweis auf den weder einsamen noch

glatten Aufstieg ist indes etwas anderes: Hitlers Auffassung von Rede und Redekunst vereinigt zwei Elemente, die widersprüchlicher nicht sein können. Das eine ist tief in der Romantik verwurzelt, zu Beginn des 20. Jahrhunderts eher rückständig, überholt, nämlich die Vorstellung von der Zauberkraft des gesprochenen Wortes, der Hitler in *Mein Kampf* ein ganzes Kapitel widmete (das sechste im zweiten Teil). Ausdrücklich gegen die Herrschaft des »Gänsekiels«, womit die Schriftlichkeit und damit letztlich der Buchdruck als das neue Leitmedium der Kommunikation gemeint ist, kehre die überwundene Mündlichkeit zurück:

> Ich weiß, dass man Menschen weniger durch das geschriebene Wort als vielmehr durch das gesprochene zu gewinnen vermag, dass jede große Bewegung auf dieser Erde ihr Wachsen den großen Rednern und nicht den großen Schreibern verdankt.

Ein kompletter Wissenschaftszweig, die Sprecherziehung, greift das Thema begeistert auf und macht Hitler zum neuen alten Helden, der den von »der Druckerschwärze und der unseligen Logik verwirrten Kulturmenschen« befreit, wie es einer der Hauptakteure der Sprecherziehung, Ewald Geißler, ausdrückte. Hitler wurde als ein »auch im Papier atmender Redner« gefeiert, mit der »jüdischen Großpresse« und ihren »schreibenden Giftmischern« als Gegenbild. Bis in die Wortwahl lässt sich das Konzept auf die *Zwölf Reden über die Beredsamkeit* von Adam Müller zurückführen, die schon 1812 das Ende des Druckzeitalters ankündigten. »Glücklicherweise neigt sich die Herrschaft der Feder überall dem Ende entgegen«, liest man gegen jede Wirklichkeitserfahrung. Der Buchdruck töte allein durch seine Massenhaftigkeit, heißt es weiter, das Minderwertige (wie die »flache Philosophie« eines Voltaire oder Helvétius) rücke in »Geschwadern« heran und lediglich ein »einförmiges Rauschen der Bücherblätter in einsamen Gemächern« sei von den einstigen Klängen übriggeblieben, ein »totes Rauschen der Blätter im Herbst« statt des »fröhlichen Tumultes« vergangener Tage. Nur mit der Zurückdrängung der Schriftlichkeit und Wiedererrichtung der Mündlichkeit sei Rettung möglich.

Das andere Element ist die moderne Massenpsychologie, die die Kommunikation, auch die mündliche, entwertet, zur bloßen Grundlage von Manipulation macht. Ebenfalls in *Mein Kampf* hat Hitler in Anlehnung an Gustave Le Bons *Psychologie der Massen* (1895, deutsch 1908) Einzelheiten der Strategie festgehalten, die erkennen lassen, worauf zum Beispiel die berüchtigten »Wiederholungen« beruhen:

> Die Aufnahmefähigkeit der großen Masse ist nur sehr beschränkt, das Verständnis klein, dafür jedoch die Vergesslichkeit groß. Aus diesen Tatsachen heraus hat sich jede wirkungsvolle Propaganda auf nur sehr wenige Punkte zu beschränken und diese schlagwortartig so lange zu verwerten, bis auch bestimmt der Letzte unter einem solchen Worte das Gewollte sich vorzustellen vermag.

Sprache wendet sich nicht an den Verstand, sondern an die Instinkte der Zuhörer, dient zur Erzeugung von »Rauschzuständen«, die zusammen mit den umgebenden Bildern jede Form von Kritik im Keim erstickt.

Tradition und Modernität also zugleich, ein Gegensatz, der in einem weiteren Punkt wiederkehrt: beim Auftreten bzw. seiner Stilisierung. Hitler hat sich 1927 von Heinrich Hoffmann in einem Atelier fotografieren lassen, wobei die berühmten Aufnahmen entstanden, die ihn in schauspielerhaften Posen zeigen, wie er sie sich offenbar als optimal rhetorische vorstellte: mit geballter Faust, gespreizten Fingern, heranwinkender Geste und so fort. Neben der Stimmbeherrschung hier also auch die Körperbeherrschung in einer Form, wie sie sich seit zwei Jahrtausenden ausgebildet hatte. Daneben aber steht eine ganz andere Erscheinung. Mitte der 1920er Jahre war der Lautsprecher erfunden worden, und Hitler griff sofort begeistert zu. Der vormoderne Ausdruck verbindet sich also mit modernster Technik, wobei die Gegensätze gerade keine Einheit eingingen in dem Sinne, dass der Sprecher nun von der Technik entlastet wurde. Hitler benutzte den Lautsprecher vielmehr als eine Art Vergrößerung des natürlichen Sprechens, behielt mit anderen Worten das berüchtigte Schreien bei. Der Versuch einer Rundfunkansprache unter Studiobedingungen scheiterte kläglich und wurde erst in den allerletzten Ansprachen vor dem endgültigen Zusammenbruch wiederholt, als Hitler schon lange nicht mehr vor Publikum auftrat.

Die Realität des Redens war dabei seit der festen Etablierung des Lautsprechers Ende der 1920er Jahre durch das bestimmt, was sich vor allem Goebbels als Propagandaminister ausgedacht hatte: die Inszenierung zum Massenspektakel. Immer schon hatte der Einzug unter Marschmusik mit Trommeln und Fahnenschwenken ebenso dazugehört wie die Ausschmückung des Saals mit Nazi-Emblemen und die Ausstattung der Rednerbühne mit Standarten, die mit Hakenkreuzen und Adlern imperialer Machtdemonstration römischer Provenienz nachempfunden waren. Aber all dies gehörte noch zur Erlebniswelt der Unmittelbarkeit des Sehens und Hörens unter natürlichen Bedingungen. Wenige Jahre später sind die Dimensionen der Unmittelbarkeit gesprengt – die Medien, und zwar alle vorhandenen Medien arbeiten an einer Kunstwelt des Übermenschlichen. 1929 ist der propagandistische Apparat voll ausgebaut. Zum ersten Großparteitag in Nürnberg erscheinen 200 000 Anhänger, in der Abschlusskundgebung defilieren 60 000 SA-Männer dreieinhalb Stunden an Hitler vorbei. Dann folgen 24 Großkundgebungen mit Hitler fast stets als Hauptredner vor der Wahl am 14. September 1930, die den Einzug der Nationalsozialisten in den Reichstag brachte. Weiter kam Goebbels auf die Idee, Hitler seit dem 3. April im Sonderflugzeug in allerkürzester Zeit von Ort zu Ort zu befördern: »Hitler über Deutschland!« In acht Tagen sprach der »Führer« auf diese Weise in 25 Städten vor 1,5 Millionen Zuhörern.

So bescheiden der Erfolg zunächst war: Es war das Rezept, das sich unter den Bedingungen der Machtübernahme erst richtig entfalten sollte. Man kann Zweifel haben, was davon die größere Wirkung erzielte: die Welt der Bilder, die uns womöglich stärker »anspringen« als Worte, wie es Gerhard Paul in seinen Studien zur Bildermacht in der Moderne vermutete. Oder doch das nun medial verstärkte Wort, das dank des Lautsprechers, vor allem aber auch dank des Rundfunks eine bislang unbekannte Omnipräsenz entwickelte. »Ohne Kraftwagen, ohne Flugzeug und ohne Lautsprecher hätten wir Deutschland nicht erobert«, lautet ein Hitlersches Diktum. Tatsächlich hatte Goebbels nach anfänglicher Fehleinschätzung als »das moderne Verspießungsmittel« den Rundfunk schon am 3. Februar 1933 »gleichgeschaltet«. Hitlers Rede im Sportpalast am 10. Februar 1933 wurde nicht nur in Berlin an zehn Stellen durch Riesenlautsprecher übertragen, sondern auch live im Rundfunk. Die anschließende große Kundgebung zum 1. Mai, mit der die Nationalsozialisten den alten Tag der Arbeit für ihre Zwecke usurpierten (und Gewerkschaftler verhaften ließen), war eine technische Meisterleistung mit einer Beschallung des riesigen Tempelhofer Feldes und gleichzeitiger Rundfunkübertragung. 1935 sollen dann 56 Millionen bei einer Führerrede erfasst worden sein, womit der »Geist der Rebellion« durch den Rundfunk »vernichtet« sei, wie sich Goebbels ausdrückte.

Wahrscheinlich macht es keinen Sinn, bei der Suche nach den Ursachen der Wirkung das zu trennen, was die Zeitgenossen zusammen erlebten: Bild und Wort. Man hat ja nicht umsonst vom »Gesamtkunstwerk« gesprochen, auf das die nationalsozialistische Propaganda hinarbeitete. Immer geht es dabei darum, was Hitler selbst als Ziel hervorhob: den Einzelnen in der Masse anzusprechen, als Mitglied einer Masse, in der er alle intellektuellen Abwehrkräfte verliert. Joachim Fest hat auf den »eigentümlich obszönen Kopulationscharakter der Veranstaltungen« hingewiesen, von dem schon einmal kurz die Rede war: »… die Atem verhaltende Stille zu Beginn, die kurzen schrillen Aufschreie, die Steigerungen und ersten Befreiungslaute der Menge, schließlich der Taumel, neue Steigerungen und dann die ekstatischen Verzückungen angesichts der endlich enthemmt dahinströmenden Redeorgasmen.« Der Gigantismus der Erreichbarkeit war jedenfalls nur ein weiterer Gigantismus, der über das Element der Faszination die angestrebte Entpersönlichung perfektionierte. Albert Speer hat im Rückblick diesen Zusammenhang von Technik und Macht analysiert, wobei er auf die baulichen Gigantismen abhob, auf die aus Scheinwerfern gebildeten Lichtdome vor allem:

> Die technischen und organisatorischen Hilfsmittel erlauben heute, für einige Zeit jeder Phantasmagorie den Schein der Echtheit zu geben. Und die Suggestionsmittel erlauben vorübergehend, jeder Massenstimmung den Stempel des elementaren Ausdrucks zu leihen. Politik ist heute an das Vorhandensein eines besonderen ›Apparates‹ gebunden.

Der Verführung des Einzelnen standen demnach massive Hilfsmittel zur Verfügung, von denen das vielleicht wichtigste noch gar nicht genannt ist: nämlich die Botschaft selbst, das Versprechen einer glorreichen Zukunft, bei der die Niederlage der Vergangenheit vergessen gemacht werden sollte, ohne die Kosten auch nur anzudeuten. Man kann mit anderen Worten die nationalsozialistische Form der Demagogie auf viel zurückführen: auf vormoderne Beerbung von Mündlichkeitsmystik und Einsätze von modernster Technik. Man kommt aber nicht an dem vorbei, was *gesagt* wurde. Rundfunk, Lichtdome und vieles andere mehr verstärkten etwas, das in den seltensten Fällen auf reines Schreien oder glossolalisches Lallen beschränkt blieb. Hitlers Reden wurden immer auch als Reden wahrgenommen: als das, *was* er sagte und *wie* er es sagte. Dabei war das Spektrum der Bewertungen schon bei den Zeitgenossen groß, schwankte zwischen äußerster Ablehnung bis zu abgöttischer Verehrung. Aber kaum je wurde ihm die Rednergabe als solche abgesprochen. Es wäre auch schlecht möglich gewesen angesichts des Erfolgs. Hitler verdankt nicht nur seinen Aufstieg den Reden, hat sich förmlich »emporgeredet«. Er behauptete auch seine Macht mit Reden: Zwischen 1933 und

1939 sprach er in 415 Versammlungen, wonach allerdings das große Verstummen einsetzte. In den Kriegsjahren nahmen die Reden rapide ab, 1944 waren es noch zehn, 1945 noch zwei.

Natürlich war die Resonanz schon bei den Zeitgenossen höchst unterschiedlich. Das Urteil des österreichischen Publizisten Karl Tschuppik, festgehalten in seinem *Tagebuch*, steht für eine frühe und hellsichtige Kritik:

> Angesichts dieser leichten Empfänglichkeit der kleinbürgerlichen Massen für das Wort bedauert man es doppelt, dass es unter den Deutschen so gar keine Redner gibt, die die Gabe hätten, etwas Gescheites in volkstümlicher, bildkräftiger Sprache zu sagen. Unter den Stotterern von heute ist Hitler ein Redner …
>
> Rhetorisch schwach, gedanklich gleich Null, bleibt an Hitlers Rede als wirksamstes Moment nur seine Fähigkeit, Gefühlserregungen zu übertragen … Der Deutsche erliegt dem Gefühl, weil er, dem Schauspielerischen abhold, den Gläubigen, den Charakter sucht. Vielleicht glaubt Hitler, was er spricht; jedenfalls ist's der Ton gefühlsmäßiger Überzeugung, der ihm den Erfolg bringt. Also die primitivste Stufe rednerischer Kunst und gewiss der Kindergarten der Politik.

Auch Kurt Tucholsky durchschaute den Diktator von Anfang an, kommentierte seine Parolen bei den Wahlen im März 1933 als »die dümmsten Banalitäten, Konklusionen, die gar keine sind«. Der Schriftsteller Hermann Kesten sprach 1934 ironisch davon, dass die »Vokabeln« »der deutschen Sprache entnommen« und »mehrere Sätze … richtig gebaut« waren: »die Huren klatschten Beifall, die Professoren waren entzückt, die Dichter neidisch«. Aber es gab unter den intellektuell hochkarätigen Beobachtern auch Bewunderer wie etwa Gerhart Hauptmann oder Ernst Jünger, der Hitler 1927 als »vielleicht den größten deutschen Redner« bezeichnete. Selbst Bert Brecht sah bei aller Verurteilung des Programms das Geschick Hitlers, seinen Reden den Anschein von Argumentation zu verleihen, indem er fortwährend Punkte aufzählte (und dann aus versprochenen fünf Argumenten doch nur vier oder weniger vortrug). Schließlich schwingt in Thomas Manns Beurteilung von 1939 als »eine unsäglich inferiore, aber massenwirksame Beredsamkeit« Anerkennung mit, wenn er Hitlers Reden insgesamt zugesteht, »eine gewisse angewiderte Bewunderung« zu erzeugen. Auch wenn Anerkennung im Nachhinein unverständlich erscheint und rein ästhetische Verurteilung unzureichend: Umso interessanter ist es, die Reden auf den Punkt hin zu analysieren, der in diesem Buch im Vordergrund steht: Zeigen Hitlers Reden Züge des europäischen Redners? Meine Antwort lautet: ja. Man sieht es deutlich, wenn man dazu wieder den Vergleich sucht und weit zurückgreift in die Geschichte der Redekunst, wieder zu den Rednern im antiken Griechenland. Schon sie kannten sich aus mit einer fintenreichen argumentativen Kunst, die das Publikum begeisterte. Aber auch Hitler verstand etwas davon.

# Argumentative Kunst in Athen und bei Hitler

## Argumentative Kunst in Athen

Wie schon erwähnt, waren es drei Hauptaspekte, die Aristoteles in der ersten Rhetorik, die wir überhaupt besitzen, für das Zustandekommen von Überredung geltend machte: die Rednerpersönlichkeit, die Fähigkeit des Argumentierens mit affektischen sowie logischen Mitteln und die sprachlich-stilistische Kunst. Natürlich griff Aristoteles in der schon späten Zeit kurz nach Mitte des 4. Jahrhunderts (also nach der Blüte des demokratischen Athen und unmittelbar vor dem Auftreten Alexanders des Großen) auf Vorgänger zurück. Angesichts des Redebedarfs und der Wichtigkeit des Redens hatte es Unterricht mit der Ausarbeitung von Anweisungen und Beispielen gegeben. Aristoteles selbst soll (nach dem Zeugnis Ciceros) auf Korax und Tesias verwiesen haben, die in der Mitte des 5. Jahrhunderts in Syrakus wirkten. In diesem Fall ging es offenbar um das richtige argumentative Vorgehen, während Aristoteles die sprachkünstlerische Seite selbst zu seiner Zeit für noch unbearbeitet hinstellt, auch wenn entsprechende Vorbilder längst existierten. Jedenfalls bildeten sich Anforderungen aus, die man bei der Suche nach Erfolg nicht ignorieren konnte. Und das Publikum gewöhnte sich an dieses Niveau, verlangte danach.

Die ersten Schriften entstanden für Bedürfnisse juristischer Reden. Leider ist von den Spezialisten Korax und Tesias selbst nichts erhalten. Aber man kann aus späterer Zeit erschließen, dass es um eine bestimmte Art des Argumentierens ging, um erfolgreiches und vor allem erlernbares Argumentieren.

Platon vermittelt davon in seinem *Phaidros* immerhin einen kleinen Reflex. Im fingierten Dialog spricht Sokrates Phaidros auf dessen Studium von Tesias an und hört, dass es um den Umgang mit Wahrscheinlichkeiten gegangen sei. Sofort klopft Sokrates das Beispiel ab, mit dem Tesias sich durchsetzen will. Ein Schwacher, aber Tapferer hat einen Starken, aber Feigen geschlagen sowie beraubt und steht nun unter Anklage. Dabei müsste es um die Wahrheit gehen, aber sie kann nach Platon nicht herauskommen, wenn man sich an das Wahrscheinliche hält, weil alles gleich wahrscheinlich bzw. unwahrscheinlich ist. Der Starke wird jedenfalls seine Feigheit nicht bekennen, der Schwache sagen, dass er sich niemals an einen Stärkeren gewagt hätte.

Für Platon ist damit das Urteil über die Kunst des Tesias gefällt. Sie trage nichts zur Aufdeckung der Wahrheit bei. Aber Platon hat diese Kunst kaum verstanden. Denn Tesias geht es nicht um die Frage nach der Wahrheit, sondern um die Möglichkeiten, eine Anklage oder eine Verteidigung zu begründen. Der eben behandelte Fall rückt schon in ein anderes Licht, wenn man sieht, dass man zwischen physischer und psychologischer Wahrscheinlichkeit oder Unwahrscheinlichkeit unterscheiden kann. Und dass man durchaus weiterkommt, wenn man bei diesem Unterschied auf den Charakter des Angeklagten blickt, den (zunächst undurchsichtigen) Fall also mit Hilfe einer Durchleuchtung des (durchsichtigen) Charakters betrachtet. Dann stößt man nicht auf allgemeine Wahrscheinlichkeiten oder Unwahrscheinlichkeiten, sondern auf konkrete. Und schon wird es für den Angeklagten ungemütlich (oder es sieht besser aus).

Zu welcher Kunst man es in dieser Hinsicht gebracht hat, belegt ein Spezialist, der als Allererster zu den sogenannten zehn großen attischen Rednern gezählt wird und tatsächlich für uns überprüfbar ist, weil er selbst wiederum als Erster seine Reden bzw. Musterreden herausgegeben hat (und 15 davon erhalten blieben). Es handelt sich um Antiphon, immerhin einen direkten Schüler des Tesias. Er war 411 in die Verschwörung der Oligarchen zur Abschaffung der Athener Demokratie verwickelt, hielt eine Verteidigungsrede (die von Thukydides mit höchstem Lob ausgezeichnet wurde), wurde aber verurteilt und hingerichtet. Von ihm stammen außer echten Prozessreden drei Tetralogien (Viererreden), je eine Anklage- und eine Verteidigungsrede sowie die dazu passende Antwort des Gegenspielers, und zwar zu fingierten Mordfällen. Gerade daran konnte man lernen, wie sich ohne Zeugenaussagen und natürlich ohne die Aussage des Angeklagten allein aufgrund von Kenntnissen über Umstände und Charakter der beteiligten Personen eine Anklage oder Verteidigung begründen ließ. Wie kunstvoll das Ganze angelegt war, zeigt sich auch darin, dass Antiphon drei unterschiedliche Fälle zugrunde legte, sozusagen die Prototypen von Fällen überhaupt: Einmal leugnet der Angeklagte die Tat, dann geht es um die Beurteilung einer an sich nicht bestrittenen Tat als Vergehen oder Versehen, schließlich ist strittig, wer bei einem tödlich ausgegangenen Streit mit diesem Streit angefangen hat. Nicht nur, dass Antiphon dabei jeweils verschiedene Wege aufzeigte, sondern dass dem Leser sowohl die Verteidigungen wie die Anklagen höchst einleuchtend vorkommen, belegt seine Kunst, die natürlich begierig von Juristen aufgenommen wurde.

Um ein Beispiel mit wenigstens einer Anklage und einer Verteidigung anzuführen: Ein Mann wird zusammen mit seinem Sklaven auf dem nächtlichen Heimweg erschlagen. Der Sklave konnte mit dem letzten Atemzug noch als Täter einen alten Feind des Erschlagenen nennen. Der wird entsprechend vor Gericht geschleppt. Der Ankläger geht sämtliche Möglichkeiten – vom Raubmord bis zur Tötung aus Versehen – durch und zeigt ihre Unwahrscheinlichkeit auf. Wahrscheinlich ist dagegen, dass Rache und Angst vorlagen, denn der Ermordete war mit dem Angeklagten in einen Prozesskrieg verwickelt. Der Gegenredner sieht, dass die Wahrscheinlichkeit gegen seinen Mandanten spricht, und macht nun die Schwäche zur

Stärke. Jawohl, sagt er, die Wahrscheinlichkeit spricht gegen meinen Mandanten, aber gerade deshalb kann er es nicht getan haben, weil er doch den auf ihn fallenden Verdacht vorausgesehen haben muss. Er hätte sogar einen fremden Täter eher an seiner Tat hindern müssen, um dem zwangsläufigen Verdacht zu entgehen. Er kann es also nicht gewesen sein.

Wer jetzt fragt, wer denn nun der Täter war, sieht wie Platon das Problem nicht. Es geht darum, Juristen auszubilden. Sie sollen wissen, wie Fälle beurteilt werden. Mehr noch: Sie sollen alle Möglichkeiten kennen, die vorkommen können, um im Fall des Falles gewappnet zu sein. Taten in dieser Welt sind immer einzigartig und überfordern das Urteilsvermögen. Das ist die schlechte Nachricht. Die gute aber lautet: Sie passen in ein Schema oder in ein paar Schemata, jedenfalls fallen sie unter Gesetzmäßigkeiten. Man muss nur wissen, unter welche. Dann kann man den Richtern den Fall so darlegen, dass sie das gewünschte Urteil sprechen. Und wenn damit Mörder freigesprochen werden? Dann lag es daran, dass jemand nicht aufgepasst hat. Was aber, wenn Unschuldige verurteilt werden? Wäre es da nicht besser gewesen, jemand hätte die Unschuld bewiesen? Gegen eine möglicherweise »überzeugende« Anklage?

Das war das Kalkül von Redespezialisten, die mit ihrer Kunst Werbung machten. Sie haben nicht nur unter den Anwendern Nachfolge gefunden, sondern auch unter den Lehrmeistern. Und oft wurden spektakuläre Reden in spektakulären Fällen zu Werbezwecken veröffentlicht, denn angesichts der griechischen Gerichtspraxis benötigte man gute Redenschreiber. Nur einer von ihnen soll erwähnt werden, weil er besonders berühmt wurde: Lysias, ebenfalls wahrscheinlich noch ein Tesias-Schüler. Wie so viele verlor er sein Vermögen in den Wirren des Jahres 404 (als Athen endgültig im Peloponnesischen Krieg unterlag und kurzfristig die Demokratie abgeschafft wurde) und betätigte sich als Redenschreiber. 233 Reden wurden im Altertum für echt gehalten, was eine stattliche Produktivität belegt, wenn man bedenkt, dass Lysias um 380 gestorben ist.

Als seine besondere Kunst gilt dabei die Charakterdarstellung, aus der Schuld bzw. Unschuld bewiesen werden sollte. In einer Verteidigungsrede anlässlich einer Mordanklage entfallen zwei Fünftel der Rede auf die Erzählung, bei der besonders die Darstellung des Angeklagten als viel zu harmlos für den Mord im Zentrum steht.

Am meisten geschätzt wurde jedoch eine Schulung in jener Form des Argumentierens, die auf Tesias zurückgeht und als Topik bekannt wurde. Dabei spielt die Kenntnis der »Örter« (griechisch *topos* bedeutet Ort) eine Rolle, der typischen Fälle oder Konstellationen, aus denen heraus ein Fall so oder so beleuchtet werden kann. Möglicherweise stammt der Begriff aus der Ringer- oder Boxersprache und bezieht sich auf bestimmte Griffe oder Schläge, die ein Sportler gewissermaßen im Repertoire haben muss. Allerdings lassen sich dabei verschiedene Ebenen der Abstraktion zugrunde legen. Als Aristoteles seine Rhetorik schrieb, hat er in seinem Logik-Kapitel genau solche Topoi behandelt, und zwar (wie bei einem Philosophen nicht anders zu erwarten) auf hoher Abstraktionsebene. So behandelt er beispielsweise den Topos des Gegensatzes. Ist eine bestimmte Sache gut (sinnvoll), so trifft meistens für ihr Gegenteil zu, dass dieses entsprechend nicht gut (nicht sinnvoll) ist. Beispiel: »Sich mäßigen ist gut, zügellos leben dagegen schädlich.« Wer also die These begründen will oder muss, dass Maßhalten sinnvoll ist, bezieht sich auf diesen Topos als Beweisverfahren. Es handelt sich nicht um eine Form der Logik, wie Platon und Aristoteles sie in der Wissenschaft verlangen, aber man kann mit dieser Topik an Beobachtungen anschließen, die im Leben oft vorkommen. Es ist kein wirklicher Beweis, aber ein guter Ausgangspunkt dafür, eine Art Starthilfe. Der Redner schließt mit ihr auf jeden Fall an die Vorstellungen seiner Hörer an, befindet sich auf der Basis einer gemeinsam anerkannten Welt (womit wir ganz nebenbei beim europäischen Redner sind). Um einmal Aristoteles selbst zu Wort kommen zu lassen:

Ein weiterer Topos resultiert aus den Relationskategorien

> des Mehr und Minder, z.B. »Wenn sogar die Götter nicht alles wissen, um wie viel weniger die Menschen.« Dies bedeutet nämlich: Wenn das nicht von dem prädiziert [ausgesagt] werden kann, von dem es doch in höherem Maße prädiziert werden müsste, dann ist klar, dass es auch nicht dem, von es in geringerer Weise prädiziert werden kann, zukommt. Das Urteil aber, dass der, der sogar seinen Vater schlägt, seine Mitmenschen schlägt, basiert auf dem Satz: Wenn die Relationskategorie des Minder vorhanden ist, so auch die des Mehr.

Aristoteles hat 23 solcher Topoi behandelt, bei jedem einzelnen hätte sein Lehrer Platon graue Haare bekommen. Aber Aristoteles fragte an dieser Stelle nicht, was eine Sache (etwa die Gerechtigkeit) an sich ist. Er untersuchte nach seiner eigenen Aussage, was eine Rede über eine Streitfrage glaubhaft macht. Nur bewegte er sich dabei eben auf reichlich abstraktem Niveau. Er hat einen Nachfolger gefunden, der seine Unterscheidungen viel stärker auf die Praxis bezog, und zwar Anaximenes in dessen sogenannter *Rhetorik an Alexander* (die lange Aristoteles selbst zugeschrieben wurde), entstanden um 340. Das Werk hat unter heutigen Rhetorikspezialisten eine schlechte Presse, weil es nun einmal von der Autorität des Vorgängers schlicht erdrückt wird. Aber schlecht auch deshalb, weil Anaximenes etwas sehr konkret wurde. Er schließt letztlich an Tesias an, sucht nach Systematisierung von Argumentationsmöglichkeiten. Um ein Beispiel zu geben:

> In der Anklagerede wird die Tat möglichst überbetont und als vorsätzlich … begangen dargestellt; wenn der Sachverhalt eindeutig dagegen spricht und man die Tat als fehlerhaftes Verschulden … oder als Versehen … einstufen muss, ist darauf zu achten, dass bei den Zuhörern keine Nachsicht … gegenüber dem Beschuldigten entsteht, indem man die Verantwortung und Haftbarkeit des Einzelnen für sein Handeln hervorhebt und auf den pädagogischen Sinn der Strafe hinweist … Die Verteidigung hat drei Möglichkeiten …

Drei? Man kann die Tat als rechtmäßig, als auf Unwissenheit oder aus Versehen begangen darstellen. Weiterhin sind drei Arten der Wahrscheinlichkeit zu unterscheiden: Entweder liegen Affekte zugrunde oder Gewohnheit oder Streben des Beschuldigten nach eigenem Vorteil. Wenn man dann liest, dass der Gegner schlechtgemacht werden soll, dass man Verleumdungen zerstreuen muss, dass man den Argumenten der anderen Seite mit Ironie begegnen möge, könnte man entnervt das Lesen beenden. Aber es entginge einem damit viel Provozierenderes. Wieder Originalton:

> Handelt es sich um das Heilige, muss man eine ungewöhnliche Sprache führen. Und zwar wird man entweder sagen, das Bestehende sei zu erhalten, oder es sei prächtiger oder einfacher auszugestalten. Tritt man ein für Beibehaltung des Bestehenden, wird man einen Anknüpfungspunkt mit dem Begriff ›gerecht‹ finden, indem man erklärt, es gelte in aller Welt als ungerecht, den Brauch der Väter zu verlassen, und alle Propheten wiesen die Menschheit an, Opfer nach überkommendem Brauch auszurichten … Tritt man dagegen für eine prächtigere Ausgestaltung der heiligen Gebräuche ein, so wird man für die Änderung des Überkommenen ehrenhafte Gründe haben, wenn man ausführt, das Vorhandene mehren bedeutet nie, es aufzulösen, sondern in seinem Bestand zu heben.

Wer will, kann sich »Vorwände für den Beginn eines Krieges« anhören – alternativ zu dessen Vermeidung. Oder er kann das Buch endgültig schließen. Es wäre falsch. Denn dem läge eine moralische (Ab)qualifizierung zugrunde, die kaum weiterhilft. Worum geht es Anaximenes? Es geht ihm um Juristenausbildung. Juristen müssen mit Fällen umgehen. Das Unangenehmste, was ihnen passieren kann, wäre sprachloses Zuhören angesichts eines gegnerischen Plädoyers. Dagegen verspricht Anaximenes wie seit den Tagen des Tesias Abhilfe.

Man kann sagen, dass die rhetorische Literatur der Antike die Möglichkeiten des Argumentierens so durchforstet hat, dass kaum noch Überraschungen denkbar sind. Man wusste, was man sagen konnte. Dafür bezahlte man sehr viel Geld und machte die Rhetoriklehrer reich, sehr reich. Platon hielt dies für ein Gegenargument oder machte jedenfalls über seine reichen Gegner Witze. Aber die Redner stellten sich auf genau diese Form des Argumentierens ein. Man wollte wissen, was sich alles sagen lässt. Und darauf antworten. Davon profitierten vor allem die Prozessredner, und natürlich eröffnete es alle Möglichkeiten, damit Schindluder zu treiben. Das Gleiche gilt für die Politik, die sich diese Form des Redens dankbar aneignete. Die großen Politiker, die noch kommen sollten, waren juristisch geschulte Redner, kannten ihr ABC. Angewandt wurde es für alle denkbaren Zwecke, für moralische wie unmoralische. Die Macht der Rede besaß damit jedenfalls eine ebenso wirkungsvolle wie schillernde Grundlage.

## *Exkurs zu Platons Kritik an der Rhetorik*

*Eben war von Platon die Rede, dem großen Gegner der Sophisten und Redelehrer. Sein Wirken begann nach dem Tod des Sokrates, dessen Schüler er war, also frühestens ab 399 (seine eigene Schule, die Akademie, gründete er nach 388). Er habe nichts verstanden, hieß es. Wirklich? Es ist schon schwierig: Wenn man Platon liest, kann man eher den Eindruck gewinnen, seine Gegner hätten nichts verstanden. Stets sind sie in den Dialogen die Dummen, und immer steht man als Leser auf Sokrates' Seite, wenn sich Polos etwa dazu versteigt, Gerechtigkeit als das Recht des Stärkeren zu definieren. Und wenn man erst daran denkt, wie Sokrates an diesem Musterbeispiel der Gerechtigkeit die Rhetorik als Schmeichelkunst anprangert und dabei höchst effektvoll auf sein eigenes künftiges Schicksal vorausdeutet: Er wird auf diese Schmeichelkunst verzichten, aber sein Tod wird ungerecht sein. In der Antike wurde kolportiert, ausgerechnet der große Lysias habe Sokrates eine Verteidigungsrede ausgearbeitet, die dieser jedoch zurückwies. Woran liegt dieses seltsame Spannungsverhältnis von Sympathie und Kritik? Folgen wir in der Philosophie gerne der »Wahrheit«, um sie bei nächster Gelegenheit in der Realität (einem konkreten Gerichtsprozess oder bei einer Wahlrede) zu verraten? Oder ist Platon vielleicht nur ein genialer Kopf, der aber statt in der Realität in den Wolken lebte, wie es Aristophanes meinte? Oder doch nur ein Feind der offenen Gesellschaft, ein falscher Prophet, als den ihn Karl R. Popper hinstellte?*

*Es gibt eine andere Lösung. Einmal abgesehen von der ungeheuren Anregekraft der platonischen Philosophie, die zum berühmten Diktum des britischen Philosophen und Logik-Spe-*

*zialisten Alfred North Whitehead führte, alle Philosophie bestehe nur aus »Fußnoten zu Platon«: Platon kannte und anerkannte im* Phaidros *die Notwendigkeit einer wirkungsvollen Rede, sprach selbst von »Seelenführung« als Voraussetzung des Kommunizierens. Nur war sein Thema ein anderes. Platon wusste um die Folgen der athenischen Demokratie, beschrieb sie letztlich genauso wie Aristophanes. Er hatte die Redner vor Augen, die als Demagogen Beschlüsse herbeiführten, die Athen ins Unglück führten. Er sah die Nachteile der Demokratie und plädierte für eine Herrschaft von Philosophen. Sein Fehler lag weder in der Polemik gegen die Demokratie noch in der Illusion einer Philosophenherrschaft. Sein Fehler lag darin, in diesem Punkt von einer Wahl zu sprechen. Die Antwort hat Churchill gegeben. Die Demokratie sei die schlechteste aller Verfassungen, ausgenommen alle anderen. Wie schlecht diese Verfassung gerade unter dem Gesichtspunkt des Redens und der Redner ist, hat Platon durchaus perfekt beschrieben.*

*Man muss sich nur an seine Schrift* Der Staat *halten, entstanden um 370 (also in der zweiten Phase der athenischen Demokratie, kurz vor dem Auftreten des Demosthenes und der großen Auseinandersetzung mit Philipp von Makedonien). Platon vertritt dort die Theorie vom Kreislauf der Verfassungen, wonach die Demokratie aus der Oligarchie entsteht, indem die Armen den Sieg über die verweichlichten Reichen davontragen (wie es Aristoteles genauso sah). Platon führt diesen Übergang tatsächlich auf Redekunst zurück. Ungebildete und schlecht erzogene Jünglinge ließen sich nämlich von gewitzten Unholden die größten Abwechslungen und Vergnügungen versprechen und würden deshalb Demokraten. Die rednerischen Voraussetzungen aber fasst Platon in ein einprägsames Bild von der Burg in der Seele dieser Jünglinge, die von den Rednern mit ihren Schmeicheleien in Besitz genommen werde. Und nun Platon selbst etwas ausführlicher im Dialog mit seinem Partner Glaukon:*

> *Und wenn von den Angehörigen her irgendeine Hilfe für das Sparsame in seiner Seele anlangt, so schließen jene hoffärtigen*

> *Reden die Tore der königlichen Feste in ihm … dagegen siegen sie im Gefecht und treiben dann die Scham, welche sie Dummheit nennen, ehrlos als Flüchtling hinaus, die Besonnenheit nennen sie unmännliches Wesen und jagen sie unter schimpflichen Behandlungen fort, Mäßigkeit aber und häusliche Ordnung stellen sie als bäurisches und armseliges Wesen dar und bringen sie über die Grenze, unterstützt von einer Menge nutzloser Begierden.*
>
> *Sehr gewiss.*
>
> *Haben sie nun die Seele des von ihnen Eingenommenen und Geweihten von diesen allen mit großem Aufwand ausgeleert und gereinigt, dann holen sie mit einem zahlreichen Chor und Übermut ein und die Unordnung und die Schwelgerei und die Unverschämtheit, glänzend geschmückt und bekränzt unter Lobpreisungen und süßen Schmeichelreden, indem sie den Übermut als Wohlgezogenheit begrüßen, die Unordnung als Freisinnigkeit, die Schwelgerei als großartige Lebensweise und die Unverschämtheit als mannhafte Zuversicht …*
>
> *Eine wahre Rede aber, fuhr ich fort, nimmt er nicht an, noch lässt er sie in seine Wacht, wenn eine etwa aussagte, einige Lüste rührten von edlen und guten Begierden her, andere aber von schlechten …; sondern hierüber hat er immer nur eine Antwort, dass sie alle einander ähnlich sind und auf gleiche Weise zu ehren …*

*Viel besser (auf jeden Fall kaum schöner) kann man die schädliche Wirkung von schädlichen Reden nicht beschreiben. Und Platon ist nicht damit fertig. Die Wortführer des Volkes würden mit ihrem Einfluss zu Tyrannen, die äußerste Freiheit (der Demokratie) verwandle sich in äußerste Knechtschaft. Dazu vergleicht er die Redner mit Bienen:*

> *Und die hitzigsten darunter reden und handeln, die anderen setzen sich um die Rednerbühnen her und summen und leiden nicht, dass jemand etwas anderes sage, so dass in einem solchen Staate bis auf einiges wenige alles von dieser Gattung verwaltet wird …*

*Daraufhin ergäben sich gegenseitige Anklagen, Rechtsstreitigkeiten und Kämpfe. Weiter:*

> *Pflegt nun dann nicht das Volk ganz vorzüglich immer einen an seine Spitze zu stellen und diesen zu hegen und großzumachen?*

*Dieser an die Spitze Gewählte führe das Gemeinwesen mit ungerechten Beschuldigungen und Verwandtenmord, locke mit Niederschlagung der Schulden und Verteilung der Grundstücke, werde so Parteihaupt gegen die Vermögenden. Weiter:*

> *Wird er nun nicht in der ersten Zeit wohl alle anlächeln und begrüßen, wem er nur begegnet, und behaupten, er sei gar kein Tyrann, und ihnen vielerlei versprechen, einzeln und gemeinsam, wie er denn auch Befreiung von Schulden und Verteilung von Äckern dem Volke gewährt und denen, die ihn umgeben, und wird sich gegen alle günstig und mild anstellen? … Dann regt er zuerst immer irgendeinen Krieg an, damit das Volk eines Anführers bedürfe … Wie sie aber in den anderen Städten umherziehen, die Volksmengen um sich versammelnd, so locken sie durch die schönen, starken und einschmeichelnden Stimmen, die sie sich noch dingen, die Verfassungen zur Tyrannei und Demokratie hinüber.*

*In der Tat: kein gutes Haar bleibt an der Demokratie – und schuld sind die Redner. Übrigens ist sich Platon in diesem Urteil sein Leben lang treu geblieben. Schon im* Gorgias *hatte er gesagt, dass ein Perikles dem Volk nur geschmeichelt, keineswegs das wahre Wohl verfolgt habe. Auch das könnte zutreffen. Aber einen entscheidenden Punkt hat er dabei wirklich nicht verstanden oder jedenfalls nicht ins Kalkül gezogen (außer in einer Nebenbemerkung im* Phaidros*). Dass es ein Konzept von Redekunst gibt, das beim Hörer ansetzt. Es ist eben das hier immer wieder beschworene europäische Konzept. Und dieses Konzept eröffnet nun einmal beide Möglichkeiten: die Demagogie und die Seelenführung. Es hat also keinen Zweck, gegen eine Rhetorik zu polemisieren, die die falsche Alternative wählt. Man kann nur eine grundsätzlich andere Alternative wählen, wie es beispiels-*

*weise Häuptling Seattle vorgeführt hat. Wer den europäischen Weg geht, geht dieses Risiko ein.*

*Und noch ein Punkt soll erwähnt werden. Man hat gesagt, Aristoteles habe den Fehler seines Lehrers korrigiert und gezeigt, dass eine wissenschaftliche Rhetorik möglich ist. Das ist grob falsch. Aristoteles hat überhaupt keine Rhetorik gelehrt, sondern in den ersten Zeilen seiner Schrift deutlich gemacht, dass er etwas ganz anderes im Auge hat: nämlich die (wissenschaftliche) Frage, was in Reden überzeugt. Und dabei hat er gezeigt, dass er das europäische Modell kennt und anerkennt. Denn Aristoteles geht ganz und gar vom Hörer aus. Nur beim Hörer entscheidet sich, wie die Rede ankommt. Aristoteles sagt es jedenfalls ganz deutlich. Sofern man das europäische Konzept zugrunde legt, ist derjenige Redner groß, der seine Hörer überzeugt, weil er weiß, was glaubhaft ist. Aristoteles kennt im Übrigen ganz genau die Abwege, die sich dabei eröffnen, hat selbst eine eigene Schrift dazu verfasst (die* Sophistischen Widerlegungen*). Aber sein Interesse ist ein anderes. Ihn interessieren mehr die Voraussetzungen gelingender Überzeugung als die misslingender. Er ist kein Gegner seines Lehrers. Er ergänzt ihn nur.*

## Argumentative Kunst bei Hitler

Es war von argumentativen Finten die Rede gewesen, die athenische Redner entwickelten und lehrbuchmäßig weitergaben. Auch in diesem Fall war es wie in der Stilistik: Wir können die Tradition über zweieinhalb Jahrtausende verfolgen. Einen lehrreichen Fall stellt Hitler dar, der keineswegs nur der schreiende Demagoge war, sondern sich mit einigen Finessen der Argumentationskunst bestens auskannte. An seinen Reden lässt sich dies immer wieder ablesen. Ich möchte vier behandeln, um auch etwas von dem Spektrum zu vermitteln, das dabei eine Rolle spielt.

Die erste Rede bezieht sich auf die Verteidigung vor Gericht nach dem gescheiterten Putsch vom 9. November 1923 in jenem Hochverratsprozess, der Hitler die äußerst milde Haftstrafe in Landsberg eintrug (wo er dann Rudolf Hess *Mein Kampf* diktierte). Josef Kopperschmidt, der Hitler das Prädikat des »großen« Redners entschieden abspricht, hat die Vorgänge perfekt analysiert – meines Erachtens im Widerspruch zu seinem abschließenden Urteil. Denn Hitler gelang genau das, was rhetorische Rede nach den ältesten Zeugnissen auszeichnet: Er machte die schwächere Seite zur stärkeren, funktionierte das reale Scheitern um in einen mentalen Sieg – und dies wie immer in rhetorischer Tradition unter Anknüpfung an die Sicht der Richter, bei denen er sehr rasch merkte, dass sie auf dem rechten Auge blind waren (und ihn unverständlicherweise bis zu vier Stunden reden ließen). »Ich stehe als Revolutionär gegen (die) Revolution«, sagte er schon am ersten Verhandlungstag und deutete damit den Putsch um als Reaktion gegen die Revolution vom 9. November 1918, bei dem der sozialdemokratische Abgeordnete Philipp Scheidemann aus einem Fenster des Reichstages die Republik ausgerufen und damit die Weimarer Republik eingeläutet hatte. Hitler war nie ein sicherer Formulierer, verhedderte sich oft in seinen Konstruktionen und Bildern. Aber vor diesem Gericht setzte er seine unsägliche Geschichtsklitterung in ebenso klare wie wirkungsvolle Antithesen um:

> ›Weltfriede!‹ Ja, Weltfriede auf unseren Leichenfeldern! ›Abrüstung!‹ Ja, Abrüstung von Deutschland zu seiner leichteren Ausplünderung! ›Selbstbestimmungsrecht!‹ Ja, Selbstbestimmungsrecht für jeden Negerstamm! Aber Deutschland zählt nicht zu den Negerstämmen, sondern steht unter ihnen. ›Völkerbund!‹ Ja, Völkerbund, aber als Garant für die Erfüllung der Friedensverträge, aber nicht als Garant für eine kommende bessere Weltordnung!

Und auch das klassische Paradox gelang ihm, wenn er die Frage stellte, ob eine Revolution gegen eine verbrecherische Revolution überhaupt Hochverrat bzw. eine Revolution gegen Hochverrat selbst Hochverrat sein könne – bis hin zur Feststellung, »dass der Hochverrat das einzige Verbrechen ist, welches nur bei Misslingen bestraft wird«. So bahnte sich Hitler den Weg, um zuletzt in pathetischen Anaphern das Kommen der Zeit anzukündigen, in der seine Bewegung nicht »die Beklagten«, sondern »die Ankläger« sein werden, um auch noch in unvergleichlichem Kitsch »die ewige Göttin des ewigen Gerichts« anzusprechen, die »lächelnd den Antrag des Staatsanwalts zerreißen« und ihn und seine Kumpane freisprechen werde. Man kann durchaus Ekel an solcherlei Tiraden empfinden. Rhetorisch waren sie, wie Kopperschmidt mit Recht sagt, ein »Meisterstück«.

Der zweite Fall ist die Rede vor dem Industrie-Club in Düsseldorf am 27. Januar 1932, also im entscheidenden Wahljahr. Hitler trat hier nicht als bloßer »Trommler« seiner Bewegung auf, schon gar nicht als der berüchtigte Schreier im Hofbräuhaus, für dessen Auftritt man Eintrittsgeld bezahlte. Hitler wollte sich als Staatsmann mit wirtschaftlichem Sachverstand profilieren und tat dies in einer offenen Denunzierung der Demokratie im Allgemeinen und der Weimarer Republik im Besonderen. Hitler stellte sich dabei wieder einmal perfekt auf Zuhörer ein, die wohl gespannt waren, was der eigenartige Aufsteiger als Alternative bot. Dem aber dient eine äußerlich perfekt geschlossene Argumentation. Ausgangspunkt: Nicht die Außenpolitik entscheidet über Gedeihen, sondern der Wert des Volkes. Der beruht auf dem Blut, wird erbmäßig übernommen. Weil es jedoch Verschiedenheit der Begabung gibt, bedarf es der Führung durch die dazu Berufenen, also keine Demokratie mit internationalistischen Bestrebungen. Zu all dem gehört eine lange Schlusskette mit pathetischen Wiederholungen:

> Damit aber ist es natürlich, dass, wenn die immer in der Minderzahl befindlichen fähigen Köpfe einer Nation wertmäßig gleichgesetzt werden all den anderen, damit langsam

> eine Majorisierung des Genies, eine Majorisierung der Fähigkeit und des Persönlichkeitswertes eintreten muss, eine Majorisierung, die man fälschlicherweise dann mit Volksherrschaft bezeichnet. Denn dies ist nicht Volksherrschaft, sondern in Wirklichkeit Herrschaft der Dummheit, der Mittelmäßigkeit, der Halbheit, der Feigheit, der Schwäche, der Unzulänglichkeit.

Es folgen weitere Argumente, sachlich reine Phantasmen, aber geradezu penibel logisch mit Wenn-Dann-Konstruktionen verbunden wie im folgenden Beispiel:

> Ist die Auffassung richtig, dass die menschliche Leistung unterschiedlich ist, muss es auch richtig sein, dass der Wert der Menschen im Hinblick auf die Hervorbringung bestimmter Leistungen verschieden ist. Es ist dann aber unsinnig, dies nur in bezug auf ein bestimmtes Gebiet gelten lassen zu wollen … Es ist vielmehr logisch, dass, wenn ich auf dem Gebiet der Wirtschaft die absolute Anerkennung der besonderen Leistungen als die Voraussetzung jeder höheren Kultur anerkenne, ich dann politisch ebenso die besondere Leistung und damit die Autorität der Persönlichkeit voranstellen muss.

Worauf Hitler bei der Verurteilung der Demokratie und ihrem angeblichen wirtschaftlichen Pendant, dem Kommunismus, anlangt. Es folgt die Ablehnung des Pazifismus, die Bedeutung des Lebensraums, der »Herrensinn« in Wirtschaft und Politik, die »Weltwirtschaftswende«, die »Drohung des Bolschewismus« bis hin zu Ausführungen zur »Willensbildung der Nation« und der »Kraft eines großen Ideals«. Immer wieder krönt er die Ausführungen mit zugespitzten Antithesen wie in der Schlussphase der mehr als zweistündigen Rede:

> Die Arbeitskraft unseres Volkes, die Fähigkeiten sind vorhanden, niemand kann unseren Fleiß bestreiten. Die politischen Voraussetzungen aber müssen erst wieder gestaltet werden; ohne sie werden Fleiß und Fähigkeit, Arbeitsamkeit und Sparsamkeit am Ende doch vergeblich sein. Denn eine

> unterdrückte Nation wird selbst die Ergebnisse ihrer Sparsamkeit nicht dem eigenen Wohl zuführen können, sondern auf dem Altar der Erpressungen, der Tribute, zum Opfer bringen.

Wenige Sätze später endet die Rede in einer Aufgipfelung von Anaphern und Doppelformeln mit der Drohung, diese Aufgabe erfüllen zu wollen

> unduldsam gegen jeden, der sich an der Nation und ihren Interessen versündigt, unduldsam gegen jeden, der ihre Lebensinteressen nicht anerkennt oder sich gegen sie stellt, unduldsam und unerbittlich gegen jeden, der diesen Volkskörper wieder zu zerstören und zu zersetzen trachtet – und im Übrigen zu Freundschaft und Frieden bereit mit jedem, der Freundschaft und Frieden will!

Der »stürmische, langanhaltende Beifall« belegt, dass die damaligen Industriellen höchst einverstanden waren. Hitler hat sie vermutlich keineswegs verführt, sondern ihnen schlicht aus der Seele gesprochen. Die Beglaubigung durch das logische Brimborium wird dabei die letzten Schamgefühle beschwichtigt haben.

Das dritte Beispiel ist die Rede zum 1. Mai 1933, deren Rahmenbedingungen schon angesprochen wurden. Hitler sprach unter größtmöglichem medialem Aufwand zu einem Massenpublikum, dessen gemeinsame Interessen nur von allgemeinster Art sein konnten. Dafür fand er die zur Tradition des 1. Mai passende Formel: Es gehe um die Ehre der Arbeit und des Arbeiters. Aber Hitler wäre nicht Hitler gewesen, wenn er diese Formel nicht »argumentativ« entfaltet, wenn er sie nicht in »eindrucksvollen« Gegensätzen ausgedrückt hätte wie diesen:

> Es mag einer tätig sein, wo immer – er soll und darf nie vergessen, dass sein Volksgenosse, der genau wie er seine Pflicht erfüllt, unentbehrlich ist, dass die Nation nicht besteht durch die Arbeit einer Regierung, einer bestimmten Klasse oder durch das Werk ihrer Intelligenz, sondern dass sie nur lebt durch die gemeinsame und harmonische Arbeit

> aller! … Nicht, was er schafft, sondern wie er schafft, das muss entscheidend sein.

Es gibt im Folgenden kaum drei Sätze, die nicht auf antithetische Zuspitzung hinausliefen, auf das »Aufbauen« im Gegensatz zum »Zerstören«, auf nationalsozialistische »Erhebung« im Gegensatz zu marxistischem »Hass«. Anaphern verbinden Aussagen zur »Auferstehung unseres Volkes« mit »Selbstgefühl« und Ablegung von »Minderwertigkeitskomplexen«. Wichtiges wird in einen Chiasmus gegossen (»Die Nation kann man heute vielleicht … in Ketten schlagen – beugen, demütigen kann man sie nicht mehr!«). In diesem Fall, vor diesem Riesenpublikum, geht Hitler über die Präsentation seiner logischen Kunststücke hinaus und sucht nach noch eingängigerer Kost. Die aber findet er bei einer religiösen Färbung seiner Rede. Zwischendurch klingt es mit dem Verweis auf das »tägliche Brot« an, zum Schluss öffnet er die Schleusen zu einem unsäglich kitschigen Finale, zu dem sogar ein Stück Überbietung des Christentums gehört:

> Wir bitten nicht den Allmächtigen: ›Herr, mach uns frei!‹ Wir wollen tätig sein, arbeiten, uns brüderlich vertragen, gemeinsam ringen, auf dass einmal die Stunde kommt, da wir vor den Herrn hintreten können und ihn bitten dürfen: ›Herr, Du siehst, wir haben uns geändert. Das deutsche Volk ist nicht mehr das Volk der Ehrlosigkeit, der Schande, der Selbstzerfleischung, der Kleinmütigkeit und Kleingläubigkeit. Nein, Herr, das deutsche Volk ist wieder stark in seinem Willen, stark in seiner Beharrlichkeit, stark im Ertragen aller Opfer. Herr, wir lassen nicht von Dir! Nun segne unseren Kampf um unsere Freiheit und damit unser deutsches Volk und Vaterland!‹

Und noch ein letztes, das vierte Beispiel mag die argumentativen Finten Hitlers zusammen mit seinem Eingehen auf seine Zuhörer demonstrieren. Es handelt sich um die Rede zum 17. Jahrestag des Beginns der nationalen Erhebung (sprich: der Parteigründung nach der Machtergreifung 1933) am 24. Februar 1937. Dabei sprach Hitler vor einem geschlossenen Publikum, vor den »alten Kämpfern« im Münchner Hofbräuhaus, die es zu nichts anderem zu überreden galt als zu ihrer weiteren »Treue«. Man war also unter sich, aber auch in diesem Fall verzichtete Hitler nicht auf eine rhetorische Gestaltung seiner Rede, die wohl die intellektuelle Potenz als Grundlage seines Führungsanspruchs unter Beweis stellen sollte. So geht er auf Kritik ein, auf den nicht behobenen Rohstoffmangel und kontert nicht nur mit einem »Grund«, sondern beendet das Thema mit humorvollen Bemerkungen, die sich so selten bei ihm finden (so dass Kershaw ihm jeden Humor absprach):

> Wir haben so viel Rohstoffe, viel mehr als früher, aber wir verarbeiten heute mehr als früher. Das ist der ganze Grund! (Lebhafter Beifall) Denn glauben Sie, dass etwa unsere ganzen (sic) Hochöfen, die nun seit Jahr und Tag wieder qualmen, glauben Sie, dass man die – ich weiß nicht – mit Laub oder etwas heizt?

Auch zu Engpässen bei der landwirtschaftlichen Produktion fällt ihm nicht nur ein Grund, sondern auch ein Witz ein:

> Wenn natürlich einmal ein Regenjahr kommt oder meinetwegen eine Missernte, dann können ja wir nichts dafür. Wo anders ist das auch (sic), und dass zu gewissen Jahreszeiten einige Tiere so unvernünftig sind, entweder weniger Eier zu legen oder weniger Milch zu geben, dafür können wir ja auch nichts. (Lachen)

Es gibt also eine Interaktion mit dem Publikum, ein Herauskitzeln von Reaktionen, die das Einverständnis unterstreichen bzw. steigern. Das probateste rhetorische Mittel dazu ist die direkte Ansprache, die Hitler denn auch geradezu klassisch ins Spiel bringt und vor allem mit einer provozierenden Antithese abschließt:

> Und vielleicht gibt es den einen oder anderen …, der sagt: »Diese Rüstungen, diese fortgesetzten Rüstungen!« – Ja, ja, ja, ja, mein lieber Freund, das ist eben der Unterschied! Ihr habt seinerzeit für eure Reparationen das Ausland aufgerüs-

> tet, und ich rüste jetzt Deutschland auf. Das ist der Unterschied! (Lebhafter Beifall)

Auch das direkt nachfolgende Spiel mit dem kritischen Slogan »Kanonen oder Butter« dient nur als Steilvorlage für die Aussage »Kanonen oder Versklavung!« Bei so viel eingeheimstem Einverständnis wagt Hitler sogar etwas, was er sonst tunlichst vermeidet: Ironie. So höhnt er über »Esperanto-Sprachen des Friedens, der Völkerverständigung, der Völkerversöhnung« in Genf:

> Es hat sich herausgestellt, dass man diese Sprache eben doch nicht so gut international versteht. Erst seit wir eine große Armee besitzen, versteht man unsere Sprache jetzt wieder. (Beifall) Jetzt können wir uns erst mit den anderen verständigen.

Dazu passt dann das zynische Bild vom »friedliebenden, aber in Erz und Eisen gepanzerten Engel«, das Deutschland in der Welt gebe, worauf selbstverständlich »langanhaltender Beifall« folgt. Man dankt Hitler offenbar nicht nur für die bekannte Botschaft, man bewundert auch die Art, in der er sie formuliert, ja stützt offenbar einen Teil der Anerkennung auf diese Form von Intellektualität. Auch die Häme, die Hitler gegenüber demokratischen Abgeordneten als »Ratschbasen« äußert, dient wohl der Befestigung des Einverständnisses – in diesem Rahmen kann er eine Bejubelung des »tapferen« Angriffs voraussetzen.

Um zu einem Fazit zu kommen: Hitler beherrscht ein erhebliches Repertoire an rednerischen Facetten. Man könnte zum Schluss noch die immer wieder vorgetragene Erzählung vom Aufstieg der »Bewegung« aus den Anfängen zum alles fortreißenden Strom hinzufügen, die in Kurzform auch der Düsseldorfer Rede eingefügt ist (»… da ich mit sechs unbekannten anderen Menschen diesen Verband gründete, da ich vor 11, 12, 13, 14, 20, 30 und 50 Menschen sprach …«). Man weiß, welche Rolle solche biographischen Einlagen in den Reden amerikanischer Präsidentschaftskandidaten spielten und im Falle

Barack Obamas regelrecht zum Markenzeichen wurden (wie noch zu zeigen ist). Hitler, darauf kommt es hier an, beherrschte diese Kunstelemente, setzte sie ein und verdankt ihnen einen Teil seines Erfolgs. Man hat deshalb immer wieder diskutiert, ob man bei ihm trotz der ungeheuren Verbrechen, auch trotz der abstoßenden Züge seiner Auftritte von einem großen Redner sprechen kann. Gibt es Größe ohne Moral, bei bloßem Erfolg? Was will das Prädikat der Größe im Zusammenhang von Redekunst überhaupt besagen? Soll man es mit Bertolt Brecht halten, der Hitler nicht als »großen Verbrecher« gelten lassen wollte, sondern als einen »Verüber großer politischer Verbrechen«? Es gibt jedenfalls höchst unterschiedliche Antworten, auch Resignation – ja im rhetorischen Bermudadreieck von Erfolg, Moral und Größe sind schon ganze Theoriegeschwader untergegangen. Ich möchte trotzdem eine Antwort versuchen.

## *Exkurs zur Größe von Rednern*

*Josef Kopperschmidt hat zu diesem Thema einen ebenso fundierten wie interessanten Beitrag innerhalb des von ihm herausgegebenen Buches* Hitler der Redner *vorgelegt. Der Beginn ist furios:*

> *Also: war er nun ein großer Redner oder nicht? Natürlich nicht! Fiele das Ergebnis meiner redekritischen Überlegungen anders aus, ich würde es aus Scham nicht publizieren. Denn alles in mir sträubt sich dagegen, einen der größten Verbrecher in der deutschen Geschichte einen großen Redner zu nennen.*

*Man kann diese Formulierung gut verstehen. Aber man muss sie nicht richtig finden, denn Kopperschmidt selbst hat das Werkzeug zur Verfügung gestellt, sie zu widerlegen: seine eigene Analyse der Reden Hitlers vor Gericht. Dabei nämlich spricht Kopperschmidt (wie bereits zitiert) von einem rhetorischen »Meisterstück« und hat auf jeden Fall recht damit. Wie aber soll einem Redner, dem ein Meisterstück gelingt, die Größe abgesprochen werden? Oder worin genau soll Größe im Falle der Redekunst bestehen?*

*Auch darauf hat Kopperschmidt eine Antwort gegeben. Sie fußt auf einer systematischen und einer historischen Überlegung. Systematisch sieht Kopperschmidt ein entscheidendes Merkmal von großer Redekunst in der Fähigkeit des Redners, an das Denken seiner Zuhörer anzuschließen, womöglich dieses Denken klarer zu äußern, als es die Hörer zuvor vermochten. Dafür kann er sich sogar auf den promovierten Germanisten Josef Goebbels berufen, der Goethes* Torquato Tasso *zitierte, um Hitlers Erfolgsrezept zu benennen: »Ihnen gab ein Gott, zu sagen, wie wir leiden. Sie fassten unsere Qual in erlösende Worte.« Kopperschmidts Fazit lautet:*

> *Rhetorische Kompetenz ist so gesehen immer Anschlusskompetenz, wobei solche Anschlusskompetenz natürlich ein Anschließen-Können sowohl an materiale Plausibilitätspotentiale wie an formale, psychosoziale, situative, strukturelle usf. Redeansprüche umfasst.*

*Aber Anschluss allein bringt nur Erfolg, und Kopperschmidt möchte sozusagen nicht auf dem Erfolgsargument sitzenbleiben, weil dann die Größe Hitlers unausweichlich wird. Stattdessen geht Kopperschmidt die Tradition durch, mustert das antike Ideal des* orator perfectus *bei Quintilian, das zur These führte, große Rede sei ohne Moral gar nicht möglich, verbrecherische Menschen könnten also auch nicht reden. So weit will Kopperschmidt nicht (mehr) gehen, sondern knüpft an einen modernen Gedanken an, den Jakob Burckhardt ins Spiel gebracht hat, um Größe bei Politikern definieren zu können: »(Die) großen Individuen sind die Koinzidenz des Allgemeinen und des Besonderen«, insofern sich in ihnen »die Geschichte zu verdichten (beliebe)«. Was aber wäre beim Redner ein Äquivalent für das »Allgemeine«? Antwort von Kopperschmidt mit Blick auf einen der gegenwärtigen Erneuerer der Rhetorik, Chaim Perelman: Groß ist, was legitime Geltung hat, und das bedeutet: was »in einem strukturell uneingeschränkten Diskurs … allgemeine Zustimmung finden« könne. Damit sind die Kriterien nun für Kopperschmidt zusammen, und zwar genau drei: Zur Größe eines Redners gehört erstens der Erfolg, zweitens Einflussreichtum und drittens Bedeutsamkeit im Sinne einer »Anschlussfähigkeit an das diskursive Evolutionspotential von Gesellschaften, indem er es für universalisierbare Problemlösungen überzeugend zu aktivieren vermag«. Bei Hitler aber fehle der dritte Punkt. Das Fazit lautet:*

> *Hitler als Typ des charismatischen Führer-Redners ist nicht anschlussfähig und insofern ist er auch redegeschichtlich ein Anachronismus, der den in Deutschland fälligen Prozess der Diskursivierung des öffentlichen Redens aufgehalten und stattdessen die Entpolitisierung der Politik (bzw. die Erlösung von Politik) durch deren Sakralisierung, Mythisierung, Äs-*

*thetisierung, Theatralisierung etc. gefördert hat ... Hitler ist auch als Redner nicht nur deshalb nicht groß zu nennen, weil er nichts Großes hinterlassen hat, sondern auch, weil er das, woraus Große vielleicht Großes gemacht hätten, so nachhaltig verhunzt hat.*

*Ich bezweifle kein einziges Detail dieser Diagnose, wohl aber das Ergebnis. Würde man dieses Kriterium von Größe nun selbst verallgemeinern und zur Latte machen, an der die in diesem Buch behandelten Redner gemessen werden sollen, bliebe nicht mehr viel übrig von großen Rednern. Es ist sehr zweifelhaft, ob selbst die größten, Demosthenes und Cicero, bestehen könnten. Auch bei Caesarius von Arles oder Berthold von Regensburg, bei Robespierre oder Otto von Bismarck hätte ich Zweifel, ob ihre Reden dem Maßstab der Universalisierbarkeit genügen. Universalisierbarkeit gehört jedoch nicht in die Rhetorik, sondern in die Philosophie. Die Rhetorik war jedenfalls nach den Klassikern als ein Instrument gedacht, das Wissen unter Bedingungen mangelnder Zugänglichkeit für die Praxis zur Verfügung stellt. Daher stellt sich das Problem der Universalisierbarkeit nicht, beruht meines Erachtens auf einer Verwechslung mit etwas, was in der Tat für die Rhetorik höchst bedeutsam ist: mit dem* Gebrauch, *den die Vielen vom Vorgetragenen machen – wenn man so will: nicht eine universalistische, sondern eine pragmatische Form der Anerkennung. Die Folgerung ist allerdings irritierend. Wir bekommen damit bedeutende Redner, die Verbrecher waren. Oder anders ausgedrückt: Es gab und gibt Verbrecher, die gut reden können. Und der peinlichste Redner dieses Schlages ist Hitler. Man könnte auf den Gedanken kommen, den Begriff der Größe im Falle von Rednern einfach zu streichen.*

*So viel scheint klar: Hitlers Reden waren verbrecherisch. Es ist ein Wettbewerb um den Ausdruck des Abscheus gegenüber seinen Reden entstanden, den meines Erachtens schon Thomas Mann mit seinem Wort von der »angewiderten Bewunderung« gewonnen hat. Ich meine, dass damit aber auch für die Frage nach dem »großen Redner« der Antwort die Richtung gewiesen ist. Es gibt eine Bewertung von Redekunst als Kunst, die auch die demagogischste Verzerrung menschlicher Rede nicht berührt. Zu dieser Kunst gehört nicht das Erfordernis, das wir der Wissenschaft zuschreiben: die Universalisierbarkeit der Aussage bzw. das Bemühen darum. Zu dieser Kunst gehören zwei Hauptfaktoren (die in der Wissenschaft höchstens nebensächlich sind): der Ansatz beim Publikum und der Erfolg. Hitler hat diese Punkte erfüllt. Das eigentlich Verwunderliche ist, dass dieser Erfolg neben allem anderen auch an Elemente der Kunst gebunden war, die seit der Antike in Europa als rhetorisch gelehrt und erwartet wurden. Man kann Hitler Schwächen bei der Erfüllung nachsagen, aber man kann nicht behaupten, dass Hitler ohne Elemente rhetorischer Kunst ausgekommen wäre. Um es noch anders auszudrücken: Wie auch immer man das Überreden der sehr verschiedenen Zuhörer, die »Verführung des deutschen Volkes«, deutet: Dazu gehörte, dass Hitler nicht nur wusste, was sein Publikum wollte, sondern dass er sich in Traditionen stellte, die seiner Rede Autorität allein aufgrund ihrer Form verliehen. Oder noch anders: Ganz so leicht erlag das Volk diesem »Führer« dann doch nicht. Er musste schon in eine bewährte Rolle schlüpfen.*

# Gorgias und Martin Luther King

## Die »Zauberei« des Gorgias

Zuletzt stand bevorzugt die argumentative Seite der Redekunst im Blick, die kunstvoll verwendete Logik. Wie wir von Aristoteles und Cicero wissen, gibt es die zweite Errungenschaft, die beim Überreden mithilft: die sprachliche Gestaltung dieses Sprechens, die Stilistik. Auch in diesem Punkt hat es früh einen überragenden Lehrmeister gegeben: Gorgias, den Sizilianer, von dem schon die Rede war. Gorgias lernte offensichtlich auch von Tesias, kennt sich jedenfalls mit logischen Finessen, dem Umgang mit Wahrscheinlichkeiten bestens aus (wie man sich besonders anhand seiner weniger bekannten Rede, der *Verteidigung des Palamides* [gegen Odysseus], überzeugen kann). Aber er erhielt Applaus für etwas anderes, als er in Athen und ganz Griechenland auftrat: für seine Sprachkunst. Noch Jahrhunderte später benannte man gewisse stilistische Finessen nach ihm. Es sind die berühmten Gorgianischen Figuren. Sie gehören zum europäischen Konzept des Redens genauso wie die logischen Finessen. Und sie gehören dazu aus dem gleichen Grund. Sie befestigen Autorität. Wer zukünftig überzeugen will, sollte möglichst beides können: sicher argumentieren und brillant formulieren.

Von Gorgias sind drei Reden komplett und weitere in Fragmenten erhalten. Darunter befinden sich keine Reden, die vor der Volksversammlung oder vor Gericht vorgetragen worden wären. Möglich, dass Gorgias bei seinem Gesandtschaftszug nach Athen als politischer Redner auftrat. Aber wir kennen von ihm nur diese andere Seite der Redekunst: die Schaurede, ja die Show. Er trat jedenfalls in einem Purpurmantel auf und wurde so reich, dass er sich eine goldene Statue in Delphi aufstellen lassen konnte. Es ist kein Zufall, dass Platon gerade ihn aussuchte, als er mit dem *Gorgias* seinen wichtigsten Dialog über bzw. gegen die Rhetorik verfasste. Der Angesprochene war eben der berühmteste Redner seiner Zeit und könnte diesen Dialog noch selbst gelesen (und darüber geschmunzelt) haben, denn Gorgias wurde uralt, starb mit 106 Jahren 376. Viele bedeutende Politiker und Juristen haben sich an ihm geschult. Erst relativ spät setzt Kritik ein an einer gewissen Überladenheit oder auch am Formalismus dieses Stils. Aber Gorgias hat das Tor geöffnet. Es gibt nicht nur die logische Seite beim Sprechen, es gibt auch diese ästhetische, ja sinnliche. Man lässt sich als Hörer sowohl von einem kühnen Argumentationsweg beeindrucken wie von funkelnder Sprache (und am besten von beidem gleichzeitig). Den raffinierten Argumentationsweg kannte man. Die funkelnde Sprache, die sprachliche »Zauberei« brachte Gorgias.

Man hält sich dabei am besten an seine berühmteste Rede, an sein *Lob der Helena*, wahrscheinlich vor athenischem Publikum nach seinem Eintreffen 427 gehalten. Diese Rede verdankt ihren Ruhm zweifellos ihrer Heldin. Helena war in Griechenland ein Reizthema (aber nicht, wie man aufgrund der sprichwörtlichen Schönheit denken könnte). Sie hatte ihren Ehemann Menelaos verlassen und war Paris nach Troja gefolgt, worauf viele griechische Helden bei der Rückholaktion in Troja starben. Und eine solche Frau loben? Eben, nur so konnte man berühmt werden. Denn Gorgias fand fast spielerisch die argumentativen Wege, Helena reinzuwaschen. Wieso schuldig? Wo Helena nur Spielball des Schicksals war, wo sie der Gewalt wich oder noch weniger schuldhaft: der Überredungskunst, schließlich der Liebe. Nur Spießer konnten diese Frau für schuldig halten. Und die Athener wollten alles sein, nur keine Spießer.

Aber mit dieser Argumentation allein wäre Gorgias nicht

berühmt geworden, das konnten andere auch, wenn nicht besser. Gorgias sagte es nämlich durchaus anders als gewohnt (und gibt mitten in diesen Ausführungen auch noch Erläuterungen, warum sie so schön sind). Jedes Wort, jeder Satz ist abgezirkelt. Man hat fast den Eindruck, die Inhalte dienen nur als Anlass, sie in Musik zu verwandeln, in große Oper. Dies bezieht sich auf das, was man in der späteren Rhetoriktheorie als Tropen und Figuren unterschieden hat. Schlichte Wörter kann man durch glänzende ersetzen, einfache Inhalte beispielsweise durch schöne Bilder (wie bei der Metapher). Weiter aber kann man Sätze manipulieren oder frisieren. Man kann sie antithetisch konstruieren, Wiederholungen einflechten (wie bei der Anapher), man kann mit den Wörtern im Satz spielen (bei der Paronomasie) oder zusammengehörige auseinanderreißen (wie beim Hyperbaton). Und schließlich kann man in Klängen schwelgen, antithetisch Gegenübergestelltes auch noch gleich oder ähnlich klingen lassen (beim Homöoteleuton). Und all dies aus einem einzigen Grund: um beim Hörer Autorität zu gewinnen, aus der heraus er dem Redner zustimmt. Etwas zugespitzt formuliert: Zum argumentativen Punch fügt Gorgias den klanglichen Rausch hinzu und erklärt den letzteren auch noch klar zum wichtigeren Teil.

Um es an Beispielen zu demonstrieren, wähle ich zunächst den Beginn der Rede:

> Zier – das ist für eine Stadt die gute Mannschaft, für einen Körper Schönheit, für die Seele Weisheit, für ein Ding Tauglichkeit und für die Rede Wahrheit … An Mann und Frau und Rede und Tat und Stadt und Ding muss man, was des Lobes wert ist, mit Lob ehren, dem Unwerten dagegen Tadel entgegenbringen. In gleichem Maß nämlich ist es Verfehlung und Unverstand, zu bemäkeln, was gelobt, und zu loben, was getadelt gehört.

Merkt man die Spielereien? Die Aufzählungen mit Wiederaufnahme des gerade Aufgezählten, wonach die Sätze klingen wie Glockengeläut? Und im letzten Satz die Kreuzstellung, den

Chiasmus (»zu bemäkeln, was gelobt, und zu loben, was getadelt gehört«, im Griechischen natürlich noch schöner: *memphesthai te ta epaineta kai epainein ta mometa*)?

Dann der Übergang zum Thema, bei dem Gorgias zunächst einmal zum Ausdruck bringt, dass er nichts Bekanntes wiederholen will. So liest man: »denn den Wissenden zu sagen, was sie wissen, hat zwar Glaubwürdigkeit für sich, bringt aber keinen Genuss«. Das ist nicht nur spielerisch antithetisch gesagt, sondern enthüllt auch das Programm: Es gibt Glaubwürdigkeit und es gibt Genuss – und vor allem eine klare Rangordnung, bei der der Genuss oben steht.

Wie steht es um die Argumentation? Gorgias beginnt mit der Rolle des Schicksals bzw. konkret mit dem Willen der Götter. Da gilt das Argument, dass man unmöglich beschuldigt werden kann, wenn man dem Stärkeren weicht. Stimmt, ist aber langweilig. Gorgias macht daraus gleich zwei parallel gebaute Antithesen, also Chiasmen mit kräftigem Durchschütteln von nur zwei Wörtern, auf die es ankommt:

> Von Natur aus gilt nämlich, dass nicht das Stärkere vom Schwächeren gehindert, sondern das Schwächere vom Stärkeren beherrscht und geleitet wird, und also das Stärkere führt, das Schwächere aber folgt.

Dann das Argument des Raubes mit Gewalt, sozusagen der nächsten Form von Gewalt nach der der Götter. Natürlich ist Helena unschuldig, wenn sie der Gewalt folgte, nur kann man das schöner sagen (ich zitiere nur den Schluss der Passage mit zwei Antithesen, die erste als Parallelismus, die zweite in Kreuzstellung):

> Denn er tat das Ungeheuerliche, sie aber litt es; gerecht ist es folglich, sie zu bedauern, ihn jedoch zu hassen (weil es im Griechischen so schön klingt: *ho men gar edrase deina, he de epathe; dikaion oun ten men eiktirein, ton de misesai*).

Weiter das Argument der Überredung. Man kann sich denken, dass Gorgias dabei in seinem Element war. Der Überredung nachgeben? Was kann es Selbstverständlicheres geben, wenn einer denn reden kann? Und so hören (nein, leider: lesen) wir eine der grandiosesten Lobreden über die Redekunst überhaupt:

> Man muss es aber den Hörern auch an einer (geläufigen) Ansicht zeigen: Die gesamte Dichtung erachte und bezeichne ich als Rede, die ein Versmaß hat. Von ihr aus dringt auf die Hörer schreckenerregender Schauder ein und tränenreiche Rührung und wehmütiges Verlangen, und in Fällen von Glück und Unglück für fremde Angelegenheiten und von fremden Personen leidet die Seele stets, vermittelt durch Reden, ein eigenes Leiden. Wohlan, ich will von der einen zu einer anderen Art von Rede überwechseln:
>
> Die göttlichen Beschwörungen durch Reden nämlich werden zu Freudebringern und Entführern von Leid; denn vereinigt sich die Wirkkraft der Beschwörung mit der Ansicht der Seele, so betört und bekehrt und gestaltet sie die Seele um durch Zauberei.

Punkt und Ende der rhetorischen Erläuterung, weil jeder die vielen Antithesen und sonstigen Wiederholungen leicht selbst findet. Erläutert werden muss allerdings das Grundsätzliche, dieses Vertrauen in den Klang. Gorgias gibt dazu das entscheidende Stichwort: Er spricht von der Seele. Man muss natürlich fragen, was er sich dabei denkt. Aristoteles hat (mit Bezug auf pythagoreische Vorstellungen über die Macht von Zahlen, aber das ist ein schwieriges Kapitel) ein ganzes Büchlein dem Thema gewidmet, woraus nur so viel hervorgehoben werden soll. Es geht um das zentrale »Organ« des Verstehens. Das Auge sieht, das Ohr hört, die Hand tastet und so fort, aber alles kommt in der Seele an. Und nun das Entscheidende: Die Seele »entspricht« den Eindrücken von außen, befindet sich in einer gewissen Harmonie damit. Noch anders: Was von außen in die Seele eindringt, findet Widerhall, weil die Seele diesem Außen gewissermaßen entgegenkommt. Und nun ganz zugespitzt: Die Welt ist nicht (wie für uns Moderne) irgendwie da, sondern sie ist für uns gemacht. Klänge werden also deshalb »verstanden«, weil die Seele dafür disponiert ist, weil sich Welt und Seele regelrecht entsprechen. Das aber kann und muss man ausnutzen. Verstehen kommt zustande ebenso über den Verstand wie über die Sinnlichkeit.

Gorgias bezeichnet das wörtlich als »Zauberei«, woraufhin er als der große Wortzauberer hingestellt wurde. Nicht schlecht, aber auch nicht unmissverständlich. Jedenfalls wäre es ganz verfehlt, dies so aufzufassen, als handle es sich um eine persönliche Begabung oder gar um etwas irgendwie Übermenschliches. Es ist eher etwas schlicht Natürliches, schöpft aus, was die natürliche Sprache an Steigerungsmöglichkeiten enthält, die sich in Regeln fassen lassen. Und Gorgias plaudert die Regeln aus, ja führt die Betriebsgeheimnisse der Stilistik vor. Die Gorgianischen Figuren sind so gesehen nichts anderes als die technischen Erweiterungsformen sprachlicher Kunst. Gorgias hat sie entdeckt, systematisiert, perfektioniert, sonst nichts. Seither gehören sie zu den Möglichkeiten des europäischen Redners und – wieder einmal von gleicher Bedeutung – zu den Erwartungen des europäischen Publikums. Nach Gorgias konnte man auch anders reden. Aber dies hatte dann ebenfalls eine Bedeutung: Man wollte mit dem Verzicht auf Glanz etwas betonen, die Aufrichtigkeit zum Beispiel. Schmucklose Rede ist damit für europäische Hörer genauso markiert wie geschmückte. Mit Gorgias hat die europäische Redekunst jedenfalls endgültig ihre Unschuld verloren (wofür wir schon einen Häuptling Seattle brauchen, um dies zu entdecken).

Nach diesen Erläuterungen ist man vielleicht besser gewappnet, die noch viel weitergehenden Behauptungen von Gorgias über die Macht der Rede zu verstehen. Ich will wieder zitieren, um der inhaltlichen Seite die stilistische gleich hinzuzufügen, denn Gorgias begründet nicht nur, er »singt« das Lob der Redekunst:

> Auch die Helena erreichte ein Hymnos, als sie gleichermaßen ohne Besinnung war, wie wenn sie durch die Gewalt von Gewaltmitteln geraubt worden wäre. Denn das Mittel

der Bekehrung stand zur Verfügung: sogar wenn die Vernunft weiß, dass es einen Zwang bedingen wird, hat es doch dieselbe Wirkkraft. Rede nämlich, die Seele-bekehrende, zwingt stets die, die sie bekehrt, den Worten zu glauben und den Taten zuzustimmen. Wer also bekehrte, tat, weil er Zwang ausübte, Unrecht, während die Bekehrte als durch die Rede gezwungen grundlos in schlechtem Rufe steht …

Im selben Verhältnis steht die Wirkkraft der Rede zur Ordnung der Seele wie das Arrangement von Drogen zur körperlichen Konstitution: Denn wie andere Drogen andere Säfte aus dem Körper austreiben, und die einen Krankheit, die anderen aber das Leben beenden, so auch erregen unter den Reden die einen Leid, die andern Genuss, und dritte Furcht, und wieder andere versetzen die Hörer in zuversichtliche Stimmung, und noch andere berauschen und bezaubern die Seele mit einer üblen Bekehrung.

Ein starkes Bild: die Rede als eine Form von Gewalt, verabreicht als Droge! Man hat darauf hingewiesen, dass Gorgias' Vater Arzt war, dass der Sohn also das Sprechen aus der Sicht des Heilens betrachtete. Dies klingt überzeugend, ändert aber nichts daran, dass die harmlos scheinende Metapher von der Macht der Rede damit einen eigenartigen Klang erhält. Es gibt also in dieser Welt, die kompliziert ist und voller Widrigkeiten, ein Mittel zum Überleben, ein radikales, aber letztlich friedliches. Das jedenfalls hat Platon nicht bedacht, sondern die Lösung eher von einer anderen Art des Redens erwartet, vom logischen Denken her. Dem erteilt Gorgias eine Absage. Aber es ist eine triumphale. In gewissem Sinne ist es der Triumph der Ästhetik über die Logik, eine Logik, die in der Welt überfordert scheint. Für die Logik (die man mühsam lernen muss) sind die Wenigsten geschaffen, für die Ästhetik (die dem Menschen geschenkt wird) dagegen alle. Und so holt Gorgias aus zum Lob der Helena, was in Wirklichkeit ein Lob der Redekunst darstellt. Wir wissen nicht, ob die Athener ihn in diesem

Punkt verstanden bzw. durchschaut haben. Aber die Methode hat funktioniert. Die Zuhörer waren jedenfalls begeistert.

Wer nun glaubt, Gorgias habe übertrieben und das Konzept der Stilistik sei vielleicht doch nur ein zufälliger Bestandteil der europäischen Redekunst geworden, sei mit wenigstens einer einzigen weiteren Stimme zum Thema konfrontiert. Diese Stimme gehört Cicero, und zwar in seiner Rhetorikschrift, die (im Gegensatz zu *De oratore*, Vom Redner) lediglich als *Orator*, Der Redner, bezeichnet ist. Ich lasse hier das Problem beiseite, dass sich Cicero in dieser Schrift gegen einen Vorwurf wehrte, nämlich den: dem Asianismus im Gegensatz zum Attizismus anzuhängen, also einer schwülstigen Redeform im Gegensatz zu einer maßvollen. Cicero will Attizist sein, aber das Entscheidende ist dabei, dass (auch) dieser Attizismus nicht auf das verzichtet, was Gorgias entdeckt und ausbuchstabiert hat: nämlich den Klangreiz. Cicero verteidigt also die Gorgianischen Figuren, verteidigt Wohllaut und Rhythmus als Fundament einer klangschönen (neben einer argumentativ perfekten) Rede.

Man muss sich einmal in die Argumentation hineinlesen. Zunächst also der Wohllaut, mit dem die Vorstellung verbunden ist, dass es schönere und weniger schöne Laute gebe, die schöneren aber eben zu bevorzugen seien. Cicero führt Beispiele dafür an, unter welchen Umständen man systemgerechte Formen opfern dürfe/solle, um wohlklingendere zu bieten (ohne Latein geht jetzt nichts):

> *Isdem* wäre korrekter, aber nicht *eisdem*, was zu breit wäre. *Isdem* klang nicht gut: der Sprachgebrauch erreichte es, dass man um des Wohlklangs willen etwas Fehlerhaftes sagen darf. Ich würde auch lieber sagen *pomeridianas* und *quadrigas* als *postmeridianas* und *quadriiugas* und *mehercule* lieber als *mehercules*. *Non scire* klingt heutzutage barbarisch, *nescire* dagegen angenehmer. Und warum denn *meridiem*? Und nicht *medidiem*? Ich glaube, weil es unangenehmer klänge.

Der Maßstab ist also das Ohr, wobei Cicero wie Gorgias ganz selbstverständlich (aber deshalb nicht unbedingt auch zu

Recht) die Natürlichkeit dieses Urteils unterstellt. Ganz ähnlich aber schätzt er die rhythmischen Qualitäten der Rede ein, die Periodisierung im Aufbau eines Satzes mit den Kunststückchen von Parallelismen, Antithesen, Chiasmen und so fort. Hier wieder Cicero selbst:

> Wer diese Dinge [die rhythmische Gliederung geordneter periodisierter Rede] nicht selbst empfindet – ich weiß nicht, was für eine Art Ohren der besitzt, ja überhaupt, was Menschenähnliches an ihm zu finden ist! Meine eigenen Ohren wenigstens genießen eine vollkommen abgerundete Periode, sie bemerken Lücken und mögen Überflüssiges gar nicht. Was sage ich denn ›meine‹ Ohren? Oft genug habe ich ganze Volksversammlungen in Beifall ausbrechen sehen, wenn eine gut abgerundete Periode gelang. Denn die Ohren erwarten, dass der gedankliche Gehalt eines Satzes durch die Wörter zusammengefasst wird.

Es gibt also einen Wohlklang allein aufgrund des lautlichen Substrats von Wörtern, und es gibt einen Wohlklang, der durch Zusammenfügung von Wörtern entsteht, also den Rhythmus. Beides wird von den Ohren aufgenommen, wobei wieder diese alte pythagoreische Vorstellung von der Disposition der Seele zugrunde liegt. Die Natur selbst, so sagt es Cicero einmal mehr, habe das Urteilsvermögen »über Länge und Kürze der Klänge ebenso wie über Höhe und Tiefe der Töne in unsere Ohren gelegt«. Und er fügt hinzu:

> Besitzt doch das Ohr oder besser der Geist, durch das Ohr informiert, eine natürliche Veranlagung zur Messung aller Klänge. Daher stellt er auch fest, was etwa zu lang oder zu kurz ist, erwartet stets nur Vollkommenes und Wohlabgerundetes.

Das Ohr ist so gesehen das Vorzimmer des Verstehens, so dass nichts sträflicher wäre, als es zu beleidigen – und nichts dümmer: Nirgends kann der Redner in seiner Kunst unerkannter den »Schleichweg zum Herzen des Hörers« finden. Entsprechend bietet Cicero eine ganze Fülle von entsprechenden Gesetzmäßigkeiten. Dass der Jambus mehr zu einfacher Redeweise passt, der Paean zu gehobener, gehört ebenso dazu wie das Großkapitel der Satzschlüsse, der Klauseln. Cicero häuft Beispiele dafür an, die den Zusammenhang zwischen Rhythmus und Wirkung dokumentieren:

> Sodann: *Patris dictum sapiens filii temeritas comprobavit* – wunderbar, in welchen Beifall das Volk bei diesem Dichoreus ausbrach. Ich frage: hat der Rhythmus das bewirkt? Ändere mir die Wortfolge, etwa so: *comprobavit filii temeritas* und schon bleibt nichts mehr, obschon *temeritas* aus drei kurzen und einer langen Silbe besteht, was Aristoteles für den besten Versfuß ansieht – ich selbst bin da anderer Ansicht. ›Aber die Wörter, der Satz – das ist doch alles dasselbe!‹ Ja das genügt dem Geist – den Ohren genügt es nicht!

Man könnte damit noch lange fortfahren. Immer aber läuft es auf dasselbe hinaus: Verstehen vollzieht sich nicht nur logisch. Es hat vielmehr seine klanglich-stilistische Seite. Der Rationalitätsvertrag ist so gesehen auch noch ein veritabler Irrationalitätsvertrag oder richtiger: baut dieses (für uns) irrationale Element in die Rationalität ein. Es gibt in der Antike jedenfalls eine Art Doppelbeschluss zur Einschätzung der »natürlichen« Rede: logisch und stilistisch wohlgeformt soll sie sein. Davon rückte man nur noch in Details ab. Aber es gab selbstverständlich immer ein Mehr und ein Weniger. Wie viel Schmuck auch noch gut zwei Jahrtausende später, also in jüngster Zeit gewagt wurde, belegt eine Rede, die zu den Ikonen der europäischen Redekunst überhaupt zählt.

## Martin Luther Kings Ich-habe-einen-Traum-Rede

Gemeint ist die Rede, die Martin Luther King am 28. August 1963 in Washington hielt und als »Ich habe einen Traum« in Erinnerung blieb. Diese Rede verdankt einen Teil ihres Erfolgs zweifellos der biographischen Regie: 1964 erhielt King für sein Engagement den Friedensnobelpreis, 1968 erlag er einem politisch motivierten Attentat. Aber die Wirkung war auch im Augenblick überwältigend. Die Rede bildete den Abschluss des Marsches auf Washington für Arbeit und Freiheit mit einer Viertelmillion Teilnehmern. Sechs Menschenrechtsorganisationen (*The big Six*) hatten dazu aufgerufen. Einer ihrer Vorsitzenden sollte die Rede auf der Abschlusskundgebung halten. Ausgesucht wurde der Vorsitzende der *Southern Christian Leadership Conference*. Es war Martin Luther King.

Man muss sich die wichtigsten Voraussetzungen im Vorfeld in Erinnerung rufen. Die Bürgerrechtsbewegung mit ihrem Bemühen um Rechtsgleichstellung der Schwarzen geht auf Initiativen des frühen 19. Jahrhunderts zurück und nahm Gestalt an im Jahre 1919 mit der Gründung der *National Association for the Advancement of Colored People*. Rechtsstreitigkeiten um Fälle von Diskriminierung brachten die Initiative vorwärts. 1954 erklärte der *Supreme Court* die Rassentrennung in Schulen und Universitäten für verfassungswidrig, woran sich zahlreiche Prozesse und Demonstrationen anschlossen. John F. Kennedy hatte in seinem Wahlkampf ein klärendes Gesetz versprochen, kam aber während der Präsidentschaft nur zu Verordnungen (das Gesetz wurde 1964 unter Lyndon B. Johnson verabschiedet). Als am 11. Juni 1963 zwei schwarze Studierende gegen den Willen des Gouverneurs zum Studium in Tuscaloosa/Alabama zugelassen wurden, entschloss sich Kennedy am Abend zu einer Grundsatzrede, in der er die schwarzen Amerikaner ausdrücklich so behandelt sehen wollte wie die weißen. Die Rede gilt als eine der hervorragendsten dieses Präsidenten überhaupt und bewirkte einen Stimmungsumschwung, sofern Rassendiskriminierung fortan als nicht mehr gesellschaftsfähig galt. Sie war damit jedoch nicht wirklich beseitigt, noch Barack Obama sollte um sie kämpfen.

King hatte also allen Grund, an Fortschritten zu arbeiten, auch wenn Kennedy damals noch lebte und die Bewegung stützte. Vor allem gehörte es zu seinem Ziel, die Fortschritte gewaltfrei zu erreichen. So gesehen war es von großer Bedeutung, dass er die Rede unter den Begriff des »Traumes« stellte. Fast wäre es nicht zu den berühmten Äußerungen gekommen, denn einige seiner Berater rieten ihm ab, weil ihnen die als Schluss gedachten Passagen zu pathetisch vorkamen. Man kann diesen Rat verstehen, denn die Rede ist insgesamt äußerst pathetisch, letztlich akzeptabel im Kontext einer Baptistenpredigt – und King war eben von Beruf Baptistenprediger. Zwar sind die Anklänge an die Bibel eher gering, King bezog sich vor der Kulisse des Lincoln-Memorials vor allem auf diesen amerikanischen Präsidenten, auf die Unabhängigkeitserklärung der Vereinigten Staaten und die Verfassung – rein säkulare Zeugnisse der verbrieften Freiheit und Gleichheit amerikanischer Bürger. Dabei trägt er die Argumente in einer rhetorisch hochgerüsteten Form vor. Auch der Ton, den man sich heute in der Originalversion im Internet anhören kann, passt eher zu einer Predigt. Es ist ein »singender« Ton, der sich deutlich unterscheidet etwa von der »militärisch« wirkenden Vortragsweise Kennedys mit den kleinen Pausen mitten im Satz, die als Signale präziser Formulierungen gelten. Übrigens las King seine Rede überwiegend vom Manuskript ab, nicht aber die Schlusspassagen mit dem ständig wiederholten »Ich habe einen Traum«.

Dabei ist die Rede einfach und übersichtlich gegliedert. King beginnt mit »einem großen Amerikaner«, der »vor hundert Jahren« die Emanzipationsproklamation unterzeichnet habe – jeder wusste, dass kein anderer als Abraham Lincoln gemeint war, vor dessen Denkmal man stand (in dessen Rückseite die kurze Gettysburgrede von 1863 eingemeißelt ist, in der Lincoln auf dem Schlachtfeld des Bürgerkriegs die Einheit und Freiheit Amerikas forderte). Aber dann folgt auch schon der große Widerspruch. Was vor genau hundert Jahren unterzeichnet wurde, sei immer noch nicht eingelöst:

Aber hundert Jahre später ist der Neger [*the negro*, damals neutral, also nicht als provozierend verstanden] immer noch nicht frei. Hundert Jahre später ist das Leben des Negers immer noch verkrüppelt durch die Fesseln der Rassentrennung und die Ketten der Diskriminierung. Hundert Jahre später schmachtet der Neger immer noch am Rande der amerikanischen Gesellschaft und befindet sich im eigenen Lande im Exil.

Man erkennt die parallel gebauten Sätze, und man erkennt vor allem die starken, ja überstarken Bilder. Schon im Satz zuvor sprach King von »der langen Nacht der Gefangenschaft«, und die pathetischen Umschreibungen reißen nicht ab. So geht es um das einprägsame Bild des »Schuldscheins« und seine nicht vollzogene »Einlösung«, des »Schecks«, mit dem die Menschenrechte den »schwarzen Menschen ebenso wie weißen« garantiert, aber nicht gewährt wurden. Es gehört zu den besonderen Wirkungen, wenn sich immer neue Aspekte zeigen, die das eine Bild weiterführen. Hier ist die Rede davon, dass »keine Deckung vorhanden«, dass »die Bank der Gerechtigkeit bankrott« sei, dass es »nicht genügend Gelder in den großen Stahlkammern der Gelegenheiten« gebe.

Ein zweiter Block der Rede spricht die Konsequenzen aus der gegebenen Diagnose an: »Jetzt ist die Zeit, die Versprechungen der Demokratie Wirklichkeit werden zu lassen.« Fünfmal wird das »jetzt« als Anapher benutzt, um die Forderung mit immer neuen pathetischen Bildern (vom »dunklen und trostlosen Tal der Rassentrennung«, vom »festen Felsen der Brüderlichkeit« usf.) zu umkreisen, zuletzt als Wunsch, dass »dieser heiße Sommer berechtigter Unzufriedenheit des Negers« zum »belebenden Herbst der Freiheit und Gerechtigkeit« überleiten möge. Die Aussage ist klar und auch in klarer Antithese formuliert: nicht »Ende« der Bewegung, sondern »Anfang«. Dabei gibt es ständig neue Aspekte, vor allem die Gewaltfreiheit dieses Wegs. King kleidet auch diese Aussage in pathetische Bilder:

Und das muss ich meinem Volk sagen, das an der abgenutz-

> ten Schwelle der Tür steht, die in den Palast der Gerechtigkeit führt: Während wir versuchen, unseren rechtmäßigen Platz zu gewinnen, dürfen wir uns keiner unrechten Handlung schuldig machen. Lasst uns nicht aus dem Kelch der Bitterkeit und des Hasses trinken, um unseren Durst nach Freiheit zu stillen … Immer wieder müssen wir uns zu jener majestätischen Höhe erheben, auf der wir physischer Gewalt mit der Kraft der Seele entgegentreten.

Es sind nicht nur die Bilder, die das Pathos ausmachen. King benutzt auch Wiederholungen, um die Aussagen einprägsam zu gestalten. »Wir können nicht allein marschieren«, endet eine Passage, die nächste beginnt: »Und wenn wir marschieren …« Genauso die gleich fünffache Wiederholung des »Wir können nicht zufriedengestellt sein …«. »Einige von euch« begegnet zweimal, »Geht zurück …« dreimal – und immer wieder enden die Formulierungen in Bildern wie dem vom »Tal der Verzweiflung«.

Dann erst beginnt die zweite Hälfte dieser Rede mit dem Fanal vom Traum. Dabei handelt es sich nicht um eine Erfindung Kings, sondern er wandelt die große Ursprungserzählung vom »amerikanischen Traum« um zum Traum derer, die Amerikaner sind und es doch nicht sind – trotz der denkbar klaren Zusicherung aus der Verfassung, die King entsprechend zitiert:

> Heute sage ich euch, meine Freunde, trotz der Schwierigkeiten von heute und morgen habe ich einen Traum. Es ist ein Traum, der tief verwurzelt ist im amerikanischen Traum. Ich habe einen Traum, dass eines Tages diese Nation sich erheben wird und der wahren Bedeutung ihres Credos gemäß leben wird: »Wir halten diese Wahrheit für selbstverständlich: dass alle Menschen gleich erschaffen sind.«

Neunmal spricht King diesen Traum an, teils mit gehobener Stimme, teils mit sinkender, insgesamt nach Art einer Litanei mit wiederkehrendem Refrain. Am Ende mündet dies in das Bekenntnis, dass er, Martin Luther King, »mit diesem Glauben«, will sagen: mit dem Glauben an die Erfüllung des

Traums, nach Hause zurückkehre, was er ebenfalls den Zuhörern empfiehlt. Auch dies führt zu neuen Wiederholungen wie der Fähigkeit, »zusammen zu arbeiten, zusammen zu beten, zusammen zu kämpfen, zusammen ins Gefängnis zu gehen, zusammen für die Freiheit aufzustehen …« Die Freiheit ist dann der letzte Begriff, der das große Finale bestreitet, wobei nun auch religiöse Anspielungen eine Rolle spielen, sofern das vielfach wiederholte »erschallen« an die Posaunen von Jericho erinnert, die sogar Mauern einstürzen ließen:

> So lasst die Freiheit erschallen von den gewaltigen Gipfeln New Hampshires. Lasst die Freiheit erschallen von den mächtigen Bergen New Yorks, lasst die Freiheit erschallen von den hohen Alleghenies in Pennsylvania. Lasst die Freiheit erschallen von den schneebedeckten Rocky Mountains in Colorado. Lasst die Freiheit erschallen von den geschwungenen Hängen Kaliforniens. Aber nicht nur das, lasst die Freiheit erschallen von Georgias Stone Mountain. Lasst die Freiheit erschallen von Tennessees Lookout Mountain. Lasst die Freiheit erschallen von jedem Hügel und Maulwurfshügel in Mississippi, von jeder Erhebung lasst die Freiheit erschallen.
>
> Wenn wir die Freiheit erschallen lassen – wenn wir sie erschallen lassen von jeder Stadt und jedem Weiler, von jedem Staat und jeder Großstadt, dann werden wir den Tag beschleunigen können, an dem alle Kinder Gottes – schwarze und weiße Menschen, Juden und Heiden, Protestanten und Katholiken – sich die Hände reichen und die Worte des alten Negro Spiritual singen können: »Endlich frei! endlich frei! Großer allmächtiger Gott, wir sind endlich frei!«

Um zusammenzufassen: Was King vorträgt, ist keine politische Rede, es ist eine christliche Predigt. Und es ist auch keine politische Argumentation, es ist ein pathetischer Hymnus. Aber King benutzte Predigt und Hymnus, um Politik zu machen, und wurde auch so verstanden. Die Botschaft war weder neu noch im Geringsten unklar: Aufhebung der Diskriminierung.

Vor diesem Auditorium der Viertelmillion, die bereits mit dem Gesang von Chorälen vor das Lincoln Memorial gezogen kam, musste die Botschaft zur Feier werden, die Feier aber zu einer Sprache führen, die der Feier angemessen ist. Es war so gesehen auch nicht die große Rede mit den argumentativen Kunststücken, die (wie noch auszuführen) ein de Gaulle oder ein Kennedy beherrschten. King präsentierte sich als sprachlicher Könner, aber weniger als Intellektueller denn als wohlausgebildeter Prediger. Wie der große Beifall zeigt, war dies für die europäische (ich verzichte auf Anführungszeichen) Rede immer noch eine anerkannte Option. Man dankte King für seine Forderung, aber man dankte ihm zweifellos auch dafür, dass er ihr diese sprachliche Gestalt gegeben hatte, die viele Zuhörer seit ihrer Kindheit kannten. Die Kunst ist jedoch weit älter. Ihr Urahn ist Gorgias gewesen. Kings Rede hätte ihm, in flüssiges Griechisch übersetzt, gefallen. Mehr noch: Er hätte sich in ihr durchaus wiedererkannt.

# Demosthenes und Charles de Gaulle

## Demosthenes' Abrechnung mit den Athenern

Es ist schon wiederholt gesagt worden: Aus der Zeit, in der in Griechenland bzw. Athen die Weichen für die rednerische Zukunft Europas gestellt wurden, ist von all den Reden, die auf den Volksversammlungen und vor den Gerichtshöfen gehalten wurden, so gut wie nichts erhalten. Trotzdem haben wir eine gewisse Vorstellung vom Stand der Entwicklung, weil zumindest Einzelne ihre Reden herausgegeben haben, auch wenn es sich dabei überwiegend um Musterreden handelt. Von Antiphon, dem Ersten in dieser Hinsicht überhaupt, war schon die Rede. Von Lysias auch. Damit erfassen wir zumindest ein Feld: die Gerichtsrede. Und wir wissen: Das Niveau war hoch, sehr hoch. Antiphon und Lysias waren Profis, die ihr Leben lang an ihren Fähigkeiten arbeiteten. Dies gilt in besonderer Weise für eine Gestalt, die speziell Cicero noch sehr bewunderte: Isokrates. Er war 436 geboren (ein Altersgenosse von Aristoteles), gehörte also zur Generation derer, die den Peloponnesischen Krieg noch erlebt hatten und in den Wirren um 404 ihr Vermögen verloren. Weil es ihm an Stimmkraft fehlte, versuchte es Isokrates erst gar nicht in der Politik, sondern verlegte sich aufs Redenschreiben, wurde also Logograph. Er betrieb diesen Beruf 50 Jahre lang mit großem Erfolg, ehe er sich nach der letzten Niederlage des demokratischen Athen gegen Philipp II. 338 wahrscheinlich das Leben nahm.

Das Beispiel eines Redners, von dem wir auch wirklich selbst gehaltene politische Reden besitzen, war der etwas jüngere Zeitgenosse und mangels Zahlungsfähigkeit abgewiesene

Schüler des Isokrates: Demosthenes. Wir kennen schon den eigenartigen Fehlstart dieses Supertalents, das später zu den größten Rednern aller Zeiten gerechnet wurde. Man muss allerdings sehen, dass die Berühmtheit auf einer einseitigen Einschätzung beruht. Denn was die Zeiten wirklich überdauerte, war Demosthenes' Kampf gegen Philipp von Makedonien, ausgetragen in zwölf Reden, die als *Philippika* sprichwörtlich geworden sind. Und vielleicht war es sogar die Niederlage, die Demosthenes in diesem Kampf erlitt, das Scheitern der griechischen Freiheitsbewegung, die es nicht zum David-Goliath-Schicksal kommen ließ, aber dem unterlegenen David die Sympathie sicherte. Jedenfalls in demokratischen Zeiten, im Wilhelminismus des deutschen Kaiserreichs hatte Demosthenes dagegen eine eher schlechte Presse als Ewiggestriger gegenüber dem siegreichen Philipp und vor allem seinem Sohn, dem Weltherrscher Alexander.

All dies interessiert hier weniger. Hier interessiert der Stand der Redekunst, weshalb es so wichtig ist, dass tatsächlich eine der interessantesten Reden des Demosthenes überliefert wurde: die mit dem etwas sibyllinischen Titel *Rede für Ktesiphon über den Kranz*. An ihr zeigt sich das, was bislang als typisch europäisch apostrophiert wurde, in jedem wünschenswerten Detail. Demosthenes verfügt über alle Winkelzüge argumentativer Art, und er beherrscht alle stilistischen Finessen. Wenn es einer Entwicklung bedurfte, um es zu einer Form von Vollendung in dieser Hinsicht zu bringen, dann war sie in dieser Rede erreicht. Cicero hat nicht die *Philippika* (die er selbst in ähnlicher Situation nachahmte) aufs höchste gerühmt, sondern diese *Kranzrede*. Er bezeichnete sie buchstäblich als die »platonische Idee« einer Rede. Man kann aber auch immer noch den stoßenden Atem und den berserkerhaften Drang heraushören, mit dem er sich an das athenische Publikum wandte, mit ihm abrechnete. Denn es ging damals durchaus ums Ganze: Demosthenes musste sich gegen schwerste Vorwürfe verteidigen und seinen Athenern zeigen, wer er wirklich war.

Vergewissern wir uns zunächst der historischen Umstände bzw. Voraussetzungen. Geboren wurde Demosthenes 384. Mit sieben Jahren starb der Vater, worauf er juristische Rhetorik schon deshalb studierte, um an sein Vermögen zu kommen, das unehrliche Verwalter beiseitegeschafft hatten. 362 siegte er im Prozess, was nicht viel nützte, weil die Rückzahlung trotzdem nur spärlich erfolgte. Aber Demosthenes veröffentlichte diese Reden, um wenigstens als Logograph Geld zu verdienen. Dann versuchte er es in der Politik, machte vor der Volksversammlung einen Vorschlag zur Finanzierung der attischen Marine, der kläglich scheiterte, weil es am erforderlichen Auftreten mangelte. Wie sich Demosthenes von diesem Fehlschlag erholte und es dann doch noch zu ganz erheblichen Fähigkeiten brachte, ist schon berichtet. Ab 351 fand er sein wichtigstes politisches Thema: Demosthenes polemisierte gegen den neuen Stern in Griechenland, gegen Philipp von Makedonien, der Stadt für Stadt eroberte und ganz Griechenland in eine Monarchie verwandeln wollte. Damit trat er nun regelmäßig vor die Volksversammlung, insgesamt innerhalb von zwölf Jahren zwölfmal. Als die Stadt Olynth von Philipp angegriffen wurde, riet er seinen Athenern zum Eingreifen, ehe alles zu spät sei. Aber die Athener folgten ihm keineswegs. Sie verweigerten die Hilfe zunächst und bewilligten sie erst, als es zu spät war – mit entsprechendem Misserfolg.

Dann kam es zu einem Einschnitt in der politischen Entwicklung Griechenlands. Man setzte in Athen auf Verhandlungen, schickte eine Gesandtschaft zu Philipp nach Pella, in die auch Demosthenes gewählt wurde. Man erreichte tatsächlich einen Friedensvertrag, wobei die Rolle von Demosthenes äußerst eigenartig war. Er soll, so sagte es allerdings sein Todfeind Aischines, am Hof vor dem König völlig versagt, geradezu gestammelt haben – leider ist in die Affäre kein rechtes Licht zu bringen. Hinterher klagte Demosthenes Aischines an, er habe sich zur Erlangung des Friedensvertrages von Philipp bestechen lassen – ein wiederum schwer zu beurteilender Tatbestand, wenn man berücksichtigt, dass der Übergang von Geschenken zu Bestechung auch damals schon fließend war. Nur das eine wissen wir: Genau diese Niederlage war der Anlass, dass Aischines 13 Jahre später umgekehrt Demosthenes anklagte, worauf dieser mit der *Kranzrede* erwiderte, die wir gleich genauer betrachten werden.

Notieren wir noch kurz die Weiterentwicklung in Athen. Der Frieden war nur von kurzer Dauer, Philipp arbeitete weiter an seinem Plan der Unterwerfung Griechenlands. Und prompt hielt Demosthenes wieder Philippische Reden. Die dritte von 341 ist besonders berühmt, nicht nur wegen des rednerischen Glanzes, sondern auch wegen des großen Mutes dieses Redners, der immerhin Gefahr lief, bei negativem Ausgang des Krieges gegen Philipp wegen falschen Rates angeklagt und verurteilt zu werden. So hatte sich die Demokratie ja mittlerweile entwickelt, Demagogen konnten nicht mehr ohne weiteres dominieren. Und besonders wichtig: Es gab keine politischen Parteien. Unter den Zuhörern saßen Kriegsbefürworter und Kriegsgegner, aber ohne jede Organisation, auf die man sich als Redner hätte stützen können. Jede Rede begann an einem Nullpunkt, die Karten wurden immer wieder neu gemischt. Demosthenes brachte die Athener dann tatsächlich auf seine Seite, imponierte ihnen wohl am meisten mit dem Hinweis auf die große Vergangenheit, als man einst gegenüber den Persern die Freiheit bewahrte. Athen als Hort der Demokratie, die Monarchie als Tyrannis – das schlug noch einmal durch.

Man sieht es im Jahre 339, als Philipp an den Thermopylen aufmarschierte wie einst die Perser und Athen unter Schock stand. Die Volksversammlung wurde einberufen, der Herold stellte die übliche Frage, wer das Wort ergreifen wolle. Niemand tat es. Da verließ Demosthenes seinen Stammplatz dicht beim Rednerpult, plädierte für Widerstand und riss die Menge tatsächlich mit. Man raffte sich auf, trat dem Feind entgegen – und scheiterte. 338 siegte Philipp, bereits zusammen mit seinem Sohn Alexander, bei Chaironeia. Demosthenes musste jetzt die Rache der Volksversammlung fürchten. Aber Philipp mäßigte sich mitten im Erfolg, schonte das am Boden liegende Athen. Demosthenes konnte die Trauerrede für die Toten halten, worin sich seit den Zeiten des Perikles hohe Anerkennung ausdrückte. Und dann schien sogar die Kehrtwende in Aussicht. Philipp starb überraschend 336, in Athen brach Jubel aus, den Demosthenes befeuerte. Er dauerte nicht lange, weil Alexander rasch eingriff und die Verhältnisse wiederherstellte. Schon drei Jahre später folgte die »Keilerei« bei Issos als Auftakt der Welteroberung. In diese Ruhephase aber fiel ein Schlag gegen Demosthenes, den er vielleicht nicht mehr erwartet hatte. Unter seinen Anhängern trat Ktesiphon hervor und beantragte etwas, was ganz normal war. Demosthenes sollte wegen seiner langen Verdienste um die Stadt geehrt und auch entlohnt werden. Dazu diente die Überreichung eines goldenen Kranzes von erheblichem Wert. Es sah aus wie eine Routinehandlung. Doch da erhob Aischines, der alte Feind, seine Stimme und klagte gegen die Ehrung.

Die Rede ist erhalten und nicht schlecht, weil Aischines nach seinen Anfängen als Schauspieler mittlerweile ein fähiger Anwalt geworden war. Nun rollte er die gesamte Geschichte der Auseinandersetzung mit Philipp auf, stellte Demosthenes als feigen Friedensstifter und übereilten Kriegstreiber hin. Demosthenes hatte Aischines einst aus der Gunst des Volkes vertrieben. Jetzt schien die Retourkutsche möglich. Doch der zu Ehrende und nun überraschend Geschmähte wehrte sich und hielt eine Rede, in der er den Antrag des Ktesiphon auf Verleihung des großen und wichtigen Kranzes für ihn, den Redner, verteidigte. Eine zweifellos bizarre Situation, die die an einiges gewöhnten Athener in Bann schlagen musste, zumal es diesmal um nichts Gefährliches ging, sondern um ein Spektakel. Wer würde siegen, wer den schon länger als ein Jahrzehnt währenden Zwist überstehen, Demosthenes oder Aischines? Die heutige Druckfassung der Rede beläuft sich auf mehr als 70 Seiten, wobei Demosthenes zwischendurch immer wieder

Dokumente vorlesen ließ, die seine Position bekräftigten. Es war also eine lange Rede, eine stundenlange.

Den heutigen Leser werden die Argumente interessieren, der Glanz der sprachlichen Ausgestaltung. Ich möchte trotzdem mit einer eher unscheinbaren Stelle aus fast dem Ende der Rede beginnen. Dort geht Demosthenes nämlich auf seine eigene Redekunst ein:

> Und auch das weiß ich wohl, dass ihr meine Redekunst – gut, sei's drum! Allerdings verkenne ich nicht, dass es für die Wirkung eines Redners vor allem auf die Zuhörer ankommt; denn an dem Grad eurer Anerkennung und eures Wohlwollens dem einzelnen Redner gegenüber ist abzuschätzen, wie dessen Glaubwürdigkeit beurteilt wird. Wenn nun wirklich auch mir eine gewisse Fertigkeit solcher Art eigen ist, so werdet ihr alle finden, dass ich sie stets in den öffentlichen Angelegenheiten und stets in eurem Interesse, in keinem Falle gegen euch und auch nicht im eigenen Interesse ausgeübt habe … er [Aischines] gebraucht sie eben nicht in loyaler Weise und nicht zum Nutzen des Staates.

Der erste Satz bricht ab, aber nicht aus Unvermögen, sondern scheinbar aus Furcht, sich selbst zu loben – ein bekannter Trick (fachlich: Anakoluth). Und dann die Botschaft: Die Wirkung hängt nicht vom Redner ab, sondern vom Zuhörer. Mehr noch: Der Zuhörer muss glauben, dass der Redner sein, also das Interesse des Zuhörers, verfolgt. Was ist dann der schärfste Vorwurf gegen Aischines? Nicht dass er nicht reden kann, sondern dass er es im eigenen Namen tut. Gleich nach dieser Stelle heißt es:

> Ich muss daher annehmen, Aischines, dass du dich zu diesem Prozess entschlossen hast, um eine Kostprobe deiner Wortkunst und deiner geschulten Stimme darzubieten, nicht aber, um für irgendein Verschulden Genugtuung zu fordern. Indessen, nicht der Vortrag ist es, Aischines, was man am Redner schätzt, und nicht der Stimmaufwand, sondern dass er in seiner Zielsetzung mit dem Volk übereinstimme und

sich in der Verteilung von Abscheu und Zuneigung im Einklang befinde mit dem Vaterland.

Die Stelle ist gerade für einen Kenner des Demosthenes irritierend. Denn man hat sein berühmtes Wort im Ohr, das sein Biograph Plutarch mitteilt: Dass es auf drei Dinge bei der Rede ankomme: den Vortrag, den Vortrag, den Vortrag. Und nun hört man: keineswegs der Vortrag, sondern die Übereinstimmung mit der Zuhörerschaft. Es gebe keine erfolgreiche Rede gegen das Volk. Nur muss man in diesem Punkt sehr genau hinhören oder hinsehen: gegen das, was das Volk wirklich denkt – und was ihm der Redner durchaus gegen einen ersten Impuls erklären kann. Demosthenes formuliert damit nichts anderes, als was wir seit Priamos (oder seinem Einflüsterer Hermes) wissen und als europäisches Ideal verfolgen. Demosthenes weiß also genau darum und hält sich geradezu vorbildlich an die Bedingungen.

Man kann nun die einzelnen Phasen der Rede abtasten, den Beginn zum Beispiel. Wie erregt man möglichst rasch Aufmerksamkeit, wie Wohlwollen? Nicht mit wüstem Geschimpfe, wie es später durchaus seitenweise erfolgt. Demosthenes ruft vielmehr die Götter (erster Pluspunkt) um Beistand dafür an, dass das Publikum sein Wohlwollen beiden Seiten (zweiter Pluspunkt) zukommen lasse. Und er bringt sich in die Davidsposition (dritter Pluspunkt). Der Gegner klage ohne Not, er, Demosthenes müsse antworten. Der Gegner komme mit einer Beschuldigung, was jeder (wir sind in Athen) gerne höre, er, Demosthenes, befinde sich in der unangenehmen Situation, sich selbst loben zu müssen (vierter Pluspunkt). Nutzen wir kurz die Gelegenheit, um darzulegen, wie Demosthenes diesen schlichten Gedanken in eine Periode mit funkelnden Antithesen bringt:

> Das zweite hängt damit zusammen, dass es ganz allgemein in der menschlichen Natur liegt, Schmähungen zwar und Beschuldigungen mit Vergnügen anzuhören, über Eigenlob jedoch sich zu ärgern; denn hiervon ist nun das, was Ver-

> gnügen macht, ihm zugefallen, was aber sozusagen jedermann verdrießt, ist die Rolle, die mir übrigbleibt.

Schließlich endet die Einleitung, in der es um Wohlwollen geht, mit einer akrobatischen Thematisierung dieses Wohlwollens: Denn nicht diese infame Anklage sei das Schmerzlichste, sondern die Tatsache, dass er, Demosthenes, das Wohlwollen »seines« Volkes zu verlieren drohe. Der Satz, in dem dies ausgedrückt ist, umfasst 13 Zeilen mit immer neuen Nebensätzen und paradox zugespitzten Wendungen, die im Griechischen auch noch mit wohlklingenden Formeln operieren – Tesias und Gorgias lassen grüßen. Zusammengefasst: Brillant ist er, dieser Einstieg. Die Zuhörer werden begeistert gewesen sein und gespannt auf die folgenden Argumente gewartet haben.

Sie sollten in großer, ja überwältigender Fülle kommen. Demosthenes rollt die Geschichte auf und macht klar, dass er sich nicht auf Aischines' harmlose (aber durchaus nicht haltlose) Vorwürfe beschränken werde, die mit Ungereimtheiten beim Verfahren der Beantragung des Kranzes zu tun hatten. Denn das »Motiv des ganzen Rechtsstreites« sei nichts anderes als »die Feindschaft gegen mich«, die sich in den Krisenzeiten der athenischen Demokratie angesammelt habe. Und so fährt er das schwerste Geschütz auf: Der Friede mit Philipp, im Nachhinein betrachtet kurzsichtig und feige, gehe nicht auf ihn, Demosthenes, zurück, vielmehr hätten sich Aischines und seine Kumpane zu den entsprechenden Anträgen bestechen lassen. Nur dieser kleine Ausbruch im Wortlaut:

> Überdies sind seine [Aischines'] Lügen eine krasse Verleumdung des Staates; denn falls ihr die Griechen zum Krieg aufriefet, während ihr selbst eine Friedensgesandtschaft zu Philipp schicktet, so war das … nicht die Handlungsweise eines Staates, nicht die rechtschaffener Menschen. Aber dem ist nicht so, durchaus nicht! Wozu denn hättet ihr sie zusammengerufen, gerade in diesem Augenblick? Etwa um den Frieden zu beschließen? Aber den hatten sie ja schon alle. Dann also zum Kriege? Aber ihr selbst berietet ja über

> den Frieden! Aus all dem geht hervor, dass ich unmöglich der Anstifter und Urheber des Friedens sein kann, und auch von seinen andern lügnerischen Behauptungen über mich erweist sich keine einzige als stichhaltig.

Hat man die Parallelismen und Antithesen, die paradoxen Wendungen und rhetorischen Fragen mitbekommen? Und dies war der erste Streich bzw. der erste »Betrug«, den Demosthenes seinem Gegner nachweist. Es folgen weitere, bei denen Demosthenes kein Blatt mehr vor den Mund nimmt und nun »dieses Ekel von einem Menschen« anspricht, der sich »kaufen« ließ und Athen an Philipp verriet. Dessen »Spießgeselle« sitze nicht nur hier, Demosthenes spricht ihn, Aischines, direkt an und fügt auch noch hinzu, dass dieser Spitzbube die Thebaner nur deshalb in seiner Rede gerade bemitleidet habe, war er dort Land besitze. Die Athener werden an dieser Stelle wohl gezischt haben, Demosthenes geht selbst auf eine solche Reaktion ein:

> Nein, einen Söldling früher Philipps, jetzt Alexanders nenne ich dich, und das tun auch diese Männer alle. Wenn du zweifelst, so frage sie, oder besser, ich will es für dich tun. Was meint ihr, Bürger von Athen, ist Aischines ein Mietling oder ein Gastfreund Alexanders? – Du hörst, was sie sagen.

Es gehört zweifellos zur Wucht dieser Rede, dass Demosthenes immer neue Steigerungen bietet. Er verweist auf »Rat und Tat« von seiner Seite – und verweist weiter darauf, dass Philipp »eine solche Saat von käuflichen, gottverhassten Verrätern« vorgefunden habe wie nie zuvor. Demosthenes verwendet dabei den entscheidenden Begriff, um den es ständig geht: Freiheit. Es ist eine arge Geschichtsklitterung, wenn er sagt, sie, die Athener, hätten angesichts der Sitten ihrer Vorfahren niemals gewagt, diese Freiheit »spontan zu Philipps Gunsten preiszugeben« (»Auch nicht einer würde das wohl behaupten«), so dass sie also seine, des Demosthenes, Vorschläge gerne angenommen hätten. Athen sei also ganz selbstverständlich Philipp entgegengetreten, nicht in sträflicher Dummheit auf Demosthenes' verblendeten Rat hin, wie es Aischines behauptete. Und so fällt der Wille des Demosthenes mit dem der Athener zusammen, nicht ohne dass völlig klar ist, wer bei diesem Willen die Regie führte:

> Wenn es jedoch nötig war, dass jemand erschien, der sich Philipp in den Weg stellte, wem sonst als dem Volk der Athener kam diese Rolle zu? Das war denn auch die Politik, die i c h befolgte, und da ich sah, wie jener [Philipp] im besten Zuge war, alle Welt zu knechten, widersetzte ich mich dem und ließ nicht ab zu warnen und zu mahnen, man dürfe nicht alles preisgeben.

Dem folgt der Nachweis aus den Dokumenten, dass nicht einmal Philipp selbst Demosthenes als Kriegstreiber hinstellte, sondern andere verantwortlich machte (»Lies ihn vor, diesen Brief Philipps!«). Und schließlich sei mit diesem Krieg trotz der Niederlage viel erreicht worden, vor allem Lob und Ruhm. An einer solchen Stelle folgt dann der Hassausbruch – allerdings in schönsten, wohlgezirkelten Wendungen:

> Es kam also nichts von jenen Plänen zustande, du Lästerer, der du behauptest, ich schwiege, wenn ich Geld bekommen, und schriee, wenn ich welches aufgewendet hätte. Du freilich nicht. Sondern du schreist, auch wenn du hasst, und wirst nie aufhören, wenn dich die Richter hier nicht heute zum Schweigen bringen, indem sie dich für ehrlos erklären.

Dabei bringt Demosthenes nicht nur vor, woran er unschuldig ist. Er trumpft auch mit Taten auf. Er hatte ein Gesetz beantragt, wonach Reiche in erhöhtem Maße zum immer mehr vernachlässigten Flottenbau herangezogen wurden, während Minderbemittelte längst ihr Vermögen eingebüßt hatten (Applaus auf der Galerie!). Nicht nur dass er erhebliche Bestechungsgelder ablehnte, um das Gesetz zu stoppen: Er selbst war mit der Ausrüstung eines kompletten Schiffs vorangegangen.

Es geht so weiter, wir befinden uns noch nicht einmal in der Mitte der Rede. Ich muss es dabei belassen. Demosthenes spielt alle Trümpfe aus, und sie haben alle etwas gemeinsam: Sie belegen seinen Dienst an der Gemeinschaft, an diesem freiheitsliebenden Athen. Fast will man es nicht glauben, dass seine Zuhörer ihm bei all den logischen Kabinettstückchen folgen konnten, die den Grundgedanken ausschmückten, etwa dieses, das zu zitieren ich mir nicht verkneifen kann:

> Meine Schenkung also ist das, worüber du in der Klageschrift dich völlig ausschweigst; was aber der Rat mir dafür zuerkennt, dagegen erhebst du Klage. Während du also stillschweigend anerkennst, dass die Annahme der Spenden gesetzmäßig ist, klagst du es als gesetzwidrig an, Dank dafür abzustatten.

Es gibt einen Grundgedanken: das Verdienst um die Stadt, die Verteidigung der Freiheit, die auch ohne Erfolg zur Ehre gereicht. Und es gibt diese Form der Darstellung, die das Verdienst fast vergessen lässt hinter der brillanten Darstellung, gespickt mit immer schärferen Invektiven (»Warum dieses Lügengespinst? Wieso nimmst du nicht Nieswurz gegen diesen Wahnsinn?«), mit immer böseren Lästerungen (»armseliger Schmarotzer, abgefeimter Krämer, skrupelloser Schreiberling«, »Abschaum der Tugend«, »scheelsüchtiger Jambenfresser«, »verfluchter krummer Schreiberling«, »Bühnenaffe durch und durch«, »Falschprägung von einem Redner und Staatsmann«). War das nun eine große Rede? Ausgerechnet sie die »platonische Idee« der Rede, wie Cicero behauptete?

Vom Ergebnis her könnte man dies so sagen, denn Aischines bekam nicht das eine Fünftel der Stimmen für seinen Antrag, wurde infolgedessen wegen falscher Beschuldigung verurteilt und musste ins Exil gehen. Aber das Ergebnis entscheidet nicht, viel zu oft hatte Demosthenes selbst keinen Erfolg mit seinen Anträgen. Und doch gibt es diesen Punkt, der es rechtfertigt, gerade diese Rede für besonders gelungen zu halten. Das ist die Herstellung von Vertrauen, die Verbindung mit dem Publikum. Demosthenes redet diesem Publikum keineswegs permanent nach dem Munde (das auch, jedoch eher nebenbei). Aber er eröffnet ihm sein innerstes Denken und Wollen, selbst wenn es dabei nur um die Theorie, nicht die (sehr viel nüchternere Praxis) geht. Die Athener sind das Volk der Demokratie, der Freiheit. Was besagt da schon eine Niederlage gegen einen überlegenen Monarchen? Und die Athener können einem solchen Gedankengang folgen. Sie können vielleicht nicht jeden Satz rhetorisch analysieren, aber sie lassen sich von dem Gedankenaufbau in der Tradition eines Tesias und der Sprachbrillanz eines Gorgias einnehmen. Sie halten denjenigen, der reden kann, für vertrauenswürdig, jedenfalls für vertrauenswürdiger als jemanden, der Alltagskost bietet. Einem Könner unterwirft man sich gerne.

Demosthenes siegte also gegen Aischines, die Abrechnung gelang: Er bekam den wertvollen Kranz, erhielt den Lohn für sein Engagement. Wir wissen nicht wirklich, ob er dies alles verdiente. Wenige Jahre später war er in eine Korruptionsaffäre verwickelt und wurde zu einer so gewaltigen Strafsumme verurteilt, dass auch er ins Exil gehen musste. Aber man kennt die Athener. Die Volksversammlung rief ihn bald wieder zurück. Dann folgte die letzte große Niederlage Athens gegen Antipatros, den Nachfolger Alexanders des Großen 322. In diesem Jahr ging die Zeit der athenischen Demokratie endgültig zu Ende (auch wenn sie formal noch einmal errichtet werden sollte). Demosthenes wusste, dass er diesmal denen nicht entkommen konnte, gegen die er sein Leben lang gewettert hatte. Er nahm Gift. Aber es gibt ein bemerkenswertes Nachspiel. Im 18. Jahrhundert fand sich in Italien eine Marmorstatue mit einem eigenartig vor sich hin blickenden Mann, der die Arme hängen lässt und die Hände vor seinem Körper ineinandergelegt hat. Dank weiterer Funde wurde klar: Es handelte sich um die Replik eines Denkmals für Demosthenes, das nach Plutarch auf Beschluss der Volksversammlung 280 in Athen errichtet worden war. Auf der Basis stand zu lesen:

> Wäre deine Stärke, o Demosthenes, so / groß gewesen wie deine Einsicht, /so hätte der makedonische Ares [Philipp] / nie über Hellas gesiegt.

40 Jahre nach dem Tod erinnerte man also in einer antimakedonischen Phase an den großen Gegner der Monarchie, den man nicht als triumphalen Redner wie übrigens den Gegner Aischines darstellte (von dem ebenfalls eine Statue mit Hand in der Toga und Blick geradeaus gefunden wurde), sondern in diesem seltsamen Gestus der Versonnenheit, fast Niedergeschlagenheit. Möglich, dass sich darin die Sorgen über das Schicksal Griechenlands ausdrücken sollten, wie Plutarch vermutete.

Aber mit dem Tod von Demosthenes im Jahre 322 und dem Regierungsantritt Alexanders des Großen 336 war auch eine Umbruchszeit verbunden, es begann das Zeitalter des Hellenismus. Damit entstand eine neue griechische Welt, die ihre Einheit in der gemeinsamen Sprache und Kultur (übrigens unter Einschluss des von Alexander eroberten Orients) fand. Auch für die Redner brachen damit neue Zeiten an. Ihre Kunst verlagerte sich allerdings von der Volksversammlung in die Gerichte. Man kann es an einem frühen Fall sehen, an Isaios, bei dem noch Demosthenes sein Juristenhandwerk gelernt hatte. Isaios war bereits ganz und gar auf Rechtsfälle spezialisiert. Wir kennen einige dieser Reden mit einer Argumentation, die sich an die damaligen Laienrichter wandte: kleine Leute, die sich ein paar Obolen verdienen wollten und reiche Angeklagte gerne verknackten, weil sie vom eingezogenen Vermögen profitierten. Hier ging es nicht um haarspalterische Gedankengänge und funkelnde Perioden. Hier ging es um professionelle Kenntnisse, wie veraltete Gesetze (noch teilweise aus Solonischer Zeit) so umzubiegen waren, dass der jeweilige Mandant davon profitierte. In sechs der zwölf erhaltenen Reden liegt entweder die Verteidigung oder Anfechtung einer Adoption vor, es stand also (für die jeweiligen Mandanten) viel Geld auf dem Spiel. Da musste man zum Beispiel wissen, was man auf den Vorwurf sagen konnte, die Adoption sei ungültig, weil sie auf die Verführung durch eine Frau zurückging. Genau so etwas wurde nun gelernt. Immer neue Schulen entstanden, auch immer neue (aber verlorengegangene) Lehrbücher erschienen. Es ist keine Frage: Das Zeitalter des Hellenismus war eine Zeit hoher Redekunst. Wenn man trotzdem schon damals über Verfall klagte, bezog sich dies eben auf die großen Gegenstände. Die aber sollten in völlig neuem Kontext wiederkehren: in Rom.

## *Exkurs zum Vortrag*

*Da war noch die Sache mit dem Vortrag. Auf ihn allein komme es an, soll Demosthenes nach Plutarch gesagt haben, auch wenn wir dann bei ihm selbst lesen, ganz anderes sei wichtiger. Was stimmt denn nun?*

*Es hilft nichts, wir müssen noch einmal Rhetoriker befragen (ich greife auf mein Buch* Geschichte der Stimme *zurück). Und da sieht man: Der Vortrag fand große Aufmerksamkeit. Rasch etablierte sich in den Rhetoriken das berühmte Fünferschema der Aufgaben eines Redners mit erstens Erfindung und zweitens Gliederung der Gedanken (dem logischen Teil), drittens mit der Stilistik und dann dem letzten Pärchen, das sich der eigentlichen Praxis widmete: mit viertens der Gedächtniskunst und fünftens eben dem Vortrag. Beim Vortrag ging es dann um zwei Hauptpunkte: um Stimme und Gestik. Jede Rhetorik schärft es ein, wobei immer wieder die Plutarch-Anekdote über Demosthenes erzählt wird: ohne Stimme und Gestik ist nichts zu machen. Redner »verkörpern« ihre Rede, ja in dieser Verkörperung wird ein Mehrwert gefunden. Sinn ist nicht nur an Wörter gebunden, Sinn hat eine sinnliche Dimension. Wie bei früheren Filmstreifen Bild- und Tonspur nebeneinanderlagen, so bieten Stimme und Gestik ein zusätzliches Bedeutungspotential. Redner reden nicht groß-, sondern dreispurig: mit Wörtern, mit Gesten, mit der Stimmführung. Ein Satz kann fast beliebig viel bedeuten, wenn man die Wörter anders spricht bzw. mit anderen Gesten begleitet. Das kann einem jeder mittelbegabte Schauspieler überzeugend vormachen. Bertolt Brecht hat es in seinem auf Hitler gemünzten Theaterstück* Der aufhaltsame Aufstieg des Arturo Ui *(1941) kritisch-satirisch vorgeführt.*

*So weit hat Demosthenes in der Plutarch-Version recht, und man wundert sich eher über Demosthenes' eigene, kritische Aussage. Die Verwunderung wird noch größer, wenn man nur ein wenig tiefer in antike Vorstellungen vor allem über die Stimme eindringt. Demosthenes hätte zum Beispiel Aristoteles lesen können und dort Unterstützung für die Wichtigkeit des Vortrags gefunden. Denn Aristoteles stellt (nicht in seiner Rhetorik, aber) in seiner* Lehre vom Satz *zu Beginn fest, dass die mit der Stimme gebildeten Laute »Zeichen der in der Seele hervorgerufenen Vorstellungen« sind und – auf der nächsten Ebene – die Schrift wieder Zeichen der Laute. Die Stimme bzw. der stimmliche Ausdruck des Erkannten ist also etwas Wesentliches, steht der Wahrheit nahe, auf jeden Fall näher als die Schrift.*

*Wem dies zu theoretisch klingt, kann sich an eine andere Schrift des Aristoteles halten: an die* Physiognomik, *die Lehre von der Physiognomie bzw. der Bedeutung und Deutbarkeit äußerer Zeichen hinsichtlich des Charakters eines Menschen. Dort findet man nicht nur Hinweise zum Gesichtsausdruck, sondern einen kompletten Paragraphen zur Stimme. Auch die Stimme also ist deutbar, ja verrät den Charakter:*

> *Wer die Stimme in Hinsicht auf Affektzustände untersucht, dürfte annehmen, dass eine hohe Stimme einem Zornigen zuzuordnen ist; denn ein Aufgebrachter und Zürnender pflegt die Stimme anwachsen zu lassen und mit hoher Stimme zu sprechen. Wer dagegen gelassen ist, spricht mit entspannter und tiefer Stimme.*

*Immer mehr also wird an der Stimme gefunden. Was sie ausdrückt, enthält nicht nur Hinweise auf das Verständnis des Gemeinten, sondern wie beim genetischen Fingerabdruck ein ganzes Porträt des Sprechenden. In all dem liegt übrigens die »absolute Nähe der Stimme zum Sein, der Stimme zum Sinn des Seins, der Stimme zur Idealität des Seins«, was Jacques Derrida als Sündenfall betrachtete, als den typisch abendländischen Logozentrismus, ja Phonozentrismus, dem er selbst den Primat der Schrift entgegensetzte.*

*Damit sind schwer verständliche philosophische Probleme verbunden, die hier nicht aufgearbeitet werden können. Aber so weit hat Derrida auf jeden Fall recht: Die griechische Philosophie war logo- oder phonozentrisch, ja wurde es immer radikaler. Zenon, das Schulhaupt der Stoa und schon zwei Generationen jünger als Demosthenes, ging davon aus, dass das geistige Vermögen des Menschen seinen Sitz nicht im Kopf, sondern im Herzen hat. Der Geist wirkt buchstäblich in der Nähe der Lunge mit dem Atemstrom, was Sinn und Sprache aufs engste aneinanderbindet. Der artikulierte Ausdruck hat jedenfalls einen eigenen Status, ist das aus Lauten zusammengesetzte Zwischenprodukt zwischen reinem Geist und der sozusagen rein physikalisch erklingenden Rede. Man kann auch sagen: Das Gedachte gelangt in einer Verkörperung ans Ohr des Hörers oder andersherum: Die Rede hat in der Stimme ein bedeutsames Organ, in ihr wirkt der Geist. Zwischen Seelenbild und bezeichnendem Wort, zwischen vernünftigem Sprachinhalt und körperlichem Ausdruck herrscht eine Ähnlichkeit. Es ist also kein Zufall, dass sich die Stoiker so sehr für Etymologien interessierten. Im Klang der Worte steckt ja etwas vom Gemeinten. Das aber führte geradewegs zum Vortrag. Wenn die Stimme wirklich bedeutsam ist, dann verdient der stimmliche Vortrag höchste Aufmerksamkeit. Man kann diese Aussage sogar noch toppen: Erst mit dem Redner beginnt die wahre Kommunikation. Was Schreiber schreiben, ist im günstigsten Fall vieldeutig. Im Grunde hat es überhaupt noch keine volle Bedeutung. Die volle Bedeutung beginnt überhaupt erst mit dem Redner und seiner Artikulation des (bloß) Gedachten. Und was besagt das für den Vortrag? Dass Demosthenes in der Plutarch-Version eher zu wenig als zu viel gesagt hat.*

*Tragen wir noch kurz nach, dass all das in nur wenig abgeschwächter Form auch für die Mimik und Gestik gilt. Schon die ruhende menschliche Gestalt »spricht«, wie wir es bei der Physiognomik gesehen haben. Die bewegte noch viel mehr, ja Mimik und Gestik stellen eine Art zweite Sprache dar, die die erste ergänzt, sie wie die Stimme ausdeutet. Lehren dieser Art kamen in der Tradition erst verhältnismäßig spät zum Zuge, deutlich nach der Behandlung der Stimme, dann aber durchaus in Analogie zu ihr. Quintilian hat alles Wesentliche zusammengefasst. So betont er, dass Mimik und Gestik im Dienste des Geistes stehen, aber auch eine Sonderrolle besitzen: Die Glaubwürdigkeit kann man besser sehen als hören, körperliche Merkmale sind weniger manipulierbar als Worte, wie man es etwa an der Röte der Wangen als das Bekenntnis der Scham findet. Die ganze Aufmerksamkeit aber widmet Quintilian dem Körper und seinen Bewegungsmöglichkeiten. Das Grundprinzip liegt im »Aufrechten« als großer Metapher der aufrechten Gesinnung. Der Kopf soll hochgehalten, nicht anmaßend gereckt oder resignierend gesenkt werden. Selbst die Augen sind ein Tor zum Inneren, können zum Beispiel in Heiterkeit strahlen (statt starr zu glotzen oder wollüstig zu schwimmen). Hochgezogene Augenbrauen, eine gekräuselte Nase: überall drückt sich Bewegung als Beteiligung aus und Beteiligung als Aufrichtigkeit. Und dann erst Hände und Finger. Fast endlos die Liste mit Bedeutungen, die einzelne Gesten annehmen und sich zu einer kompletten Fingersprache summieren. Am Anfang der Rede legt man zum Beispiel die Spitzen von Daumen und Mittelfinger aneinander und weist mit der Handfläche nach oben. Zustimmung wird signalisiert, indem der Zeigefinger »mit seiner Spitze sich mit der Mitte des rechten Daumennagels zusammenfügt, während die anderen Finger gelockert bleiben«. Und so weiter und so fort, wobei auch noch die Kleidung einbezogen wird.*

*Man fragt sich möglicherweise, wieweit so Kompliziertes Bedeutung in der Praxis gewinnen konnte. Dazu gibt es einen sehr guten Test in Form einer Schrift von Cicero: nämlich die Darlegung der Geschichte der Redekunst in seinem* Brutus. *Selbst wenn man sich auf einige wenige Beispiele beschränkt, kommt heraus, dass der Vortrag tatsächlich von größter Bedeutung war. Cicero beobachtet jedes Detail in dieser Hinsicht bzw. liest alte Berichte über Redner. So heißt es über die beiden Gracchen, die großen Sozialreformer im 2. Jahrhundert v. Chr., sie seien ganz unterschiedlich vor dem Volk aufgetreten. Tiberius Gracchus habe be-*

*herrscht und ruhig gestanden, Gaius dagegen sei auf der Rednertribüne auf- und abgegangen. Tiberius' Vortrag sei schlicht und genau durchgearbeitet gewesen, der des Gaius »furchtbar und von überbordendem Pathos«. Übrigens hat wieder einmal Plutarch Ähnliches angemerkt. Gaius Gracchus, so berichtet er, habe eine »kräftige, weittragende Stimme« besessen und sich im Übrigen erstmals statt den Comitien, dem Tagungsgebäude des Senats, dem Forum, also dem Volk zugewandt und mit dieser »kleinen Drehung« »die Fundamente des Staates ins Wanken« gebracht.*

*Weniger Dramatisches, dafür mit unendlich vielen Einzelheiten gespickt bietet wieder Cicero. Antonius, einem seiner Vorbilder, sagt er einen einzigartigen Vortrag in Bezug auf Stimme und Gestik nach, bei Crassus, dem zweiten Vorbild, notiert er demgegenüber eher geringe Körperbewegung und Stimmmodulation. Bei Gnaeus Lentulus kommt heraus, dass es der Vortrag war, der diesen Redner gewissermaßen rettete:*

> *Er war nicht besonders scharfsinnig, aber sein Gesicht, seine Miene erweckten doch diesen Eindruck. Auch standen ihm die Worte nicht gerade in Fülle zu Gebote, aber er vermochte sogar darüber hinwegzutäuschen, so effektvoll verwendete er Pausen und Ausrufe, errang mit seiner angenehmen volltönenden Stimme Bewunderung und setzte sich beim Vortrag so engagiert ein, dass man das, was ihm fehlte, nicht weiter vermisste.*

*Umgekehrt kann der Vortrag (bei Curio) auch »Hohngelächter« erregen. Das Mienenspiel soll einen Gaius Macer ruiniert haben, während M. Piso damit klüger wirkte, als er war. Stimmstärke ist gut, aber kann ins Gegenteil ausschlagen wie bei Gaius Fimbria, der alles »mit der größten Lautstärke« vortrug:*

> *Seine Worte waren zwar recht gut gewählt, aber sie kamen im Galopp daher, und er tobte derart, dass man sich schon wundern mochte, wie sehr das Volk wohl mit anderen Dingen beschäftigt sein musste, dass es sogar für einen Verrückten einen Platz unter den Rednern gab.*

*Noch mehr erfahren wir über den Vortrag anhand der Ausführungen, die Cicero über seinen eigenen Werdegang lieferte. Von seinem Einbruch bei einem Prozess war schon die Rede, auch von der anschließenden Suche nach Hilfe bei Apollonios Molon auf Rhodos, wonach er sich so sicher fühlte, dass seiner politischen Karriere kein Hindernis mehr im Wege stand. In seinen Briefen wird jedoch deutlich, wie kompliziert und schwierig die Realität des Redens vor allem auf dem Forum sein konnte. »Ich habe hier unter ungeheurer, kaum glaublicher Teilnahme des Volkes über C. Macer zu Gericht gesessen«, heißt es einmal. Und genau schildert er die Umstände von Pompeius' erster Ansprache in der Volksversammlung und den Fortgang im Senat. Es ging turbulent zu, laute Zurufe begleiteten sein Eingreifen in die Debatte, in der er sich gleichwohl zu wehren in der Lage ist: »Du kennst ja meine Donnertöne, die mir für dies Thema zur Verfügung stehen; sie waren so laut, dass man sie dort gehört haben muss und ich nicht ausführlicher davon zu reden brauche.« Im anschließenden Durcheinander – die Zugänge zu den Abstimmungsplätzen sind blockiert, Stimmtäfelchen mit Ja werden nicht ausgegeben – stürmt Cato die Rednertribüne und hält eine Standpauke mit ähnlichem Erfolg.*

*Prozesse mit Ciceros Beteiligung verliefen notorisch stürmisch. Stets strömte das Volk zusammen und äußerte lebhaften Beifall, Cicero selbst sprach von »Riesenschlachten«. Auch im Senat ging es nicht immer friedlich zu. Nachdem einmal »unter gewaltigem Lärm die Verwerfung der Geschworenen stattgefunden hatte«, attackiert Cicero seinen Gegner Clodius in einer »überaus wichtigen Dauerrede« und verweist besonders auf ein erfolgreiches Wortgefecht: »Erhebt sich da der süße Junge und wirft mir an den Kopf, ich sei in Baiae gewesen.« Aber Cicero konnte kontern: »Damit verstummte er unter dem Eindruck des gewaltigen Lärms und gab es auf.« Man hatte es also mit schwierigen Gegnern unter schwierigen Verhältnissen zu tun, und Ciceros Hohn über Antiphon klingt auch nach Erleichterung: »Aber was für ein winziges Kerlchen! Kaum Stimme …«*

*Der Vortrag – dies sollte deutlich werden – hatte also zwei Seiten: Es ging einmal um die Vorstellung, dass die Verlautbarung mit Stimme, Miene, Gestik der Rede etwas hinzufügt, den Sinn mitkonstituiert. Und es ging um die Vorstellung, dass der Vortrag einer Rede schon von den äußeren Bedingungen her Anforderungen ganz eigener Art stellte, die ein Redner jedoch genauso erfüllen musste wie Anforderungen an Logik und Stilistik. Es kam also auf den Vortrag ganz entscheidend an. Demosthenes' Wort, wie es Plutarch überliefert, war berechtigt. Nur sieht man auch, dass man eine Einschränkung machen muss. Demosthenes wendet sich an bzw. gegen Aischines, der wahrscheinlich ein Stimmriese war und auch sonst einen eindrucksvollen Auftritt hinlegte. Da sagt Demosthenes: Das allein kann es nicht sein. Es kommt auch auf den Inhalt an. Man liegt vermutlich richtig, wenn man sagt, dass beide Anforderungen letztlich gleiches Recht beanspruchen. Die Überraschung liegt für uns dabei zweifellos beim Vortrag. Aber sie kommt zustande, weil wir heute die Probleme der Antike durch Technik in den Griff bekommen haben. Es ist die Frage, ob Redner in dieser Situation an Reputation verlieren müssen. War die Rolle, die man Stimme und Gestik einmal beimaß, aus der Not geboren und wird zuletzt obsolet? Gilt die »Theorie« des Aristoteles und vor allem der Stoa nur für ein Zeitalter ohne Mikrophon und Lautsprecher? Das wird uns noch beschäftigen.*

## De Gaulles Abrechnung mit den Franzosen

Demosthenes steht für die argumentativ und stilistisch ausgefeilteste Redekunst der Antike. Cicero sah in ihm das große Vorbild, das er zu kopieren, ja zu überbieten suchte. Aber Cicero prägte auch die Vorstellung von einer Klassizität, die der Redekunst Grenzen setzte. Demosthenes stand für ihn für die »richtige« Form, die er als Attizismus bezeichnete und von der überladenen des Asianismus (oder Asiatismus) abgrenzte.

Schon in der Antike entstand also ein Gefühl für Gefahren, für eine gewisse Barockisierung, die man damals mit (Klein-) Asien in Verbindung brachte. Klassische Redekunst definiert sich so gesehen durch hohe, aber nicht zu hohe Kunst. Die Renaissancen der Neuzeit beleben die Antike stets in der Form eines sensiblen Klassizismus. Mangels griechischer Sprachkenntnisse geht dies meist mit einer Rezeption auch der griechischen Antike in ihrer lateinischen Aneignung einher wie etwa in der französischen Klassik, die die Kultur in Frankreich nachhaltig prägen sollte. Kein europäisches Land ließ sich intensiver auf diese Aneignung ein, die die Tragödie ebenso prägte wie die Redekunst vor den königlichen Gerichtshöfen. Die Auswirkungen sind bis in die Gegenwart zu verfolgen. Ein eindrucksvolles Beispiel stellt Charles de Gaulle dar, dessen Redekunst ohne die Verwurzelung in Klassik bzw. Klassizismus nicht denkbar ist. Dabei erinnert er in einem eher äußeren Punkt an Demosthenes. Der Aufruf der Franzosen zum Widerstand gegen die Besetzung seines Landes bildet jedenfalls eine eindrucksvolle Parallele. Es gibt aber auch eine Rede de Gaulles mit Abrechnungscharakter, die die Parallele vertieft.

Der General und spätere Präsident stand dabei nicht in erster Linie in parlamentarischer Tradition, sondern in literarischer. Als Absolvent eines Jesuitengymnasiums mit altsprachlicher Prägung begeisterte er sich für die antike wie für die französische Klassik mit Autoren wie Corneille und Racine, schrieb als Vierzehnjähriger Verse. Anders als Churchill erhielt er nicht den Literaturnobelpreis, hätte ihn aber in stilistischer Hinsicht mindestens genauso verdient. Man lese einmal die letzten vier Seiten des Bandes *Memoiren 1942–1946*, wo er nach seinem ersten Rücktritt vom Amt des Präsidenten über die Natur vor seinem Fenster in Colombey-les-deux-églises schreibt, die ihn an die wahren Aufgaben in der Geschichte erinnert. Ich zitiere einen einzigen Satz:

> Alte Erde, zernagt von den Zeitaltern, abgewetzt von Regen und Sturm, ausgesaugt von der Vegetation, aber bis in die

Unendlichkeit hinein bereit, hervorzubringen, was notwendig ist, damit die Geschlechter einander folgen können!

Kitsch? Nein, großes Pathos, entfaltet in einer Aufzählung voller farbiger Bilder, und dies zwischen weiteren Sätzen, die Sommer, Herbst, Winter und schließlich Frankreich und ihm selbst, dem »alten Mann«, gewidmet sind. Die wirklich richtige und wichtige Frage lautet: Wie verträgt sich diese sprachliche Vergangenheit mit der sich überstürzend entfaltenden sozialen und medialen Realität der zweiten Hälfte des 20. Jahrhunderts?

Sie vertrug sich damit sehr gut. Man sieht es an de Gaulles erstem großen Auftritt am 18. Juni 1940, als er in London in kaum mehr als zwei Minuten über Radio BBC die Franzosen im besetzten Frankreich ansprach. Die Aufforderung zum Durchhalten ist drei rhetorischen Fragen anvertraut (»Aber ist das letzte Wort gesprochen? Muss die Hoffnung weichen? Ist die Niederlage endgültig?«). Die Begründung wird nach dem energischen »Nein!« in dreimaliger Wiederholung weniger Wörter gegeben (»Denn Frankreich ist nicht allein! Es ist nicht allein! Es ist nicht allein!«). Zwei weitere Sätze machten den Aufruf wieder einmal zur Ikone: De Gaulle übernimmt mit seiner Person die Verantwortung (»Ich, General de Gaulle, zur Zeit in London …«) und fasst den Kampf in ein aufrüttelndes Bild (»Die Flamme des französischen Widerstandes darf und wird nicht erlöschen!«). Der letzte Satz gilt der Ankündigung weiterer Ansprachen. Sie wurden tatsächlich in Frankreich empfangen. Während kaum jemand das Gesicht dieses Generals kannte, war die Stimme präsent und stand für die Hoffnung auf Befreiung.

De Gaulle hat Reden dieser Art wiederholt gehalten, und zwar anders als in London unter Bedingungen der großen Inszenierung mit den medialen Möglichkeiten der Moderne. Ein berühmtes Beispiel ist die Rede vom 4. Juni 1958 in Algier, wo er von einem Balkon aus zu den Massen auf dem Marktplatz sprach. Allein der erste Satz ging in die Geschichtsbücher ein, aber ihm folgen drei weitere, die den ersten variierend aufgreifen und vervollständigen:

> Ich habe euch verstanden! Ich weiß, was hier vorgegangen ist. Ich sehe, was ihr tun wolltet. Ich erkenne den Weg, den ihr in Algerien eingeschlagen habt, als den der Erneuerung und der Brüderlichkeit.

Das ist mit der völlig überraschenden Einleitung sowie mit den eindringlichen Wiederholungen große Redekunst. Aber es ist eben auch große »Rhetorik«, die die wahren Probleme verdeckte und verdecken sollte. Algerien war zum Pulverfass geworden, die Unabhängigkeit stürzte die Algerienfranzosen in Schwierigkeiten, die wenig später zu einem offenen Bürgerkrieg führten, den de Gaulle nur mit knapper Not beenden konnte. Die Rede in Algier bot kaum Lösungen, brachte lediglich eine Ruhepause. Die Zuhörer hatten sich von der »Rhetorik« für den Moment beruhigen lassen. Das Bild des großen Mannes mit den ausgebreiteten Armen wirkte dabei mehr als jedes Wort. Dies gilt auch für die Aussöhnung mit Deutschland. Bei seinem Besuch 1962 mit spektakulärer Rundfahrt im offenen Wagen folgte der rednerische Auftritt vor dem Bonner Rathaus, wo er mit pompöser Geste Deutschland als »große Nation« (auf Deutsch und mit Wiederholung: »jawohl, eine große Nation«) bezeichnete. Auch hier sprach de Gaulle nur wenige Minuten, ließ angesichts der jubelnden Massen in erster Linie Geste und Situation wirken.

Aber de Gaulle konnte reden und tat es auch vor großem Publikum in dem Stil, der ihm eigen war und auf den er letztlich (immer noch) vertraute. Ein gutes Beispiel ist der Auftritt am 16. Juni 1946 in Bayeux. Im Januar war er von seinem Amt als Staatschef zurückgetreten (und nach Colombey-les-deux-églises gegangen, das er unter den Bedingungen des Wiederaufbaus 1944 übernommen hatte). Es war ein Akt des Protestes bzw. der Abrechnung mit der IV. Republik, die er angesichts einer in seinen Augen verfehlten Verfassung (mit viel zu schwachem Präsidenten und viel zu starken Parteien) zum

Untergang bestimmt sah und der er nun seine Ideen entgegenstellte. Dabei vertraute er ohne Zweifel auf die Magie des Ortes, hatte er doch 1944 gerade in Bayeux den Boden Frankreichs als Sieger betreten, übrigens in einer rauschhaften, allein auf seine Person zugeschnittenen Inszenierung, die die Résistance mit keinem Wort würdigte. Vor allem aber vertraute er auf die Wirkung von Rhetorik, auf glänzende Sätze mit packenden Zuspitzungen und prallen Bildern. Noch einmal in der modernen Medienwelt gestattet sich ein Redner ein derart glänzendes Schauspiel des Redens in geradezu antiken Dimensionen. Man kann sich schlecht vorstellen, dass ein anderes als ein französisches Publikum (mit entsprechender Tradition) diese Rhetorik akzeptierte. Wenn es einen Kranz als Ehrung für Verdienste gegeben hätte, er hätte ihn nach dieser Rede erhalten.

Schon der Beginn wirkt wie ein Fanal, wenn de Gaulle »unsere ruhmreiche und verstümmelte Normandie« anspricht, wo der »Endsieg« begann und auch der Grund genannt wird, weshalb es dazu kam: Weil es diejenigen gab, »die niemals wichen«, womit selbstverständlich er selbst als Allerererster gemeint ist, der ja tatsächlich in London die größten Schwierigkeiten zu meistern hatte: von der alten Heimat zum Tode verurteilt, mit Churchill zerstritten, von Roosevelt demonstrativ geschnitten (in Jalta gar nicht erst dabei). Und nun sagt er in Richtung seiner Gegenspieler in Paris, was er unter »Staat« versteht, wenn es um Frankreich geht, und er sagt es zuerst einmal in einem einzigen Satz voller Anspielungen, Entgegensetzungen und Wiederholungen:

> Hier auch trat auf dem Boden der Vorfahren der Staat wieder in Erscheinung; der legitime Staat, denn er beruhte auf den Interessen und Empfindungen der Nation; der Staat, dessen wahre Souveränität sich auf die Seite des Krieges, der Freiheit und des Sieges gestellt hatte, während die Knechtschaft nur seinen Anschein bewahrte; der – inmitten der Wechselfälle der Entblößung und Intrigen – seiner Rechte, seiner Würde, seiner Autorität gewisse Staat; der gegen fremde

> Einmischung geschützte Staat; der Staat, der es vermochte, um sich die nationale und die imperiale Einheit zu vereinigen, alle Kräfte des Vaterlandes und der Französischen Union zu sammeln, den Sieg gemeinsam mit den Alliierten zu vollenden, von gleich zu gleich mit den anderen großen Nationen der Erde zu verhandeln, die öffentliche Ordnung zu wahren, Gerechtigkeit sprechen zu lassen und unseren Wiederaufbau zu beginnen.

Auch die Begründung für die anfängliche Ausnahmesituation jenseits »des früheren Rahmens unserer Institutionen« ist in ein Stakkato von Einzelaspekten vorgetragen, gebunden an das Bild vom »Heil«, auf das allein es ankam:

> Es [das Heil] kam zunächst von einer spontan aus den Tiefen der Nation aufschäumenden Elite, die hoch über allen Partei- oder Klassengedanken sich dem Kampf für die Befreiung, die Größe und die Erneuerung Frankreichs verschrieb. Das Gefühl der moralischen Überlegenheit, das Bewusstsein, eine Art Priestertum des Opfers und Beispiels auszuüben, die Leidenschaft für Risiko und Unternehmungsgeist, die Verachtung aller Aufgeregtheit, Anmaßung, Doppelbödigkeit, das souveräne Vertrauen auf die Kraft und die List seiner machtvollen Beschwörung wie auf den Sieg und die Zukunft des Vaterlandes – dies war der Seelenzustand dieser mit nichts in der Hand sich aufbäumenden Elite, der es gelang, trotz schwerer Verluste das ganze Empire und das ganze Frankreich hinter sich zu scharen.

De Gaulle war wohl klar, wie nahe er hier der Absage an die demokratischen Traditionen gerade Frankreichs kam, und fängt den auf der Hand liegenden Einspruch mit einem »indessen« ab, das »die Zustimmung der gewaltigen französischen Massen«, die »vertrauensvolle Zustimmung der Bürger« als wahre Grundlage der Entwicklung benennt. Vor allem begründet er seinen Rücktritt (»als dann der Zug auf den Gleisen stand«) als Voraussetzung für die »Errichtung der neuen französischen Institutionen«. Nur malt er danach eine Verfassung aus, die einen fast mit diktatorischen Vollmachten ausgestatteten Präsidenten vorsieht. Als Grund dieser Konstruktion gibt de Gaulle die »Gifte« an, »an denen sich unsere alte gallische Neigung zu Spaltung und Streit berauscht«. Die in seinen Augen fatale »Rivalität der Parteien« erklärt er »als grundsätzlichen Charakterzug von uns, der unentwegt alles in Frage stellt und uns nur allzu oft den Blick auf das übergeordnete Interesse des Landes verstellt«. Dafür werden drei Ursachen genannt: das »nationale Temperament«, die »Wechselfälle der Geschichte«, die »Zerrüttungen der Gegenwart«. Damit ist dann die drohende Abwendung von den »Institutionen« überhaupt begründet, die »Diktatur«. Gegen Diktatur also eine Fast-Diktatur aufgrund des gallischen Temperaments. Die Zuhörer werden es beim Aufnehmen der Rede kaum bemerkt haben, auf welch dünnem Eis sich diese berauschende Rhetorik bewegte.

De Gaulle muss die Gefahr jedoch bemerkt haben und malt entsprechend die von ihm vorgesehenen Institutionen aus als eine »Frage von Leben und Tod in der Welt und dem Jahrhundert, in dem wir uns befinden«. Aus der Angst um »Stellung«, »Unabhängigkeit« und »Existenz« von Frankreich ergeben sich dann die Bemerkungen zu Exekutive und Legislative. Worauf die konkreten bzw. technischen Ausführungen zu einer Verfassung folgen, deren Exekutive gegenüber der Legislative grundsätzlich frei ist. Die Exekutive darf also nicht aus »dem Parlament der zwei Kammern« hervorgehen, weil sie sonst dem »Sammelsurium parteiischer Interessenvertretungen« ausgeliefert wäre. Der »Staatschef« schließlich, der die Exekutive allein verantwortet, soll »über den Parteien« stehen und entsprechend vom Volk (und nicht vom Parlament) gewählt werden. De Gaulle wäre nicht der große Redner, wenn er nicht auch diesen heiklen Punkt triumphal präsentierte. Die Griechen hätten einst den weisen Solon nach der besten Verfassung gefragt und die Antwort erhalten, um welches Volk und welche Epoche es sich handle. Das Argument lautet also: Diese Verfassung ist nichts Universelles, sie ist etwas für die Franzosen in der Zeit nach dem Weltkrieg. Ihr Ziel liegt nicht in der Erfüllung abstrakter Normen, sondern in der Erreichung von »mehr Wohlstand, Sicherheit, Freude«. Sie soll das französische Volk schlicht »zahlreicher, mächtiger, brüderlicher« machen. Worauf der Schlusssatz alles in überzeitlicher Perspektive nicht eines »Politikers«, sondern »Sehers« zusammenfasst:

> Unsere ganze Geschichte ist geprägt vom Wechsel endloser Schmerzen eines zerstrittenen Volkes und fruchtbarer großer Momente einer freien, einigen Nation unter der Ägide eines starken Staates.

Die Rede hatte keinen sichtbaren Erfolg – im Moment. Jeder Franzose aber wusste nun, dass sich jemand nach Colombey-les-deux-église zurückgezogen hatte, der mit seinem Weit- oder Tiefblick die Rettung bringen konnte. De Gaulle bekam 1959 seine V. Republik (nach dem Slogan: »Ich oder das Chaos«) in ungefähr den Dimensionen, die er 1946 in Bayeux vorgezeichnet hatte. Er behauptete sich anschließend in Wiederwahlen, formte das Frankreich der Nachkriegszeit und versah auch Europa mit seinem (nationalstaatlichen) Akzent. Dazu trugen immer wieder spektakuläre Reden mit pathetischen Appellen bei (»Französinnen und Franzosen, helft mir«, 1961 in der Algerienkrise, »Es lebe das freie Quebec«, 1967 in Montreal). Andere Redner mochten vor anderem Publikum mit anderen Mitteln zum Erfolg kommen. Die Franzosen des mittleren 20. Jahrhunderts waren an Pathos gewöhnt, jedenfalls in der Not bereit, Pathos zu akzeptieren. Und nicht zuletzt: Es gab noch die klassische oder klassizistische Rhetorik neben der allmählich übermächtig werdenden »Rhetorik«, die die Medien erzeugten. Noch ragte sie in sehr alter und in sehr massiver Form in die Moderne hinein.

# Cicero und Joschka Fischer

## Ciceros Plädoyer gegen Catilina

Die erste große Fortsetzung griechischer Redekunst liegt in Rom. Es hatte lange genug gedauert, im Jahre 161 v. Chr. wurden griechische Rhetorikspezialisten noch per Senatsbeschluss aus der Stadt gewiesen. Aber der alte Cato (Censorius), mitverantwortlich für diesen Beschluss und stets zitiert mit dem rhetorikfeindlichen Spruch *rem tene, verba sequentur* (»Halte dich an die Sache, die Worte folgen dann schon«), hat diese Kunst ganz offensichtlich eifrig studiert. Denn man kann sie bei ihm finden, er hat seine Reden veröffentlicht, wenn auch nicht alle 44 Verteidigungen erhalten sind, die er erfolgreich gegen entsprechende Anklagen vortrug. Danach war das Niveau immer mehr gestiegen. Ciceros Lehrer bzw. Mentoren, Marcus Licinius Crassus und Mucius Scaevola, waren perfekte Redner. Sie waren es als Juristen. Crassus verdankt seinen Ruhm hauptsächlich einem aufregenden Privatrechtsprozess, bei dem es um eine Erbschaft ging – die Parallele zur Entwicklung in Griechenland liegt auf der Hand.

Der Vollender dieser Anfänge aber war Cicero selbst. 106 v. Chr. geboren, setzte dieses nach Demosthenes zweite Supertalent der Rednergeschichte ganz auf eine Anwaltskarriere, um sich in Rom einen Namen zu machen. Im Jahre 80, mit 26 Jahren, verteidigte er einen Mann, dessen Vater Roscius man nach Beendigung des Bürgerkriegs zwischen Marius und Sulla auf die Proskriptionslisten gesetzt und dann ermordet hatte, um an das riesige Vermögen zu kommen. Der Einfachheit halber schob man dem Sohn die Täterschaft in die Schuhe. Weil die

Richter wie der wirkliche Mörder sämtlich Anhänger Sullas waren, traute sich niemand an die Verteidigung heran. Cicero wagte es und siegte dank einer Rede, die die Zusammenhänge derart lückenlos aufklärte, dass das Netzwerk riss. Roscius, der Sohn, kam frei, Cicero, der Verteidiger, war in aller Munde. Und so strebte er weiter, in die große Politik. Als Mitglied einer Familie des Ritterstands war dies eher die Ausnahme, fast nur Angehörige des senatorischen Adels (die einmal einen Konsul in ihrer Familie hatten) schafften es. Aber Cicero war eben die Ausnahme. Die wiederum nicht ungefährliche Anklage gegen Verres, einen besonders infamen Ausplünderer der Provinz Sizilien, endete mit dessen Verbannung. Die eher liebedienerische Befürwortung diktatorischer Vollmachten für Pompejus brachte ihn weiter, bis er im Jahre 63, als 42jähriger (früher ging nicht), zum Konsul gewählt wurde. Seine mutigste Tat war das Eintreten für die Rückkehr zur Republik nach Caesars Ermordung mit den zwölf Reden gegen Antonius, die nach dem Vorbild des Demosthenes als (neue) »Philippische Reden« in die Geschichte eingingen und den Ruhm endgültig begründeten.

Dabei hat kein anderer Redner in der Antike so oft in entscheidenden Situationen zum Wort gegriffen, keiner ist besser überliefert. Insgesamt 58 Reden sind mehr oder weniger vollständig erhalten (hinzu kommen Zeugnisse von oder Hinweise auf weitere 47 Reden), die deutsche Übersetzung von Manfred Fuhrmann umfasst 7 Bände mit insgesamt knapp 3000 Seiten. Auch gattungsmäßig deckt Cicero das Spektrum ab. Er hat als Ankläger wie als Verteidiger vor Gericht gesprochen, vor dem Senat und vor der Volksversammlung. Unsere genauen Kenntnisse der Texte verdanken wir der Tatsache, dass Stenographen mitschrieben. Das System entwickelte übrigens der Privatsekretär Ciceros, der Sklave Marcus Tullius Tiro, mit seinen »tironischen Noten«. Allerdings hat Cicero diese Mitschriften für die von ihm selbst besorgte Veröffentlichung in der Regel überarbeitet. So schwankt der Grad an Authentizität. Wenn Stellen stehen geblieben sind, obwohl sich die Fakten hinterher veränderten, ist die Echtheit hoch einzuschätzen, aber Cicero hat auch eine seiner Reden gegen Verres veröffentlicht, die gar nicht gehalten wurde, weil der Angeklagte bereits geflohen war. Dabei glaubte kaum jemand mehr als Cicero an die Macht der Rede, mit der sich der »Beifall des Volkes« erringen lasse, der in der Regel »mit dem Urteil der Fachleute« zusammenfalle. Etwas kleinmütig gibt er zu, dass das Volk gelegentlich auch den Falschen applaudiere – und schreibt es dem schädlichen Einfluss zu, den eine gute Disposition und ein kunstvoller Ausdruck auf die Sinne haben können. Politisch hat sich Cicero mit seiner Redekunst allerdings nicht durchsetzen können. Antonius, den er wie keinen anderen Gegner attackierte, triumphierte über ihn.

Zur berühmtesten Rede wurde dabei diejenige, von der noch heute viele Absolventen eines Gymnasiums den Anfang auf Latein hersagen können: die (erste) Rede gegen Catilina mit den drei rhetorischen Fragen:

> *Quousque tandem abutere, Catilina, patientia nostra? Quam diu etiam furor iste tuus nos eludet? Quem ad finem sese effrenata iactabit audacia?*
>
> Wie lange noch, Catilina, willst du unsere Geduld missbrauchen? Bis wann soll deine Tollheit uns noch verhöhnen? Wie weit wird zügellose Dreistigkeit sich noch vermessen?

Die Situation gehört zu den spannendsten der römischen Geschichte. Seit zwei Jahren hatte sich der Aristokrat Catilina um das Konsulat bemüht, war jedoch stets wegen seiner Skandale – skrupellose Ausbeutung einer Provinz, massive Wahlbestechung und so fort – durchgefallen. Im Jahre 63, während Ciceros Konsulat, plante Catilina nach erneutem Scheitern den Putsch und stützte sich dabei auf Senatskreise, die das Volk etwa mit dem Versprechen eines Schuldenerlasses auf ihre Seite zu ziehen suchten. Der Senat war mit anderen Worten gespalten: in die konservativen Optimaten und die aus welchen Gründen auch immer reformwilligen Popularen, denen zum Beispiel auch Caesar angehörte. Zwar wollte niemand einen

Putsch, aber Cicero hatte keineswegs freie Hand, musste mit äußerster Umsicht die Gewichte ausbalancieren. Er entschied sich für Angriff und musste dies dem Senat erst einmal vermitteln. Das Aufregende bestand darin, dass in der entscheidenden Sitzung am 7. November Catilina selbst entgegen allen Erwartungen im Senat auftrat und sich unschuldig gab. Auch Cicero war überrascht und musste improvisieren. Seine berühmteste Rede war tatsächlich eine Stegreifrede, die er leider hinterher bearbeitet hat. Aber die rhetorischen Fragen zu Beginn sind ihm wohl tatsächlich im Augenblick eingefallen.

Sie zeigen überdeutlich das Ziel der Rede: die Einstimmung auch der Gutwilligsten auf eine harte Gangart. Sie zeigen weiter, dass hier jemand das Anliegen in vollendeter Kunst vorträgt. Nicht eine einzige Frage genügt, es müssen gleich drei sein, die parallel gebaut den Grundgedanken variieren. Und es geht ja weiter. Den ersten drei kurzen und allgemein gehaltenen Fragen folgen vier neue, die mit konkreten Vorwürfen angefüllt, ja vollgestopft sind:

> Erschütterte dich nicht der nächtliche Posten auf dem Palatin, nicht die Wachen in der Stadt, nicht die Furcht des Volkes, nicht die Zusammenkunft aller Rechtschaffenen, nicht diese fest verwahrte Stätte der Senatssitzung, nicht die Mienen und Blicke der Anwesenden? Spürst du nicht, dass deine Anschläge aufgedeckt sind? Siehst du nicht, dass die Kenntnis aller derer, die hier sind, deine Verschwörung bereits gebändigt hat? Was du in der letzten, was in der vorletzten Nacht getan, wo du dich befunden, wen du herbeigerufen, was für einen Entschluss du gefasst hast, wer von uns, glaubst du, wüsste das nicht?

Man sieht hier überdeutlich in Anwendung, was die Rhetoriken, gerade auch Ciceros eigene, theoretisch lehrten: dass es auf die Fülle der Worte (*copia verborum*) ankomme, dass die »Wahrheit« nicht »einfach« gesagt werden kann, sondern dass ihr zur Wirkung verholfen werden muss – mit Sprachkunst. Die Optimaten werden es dankbar hingenommen, die

Popularen schockiert notiert haben. Aber die Aufmerksamkeit war bei allen da. Man wusste, dass nun eine Entscheidung fällig war, man wusste nur noch nicht genau, in welcher Richtung. Sollte man den Putsch als vollendet ansehen und Catilina verhaften? Sollte man ihn anschließend verbannen oder – was lange nicht mehr vorgekommen war – hinrichten? Alles hing von den Vorwürfen ab. Auch Cicero wusste dies und sparte nicht an ihrer sehr genauen Ausarbeitung. Vor allem wusste er, dass eine voreilige Forderung der Todesstrafe die gesamte Strategie hinfällig machen konnte. So legte er sich einen Plan zurecht: Argumente anhäufen, die eigentlich nur die Todesstrafe zur Folge haben konnten – und dann Abmilderung in Verbannung. Herausarbeitung, dass es um Putsch ging und er selbst der große Retter des Vaterlandes – aber großzügige Behandlung, die alle militärischen Optionen mit dem letzten Ziel einer Beseitigung von Catilina offenhielt. Man muss es noch einmal sagen: Genau dies setzte Cicero aus dem Stegreif um. Seine Zuhörer ließen sich tatsächlich mitreißen, die große Mehrheit war zum Schluss auf seiner Seite.

Ich greife einige Details aus diesem Feuerwerk von Rede (nachträgliche Bearbeitung hin oder her) heraus. Cicero kommt alles darauf an, den Nachweis zu führen, dass Catilina seit langem den Staatsstreich plante, der Senat aber nicht einschritt. Cicero geht nicht auf die eigentliche politische Frage ein, *weshalb* man zögerte (nämlich wegen der Uneinigkeit über Reformen), sondern bietet ein rhetorisches Kabinettstück. Unter dem alle Probleme zudeckenden Ausruf »Welche Zeiten, welche Sitten!« hebt er hervor, dass dieser Mann »lebt«, um sofort zur Steigerung überzugehen: »Schlimmer noch: er kommt gar in den Senat.« Worauf Cicero zielt, wird danach deutlich, wenn er von historischen Fällen berichtet, in denen Aufrührer hingerichtet wurden. Das »Leben« Catilinas ist also im Grunde eine Provokation, und Cicero formuliert es in wohlbekannter argumentativer Manier: Die Hinrichtung von Tiberius Gracchus besorgte ein Oberpriester ohne Amtsgewalt, und weitere Todesurteile kamen bei weit geringeren Vergehen zustande – während Catilina »mordend und brennend die Welt zu verwüsten trachtet«. Es ist nicht unbedingt das spektakuläre »Morden« und »Brennen«, das hier in erster Linie wirkt, sondern der schon bei Aristoteles behandelte rhetorische Schluss: Was schon für Geringeres gilt, muss erst recht für Größeres gelten. Cicero reitet nicht umsonst auf diesen Präzedenzfällen herum und malt genüsslich aus, dass früher Todesurteile binnen eines einzigen Tages ausgeführt wurden, während man bei Catilina schon seit 20 untätig blieb (wobei Cicero es im vollendeten Bild formuliert: »Wir indessen dulden bereits den zwanzigsten Tag, dass die Klinge der vom Senat erteilten Vollmacht abstumpft«).

Die Senatoren dachten in diesem Moment wohl, Cicero bereite alles vor, um die Todesstrafe zu beantragen. Und auch die folgenden Berichte über die Untaten Catilinas konnten diesen Eindruck nur verstärken. Cicero belegt seine Kenntnis von Mordanschlägen gegen sich und andere Senatoren bis auf Tag und Stunde (»Du tust nichts, du planst nichts, du denkst nichts, ohne dass ich's erfahre und sogar sehe und genau bemerke«). Und so kann er wieder zu schwungvollen rhetorischen Fragen ausholen:

> Wagst du zu leugnen? Was schweigst du? Ich werde dich überführen, wenn du leugnest. Ich sehe nämlich einige hier im Senat sitzen, mit denen du dort zusammengetroffen bist. Bei den unsterblichen Göttern! Wo auf der Welt befinden wir uns? Was haben wir für einen Staat? In welcher Stadt leben wir?

Schwer abzuschätzen, wieweit Cicero Catilina in die Falle locken wollte, wenn er ihn zur Flucht aufforderte, um sich damit vollends als Putschisten zu entlarven. Jedenfalls rollen gerade diese Formulierungen in immer neuen Dreier- und Viererketten daher, die höchste Kunst zeigen und damit die Autorität des Redners (aufgrund des damaligen Geschmacks) weiter und weiter erhöhen:

> … verlass endlich die Stadt; die Tore sind geöffnet; brich auf … In unserer Mitte kannst du nicht länger weilen; ich ertrage, ich dulde, ich gestatte es nicht!
> Jetzt greifst du schon offen das gesamte Staatswesen an; die Tempel der unsterblichen Götter, die Dächer der Stadt, das Leben aller Bürger, ganz Italien weihst du dem Untergang und der Verwüstung.

Aber Cicero bietet daneben auch Argumente, ja entwickelt seine eigentliche Absicht listenreich weiter. Denn es geht ja immer noch um die Frage der Strafe und in diesem Zusammenhang um die Macht des Konsuls vor dem gespaltenen Senat. So spricht Cicero von Catilina als »Abschaum« oder »Schandmal«, hängt ihm »Ausschweifung«, »Untat« und »Schmutz« an, rechnet ihm die Beseitigung seiner Gattin und den Zusammenbruch seines Vermögens vor, schließlich noch einmal ausführlich den Mordversuch an ihm, Cicero, selbst – aber bleibt beim Rat, freiwillig in die Verbannung zu gehen. Nur ganz allmählich kommt hinter den Tiraden heraus, wieso er als Konsul so vorsichtig ist und sich auch der Senat so zurückhaltend gibt, obwohl ihm angeblich die ganze Schwere der Tat klar ist (hübsch paradox formuliert: »sie schweigen – also rufen sie laut«). Catilina hat eben Anhänger, die jegliche Strafe als Angriff deuten könnten. Cicero kann schlicht nicht reagieren, wie er will.

Und so bereitet er seine Antwort mit äußerster Diplomatie vor, wendet sich nicht ohne Scheinheiligkeit an den Senat, der ihm Vorwürfe machen könnte, nicht scharf genug vorzugehen (»Willst du nicht befehlen, ihn ins Gefängnis zu führen, ihn zum Tode zu schleppen, ihn die äußerste Strafe erleiden zu lassen?«). Um dann höchst verklausuliert die Katze aus dem Sack zu lassen: Man müsse erstens Rücksicht nehmen auf die Anhänger Catilinas, unter denen es nicht nur »gewissenlose«, sondern auch »unerfahrene Leute« gebe, die ein zu hartes Vorgehen gegen diesen »Volksfreund« falsch auslegen könnten. Und zweitens lasse sich mit der Hinrichtung eines Einzelnen das »Verderben unseres Staates« nur kurzfristig aufhalten, während ein für alle sichtbarer offener Angriff das Übel bei der Wurzel zu packen erlaube. Catilina soll also gehen, weil er nur dann bestraft werden könne. Cicero wird wohl selbst gemerkt haben, wie paradox die Konstruktion bleibt, und bietet zur Ablenkung das schräge Bild eines Schwerkranken, der mit einem Schluck kalten Wassers das Leiden erleichtere, doch danach umso heftiger leide. Womit er beim Leiden dieses Staates ist, das Cicero sehr einseitig in der bloßen Uneinigkeit des Senats statt im Reformstau sieht. Sallust hat es in seiner historischen Darstellung der *Catilinarischen Verschwörung* wahrscheinlich besser getroffen, wenn er die Optimaten als reine Machtbewahrer und die Popularen als deren populistische Variante hinstellte – und Cicero mangels politischen Weitblicks weitgehend ignorierte.

Nur deckt dies wiederum zu, dass Cicero mit seiner Rede auf der ganzen Linie siegte. Am 8. November, sofort nach Catilinas Flucht aus Rom, hielt er die zweite Rede, diesmal auf dem Forum vor dem Volk. Wieder schwelgt er in Tiraden, um die überwundene Gefahr und die eigene Rettungstat aufs höchste zu steigern:

> Endlich, Quiriten! L. Catilina raste vor Verwegenheit, schäumte vor Frevelmut, sann ruchlos auf das Verderben des Vaterlandes, bedrohte euch und diese Stadt mit Feuer und Schwert – wir haben ihn aus der Stadt hinausgejagt oder fortgeschickt oder ihm, wie er freiwillig von dannen zog, mit unseren Worten das Geleit gegeben. Er ging weg, er entwich, er verschwand, er stürzte davon. Jetzt kann das Scheusal und Ungeheuer den Mauern der Stadt im Innern der Mauern kein Verderben mehr bereiten.

Auch dem Volk rechnet er vor, dass viele den Anschuldigungen nicht geglaubt hätten, »dass nicht einmal ihr damals alle von der Sache überzeugt wart«. Und so trägt (oder tritt) er nach, was sich über Catilina Übles sagen lässt, häuft Schimpfwörter an, malt dessen Exzesse aus und bietet auch noch Erklärungen für die Anziehungskraft auf Pleitiers und Schuldenmacher aller Art, während er als Konsul sein Leben wagte, um das Problem zu lösen. Als die in Rom verbliebenen Catilinarier dann bei ihrem Aufstand erwischt und entwaffnet wurden, folgte eine dritte Rede an das Volk, in der Cicero an seinem Ruhm arbeitet, nachdem ihm der Senat ein offizielles Fest des Dankes an die Götter gewährte (»Indes, die Ausführung von alledem durch mich ging so vonstatten, Quiriten, dass man glauben möchte, es sei durch das Walten und Wirken der unsterblichen Götter vollbracht und vorbereitet worden«).

Das Gleiche trug Cicero noch salbungsvoller in der vierten Rede am 5. Dezember dem Senat vor, wurde jedoch durch eine überraschende Zuspitzung beinahe konterkariert. Als sich die Konsuln einzeln für oder gegen die Todesstrafe aussprechen mussten, traten die ersten wie selbstverständlich dafür ein, während Caesar urplötzlich auf lebenslängliche Gefangenschaft plädierte. Cicero muss sich mehr als unwohl gefühlt haben, äußerte in seiner eigenen Rede aus taktischen Gründen für Caesar Verständnis. Als dann der Newcomer Cato, Urenkel des berühmten alten Cato, wieder klar auf Tod plädierte und Caesar sogar der Komplizenschaft bezichtigte, stimmte der Senat fast geschlossen für die Todesstrafe, die Cicero unter juristisch kaum geklärten Voraussetzungen noch am gleichen Abend vollziehen ließ – wohl erleichtert nach dem vorangegangenen Wirrwarr. Mit dem berühmten einen Wort *Vixerunt* (»sie haben gelebt«) trat er anschließend vor das Volk. Er wurde dafür stürmisch als Retter des Vaterlandes gefeiert, um Jahre später für die gleiche Tat in die Verbannung zu gehen.

Die catilinarischen Reden, vor allem die erste, wurden immer als Höhepunkt römischer Redekunst, ja sogar der Redekunst überhaupt gewertet. Wenn man sich an die sprachliche Kunst, auch an die geschickte Strategie und nicht zuletzt an den Erfolg hält, lässt sich dies nachvollziehen. Die Senatoren müssen wie erschlagen gewesen sein unter dem Trommelfeuer der

Tiraden, geradezu ehrfürchtig erstarrt angesichts einer Kunst, die die Autorität des Redners aufs höchste steigerte – und dies für alle erkennbar aus der völligen Überraschung heraus. Uns Heutigen erscheint die Dosis an Kunst eher übertrieben, sie wirkt als Schwulst, was man Cicero (wie gesagt) schon damals unter dem Schimpfwort des Asianismus vorwarf. Die gebildeten Senatoren waren jedoch an diese Art von Kunst gewöhnt und bereit, sie als Autoritätsbeweis zu nehmen. Auch das Volk, unter dem man sich kein ungebildetes Gesindel vorstellen darf, muss für solche Kunst Ohren gehabt haben. Es steht außer Frage, dass die catilinarischen Reden Größe besitzen, sofern sie das Konzept der europäischen Redekunst perfekt umsetzten. Man sollte aber auch das Problem sehen: Politisch vorbildlich oder auch nur adäquat waren diese Reden viel weniger. Sie haben im Senat vor allem die Konservativen überzeugt, nicht aber Caesar und die popularen Kreise, auch wenn dahinter Populismus stecken mochte. Die dringend nötige Reform blieb jedenfalls auf der Strecke. Man darf es einmal deutlich denen sagen, die allzu unkritisch den Mythos von der Macht der Rede verfechten: *Redekunst* hatte die Reform verhindert.

## Fischers Plädoyer für den Krieg gegen Milošević

Ciceronianische Sprachkunst in unserer Zeit? Eine catilinarische Rede in der Bundesrepublik? Ich habe Verständnis für arge Zweifel und halte trotzdem eine Rede dagegen, die durchaus Parallelen enthält: Joschka Fischers Plädoyer für den Bosnienkrieg, speziell gegen den Diktator und Aggressor Milošević. Auch in diesem Fall waren die Umstände dramatisch, das Publikum in Flügel gespalten, ja zerrissen. Die Rede selbst wurde zwar nicht ganz aus dem Stegreif gehalten, beruhte aber auf bloßen Stichworten und reagierte ständig auf Zwischenrufe. Der größte Unterschied liegt natürlich in der Anwendung von

Kunst. Unsere Gegenwart verträgt keine Ciceronianischen Tiraden. Aber man darf andererseits die Kunst nicht unterschätzen. In geminderter Quantität ist sie immer noch da, wie bereits belegt und noch weiter zu belegen ist. In Deutschland sind die Beispiele vielleicht dünn gesät, fehlen aber nicht. Joschka Fischer gehört jedenfalls zu denen, die in der Gegenwart am meisten in dieser Hinsicht wagten bzw. konnten. Schließlich setzte sich Fischer wie Cicero nicht ohne Überraschung durch – in beiden Fällen hatte die Rede Erfolg, führte zum vom Redner gewünschten Ergebnis. Wer unter politischen oder gar moralischen Gesichtspunkten dabei besser abschneidet, wird sich noch zeigen.

Fischer war Zögling der radikalen Studentenbewegung ohne höheren Schulabschluss und Universitätsausbildung. 1983 in den Bundestag gewählt, wurde er 1985 hessischer Minister für Umwelt und Energie (»Turnschuhminister«), kehrte 1994 in den Bundestag zurück und fungierte 1998–2005 in der Rot-Grünen Koalition unter Bundeskanzler Schröder als Vizekanzler und Außenminister. Geholfen hat ihm bei dieser steilen Karriere seine überaus streitbare Redekunst, mit der er zunächst als Zwischenrufer Aufmerksamkeit erregte. Unvergessen das »Mit Verlaub, Herr Präsident, Sie sind ein Arschloch«, mit dem er den Redeentzug einer Kollegin durch den amtierenden Vizepräsidenten des Bundestages Richard Stücklen quittierte (und sich anschließend entschuldigte). Aber Fischer konnte auch sachgemäßer auf Attacken reagieren wie bei der Debatte um die atomare Aufrüstung, als Heiner Geißler den Grünen vorhielt, dass der Pazifismus Auschwitz »erst möglich gemacht« habe: »Auschwitz war das Ergebnis eines perversen Vernichtungswillens einer deutschen Regierung; der atomare Holocaust wird das Ergebnis von Sachzwängen, Irrtümern und Selbstüberschätzung sein«, worauf Fischer sich gegen die »unglaubliche Infamie« wandte, »die Opfer des Nationalsozialismus für die an ihnen begangenen Verbrechen auch noch verantwortlich zu machen«.

Es ist dieses Sprechen in klaren Antithesen, das Fischer beherrscht, bereichert um eine Stilistik, deren Stärke im Sprachwitz liegt, in der augenblicklichen Wortschöpfung, im meist ironisch angewendeten Pathos, womit Fischer ebenso brilliert wie provoziert. Seinen Intimfeind Franz-Josef Strauß bezeichnete er wegen dessen Besuchs beim Diktator Ferdinand Marcos als »reisenden Pistolero«, die CDU/CSU insgesamt als die »sicherheitsfanatisierten Damen und Herren von der Union«, einen ihrer speziellen Flügel die »Gruselabteilung Geißler und Zimmermann«. Den Stab des Verteidigungsministers nannte er das »Panikorchester des Herrn Wörner auf der Hardthöhe«, Bundeskanzler Kohl das »pfälzische Gesamtkunstwerk …, welches in barocker Opulenz so langsam versumpft«. Alfred Dregger sprach er mit »Sie Dinosaurier des Kalten Krieges« an. Das mögen Frechheiten sein, aber es sind eben witzige Frechheiten, die die Zuhörer aufmuntern, ja fesseln konnten. Wahlkampfreden, Parteitagsreden, Parlamentsreden Fischers waren immer Publikumsmagnete. Es reicht nicht aus, sich dabei auf die junge Partei der Grünen zu beziehen, die manches ermöglichte, was über den starren Politikbetrieb der Vergangenheit hinausging. Fischers Sprache knüpfte weniger an die Bildungssprache der Vergangenheit an als an das kreative Feuilleton seiner Zeit. Um es etwas zugespitzt zu sagen (und das Problem der Redenschreiber auszuklammern): Brandt oder von Weizsäcker, ebenfalls begnadete Redner, klangen nach Thomas Mann, Fischer nach der ZEIT oder dem SPIEGEL, nach der FAZ oder der WELT.

Wenn ich hier zur Demonstration keine Bundestags-, sondern eine Parteitagsrede auswähle, so nicht nur deshalb, weil Fischer selbst sie für die »wichtigste politische Rede« seines Lebens hielt, sondern weil sie ein in seiner Meinung vorweg festgelegtes Publikum wirklich umstimmte – im Bundestag fast undenkbar. Allerdings war die Rede auf dem Sonderparteitag der Grünen zum Kosovo-Krieg am 13. Mai 1999 in Bielefeld (am Tag Christi Himmelfahrt) ein »Himmelfahrtskommando«. Die Vorgänge sind samt (leicht gekürzter) Rede in Fischers Autobiographie *Die rot-grünen Jahre* nachzulesen, hier nur Stichworte. Die Partei der Grünen hatte sich 1979 gegen die sogenannte »Nachrüstung« als »Friedensbewegung« profiliert. Als sich Daniel Cohn-Bendit auf einem Sonderparteitag der Grünen 1993 für eine Militärintervention in Bosnien aussprach, war er noch völlig isoliert. Fischer selbst dachte um seit dem Massaker von Srebrenica in Bosnien 1995, schrieb Briefe an seine Partei, was wütende Proteste hervorrief. Als am 20. März 1999 die serbische Offensive im Kosovo begann und vier Tage später die NATO mit ihrer Luftwaffe serbische Stellungen angriff, war Fischer zum »Kriegsminister« geworden, der »rot-grüne Albtraum« schlechthin, wie er selbst sagte. Auch die deutsche Öffentlichkeit insgesamt reagierte äußerst kritisch, Pressekonferenzen verliefen notorisch stürmisch, Gregor Gysi bezeichnete als eigentlichen Aggressor die NATO (Fischer darauf: »Weißwäscher der Politik eines neuen Faschismus«).

Die Grünen selbst standen vor der Zerreißprobe, ihr Außenminister wurde von den eigenen Mitgliedern demontiert. Eine Mehrheit für die nachträgliche Befürwortung des NATO-Einsatzes schien unmöglich. Für eine aus Pazifismus und Friedensbewegung entstandene Partei bot der Schwenk tödliche Risiken. Nach der Anmahnung einer notwendigen Verknüpfung von »Nie wieder Krieg« und »Nie wieder Auschwitz« war Fischer Verharmlosung von Auschwitz vorgeworfen worden. So machte er vor seinem Antrag Plan B: bei Ablehnung durch den Parteitag Austritt aus Fraktion und Partei, Rücktritt als Außenminister. Wegen Tumulten am Eingang betrat er die Bielefelder Kongresshalle durch den Hintereingang. Der Saal war ein Hexenkessel mit Sprechchören, Transparenten, Trillerpfeifen. Als Fischer Platz nahm, traf ihn ein Farbbeutel, der das Trommelfell platzen ließ. Für eine Behandlung war erst später Zeit, um 12.05 Uhr wurde er zu seiner Rede aufgerufen. Rufe wie »Mörder«, »Kriegshetzer«, »Verbrecher« sollten ihn am

Sprechen hindern. Aber Fischer ließ sich nicht hindern, für etwa 20 Minuten verschaffte er sich Gehör.

Fischer hatte keine Zeit und wohl auch nicht den Nerv für eine rhetorisch wohlgeformte Captatio benevolentiae, mehr als die Begrüßung war nicht störungsfrei zu formulieren:

> Liebe Freundinnen und Freunde, liebe Gegner, geliebte Gegner, ein halbes Jahr sind wir jetzt hier in der Bundesregierung – ja, ich habe nur darauf gewartet: Kriegshetzer. Hier spricht ein Kriegshetzer, und Herrn Milošević schlagt ihr demnächst für den Friedensnobelpreis vor.

Was Fischer brauchte, war (wie immer) Autorität. Da er sie nicht mit der Bitte um Wohlwollen erlangen konnte, setzte er auf Angriff: auf Ironie in Verbindung mit einer provozierenden Antithese, die ins Paradoxe geht: er selbst ein Kriegshetzer, Milošević ein Kandidat für den Friedensnobelpreis. Auch den weniger aggressiven Zwischenruf »Der Diplomatie eine Chance« fing Fischer ab, zuerst mit anaphorischen Sätzen im Stakkato, dann mit einer kurzen »Erzählung« zum Krieg, die seinen eigenen Meinungsumschwung begründet:

> Ich war bei Milošević, ich habe mit ihm zweieinhalb Stunden diskutiert. Ich habe ihn angefleht … Jetzt ist Krieg, ja. Und ich hätte mir nie träumen lassen, dass Rot-Grün mit im Krieg ist. Aber dieser Krieg geht nicht erst seit 51 Tagen, sondern seit 1992 … er hat mittlerweile Hunderttausenden das Leben gekostet, und das ist der Punkt, wo Bündnis 90/Die Grünen nicht mehr Protestpartei sind.

Fischer legt mit dieser Erzählung nach, schildert in einfachsten Worten die Fakten, dass man in eine Regierung eintrat, wohl wissend, dass die »jugoslawischen Erbfolgekriege« anstanden, man selbst also hineingezogen werden würde (»Wir waren noch in der Opposition, da war schon klar, dass wir ein Erbe mitbekommen …«). Abgefedert durch das wiederaufgenommene »Ich hätte es mir nicht träumen lassen«, folgt dann das Fazit in geradezu demonstrativer »Rhetorik« – Wiederholungsfigur und dreifache Aufzählung:

> Nur, ich kann euch nochmals sagen, was ich nicht bereit bin zu akzeptieren: Frieden setzt voraus, dass Menschen nicht ermordet, dass Menschen nicht vertrieben, dass Frauen nicht vergewaltigt werden. Das setzt Frieden voraus!

Zur Rhetorik gehört die Argumentation. Fischer führte ein erstes klassisches Argument (für Spezialisten: das Enthymem vom »Wenn schon …, dann …«) an gegen den Vorwurf des »moralischen Overkills«, den er betreibe. Beim mörderischen Anschlag auf eine türkische Familie in Solingen hatte man die gemeinsame Parole »Wehret den Anfängen« verwandt. Warum gelte dies nicht gegen Vertreibung und ethnische Säuberungen (»Ist das moralische Hochrüstung, ist das moralischer Overkill?«)? Dann folgte das zweite Argument in Form von Zahlen. Sprachlich ist dies schlicht, wenn nicht schnoddrig formuliert, ehe die pathetische Formulierung zum Schluss folgt:

> … wenn ihr sagt: ›Lasst uns das Bomben einstellen, und dann schauen wir mal, dann verhandeln wir.‹ Ich habe mir mal rausgesucht, wie viele Waffenstillstandsabkommen durch Milošević und seine Paladine … unterzeichnet wurden. Achtzehn Waffenstillstandsabkommen seit 1993, davon hat nur das letzte gehalten. Dies alles hat Hunderttausenden ihr Leben gekostet, in Bosnien-Herzegowina und in den anderen Regionen. 73 UN-Resolutionen, liebe Freundinnen und Freunde, 73! Und da lese ich zwei davon, am 16. April des Jahres 1993 die VN-Resolution 819 – Srebrenica wird Schutzzone. Und am 6. Mai die VN-Resolution 824 – Einrichtung von sechs Schutzzonen für muslimische Flüchtlinge in Srebrenica, Zepa, Gorazde, Tuzla, Sarajevo, Bihac. Ich frage euch, liebe Freundinnen und Freunde, woher nehmt ihr euer Vertrauen gegenüber Milošević, dass es ohne massiven bewaffneten Schutz den Menschen nicht genau so wieder gehen wird wie den Männern in Srebrenica, die kalt im Massengrab liegen …? Woher nehmt ihr das? Ich habe dieses Vertrauen nicht.

Worauf eine wiederum längere Schilderung der politischen Maßnahmen folgt, die Miloševićs »Brutalität«, »Radikalität«, »Entschlossenheit, den ethnischen Krieg ohne Rücksicht auf die Zivilbevölkerung durchzusetzen« zeigen: »Wir haben versucht ..., Wir sind dafür eingetreten ... Es wurde doch alles versucht ...«, heißt es, und dann lange Ausführungen ebenfalls wie in einer Litanei mit anaphorischen Sätzen:

> Wir haben die fünf Punkte vorgeschlagen und durchgesetzt. Wir haben einen Friedensplan ... durchgesetzt. Wir haben darauf gesetzt, den Vereinten Nationen endlich wieder eine entscheidende Rolle zukommen zu lassen. Wir haben darauf gesetzt, Russland ins Boot zu bringen ... Wir setzen darauf ...

Fischer kann es einfach, wechselt von Zahlen und Schnoddderton zu Rhetorik und Pathos, wagt sogar ein halbes Hamlet-Zitat (»Ja oder nein, das ist der Maßstab«), spielt mit Wiederholungen (»... das ist der Maßstab ... Das ist auch der moralische Maßstab, der friedenspolitische Maßstab«). Der Schluss ist ein einziges Furioso der Antithesen, mit denen er den Parteitag um Unterstützung bittet:

> Ich werde mit eurem Antrag geschwächt aus diesem Parteitag hervorgehen, nicht gestärkt ... Milošević würde dann nur gestärkt und nicht geschwächt. Ich werde das nicht umsetzen, wenn ihr das beschließt – damit das klar ist. Ich muss hier Klarheit schaffen! Aber ich bitte euch, liebe Freundinnen und Freunde, was wir jetzt gemeinsam brauchen, ist die Kraft, diese Verantwortung umzusetzen, so schwer dies auch geht. Und um was ich euch als Außenminister bitte, ist, dass ihr mir helft, dass ihr Unterstützung gebt und dass ihr mir nicht Knüppel zwischen die Beine werft. Und dass ich nicht geschwächt, sondern gestärkt aus diesem Parteitag herausgehe, um unsere Politik weiter fortsetzen zu können.

Man weiß, wie es zu Ende ging: Nach stehenden Ovationen und minutenlangem Applaus wurde der Parteitag fortgesetzt. Am Ende folgte die Auszählung – 444 Stimmen für, 318 Stimmen gegen den militärischen Einsatz im Kosovo. Fischer hatte den Umschwung mit überzeugenden Argumenten herbeigeführt, aber auch mit einer Sprache, die Autorität ausstrahlte. Es sei nicht seine beste Rede gewesen, notierte Fischer in der Autobiographie. Da irrt er. Es war vielleicht nicht seine am besten formulierte, er konnte es wirklich noch besser. Aber welche Rede soll besser sein als diejenige, die in fast hoffnungsloser Situation überredet?

Um noch einmal auf den Vergleich mit Cicero zurückzukommen. Seine Ergiebigkeit liegt nicht unbedingt in den allerdings verführerisch präzisen Ähnlichkeiten, was die Auseinandersetzung mit einem fatalen Gegner und der Fatalität politischer Zerrissenheit im eigenen Lager betrifft. Argumente und Überzeugungen werden vielmehr nicht ohne Einkleidung in hochgerüstete Formulierungen präsentiert, ja mit diesen Formulierungen die einzig denkbare Unterwerfung angestrebt, nämlich nicht unbedingt unter das bessere Argument, sondern unter den hohen ästhetischen Anspruch. Bei politischen Reden gibt es wie immer im Bereich alltagsweltlichen Handelns eine nicht überbrückbare Glaubwürdigkeitslücke. Sie wird in europäischer Tradition durch Macht überwunden, aber eben durch eine Macht, der sich freie Personen unterwerfen bzw. anvertrauen. In dieser Hinsicht hat sich von Cicero bis Fischer nichts Wesentliches geändert.

Man sieht allerdings auch, dass die Überwindung der Glaubwürdigkeitslücke unter moralischem wie politischem Vorbehalt steht oder jedenfalls moralisch wie politisch offen ist. Cicero mag sich bei seiner Beurteilung Catilinas im Recht gefühlt haben, historisch liegen die Dinge komplizierter. Und selbst bei Fischer bleiben letzte Zweifel hinsichtlich der Beurteilung unausgeräumt. Als Russland im Frühjahr 2014 die Krim annektierte, hat man auf das völkerrechtswidrige Bombardement im Bosnienkrieg und die damit verbundene »offene Rechnung« verwiesen. Auch Fischer hat ein wichtiges Argument nicht widerlegt, sondern sich darüber hinweggesetzt.

Anders kann Politik offenbar nicht funktionieren. Nur zeigt sich auch: Es ist sprachliche Macht, die dieses Funktionieren ermöglicht. Es ist nicht die »Wahrheit«. Und erst recht nicht Wahrheit, die als solche in der machtvollen Sprache läge. Genau das ist der Mythos.

# Cicero und Rosa Luxemburg

## Cicero gegen die Diktatur

Ciceros gewaltiges rednerisches Werk rechtfertigt es, ihn noch einmal zu Wort kommen zu lassen – nach einem weiten Sprung in seinem Leben, ins Jahr 44. Die Bilderbuchkarriere mit Konsulat, Sieg über Catilina, Meinungsführerschaft im Senat hatte nach dem Aufstieg Caesars und der Umwandlung des Römischen Reiches in eine Monarchie ihr Ende gefunden. Aber Caesar war an den Iden des März 44 ermordet worden, völlig unerwartet schien die Rückkehr zur Republik in greifbarer Nähe. Cicero sah es jedenfalls so und wandte sich gegen denjenigen, der ihm als das einzige Hindernis erschien: Antonius, einstiger Günstling des Diktators. Inmitten der Turbulenzen um Caesars Erbe griff der als Erster nach der Macht (auch wenn die Darstellung bei Shakespeare mit dem berühmten »Brutus ist ein ehrenwerter Mann« ihn cleverer macht, als er war). Da trat der blutjunge Octavian, der Adoptivsohn Caesars und spätere Augustus, auf und stellte sich Antonius entgegen. Dies war für Cicero der Auslöser. Er sah in Octavian den Beschützer der Republik und wandte sich nun in ungeheurer Polemik gegen den Bedroher. Wie einst Demosthenes gegen Philipp von Makedonien sprach er zwölfmal gegen Antonius, ja hetzte Senat und Volk gegen ihn auf.

Die erste dieser »Philippischen Reden«, wie Cicero selbst sie nannte, fand am 2. September 44 statt und richtete sich noch vorsichtig gegen den Antrag des Antonius, zu den üblichen Götterdankfesten auch eines zu Ehren Caesars hinzuzufügen. Am 19. September antwortete Antonius in einer (mit Hilfe eines

Ghostwriters ausgearbeiteten) Rede darauf in Abwesenheit Ciceros. Der erwiderte in einer Art Fernduell mit der wüstesten aller Philippischen Reden (einschließlich der Schilderung, wie sich Antonius in Volltrunkenheit öffentlich erbrochen hatte), die er jedoch nicht wirklich vortrug, sondern nur unter seinen Freunden kursieren ließ. Als Antonius wieder Rom verlassen hatte, stellte sich Cicero dann am 20. September vor den Senat und hielt die Rede, die als dritte Philippische in die Geschichte einging. Mit ihr besiegelte er den Bruch mit Antonius und zog den Senat mit. Es war einer seiner größten Erfolge und sicherlich nicht zuletzt der Versuch, es seinem griechischen Vorbild endlich gleichzutun – gerade in dieser Rede finden sich schon im Aufbau direkte Bezüge zu Demosthenes' ebenfalls dritter Philippika.

Man muss sich die äußeren Umstände der Rede genau verdeutlichen. Sie fand in der Kurie statt, dem Tagungsort des Senats auf dem Forum (direkt unterhalb des Kapitolhügels, das Gebäude wurde später zur Kirche umfunktioniert und damit erhalten, unter Mussolini in den heutigen Zustand rekonstruiert). Im Senat gab es weiterhin die Popularen, die sich vor allem auf die Volksversammlung stützten, und die konservativen Optimaten, die das Senatsregiment verteidigten. Und das bei insgesamt 1000 Personen, denn auf diese Zahl hatte Caesar zuletzt die Sitze erhöht (unter Sulla waren es 600, noch früher 300). Cicero, das ist für uns entscheidend, musste als Vertreter der Optimaten auf jeden Fall mit Ängsten bei den Senatoren rechnen. Wenn sich Antonius durchsetzte, war das Schicksal besiegelt, denn man kannte diesen Mann und seinen Hang zur Brutalität. Gewiss schlummerte in den Optimaten die Hoffnung auf Wiederherstellung der Republik, in der man das Sagen hatte. Aber sie waren auf jeden Fall in der Minderheit und das Risiko außerordentlich hoch. Auch die Popularen aber wussten, was Bürgerkrieg bedeutete und wie ungewiss der Ausgang war. Und dann kam noch der sicherlich große Teil derer, die weder dem einen noch dem anderen Flügel anhingen, wohl auch zahlreiche reine Opportunisten. Cicero musste diese Stimmung bzw. Stimmungen berücksichtigen. Und er hatte keine Naivlinge vor sich. All das merkt man seiner Rede an: Sie verzichtet weitgehend auf die Tiraden der Catalinarien, auch wenn es immer noch genügend Platz für rhetorische Kabinettstückchen gibt. Ein gebildeter Römer hätte auf anderes kaum reagiert.

Zunächst einmal: Die Rede ist auch in dieser existentiellen Situation klar gegliedert. Es gibt eine Einleitung, es folgen zwei Hauptteile mit Schilderungen zunächst der jüngsten Taten des Antonius, dann seines gesamten Lebenslaufes. Schließlich kommt es zum Fazit und der daraus resultierenden Aufforderung zu drei Senatsbeschlüssen, die Antonius das Wasser abgraben sollten. Im Ganzen also kein wüstes Plädoyer (wie in Teilen die zweite Philippika), sondern klares Vor-Augen-Führen der Situation (natürlich aus seiner, Ciceros, Sicht) mit klarer Handlungsanweisung. Die Senatoren müssen schwer beeindruckt gewesen sein. Sie kannten diesen redseligen und selbstverliebten Redner bestens. Wenn er jetzt weitgehend auf seine üblichen Tiraden verzichtete, musste etwas an seinem Vorschlag dran sein. Und fest stand auf jeden Fall: Hier versuchte es kein Demagoge, der sich anschließend verkriechen konnte. Hier sprach derjenige, der im Falle des Scheiterns dieser Politik als Erster den Kopf verlieren würde – und zwar nicht metaphorisch, sondern wirklich.

Die Einleitung, das Proömium, wie die Rhetoriker es nennen, umfasst drei Gedanken, gerade einmal eine Druckseite lang. Erster Gedanke: Gott sei Dank hat man diese Sitzung noch vor den Konsulwahlen am 1. Januar einberufen, also nicht gewartet – denn Antonius wartet auch nicht. Alles ist präzise vorgetragen: Cicero hat sich mit seinem Drängen durchgesetzt. Antonius steht auf dem Sprung, die Provinz des D. Brutus zu überfallen und so gestärkt nach Rom zu ziehen. Ganz ohne Garnierung geht es allerdings nicht. Antonius wird nicht nur als »ein heilloser und verworfener Mensch« gebrandmarkt, er führte »einen verbrecherischen Krieg gegen unsere Altäre und Herde, unser Leben und Vermögen«. Und dann die Antithese: Ihr, Senatoren, wartet er, Antonius, nicht. Hier ist die Antithese einmal alles andere als bloßer Schmuck. Hier zeigt sie die Dringlichkeit der Entscheidung mitsamt der in Ciceros Augen einzig sinnvollen Lösung an.

Zweiter Gedanke: Hätten wir schon früher eingegriffen, wäre es gar nicht erst so weit gekommen. Als Garnierung bietet Cicero eine rhetorische Frage, wie er sie in überbordender Form einst in der ersten Rede gegen Catilina angewandt hatte: »Wozu also das Warten …?« Der dritte Gedanke: Die künftigen Konsuln werden es richten (mit Dreierfigur: »sie zeigen ja stärkste Entschlossenheit, größte Umsicht und bestes Einvernehmen«). Und dann abschließend die Aufforderung zum sofortigen Handeln wieder mit schönen rhetorischen Fragen à la erste catilinarische Rede:

> Denn wie lange will man noch einen so furchtbaren, so grausamen, so scheußlichen Krieg durch private Initiativen abzuwehren suchen? Warum schließen sich nicht so bald wie möglich Maßnahmen des Staates an?

Das saß, und zwar nicht nur rhetorisch, sondern auch sachlich. Aha, das also will er, mussten die Zuhörer folgern: Er will, dass wir, die Senatoren, Verantwortung und Initiative übernehmen. Nach keinen drei Minuten erkannte jeder, was es geschlagen hatte. Jetzt wartete man wohl mit größter Gespanntheit, wie Cicero das wohl begründen werde. Wo es klar um Leben und Tod ging.

Und Cicero begründete. Erster Teil: Es liegen bislang »private Maßnahmen« vor. Oktavian hat auf private Kosten ein Heer aufgestellt. Zwei weitere Legionen sind zu ihm übergetreten. Beide Initiativen müssen zu Staatsinitiativen werden, sind also vom Senat zu billigen. Weiter hat sich D. Brutus (nicht der Caesarmörder, sondern ein weiteres Mitglied dieser bedeutenden Familie) dem Konsul Antonius widersetzt und das gewaltsam an sich gebrachte Oberitalien zurückbehalten.

Auch dies muss gesetzlich geregelt, durch den Senat offiziell gemacht werden.

Garnierung: Das Lob des Oktavian fällt überschwänglich aus, der junge Mann besitze »geradezu göttliche Einsicht und Tatkraft« (was der »Raserei des Antonius« perfekt korrespondiert). Und er hat für dieses Heer »sein Vermögen drangegeben – doch nein, ich habe nicht den Ausdruck getroffen, der angemessen wäre: er hat sein Geld nicht drangegeben, sondern für das Wohl des Staates eingesetzt«. Und schon bietet Cicero einen Vorblick auf das Bild, das er wenige Minuten später von den drohenden Gräueltaten des Antonius ausmalt: Denn der hat Römer umbringen lassen, dass ihr Blut das Gesicht seiner Frau bespritzten. Und nun wolle D. Brutus die Provinz Gallien gegen den Usurpator verteidigen – man wusste, wie in Gallien Caesars Aufstieg begonnen hatte. Noch weiter geht Cicero in die Geschichte zurück: Ein Brutus hatte einst den Tyrannen Tarquinius »nicht ertragen« und Rom mit dessen Beseitigung die Republik geschenkt. Der neue Brutus tut ein Gleiches, wenn nicht noch mehr. Denn Tarquinius zog nach seiner Vertreibung für das römische Volk zu Felde, Antonius aber gegen es. Worauf das erste glanzvolle Argument aus dem Arsenal der Argumentationskunst folgt:

> Wenn Knechtschaft stets ein Unglück ist, dann ist es vollends unerträglich, der Knecht eines unsauberen, schamlosen, entnervten Menschen zu sein, der nicht einmal in bedrängter Lage nüchtern bleibt.

Was Cicero an dieser Stelle nur andeutet, führt er im nächsten Moment aus: dass Antonius am Luperkalienfest »vor dem römischen Volke nackt, salbentriefend und betrunken eine Ansprache« hielt – also längst kein Konsul mehr sein dürfte.

Aber es geht nicht um irgendeine Peinlichkeit, es geht um mehr. Ciceros Fazit lautet: Er dürfte nicht nur, er dürfe wirklich nicht länger Konsul sein, denn er ist ein Staatsfeind. Zur Begründung dient ein schönes Paradox: Wäre er noch Konsul, müssten die Legionen, die ihm weggelaufen sind, gesteinigt werden, wäre Oktavian ein »Verbrecher« und Brutus »ein Ausbund der Niedertracht«, weil sie Truppen gegen Antonius aufgestellt haben. Das liebten sie, die Zuhörer: logisches Kabinettstückchen zu all den stilistischen. Man darf vermuten, dass Cicero das Publikum ab diesem Zeitpunkt auf seiner Seite hatte. So kann nun der zweite und dritte Hauptteil das Urteil nur vertiefen.

Es beginnt mit einer Schilderung der Untaten des Antonius aus allerletzter Zeit, ich zitiere den Beginn mit seinen rhetorischen Figuren:

> Wie beleidigend sind seine Bekanntmachungen, wie rücksichtslos, wie grob! An erster Stelle hat er Verleumdungen gegen Caesar [Oktavian] zusammengetragen, hervorgeholt aus der Erinnerung an sein eigenes schamloses und unzüchtiges Treiben. Denn wer wäre tugendhafter, wer zurückhaltender als dieser junge Mann?

Natürlich niemand – und umgekehrt existiere ein »schmutzigerer Mensch als sein Beleidiger« auch nicht (eine solche Antithese konnte sich Cicero einfach nicht verkneifen).

Zu toppen ist all dies durch eine Schilderung der eher niederen Herkunft des Antonius, besonders für die altadligen Senatoren ein gefundenes Fressen. Weiter spielt die Trunksucht eine Rolle – berauscht vergaß Antonius, den Termin seiner eigenen Bekanntmachung wahrzunehmen. Besonders interessant (oder infam) die sprachliche Unbeholfenheit des Angegriffenen, die Cicero in ihren Einzelheiten vorführt, förmlich seziert:

> »Das ist keine Beleidigung, wenn sie ein Würdiger tut.« Erstens: Was bedeutet hier »würdig«? Denn manch einer ist auch strafwürdig, wie er selbst. Etwa: »die einer tut, dem Würde zukommt«? Welche Beleidigung könnte schlimmer sein? Ferner: Was heißt »eine Beleidigung tun«? Wer drückt sich so aus? Er fährt fort: »Noch stellt sich Furcht ein, wenn uns ein Feind damit bedrängt.« Wie – kommt es vor, dass uns ein Freund mit Furcht bedrängt?

Schließlich der dritte Teil, nach einigen eher witzigen Bemerkungen die Rückkehr zur gefahrvollen Realität. Um den Hörern Mut zu machen, wendet sich Cicero an seinen anwesenden Helden, an Oktavian. Und zur Alternative Freiheit oder Tod: Dass der Tod tatsächlich vor der Tür steht, belegt die Schilderung von Antonius' bisherigem Leben, angefüllt von Rechtsbrüchen und Schandtaten aller Art. Dazwischen geht es immer wieder um Mutmachen: Wenn der Senat sich aufrafft (es nicht »verschläft«), wenn er mit dem Volk einer Meinung ist, kann auch ein solches Untier in die Schranken gewiesen werden. Schließlich die markanten, figurenbewehrten Sentenzen:

> Wenn jetzt aber … das vorbestimmte Ende unseres Staatswesens da ist: Was tapfere Gladiatoren tun, indem sie würdig unterliegen, das wollen auch wir tun, die Herren aller Länder und Völker – wir wollen lieber in Ehren fallen als in Schande Knechte sein. Nichts ist abscheulicher als Ehrlosigkeit, nichts hässlicher als Knechtschaft. Zur Größe und zur Freiheit sind wir geboren; die wollen wir uns entweder bewahren, oder wir gegen in Ehren unter!

Dem folgen schließlich die Anträge: Verrechtlichung der Privatinitiativen als Grundlage des nun offenen Kampfes gegen Antonius. Die künftigen Konsuln sollen am 1. Januar alles Weitere richten.

Cicero kam damit durch, die Anträge wurden vom Senat gebilligt, die Würfel waren gefallen. Aber Cicero begnügte sich nicht damit, sondern verließ die Kurie, um am Nachmittag des gleichen 20. Dezember vors Volk auf dem Forum zu treten. Es war die vierte Philippika, im Druck gut acht Seiten, also wesentlich kürzer als die schon relativ kurze Philippika vor dem Senat. Man sieht sofort, dass sich die Argumentation unterscheidet, weil Cicero mit viel geringerem Wissen um die Umstände zu rechnen hat. Er sucht sich drei Hauptpunkte aus, die genügen müssen: die Ankündigung des Retters, den er noch viel überschwänglicher feiert als vor dem Senat (von der Rettungstat des weit weg operierenden D. Brutus ist kaum die Rede), die Beschimpfung des Antonius als »Bestie« und schließlich der Hinweis auf den Bund von Senat und Volk, der nie enger gewesen sei.

Um nur einiges Wichtige herauszugreifen. Wie beginnt er? Mit einer Verbeugung vor der Größe der Versammlung (»einer größeren, meine ich, als ich je sah«), mit der Ankündigung, dass es um die Verteidigung der Republik gehe, und nicht zuletzt mit dem Hinweis darauf, dass er, Cicero, damit nicht früher an sie herangetreten sei, weil er dann nicht mehr leben würde. Und noch ein Selbstlob: Der Senat sei soeben seinem Vorschlag gefolgt, habe Antonius zum Staatsfeind erklärt. Im Übrigen marschierten nun bereits die Legionen gegen Antonius, den Cicero wirkungsvoll anspricht, obwohl er (im Gegensatz zu Catilina) nicht in der Versammlung anwesend ist: »Erwartest du, M. Antonius, dass man dich noch schärfer verurteilt?« Dafür wird er mit allen erdenklichen Flüchen bedacht. Der Kampf gelte »nicht einem verbrecherischen und skrupellosen Menschen, sondern einer furchtbaren und abscheulichen Bestie«, mehr noch: »einem Mörder, einem Banditen, einem Spartacus«.

Frage: Greift Cicero in dieser Situation zu rhetorischem Schmuck? Bietet er argumentative Kniffe und sprachliche Figuren? Die Antwort lautet: Ja, auch vor dem »Volk«, einer Menge, die man sich erstens beträchtlich größer als den Senat vorstellen muss und die sich zweitens unter offenem Himmel versammelt hat (mit allen akustischen Problemen). Aber trotzdem bietet er auch hier Kunst, zum Beispiel in Form eines kleinen logischen Spielchens:

> Antonius Konsul? – dann ist Brutus Staatsfeind; Brutus der Retter unseres Staates? – dann ist Antonius Staatsfeind. Können wir etwa, vor dieses Dilemma gestellt, zweifeln?

Auch das Folgende gehört zur Logik, zur Argumentationskunst:

> Denn schon haben sich, meine ich, nicht nur die Menschen, sondern auch die unsterblichen Götter verschworen, unser Staatswesen zu erhalten.

Viel ausgiebiger aber ist der Gebrauch rhetorischer Figuren. Von Antithesen war schon die Rede, hier eine ganze Klimax:

> Doch er, euer Feind, greift euren Staat an, ohne selbst einen zu besitzen; er will den Senat, das heißt die Ratsversammlung der Welt, ausrotten, ohne selbst über einen Staatsrat zu verfügen; er hat euren Staatsschatz verbraucht, ohne selbst über einen zu gebieten.

Von den häufigen Dreierfiguren nur dieses Beispiel:

> Doch wir halten, wir beengen und bedrängen sie jetzt mit den Truppen …

Das Ergebnis ist völlig klar: Cicero verzichtet auch unter den Bedingungen der Volksversammlung nicht auf seinen Stil. In der Stunde der Entscheidung, im Angesicht einer Auseinandersetzung auf Leben und Tod plädiert er für die Freiheit – mit rhetorischen Figuren.

Nur sollte man klar sehen: Weder die Senatoren noch das Volk waren Dummköpfe, die jedem Blendwerk hinterherliefen. Sie waren lediglich rhetorisch »musikalischer« als wir, verlangten nach dieser Form von Ästhetik, ohne die kein Redner ernst genommen, kein Inhalt angenommen wurde. Wir wissen es schon: Dies hat Geschichte gemacht, sehr lange Geschichte. Gewiss gab es Phasen, in denen sich der Geschmack änderte und geminderte Formen von Schmuck verlangt wurden. Aber die europäische Redekunst verband sich durchweg mit der Forderung oder auch Zumutung von Kunst. Das Überraschende liegt dann eher darin, dass nach Phasen der Zurückhaltung eine Redekunst ciceronianischen Zuschnitts wiederkehrte, dank des humanistischen Gymnasiums auch noch bis an den Rand der Gegenwart. De Gaulle bezeugt dies für die französische Tradition. Deutschland, wo man im 19. Jahrhundert die Kultur gegen die Zivilisation ausspielte, tat sich in diesem Punkt deutlich schwerer. Eine bemerkenswerte Ausnahme macht eine Frau, die in den politischen Auseinandersetzungen des frühen 20. Jahrhunderts erstens überhaupt öffentlich sprach und zweitens mit einer Brillanz, die den besten

Beispielen erneuerter ciceronianischer Redekunst an die Seite zu stellen ist. Gemeint ist Rosa Luxemburg.

## Rosa Luxemburg gegen den Parlamentarismus

Rosa Luxemburg kämpfte dabei wie Cicero nicht nur lebenslang für ein politisches Ziel, sondern bezahlte dafür auch wie er mit ihrem Leben. Und noch eine Parallele ist erwähnenswert: Luxemburg teilte mit Cicero die Leidenschaft für die Wissenschaft, verband Politik mit gelehrten Publikationen, darunter eine Doktorarbeit über die industrielle Entwicklung Polens sowie politische Grundsatzartikel, die sie in den verschiedenen Parteiorganen veröffentlichte. Der große Unterschied liegt im Erreichen von politischer Verantwortung. Luxemburg schaffte es als Frau und noch dazu Jüdin nicht ins Parlament. Immerhin machte sie in der SPD Karriere, redete auf Parteitagen, vertrat Deutschland und (ihr Herkunftsland) Polen in der Internationalen und ging auf Agitationsreisen, wo sie auch vor zwei-, dreitausend Zuhörern sprach. Ihre Ermordung im Januar 1919 fand durch ein Killerkommando statt, das Jagd machte auf die damaligen Führungspersönlichkeiten der Linken, der auch Karl Liebknecht zum Opfer fiel. Immerhin brachen danach monatelange Unruhen aus. Rosa Luxemburg war jedenfalls eine Berühmtheit gewesen, die für die große politische Alternative zum parlamentarischen Weg stand: für einen revolutionären Sozialismus, den sie vehement ebenso gegen den Parlamentarismus August Bebels (dann Philipp Scheidemanns und Friedrich Eberts) wie gegen Lenin und dessen Vorstellungen von einer mit Terror verbundenen Revolution in Russland verteidigte.

Luxemburgs Biographie erscheint rückblickend als dramatisch, aber nicht unbedingt spektakulär. In Polen geboren und rasch viersprachig (mit Polnisch, Russisch, Deutsch und

Französisch) geworden, floh sie nach ersten politischen Aktivitäten in ihrer Heimat nach Zürich, wo sie die revolutionäre Sozialdemokratie des Königreiches Polen mitbegründete und daneben ihre Doktorarbeit abschloss. 1898 geht sie, nach einer Scheinehe deutsche Staatsbürgerin geworden, nach Berlin, schließt sich der SPD an und wird Wortführerin von deren linkem Flügel. Ihre Sporen verdient sie sich mit Wahlkämpfen in Schlesien, wo sie besonders die polnischsprechende Bevölkerung anspricht. Bald aber beginnen die Flügelkämpfe innerhalb ihrer Partei, die von ihrem Engagement in der Internationalen profitiert, die Befürwortung der Revolution (die Bebel lange selbst verfolgte) aber ablehnt. So steigt sie zunächst zur Leiterin der *Leipziger Volkszeitung* sowie Dozentin an der Universität auf und kann am Ende fast nirgends mehr ihre Artikel unterbringen. 1905, nach Ausbruch der ersten Revolution in Russland, gewinnt die Linke an Stärke, aber es folgt der 4. Mai 1914, an dem die SPD die Kriegsanleihe Wilhelms II. mitunterschreibt. Luxemburg geht auf Distanz zu ihren Genossen, wird mehrfach inhaftiert. Dann kommt es zur Abspaltung, zur Gründung der KPD (Spartakusbund) zusammen mit Liebknecht am 30. Dezember 1918, wenige Tage vor Ausbruch und Niederschlagung des Spartakusaufstands, dem am 15. Januar beide zum Opfer fallen sollten.

Wenn man die Reden von Luxemburg liest, beeindruckt ein stilistisches Niveau, das ihre Konkurrenten durchweg überragte. Auch das Auftreten dieser körperlich kleinen Dame (die gelegentlich auf Stühle stieg, wie es Fotos zeigen) wird als außerordentlich geschildert. Dabei hatte Luxemburg Deutsch als Fremdsprache gelernt, an dessen Perfektionierung sie freilich lebenslang arbeitete. Zu welcher Eleganz bzw. Brillanz sie es bringen konnte, zeigt ein oft zitiertes Wort, mit dem sie den reformistischen Parteigenossen Eduard Bernstein attackierte:

> Da sind wir glücklich bei dem Prinzip der Gerechtigkeit angelangt, bei diesem alten, seit Jahrhunderten von allen Weltverbesserern in Ermangelung sicherer geschichtlicher

> Beförderungsmittel gerittenen Renner, bei der klapprigen Rosinante, auf der alle Don Quichottes der Geschichte zur großen Weltreform hinausritten, um schließlich nichts anderes heimzubringen als ein blaues Auge.

Auch das lange Plädoyer über *Militarismus, Krieg und Arbeiterklasse*, mit dem sie am 20. Februar 1914 nach den nutzlosen Reden ihrer Verteidiger dem Staatsanwalt gegenübertrat, endete mit perfekter rhetorischer Antithese:

> Der Staatsanwalt hat wörtlich gesagt, ich habe es mir notiert: Er beantrage meine sofortige Verhaftung, denn »es wäre ja unbegreiflich, wenn die Angeklagte nicht die Flucht ergreifen würde«. Das heißt mit anderen Worten: Wenn ich, der Staatsanwalt, ein Jahr Gefängnis abzubüßen hätte, dann würde ich die Flucht ergreifen. Herr Staatsanwalt, ich glaube Ihnen, Sie würden fliehen. Ein Sozialdemokrat flieht nicht. Er steht zu seinen Taten und lacht Ihrer Strafen. Und nun verurteilen Sie mich!

Schließlich zeigt der argumentative Aufbau der Reden mit der Zuspitzung auf den wichtigsten Punkt stets sprachkünstlerische Perfektion. Der letzte große Auftritt auf dem Gründungsparteitag der KPD am 30. Dezember 1918 macht es besonders deutlich. Er soll deshalb hier als Beispiel herangezogen werden.

Rosa Luxemburg kam, wie gesagt, von der Wissenschaft her und war davon überzeugt, den Sozialismus wissenschaftlich begründen, ihre Zuhörer nur mit wissenschaftlichen Mitteln überzeugen zu können. So beginnt sie mit Erläuterungen zur Entwicklung des Sozialismus seit dem *Kommunistischen Manifest* von 1848, vor allem zu Friedrich Engels (auf Drängen der SPD geschriebenen) Bemerkungen zu den *Klassenkämpfen in Frankreich* von 1895. Das Ergebnis lautet: Engels erklärte nach der Einführung des allgemeinen Wahlrechts eine Revolution nicht mehr für möglich, die Sozialdemokratie setzte entsprechend nur noch auf ihre Arbeit im Parlament. Die gegenwärtige Geschichte zeige jedoch, dass dies eine falsche Weichenstellung war, denn der Zusammenbruch am Ende des Weltkriegs habe eben doch zur Revolution geführt, zu einer »Straßenrevolution«, die eine Rückbesinnung, ja Aktualisierung der Ideen des *Kommunistischen Manifests* notwendig mache, wenn man so will: eine Rückgängigmachung der Korrektur von Engels und der SPD:

> Ich bin sicher … dass Engels der Erste gewesen wäre, der gegen die Ausschweifungen, die sich aus dem Nur-Parlamentarismus ergeben haben, gegen diese Versumpfung und Verlotterung der Arbeiterbewegung … dass Engels und, wenn er gelebt hätte, Marx die Ersten gewesen wären, um mit aller Kraft hiergegen zu protestieren und mit mächtiger Hand den Karren zurückzureißen, dass er nicht in den Sumpf hinabrollte …
>
> Nun, Parteigenossen, heute erleben wir den Moment, wo wir sagen können: Wir sind wieder bei Marx, unter seinem Banner … Jetzt zeigt sich, was wahrer Marxismus ist und was dieser Ersatz-Marxismus war (»Sehr gut!«), der sich als offizieller Marxismus in der deutschen Sozialdemokratie solange breitmachte …

Damit hat Rosa Luxemburg die Notwendigkeit der Parteigründung beschrieben und zugleich die Frontstellung aufgezeigt, die Revolution mit dem Ziel einer Beseitigung des Kapitalismus. Das Fazit wird entsprechend rhetorisch zugespitzt:

> … wir sind heutzutage nicht nur in der Lage, diese Aufgabe zu lösen, sie ist nicht bloß unsere Pflicht gegenüber dem Proletariat, sondern ihre Lösung ist heute überhaupt die einzige Rettung für den Bestand der menschlichen Gesellschaft. (Lebhafte Zustimmung)

Was zu pathetisch klingen könnte, soll realistisch wirken durch den Hinweis auf den »Trümmerhaufen«, den der Weltkrieg zurückgelassen hat, auf die »Blutbäder«, die vor die Wahl zwischen »Untergang in der Anarchie« oder »Rettung durch den Sozialismus« stellen – in dieser Entgegenstellung ein Plädoyer für den Sozialismus als »geschichtliche Notwendigkeit«. Luxemburg zeigt es in einem antithetischen Sprachspiel auf: statt das einstige »Maximalprogramm« auf »Minimalforderungen« herunterzutransformieren, gehe es um einen Sozialismus als »das Minimum, das wir heutzutage durchzusetzen haben«. Damit ist der Unterschied zur »offiziellen deutschen Sozialdemokratie«, die Neugründung als der »einzigen revolutionären sozialistischen Partei des deutschen Proletariats« noch einmal beschrieben. Was folgt, ist eine historische Betrachtung und Bewertung der Ereignisse seit dem 9. November 1918 als einer »Revolution voller Unzulänglichkeiten und Schwächen«. Es habe sich mehr um den »Zusammenbruch des bestehenden Imperialismus« als um den »Sieg eines neuen Prinzips« gehandelt, um »eine mehr oder weniger chaotische, planlose, sehr wenig bewusste Bewegung« der Arbeiter- und Soldatenräte unter Anleihen an die russische Revolution – alles in allem höchstens »Kinderschritte der Revolution«. Die Begründung für diese Einschätzung folgt als eigentliches Zentrum der Rede. Sie stellt den rhetorisch am stärksten ausgearbeiteten Teil dar, als Analyse von »Illusionen« in immer neuen Anläufen und Wendungen:

> Parteigenossen, diese erste Phase vom 9. November bis zu den letzten Tagen ist charakterisiert durch Illusionen nach allen Seiten hin. Die erste Illusion des Proletariats und der Soldaten, die die Revolution gemacht haben, war: die Illusion der Einigkeit unter dem Banner des sogenannten Sozialismus … eine Illusion, die sich blutig rächen sollte und die wir erst in den letzten Tagen ausgelebt und ausgeträumt haben; eine Selbsttäuschung auch auf Seiten der Ebert-Scheidemann und auch der Bourgeoisie – auf allen Seiten. Ferner eine Illusion der Bourgeoisie …, dass sie … die proletarischen Massen im Zügel halten und die sozialistische Revolution werde erdrosseln können, und die Illusion auf Seiten der Regierung Ebert-Scheidemann, dass sie mit Hilfe der soldatischen Massen von den Fronten die Arbeitermassen in ihrem sozialistischen Klassenkampfe nieder-

> halten könnte. Das waren die verschiedenartigen Illusionen, aus denen sich auch die Vorgänge der letzten Zeit erklären lassen. Sämtliche Illusionen sind in nichts zerronnen …

Es geht noch weiter anhand dieses Leitfadens. Luxemburg beleuchtet die »Illusionen« der Bourgeoisie, die enttäuscht darauf reagierte, dass sich »die Knechte« als »untauglich« erwiesen hätten, dass Ebert-Scheidemann sich nicht als die »starken Männer« erwiesen, »die Bestie niederzuhalten«:

> Also eine gegenseitige Desillusion nach allen Seiten! Das Proletariat hat jede Illusion verloren über die Verkoppelung von Ebert-Scheidemann-Haase als sogenannte sozialistische Regierung. Ebert-Scheidemann haben die Illusion verloren, mit Hilfe des Proletariats im Soldatenrock die Proletarier in der Arbeiterbluse auf die Dauer niederhalten zu können, und die Bourgeoisie hat die Illusion verloren, vermittelst Ebert-Scheidemann-Haase die ganze sozialistische Revolution in Deutschland um ihre Ziele zu betrügen. Es ist nichts als negatives Konto, lauter Fetzen von vernichteten Illusionen. Aber gerade dass nur solche zerrissenen Fetzen nach der ersten Phase der Revolution zurückbleiben, ist für das Proletariat der größte Gewinn; denn es gibt nichts, was der Revolution so schädlich ist als Illusionen, es gibt nichts, was ihr so nützlich ist wie die klare, offene Wahrheit.

Worauf Luxemburg Lessing zitiert mit dessen schönem Bild von der Wahrheit, der mancher »unter allerlei Larven und Schminken« gerne als Kuppler dienen wolle, ohne je ihr Liebhaber gewesen zu sein. Dies führt zu einer der schärfsten Passagen der Rede:

> Parteigenossen, die Herren Haase, Dittmann usw. haben unter allerlei Larven und Schminken die Revolution, die sozialistische Ware an den Mann bringen wollen, sie haben sich als Kuppler der Konterrevolution erwiesen; heute sind wir frei von dieser Zweideutigkeit, die Ware steht vor der Masse des deutschen Volkes in der brutalen, vierschrötigen Gestalt der Herren Ebert und Scheidemann da. Heute kann

auch der Blödeste nicht verkennen: das ist Konterrevolution, wie sie leibt und lebt.

An dieser Stelle, ungefähr in der Mitte der sicher zweistündigen Rede, beginnen die Ausführungen zur gegenwärtigen politischen Lage, die den Sieg des Sozialismus in greifbare Nähe rücke. Es geht um ökonomische Argumente, immer verbunden mit einer Polemik, die die Zuhörer offenkundig aufmuntern sollte, wenn etwa von den deutschen Sozialdemokraten als den »infamsten und größten Halunken« die Rede ist, »die in der Welt gelebt haben«. Und es geht um Pläne, die Bauern zu mobilisieren, um die proletarische Revolution zum Ziel zu führen. Mit all dem soll deutlich werden, dass Handeln möglich ist und Erfolg verspricht.

Wir wissen heute, dass die Geschichte einen völlig anderen Weg nahm. Damals aber war die Begeisterung der Zuhörer ebenso groß wie der Hass der Gegner – und dies in einem wichtigen Punkt wohl aus dem gleichen Grund: Beides verdankte sich der unerhörten Brillanz der Rede, zu der es kaum Vergleichbares gab. Die »rote Rosa« hatte es damit ohne Amt und Macht zu einer Führungsfigur des internationalen Sozialismus gebracht. In der Geschichte der neueren Redekunst bietet eine polnische Jüdin in deutscher Sprache einen denkwürdigen Höhepunkt. Man muss schon ins Ausland gehen, um eine vergleichbare Form von Kunst anzutreffen. Der französische Sozialist Jean Jaurès kann als ein solches Beispiel ciceronianischen Zuschnitts gelten. Luxemburg ist ihm nicht nur begegnet, sondern hat ihm einmal zur Wirkung verholfen. Als Jaurès auf einem Treffen der Internationale Französisch sprach, wurde er von den meisten nicht verstanden. Da kam Hilfe. Luxemburg übersetzte die Rede spontan in perfektes Deutsch – sozusagen von Ciceronianerin zu Ciceronianer.

# Rhetorik im römischen Kaiserreich und im Deutschen Reichstag

## Rhetorik im römischen Kaiserreich

Mit Ciceros Tod ist das Ende der römischen Republik verbunden. Natürlich hatte das Folgen für die Redner und ihre Reden. Es gab weiter Senat und Volksversammlung, aber es gab vor diesen Gremien nichts mehr zu entscheiden. Man hat deshalb schon in der Antike vom Verfall, ja von der Entartung der Redekunst gesprochen, Cicero selbst setzte den Topos nach der Diktatur Caesars in die Welt. Sein 46 v. Chr. verfasster *Brutus* (dem späteren Caesarmörder gewidmet) beginnt mit der Feststellung, kein »verantwortungsvoller Bürger« könne mehr »den Händen wütender Mitbürger die Waffen … entwinden«. »Beschäftigungslos« beklagt er die »Verödung der Gerichtshöfe und des Forums«, das Verstummen der Redekunst.

Der Historiker Tacitus schrieb vor 102 ein ganzes Buch zum Thema, den *Dialogus de oratoribus* (Dialog über die Redner) und sah eine gewisse Lösung im Übergang der Rede- zur Schreibkunst, zur Poesie. In einem wichtigen Punkt hatte er dabei völlig recht: Die Poesie war schon immer rhetorisch gewesen, hatte Teil vor allem an der Entwicklung der Stilistik, aber auch an der gesamten Topik, etwa der Gestaltung einer Einleitung oder der Beschreibungen von Mensch und Natur in literarischen Werken. Ovid, lange der Hofdichter des Augustus, ehe er mit seiner Liebeslyrik in dessen Ungnade fiel, hatte eine rhetorische Ausbildung hinter sich und erfand nicht nur kühne Metaphern, sondern verstand Liebeskunst als Überredungskunst. Seine *Ars amatoria* (Die Kunst der Liebe) plaudert Finten aus, um die ihn Tesias und Gorgias beneidet hätten (»vor der Rede Gewalt schmelzen die Frauen dahin«). Im 13. Buch seiner *Metamorphosen* bietet er den berühmten Redewettstreit um die Waffen des toten Achill zwischen Aiax und Odysseus. Dabei siegt spektakulär Odysseus, obwohl Aiax der größere Kämpfer ist. Warum? Weil Odysseus die Seelen seiner Zuhörer kennt, sich klein macht und damit ihre Sympathie gewinnt – ganz nebenbei ein perfektes Belegstück für den europäischen Redner.

Einen wieder anderen Einblick in die neuen Verhältnisse eröffnet Plinius der Jüngere, ein Schüler Quintilians. In seinen *Briefen* (erstes Jahrzehnt des 2. Jahrhunderts) bietet er einen realitätsnahen Einblick in die Politik, zu der weiter der Senat mit seinen Debatten gehört. So ritualisiert sie unter den Bedingungen der Monarchie verlaufen mögen: Es gibt weiter Debatten, die den ganzen Redner fordern, vor allem seine Stimme. Plinius berichtet von einem fünfstündigen Plädoyer, das der Kaiser besorgt verfolgt und in dessen Verlauf er Plinius auffordern lässt, er »solle Kehle und Lunge nicht überanstrengen, da er glaubte, ich legte mich schärfer ins Zeug, als meine schwache Konstitution es vertrüge«. Dass die fünf Stunden wirklich stimmen dürften, ergibt sich aus der weiteren Angabe, man habe ihm zu den zwölf Klepsydren (gemeint: Wasseruhren) noch vier weitere bewilligt. Bei einer anderen Gelegenheit, wo Plinius nach dreieinhalb Stunden bereits aufhören und auf die fehlenden anderthalb verzichten will, weil der Erfolg schon da ist und er das Versagen der Körperkräfte befürchtet, lässt er sich von einem Freund umstimmen und spricht weiter – ehe ein Nachfolger die der Verteidigung zustehenden neun Stunden vollmacht.

Eine Unsitte besonderer Art stellen dabei nach Plinius die bezahlten Claqueure dar. Für drei Denare angeheuert (»so viel kostet es Dich, wenn Du ein großer Redner werden willst«), erzeugen sie auf Zeichen einen endlosen Beifallssturm, ohne überhaupt zugehört zu haben. Die Redekunst bekomme damit ihren Todesstoß, weil die schlechtesten Redner den meisten Beifall ernten:

> Man schämt sich zu berichten, was alles da mit unmännlichem Organ dahergeredet, mit kindlichem Geschrei aufgenommen wird. Nur Händeklatschen oder vielmehr: Becken und Pauken fehlen noch zu diesem Singsang; Geheule – anders lässt sich diese selbst im Theater unerhörte Art der Beifallskundgebung nicht bezeichnen – gibt es überreichlich.

Plinius wendet sich auch gegen Plädoyers im Sitzen (man denke jedoch an die neun Stunden), die die »hauptsächlichsten Stützen des Vortrags, Hände und Augen« binden. Allerdings versprach er sich ohnehin mehr von der Buchausgabe seiner Reden, womit auch das Zufallsmoment des Erfolgs reduziert werde (ansonsten habe die Loquenz die Eloquenz überflügelt). Die Schrift überholt also die Rede, wozu Plinius eine überraschende Rechnung aufmacht: Eine gute Rede sei in der Regel auch als Schrift brauchbar, eine schlechte auf keinen Fall. Und dann: Die Schrift ist Abbild und Idealbild der Rede. Gute Redner hätten dies immer gewusst (weshalb gute Richter den Rednern immer Zeit zur Ausarbeitung ließen) und in die Reden, die sie nur als Schriften veröffentlichten, »Stegreiffiguren« wie etwa rhetorische Fragen eingeflochten. Daraus folge, dass eine Rede am vollkommensten sei, »wenn sie einer kunstmäßig ausgearbeiteten *oratio* [gemeint: Schrift] möglichst nahekommt«. Wer hätte das gedacht? Rhetorische Perfektion gibt es am ehesten in der Schriftlichkeit, der beste mündliche Vortrag ist so gesehen ein abgelesener. Noch anders: Die Rhetorik hat sich wirklich aus der Mündlichkeit verabschiedet. Sie ist nicht tot, lebt jedoch in einem anderen Körper weiter.

Das sind nun viele und sehr verschiedene Todeserklärungen. Sie alle gehen allerdings an der Tatsache vorbei, dass sich in der Realität so Grundlegendes nicht geändert hat. Was tatsächlich fehlte, war nur die politische Redekunst à la Cicero (mit der Offenheit des Ausgangs). Weiter lebte jedoch die juristische Redekunst, die bei den eher zunehmenden Prozessen gut gebraucht wurde. Und einen unerhörten Aufschwung nahm die Panegyrik, die Lobrede. Wiederum der jüngere Plinius legte davon am 1. Januar des Jahres 100 (also dem Fest des Jahresbeginns) ein Zeugnis ab mit seinem *Panegyricus* auf Kaiser Trajan, der zum Maßstab wurde. Hier fehlt nichts an ciceronianischer Brillanz oder argumentativem Können. Und es gab in der Panegyrik nicht nur das Lob des Kaisers (bzw. des Kaisertums), sondern weiter etwa das Lob einer Stadt, eines Gebäudes, eines Kunstwerks und so fort. Auch die Philosophie nahm teil, etwa mit dem Lob einer Tugend, was dann nahtlos in die christliche Predigt überging. Es gab also auch nach Cicero noch Redner und Reden. Im 2. Jahrhundert kehrte sogar die alte Sophistik als sogenannte »zweite Sophistik« wieder und blühte bis zum 4. Jahrhundert.

Dass die Rede vom Tod der Rhetorik zu einer argen Fehleinschätzung führen kann, zeigt im Übrigen die Existenz der Schulen. Immer schon hatte es Ausbildung gegeben. Aber nun wird das gesamte Schulwesen rhetorisch, weil man Redekunst als Voraussetzung von Bildung auffasst. Derjenige Lehrer, der um 100 mit der *Institutio oratoria* das bedeutendste Lehrbuch der Rhetorik überhaupt schrieb, Quintilian, gilt als erster Professor seines Fachs. Auf Quintilian geht vielleicht keine einzige wirkliche Neuerung in der Rhetorik zurück, sein unerreichtes Vorbild war und blieb Cicero. Aber Quintilian verwandelte die Rhetorik in ein umfassendes Erziehungssystem, beginnend mit dem Säugling, der an keine Amme mit Babysprache gegeben werden sollte, und endend mit einem perfekt ausgebildeten Bürger, der in jeder Lebenslage sicher auftritt. Dem dienten Übungen und nochmals Übungen, die sogenannten Suasorien und Deklamationen mit ihren künstlichen Themenstellungen (»Können Huren treu sein?«). Im angelsächsischen Bereich sind sie als Redewettstreit noch heute lebendig und sickern allmählich auch in unsere Schulen ein, die sich lange Zeit mit dem schriftlichen Besinnungsaufsatz begnügten.

Verfall, Entartung, Tod: Nichts daran stimmt, so dass sich eher eine andere Frage stellt: Warum dieses Urteil? Die Antwort lautet: Nach dem Untergang der römischen Republik, mehr noch nach dem des Römischen Reiches insgesamt, formiert sich ein Begriff der Klassik oder der Klassizität, der gegen alle Weiterentwicklung und Neuerung verteidigt wird. Warum das? Weil nun Persönlichkeiten auftreten, die sich diese Klassik in ungeheurer Anstrengung angeeignet haben und sich damit im Besitz einer Bildung fühlen, die allen anderen überlegen ist. Entwicklung ist anstrengend, stellt Traditionen in Frage, damit Besitzstände. Die Verklärung von Demosthenes oder Cicero, die Steigerung ihrer Beispielhaftigkeit ins Unermessliche hat mit dieser Absicherung gegen Neues zu tun. Was derart unerreicht sein soll, braucht nicht ersetzt zu werden. Ein Kanon entsteht, der genau das Maß dessen besitzt, was man sich aneignen kann – um es anschließend mit Zähnen und Klauen zu verteidigen. Die Folge ist absehbar: Sie macht die Nachfahren zu Epigonen, ehe deren Werk überhaupt einer Überprüfung unterzogen worden wäre. Man sollte also die Tradition vorsichtiger beurteilen. Was danach kommt, muss nicht minderwertig sein. Und es war nicht minderwertig, nur anders.

Man kann diese Andersartigkeit in einer ersten Annäherung recht klar ins Auge fassen: Die antik-heidnische Welt kam unter die Obhut des Christentums. Auch die Rhetorik. Es entstand eine neue Redekunst und mit ihr kamen neue Redner. Dies werden wir in allen Einzelheiten noch näher verfolgen. Eine spannende Frage ist aber auch die, wieweit in viel späteren Zeiten die politische Rede in monarchischen Verhältnissen überlebte, nach Anpassung suchte. Gab es wie in Rom nach dem Tod Ciceros auch in der Neuzeit bedeutende politische Rede ohne demokratisches Fundament oder gar nach gescheiterten demokratischen Anfängen? Danach muss man nicht lange suchen. Auch in Deutschland entstand ein Parlament unter monarchischer Führung, in dem geredet wurde, wie es eben in der Monarchie möglich war. Wie in Rom hat es wenig Sinn, dabei nur von Verfall zu sprechen.

## Rhetorik im Deutschen Reichstag

Die demokratisch gewählte und nach Spielregeln der Demokratie zusammengetretene Frankfurter Nationalversammlung, von der noch näher zu sprechen ist, hatte ihr Doppelziel, Einheit und Verfassung, nicht erreicht. Die im März 1849 vollendete Verfassung mit der Erklärung der Grundrechte wurde aufgehoben, eine preußische entgegen den in den Revolutionstagen abgegebenen Versprechen von Friedrich Wilhelm IV. oktroyiert. Seine Wahl zum Kaiser nahm der Preußenkönig nicht an. Danach gab es in Deutschland als Parlamente weiterhin nur die Landtage der Einzelstaaten, aber auch zwei neue Versuche, zur Einheit diesmal »von oben« zu kommen: durch die von Preußen betriebene Deutsche Union, die sich 1851 zum Deutschen Bund zusammenschloss, sowie durch den von Österreich betriebenen Frankfurter Bundestag. Die Reden in diesen Gremien hatten jedoch kaum politische Auswirkung. Die Politik wurde von den Fürsten in ihren Territorien dominiert. Eines dieser Territorien aber sollte die Zukunft bestimmen und auch für die Geschichte des Parlamentarismus in Deutschland von entscheidender Bedeutung werden: Preußen.

Hier kam es 1862 zu einem Eklat zwischen Krone und Parlament, der an die Zeiten des beginnenden Absolutismus erinnert. Als Wilhelm I. seinem verstorbenen Vater als König folgte und um Zustimmung zu einem erweiterten Militärbudget bat, lehnte das Parlament auch nach zwei Auflösungen und Neuwahlen ab. Aber nun zeigte sich, wo die Grenzen des Parlaments damals lagen. In höchster Not und schon zum Rücktritt bereit, berief Wilhelm I. den bislang nur in diplomatischen Diensten verwendeten Otto von Bismarck zum Ministerpräsidenten, der daraufhin unter klarem Bruch der Verfassung gegen die liberale Mehrheit und ohne verabschiedetes Budget die gewünschten Maßnahmen durchführte. Nach zwei militärischen Siegen, über Dänemark 1864 und über Österreich 1866, entstand 1867 der Norddeutsche Bund mit dem Norddeutschen Reichstag. In ihm lag die Macht beim Ministerpräsidenten, der weiter Bismarck hieß. Vier Jahre später, nach dem Sieg diesmal über Frankreich, war das Reich als Kaiserreich gegründet, die Einheit (wenn auch nur als »kleine«) endlich erreicht. Am Status des Parlaments änderte sich nichts: Das Parteiensystem differenzierte sich weiter aus in Linke, Rechte und die auch nun wieder dominierenden Liberalen. Bismarck bemühte sich als Reichskanzler um Zusammenarbeit mit dem Parlament bzw. seiner liberalen Mehrheit, aber Abstimmungsniederlagen hatten keine Wirkung. Bismarck setzte (gedeckt durch den König bzw. Kaiser) seine Politik gegen das Parlament durch. Nach Misserfolgen bei seinen Reden beschränkte er sich lediglich auf immer weniger Wortmeldungen.

Während die Frankfurter Nationalversammlung ein demokratisches Parlament war, das am Ende scheiterte, war der Reichstag bei allen demokratischen Elementen der Wahl und des Verfahrens von vornherein ein Parlament ohne wirklichen Einfluss. Zwar zeigte sich, wie das Bürgertum seine Positionen absteckte, wie es in den verschiedenen Parteien seinen Willen artikulierte. Aber es zeigte sich auch die Ohnmacht dieses Bürgertums. Wie konnten sich unter diesen Umständen Redner behaupten? Wie wurden sie von der Öffentlichkeit wahrgenommen? Wir besitzen über den Norddeutschen Reichstag einen umfangreichen Bericht in der damals wichtigen Zeitschrift *Die Gartenlaube* von einem anonymen Mitglied des Reichstags unter dem Titel »Photographien aus dem Reichstag« (die folgenden Ausführungen nach meinem Buch *Geschichte der Stimme*). Er erschien in Fortsetzungen während des Jahres 1867 und beginnt mit der Eröffnung des Reichstages, der als Fortsetzung von Frankfurt dargestellt ist: »Von Frankfurt nach Berlin, von der Paulskirche in's preußische Herrenhaus – das ist ein weiter Schritt.« Dieser weite Schritt wird als »Fortschritt« hingestellt, weil es einst neben Frankfurt die Regierungen in Berlin und Wien gegeben hatte, während nun Preußen allein und ohne Konkurrenz den Weg zur Einheit gehen werde. Die

Rolle bzw. die faktische Machtlosigkeit des Parlamentes ist für den Anonymus kein Thema.

Aber die Perspektive ist doch interessant und beleuchtet, was ein bestimmter Teil des Bürgertums von Rednern erwartete. Dabei ist schon der Raum bezeichnend: Zu den Sitzungen trat man im preußischen Herrenhaus (dem »Oberhaus« als der zweiten »Kammer« des Parlaments) an der Leipziger Straße zusammen, einem viel zu kleinen Raum »mit mangelhafter Beleuchtung und Ventilation«, nicht zuletzt mit einer »sehr beschränkten und darum unbequemen Rednerbühne«. Der Präsident erhielt seinen eigenen Sessel, die Tribünen boten Platz für lediglich 200 Stehende, dafür existierten Logen für die Minister und den Hof. Die Reden des Norddeutschen Bundes und dann des jungen Kaiserreichs wurden also in diesen beengten Verhältnissen gehalten, erst 1894 sollte der von Paul Wallot entworfene Bau des Reichstags fertig werden. Der Anonymus der *Gartenlaube* hat nicht die politischen Hintergründe im Blick, nicht das Undemokratische dieses Parlaments. Er charakterisiert die Redner, die er nach ihren Fraktionen durchgeht, allein nach ihren rhetorischen Leistungen bzw. Defiziten. Die Kriterien sind dabei keine anderen als die gewohnten humanistischen, konzentrieren sich auf Stilistik und vor allem den Vortrag.

Dabei fallen Redekunst und (politischer) Erfolg allerdings nicht selten auseinander. Der Wert eines Redners liegt jedenfalls nicht in seiner rednerischen Qualität, sondern fast im Gegenteil: Was sich durchsetzt sind Sachverstand und Überzeugung – nicht die schönen Worte, denen in eigenartigem Paradox dennoch immer wieder die Sympathie gilt. Dem bewunderten Wortführer der Konservativen, Adolph Wagner, wird ein »fließender« Vortrag zugestanden, um mit der Bemerkung zu enden, dass es sein »scharfer Verstand« sei, den selbst die Gegner anerkennen. Bei den Ministern wird Redekunst fast zum polemischen Wert, wie man an der Charakterisierung des Kriegsministers Albrecht von Roon ablesen kann:

> Mit einem kräftigen sonoren Organ verbindet derselbe eine große Klarheit und soldatische Frische, wodurch er manchen gelehrten Professor beschämt. Man sieht seinen Reden an, dass sie nicht an der Studierlampe ausgeklügelt, sondern aus dem praktischen Leben geschöpft worden sind. Von ihnen gilt der Goethe'sche Ausspruch: »Es trägt Verstand und guter Sinn mit wenig Kunst sich selber vor.«

Auch zum Finanzminister August von der Heydt scheint Redekunst nicht zu passen:

> Er spricht ohne jeden rhetorischen Aufwand, einfach, etwas monoton, aber leicht und fließend, wie ein ruhiger Geschäftsmann, der weder herausfordern noch hinreißen, sondern vor allem durch seine Worte ein bestimmtes Ziel erreichen will. Es kommt ihm dabei nicht auf Prinzipien, auf politische Parteifragen, sondern, wie es in der Natur der Sache und in seiner Stellung liegt, hauptsächlich auf – Bewilligung der Gelder an.

Unter den Liberalen sitzen die fähigsten Redner, darunter der Reichstagspräsident Eduard Simson, dem der Anonymus zunächst einmal außerordentliches Ordnungsgeschick angesichts des »parlamentarischen Chaos« bescheinigt:

> Als Redner entwickelt Simson eine große Eleganz und Feinheit, seine Perioden sind sorgfältig ausgearbeitet und gefeilt, Bilder und Gleichnisse mit Geschmack gewählt, der Witz, der ihm zu Gebote steht, verrät klassische Bildung, attisches Salz, geistreiche Pointen … Er spricht wie sein Vorbild Cicero »ore rotundo«, mit salbungsvoller Würde, mit einer gewissen Grazie, selbst wenn er seinen Gegner angreift und einen Stoß gegen dessen Blößen führt.

Nur fehlt zum Schluss die entscheidende Einschränkung nicht: Er »begeistere« nicht, vielmehr bewundere man »sein rhetorisches Talent, seine klaren Gedanken, seinen schönen Periodenbau und auch seine ehrenwerte Gesinnung«. Einschränkungen dieser Art werden auch sonst geltend gemacht. Simsons Fraktionskollege Georg von Vincke habe es während seiner Tätigkeit im Vorgängerparlament, dem Vereinigten Reichstag, aufgrund seiner Schlagfertigkeit zum »preußischen Mirabeau« gebracht, könne auch noch immer als »kühner Stegreifritter« gelten, aber liebe »den Kampf um des Kampfes willen« und habe sich damit bei all seinen Fähigkeiten nur »selbst zerstört«. An Karl von Twesten wird die »Kraft des Wortes, welche blitzähnlich den Hörer entflammt« gerühmt, die Rede als »stets überzeugend« empfunden, jedoch hinzugefügt: »aber sie erwärmt nicht«. Die Professoren rügt der Anonymus dafür, dass in ihren Reden Kollegienheft bzw. Katheder durchschienen.

Blicken wir auf die Vertreter der Fortschrittspartei, erscheint etwa »der alte Waldeck« als »geborener Volkstribun«, mit Redebegabung ohne viel Rhetorik:

> Seine Reden sind von dem Feuer der Begeisterung durchglüht, obgleich er kein Redner in der hergebrachten Weise genannt werden kann … Seine Perioden sind nichts weniger als schulgerecht, seine Ausdrücke weder gewählt noch elegant. Dennoch ist die Wirkung überraschend und meist hinreißend, wenn er die Tribüne betritt und die Worte wie Donnerkeile schleudert, während sein Gesicht glüht, seine Augen blitzen … Es ist die Macht der Persönlichkeit, die Gewalt eines festen Charakters, die sich unwillkürlich Achtung und Gehör verschafft.

Ist es bei Benedikt Waldeck der Charakter, so kann auch allein die Stimme den »Volksredner« machen wie im Falle von Franz Herrmann Schulze-Delitzsch, »der die Massen durch die Gewalt des Wortes zu ihrem eigenen Besten zu lenken (wisse)«. Bei Moritz Wiggers ist es nicht die Stärke, sondern der »Klang« der Stimme, die seinen Worten »etwas Ergreifendes« verleihe. Auch sonst gibt es Redner, die allein durch ihren Auftritt wirken wie etwa Rudolph von Bennigsen, der auf diese Weise für »lautlose Stille im Saale« sorge.

Fast den gesamten fünften und letzten Teil seiner Reportage widmet der Anonymus Bismarck, wobei das Interessante der Ausführungen darin liegt, wie er die offenkundige stimmliche

Schwäche seines Idols im Bild des großen Redners unterbringt. Denn Bismarck hatte in der Tat ein besonders leises und für seine ausgesprochen männliche Statur relativ hoch liegendes Organ (wovon später näher die Rede sein wird). Und es kam hinzu, dass Bismarck auch noch weitere Fehler zeigte:

> Anfänglich fühlt man sich jedoch unangenehm enttäuscht, da Graf Bismarck, dessen Bild wir hier wiederzugeben versuchen, kein Redner ist, der durch rhetorisches Talent, strömende Fülle des Ausdrucks, brillante Wendungen und treffende Gleichnisse oder durch schlagenden Witz und Gedankenblitze die Seele des Zuhörers fortreißt und mit Bewunderung erfüllt. Sein Organ ist zwar klar und verständlich, aber trocken und wenig sympathisch, der Klang monoton, die Sprache stockend, zuweilen sogar stammelnd, als wollte die widerstrebende Zunge nicht gehorchen, als müsste er erst mühsam nach dem passenden Ausdruck der Gedanken suchen. Auch die schwankende, halb wiegende, nonchalante Haltung ist durchaus nicht angetan, für den Sprecher einzunehmen, der mit keiner angemessenen Bewegung seine Worte unterstützt.

Die einzige Möglichkeit, den Schaden zu begrenzen, lag für den Anonymus in der Hervorhebung anderer Fähigkeiten, die man immer an Rednern geschätzt hatte. Dazu gehört die überlegene Argumentation, vorbereitet durch den Hinweis auf den »geschickten Fechter auf der Mensur«, womit Bismarck »den Kampf meist zu seinen Gunsten dadurch beendet, dass er schonungslos die Blößen des Feindes trifft und ihn tief verwundet«. Wem dies zu martialisch klingt, wird darüber informiert, dass Bismarck ebenso über »staatsmännische Besonnenheit« und »bewunderungswürdige Aufrichtigkeit« verfüge, womit er letztlich zum »Revolutionär der modernen und neuesten Schule« ausgerufen wird, ja zum »politischen ›Faust‹«.

Das wirklich Überraschende aber liegt darin, dass auch die Gegner Bismarck als Redner anerkannten. Selbst August Bebel, der Intimfeind, hat ihn in dieser Hinsicht gelobt. Nach der Enttäuschung über die »Diskantstimme«, über »lange, sehr verwickelte Sätze« einschließlich Stocken lautet das Gesamturteil: »Was er sagte, hatte Hand und Fuß.« Der Schauspieler, Publizist und Romancier Conrad Alberti mit demokratischer Grundüberzeugung (und Begeisterung für Lassalle und Marx) geht in seiner *Schule des Redners* von 1890 die großen Redner von Demosthenes über Savonarola bis in seine Zeit durch und zählt Bismarck »zu den gewaltigsten Rednern aller Zeiten und Länder« – vergleichbar nur dem »Führer der Sozialdemokraten, Bebel«. Der Grund liegt in der Substanz des Geäußerten, die sich von den »langweiligen Doktrinären« und »öden Phrasendreschern« um ihn so deutlich absetzt:

> Er will immer nur durch die Sache wirken, durch die Gedanken, er scheint die rednerische Form ganz zu verschmähen, er achtet nicht im mindesten auf den Stil …

Wirksam ist ausgerechnet für den Rhetorikspezialisten nicht (mehr) das geschliffene oder gar in perfekter Aktion vorgetragene Wort, sondern das »plastische«, das sich in Schlagworten wie dem der »politischen Brunnenvergiftung« äußere. Wenn bei der Charakterisierung des »schlechten Sprechers« gesagt wird, seine Reden seien »besser zu lesen als zu hören«, kommt nebenbei die Überzeugung heraus, dass in der Moderne das Medium der Verständigung nicht mehr das gesprochene Wort, sondern der gedruckte Text ist.

Damit werde ich mich noch genauer beschäftigen. Um jedoch zunächst zum Ausgangs- und Vergleichspunkt zurückzukommen: Was seit der Antike als Untergang der Redekunst beklagt wird, hat sehr unterschiedliche Gesichter. Die unter der Monarchie lebenden Römer fanden ihre neuen Wege ebenso wie eineinhalb Jahrtausende später die unter der Monarchie lebenden Deutschen. Die neuen Wege waren verschieden, aber es waren eben Wege der Redekunst. Und bei allen Unterschieden wird doch deutlich, dass es immer wieder um Maß oder Grade der Kunst geht. Was kann noch gewagt werden? Was lohnt sich, was nicht? Und der vielleicht wichtigste Punkt überhaupt: Mag das Ausmaß und vor allem auch die Funktion der Kunst differieren, die Fortsetzung steht außer Frage. Dies spricht für die hier geltend gemachte Zusammenfassung als europäische Redekunst bzw. die Figur des europäischen Redners. Nicht dass immer neue Ciceros aufgetreten wären, sondern dass das Prinzip, durch Kunst zum Erfolg zu kommen, so konsequent beibehalten wurde, macht die Zusammenfassung sinnvoll. Und fast möchte man sagen: Dass das europäische Rezept gerade in Zeiten der Krise, der äußeren Angriffe auf Kunst seine Rolle beibehielt, ist so überraschend und bemerkenswert. Mit den Phasen der Krise werde ich mich noch genauer beschäftigen. Zunächst aber setze ich die Betrachtung da fort, wo sie nach Cicero keineswegs krisenhaft weiterging, sondern ganz im Gegenteil in einen weiteren Höhenflug mündete. Ich ziehe dazu den Redner heran, der auf Griechisch als »Goldmund« bezeichnet wurde.

# Johannes Chrysostomos und Barack Obama

## Chrysostomos, Goldmund in Konstantinopel

Der größte Wandel der Rhetorik in der Spätantike war nicht mit dem Übergang vom Forum in den kaiserlichen Senat verbunden, sondern mit dem Auftreten des Christentums und der völlig neuen Figur des christlichen Predigers. Sein Urbild ist der biblische Jesus, der nach dem Zeugnis der Evangelien als Wanderprediger (wie viele andere in der damaligen Zeit) auch große Menschenmengen mit der Botschaft vom kommenden Gottesreich in seinen Bann zog. Eine Anknüpfung an die Rhetorik der Zeit liegt dabei nicht vor. Dies änderte sich jedoch, als hellenistisch gebildete Persönlichkeiten kirchliche Ämter übernahmen. Der Schwerpunkt lag dabei im Osten, schon bevor Konstantin der Große im Jahre 330 Konstantinopel als neues Zentrum des Römischen Reiches gründete. Origines (gest. 253 oder 254) mokierte sich über die Brillanz, die bei Predigten vor hofnahen Kreisen bereits völlig selbstverständlich geworden war. Aber ihm folgten immer versiertere Vertreter der Rhetorik. Basilius der Große (gest. 379) aus Kappadokien, den Erasmus von Rotterdam anlässlich seiner Werkausgabe im Jahre 1532 nicht nur als »himmlischen Redner«, sondern auch als »christlichen Demosthenes« feierte, hat die Rhetorik in seiner *Rede an die Jugend* ausdrücklich gerechtfertigt. Gregor von Nazianz (gest. 389 oder 390) führte im zeitweise arianisch bestimmten Konstantinopel mit seinen mitreißenden Predigten die Orthodoxie zum Sieg. Sein Freund (und ebenfalls wieder Kappadokier) Gregor von Nyssa verteidigte auf dem ersten Konzil von Konstantinopel das nicäanische Glaubensbekenntnis gegen die Arianer. Alle diese Kirchenmänner, die uns auf den Ikonostasen der orthodoxen Kirchen mit der unnatürlich hohen Stirn wie Nikoläuse anblicken, waren perfekt ausgebildete Redner.

Der bedeutendste unter ihnen, der zusammen mit den Genannten das Quartett der griechischen Kirchenlehrer bildet, war Johannes von Antiochia, besser bekannt mit dem Beinamen Chrysostomos (griechisch für »Goldmund«). 700 Predigten sind von ihm aus seiner Zeit als Priester in Antiochia (386–397) und als Bischof von Konstantinopel (397–404) erhalten, Evangelienauslegungen (Homilien) ebenso wie Festpredigten oder Predigten zu Themen wie Trunksucht, Fluchen oder Theaterspiel – auch Gregor von Nazianz hatte außer gegen die Arianer gegen die Putzsucht der Frauen gewettert. Und ebenso wie alle anderen hatte er die übliche Schulbildung einschließlich der unabdingbaren Rhetorik durchlaufen.

Wie genau gerade Chrysostomos Christentum und Rhetorik miteinander vereinte, zeigen seine *Sechs Bücher über das Priestertum*, von denen das vierte und fünfte der Predigt gewidmet ist. Dabei knüpft er direkt an Paulus an, an dessen Selbstbezichtigung, über keine Redekunst zu verfügen. Nur sei dies nicht zu verwechseln mit dem Mangel an tiefer Erkenntnis. Man sieht der Stelle an, wie nah sie immer noch der antiken Tradition steht:

> Würde ich [vom Priester] die Glätte eines Isokrates, die Wucht eines Demosthenes, die Würde eines Thukydides und den Tiefsinn eines Plato verlangen, so wäre dieses Zeugnis Pauli dagegen vorzubringen. Nun aber lasse ich all das, sowie den überflüssigen Schmuck der heidnischen Schriftsteller beiseite, kümmere mich überhaupt nicht um den Stil und Ausdruck. Es darf vielmehr die Redeweise arm sein, die Zusammenstellung der Wörter einfach und kunstlos, nur in Bezug auf die Erkenntnis und das genaue Verständnis der Glaubenswahrheiten soll keiner unwissend sich zeigen und jenem Heiligen sein größtes Gut und seinen höchsten Ruhm

zu entreißen suchen, um dadurch die eigene Unfähigkeit zu verdecken.

Aber dies ist keineswegs das Ende der Ausführungen. Paulus wird vielmehr rehabilitiert, ausdrücklich mit »seiner Gewandtheit zu disputieren und zu reden vor dem Volke«, die »allenthalben ganz besondere Bewunderung erregte«. Was wie ein Widerspruch klingt, löst sich auf, wenn man liest, was Chrysostomos kritisiert: Die Zuschauer betrachteten nämlich die Predigten wie Wettkämpfe, verteilten Zuneigung und Abneigung nach rhetorischen Kriterien – was den Glaubenswahrheiten völlig widersprach. Es geht also um eine aus dem Ruder gelaufene Rhetorik, die die christlichen Themen nur als Vorwand für Showveranstaltungen benutzte – »wie dies nicht einmal bei den Sophisten der Fall ist, wenn sie untereinander streiten«. Demgegenüber verlangt Chrysostomos eine »Verachtung aller Lobsprüche« und eine »eigene Beredsamkeit«, die den beiden notwendigen Seiten gerecht wird: dem »Salz« der Weisheit und der »Anmut« der Darbietung. Es gehe um »Erfolg«, aber nicht um Erfolg als brillanter Redner, sondern als einer, der den christlichen Glauben vertritt. Im Konstantinopel seiner Zeit war es wohl wichtig, vor leerlaufender Rhetorik zu warnen. Man liest aber auch in aller Klarheit: Die Beredsamkeit ist »nicht Naturanlage, sondern Sache fleißigen Erlernens«. Uns genügt herauszulesen: Rhetorik ist notwendig.

Trotzdem ist es interessant, das Problem der Redekunst aus dieser Sicht der Verselbständigung kennenzulernen. Für Chrysostomos war das historische Zeichen der Beifall bzw. die Beifallssucht der Prediger (statt das »wilde Untier« Menge auch einmal mit Füßen zu treten). Sein Vorgänger Gregor von Nazianz, in seiner Abschiedsrede in Konstantinopel vom Beifall umtost, wünschte den gleichen Erfolg seinem Nachfolger, ja warb um Händeklatschen und gellende Bravo-Rufe. Chrysostomos war skeptisch und suchte zu bremsen. Genützt hat die Initiative offenbar nicht viel. Als er ein Gesetz vorschlug, wonach der Beifall verboten und die Zuhörer zu andächtiger

Stille angehalten werden sollten, erntete er stürmischen Applaus.

Wie aber sehen die Predigten aus, die Chrysostomos hielt? Auch in diesem Fall wissen wir über die äußeren Verhältnisse verhältnismäßig gut Bescheid. In Antiochia war es die Patriarchalkirche, in Konstantinopel die Palastaula im antiken Basilikastil mit großer Halle. Chrysostomos predigte (trotz Gesundheitsproblemen) oft täglich, mindestens aber ein- bis zweimal pro Woche, und er führte als Neuerung ein, dass er von einem Stuhl, der Kathedra, aus sprach, um nach seinem eigenen Wort näher bei den Zuhörern zu sein. Was Plinius noch ausdrücklich als rhetorikfeindlich (wegen der Einschränkung des Körperausdrucks, besonders der Bewegung der Arme) abgelehnt hatte, wählt der christliche Prediger bewusst und begründet damit eine Tradition, die sich in Namen wie der Kathedrale bis hin zum Heiligen Stuhl (und auch noch dem Lehrstuhl der Professoren) niederschlagen sollte.

Um einen Eindruck zu gewinnen, ziehe ich den großen Predigtzyklus mit 90 Predigten heran, mit dem Chrysostomos das Matthäus-Evangelium erklärte (relativ sicher datiert auf die Anfänge in Antiochia, um oder kurz nach 390). Es handelt sich also um Homilien, um Textauslegungen, die bis heute zum wichtigsten Typus der christlichen Predigt gehören. Dabei ist der Text, den allein wir noch vor Augen haben, in klassischem (attischen) Griechisch abgefasst, nicht in dem damals für den Alltagsgebrauch entstandenen Schriftgriechisch, das gewöhnlich als Koine bezeichnet wird – wieweit der Text nachträglich redigiert wurde, ist schlicht nicht auszumachen. Vor Augen haben wir jedenfalls (nach übereinstimmendem Urteil der Experten) ein flüssiges, aber auch gehobenes Griechisch, das die mündliche Entstehung an Einsprengseln wie Fragen an das Publikum bezeugt:

> Indessen ermüde dich nicht, lieber Zuhörer. Wenn dir einer von einem wirklichen Krieg erzählte, von Triumphzeichen und Siegen, so bekämest du keine Langweile; du würdest

> im Gegenteil über der Schilderung Essen und Trinken vergessen.

Was aber das Wichtigste ist: Chrysostomos verzichtete nicht auf argumentative Kunststücke und figürlichen Glanz. In seiner Ausbildung hatte er rhetorisch beschlagene Redner studiert, wohl auch einen Rhetoriklehrer gehabt, und wandte sich nun selbst an Zuhörer, denen er vielleicht kein Spektakel bieten wollte, auf keinen Fall jedoch Hausmannskost.

Man sieht es in den allerersten Sätzen der ersten Homilie, der Einleitung in die lange Reihe, die sich mit der ebenso überraschenden wie seltsamen Frage beschäftigt, warum überhaupt diese Schrift, das Neue Testament vor allem mit den Evangelien, existiert. Aber es gibt eben Gründe, Chrysostomos führt sie vor wie ein Anwalt, und zwar in der logisch höchst wirkungsvollen Auflösung eines Paradoxes (mit mehreren Antithesen):

> Eigentlich sollten wir nicht auf die Hilfe der Heiligen Schrift angewiesen sein, vielmehr ein so reines Leben führen, dass die Gnade des Heiligen Geistes in unseren Seelen die Stelle der heiligen Schriften verträte, und dass, wie diese mit Tinte, so unsere Herzen durch den Heiligen Geist beschrieben wären. Nachdem wir aber einmal diese (erste) Gnade verscherzt haben, so wollen wir wenigstens mit Freuden die zweite Rettungsmöglichkeit ergreifen. – Dass allerdings der erste Weg der bessere wäre, das hat uns Gott selbst in Wort und Tat geoffenbart. So hat er mit Noe, mit Abraham und seinen Nachkommen, mit Hiob und Moses nicht durch Schriften, sondern selbst in eigener Person verkehrt, da er ihre Herzen rein befunden. Nachdem aber das gesamte Judenvolk in den tiefsten Abgrund der Sünde gestürzt war, da gab er ihnen Schriften und Gesetzestafeln zur mahnenden Erinnerung.

Chrysostomos greift das Paradox in der Folge auf, umkreist es mit seinen Antithesen (»Denn wenn es schon an sich nicht in der Ordnung ist …«), um den Grundgedanken herauszuarbeiten: Die Schrift, das Alte wie das Neue Testament, hat etwas mit der Sünde der Menschen zu tun. Sie ist ein Geschenk (ein »Schatz …, den wir gar nicht verdient haben«), das zu nutzen ist. Daher die Mühe der Auslegung, auch die Mühe des Zuhörens. Es geht also um eine Begründung des Unternehmens, um eine Begründung der Predigtsituation selbst.

Wie genau Chrysostomos es mit diesem Begründen nimmt, zeigt die Beantwortung auch gegnerischer Zweifel, die sich speziell auf die Abweichungen, ja Widersprüche in den Evangelien beziehen, wo sie doch die Wahrheit verkünden sollen (»Doch, wirft mir da jemand ein, gerade das Gegenteil ist ja der Fall …«). Die Abweichungen werden mit größter Sorgfalt wegerklärt, ja in paradoxer Wendung sogar zu Wahrheitsbeglaubigungen umfunktioniert: Hätten die Evangelisten in jedem Punkt übereingestimmt, hätte man ihnen »menschliche Verabredung« vorgeworfen, also schlicht Lüge. Kleine Abweichungen dagegen lassen sich mit Gedächtnisproblemen und dergleichen erklären, bezeugen damit aber, dass das Ganze stimmt. Chrysostomos tritt hier als Anwalt der Authentizität auf und führt einen Wahrscheinlichkeitsbeweis (wie es wohl auch Tesias gemacht hätte). So etwas waren die Zuhörer gewöhnt, daher konnte es sie überzeugen. Besonders, wenn Chrysostomos den Gedanken gegen die Rhetorik bzw. ihre weltlichen Vertreter wendet und auch daraus noch einen Funken schlägt:

> Da will ich nun nicht darauf hinweisen [aber er tut es ja: eine Anspielung also], dass auch von denen, die sich so viel auf ihre Rhetorik und Philosophie einbilden [die Anhänger der zweiten Sophistik], manche ganze Bände über denselben Gegenstand geschrieben haben, und dabei nicht nur bloß verschiedene Ansichten vertraten, sondern sich auch geradezu widersprachen. Etwas anderes ist es nämlich, Unterschiede in der Darstellung aufweisen, etwas anderes, sich direkt widersprechen. Ich will mich aber nicht weiter darüber verbreiten; denn ferne sei es von mir, mit der Torheit jener das Evangelium decken zu wollen; ich will nicht aus der Lüge die Wahrheit beweisen.

Das nächste brillante Paradox und ein handgreiflicher Widerspruch dazu, wo die Abwehr der Rhetorik mit so guter Rhetorik erfolgt. Worauf ein erneuter Beweis erbracht wird, diesmal ein klassischer Schluss *e contrario* (vom Gegenteil her), vorgetragen in effektvollen rhetorischen Fragen:

> Aber diese Frage möchte ich doch gerne stellen: Wie hätte (das Evangelium) Glauben finden können, wenn es Widersprüche enthielte? Wie hätte es zum Siege gelangen können? Wie hätten Leute, die sich selbst widersprachen, in der ganzen Welt Bewunderung, Glauben und Lob [Dreierfigur] finden können? Waren ja doch viele Zeugen dessen vorhanden, was sie sagten, viele auch, die ihre Gegner und Feinde waren.

Und seine Gegner verunglimpfen kann Chrysostomos mindestens so gut wie Demosthenes:

> Das war nicht wie bei Plato, der jenen lächerlichen Idealstaat erfunden, nicht wie bei Zeno [dem Begründer der Stoa] oder wer sonst noch über die Pflichten des Lebens schrieb oder solche Gesetze aufstellte. Diese alle haben durch den Inhalt ihrer Schriften allein schon bewiesen, dass ein böser Geist aus ihrer Seele sprach, ein schlimmer Dämon, der unserer Natur nachstellt, ein Feind der Sittenreinheit, der aus Hass gegen alle Ordnung das Oberste zuunters gekehrt. Denn was kann man überhaupt noch von Leuten sagen, die Weibergemeinschaft einführen wollen, die Jungfrauen unbekleidet in der Palästra einherführen zum Schauspiel der Leute, welche die heimlichen Ehen erlauben, kurz, alles umkehren und verwirren, und die der Natur gezogenen Schranken umstürzen?

Na, was schon? Natürlich nichts. Womit Chrysostomos zu seinem nächsten triumphalen Zeugnis für die Wahrheit des Evangeliums kommt. Denn diese angeblich elenden Philosophen haben ihr angeblich wirres Zeug auch noch »ganz unbehindert und in aller Freiheit« geschrieben, während die Autoren der Evangelien (»die Fischer«) »Misshandlungen, Geißelungen und Gefahren« ertrugen. Womit wir wieder nicht nur eine schöne

Antithese, sondern auch eine schöne Dreierfigur haben, die noch wirkungsvoller durch Doppelfiguren abgeschlossen wird: »… und doch war ihre Botschaft von Ungebildeten und Gelehrten, Sklaven und Freien, Königen und Soldaten, Barbaren und Griechen mit größter Bereitwilligkeit aufgenommen.«

Die erste Homilie umfasst im heutigen Druck 18 Seiten, könnte beim Vortrag (den Beifall eingerechnet) etwa eine Stunde gedauert haben. Und Chrysostomos macht so weiter, wie er begann. Die große Antithese: Sophisten und Christen, wird weiter ausgebaut, Platon tapfer weiter geschmäht mit seinem völlig überflüssigen Versuch, klären zu wollen, was »die« Gerechtigkeit sei, worüber Ungerechtigkeiten in der Realität unbehoben blieben. Die Stelle gipfelt in einem Vergleich, den ich mir zu zitieren nicht verkneifen kann:

> Wollte ein Bauer, ein Schmied, ein Maurer oder ein Matrose, oder wer immer von seiner Hände Arbeit leben muss, sein Handwerk und seine ehrsame Arbeit verlassen, und so und so viele Jahre verlieren, um nur endlich zu wissen, was eigentlich Recht und Pflicht ist, so würden wohl die meisten vorher hungers sterben, ehe sie überhaupt etwas gelernt haben, und würden vor lauter Lebensphilosophie einem vorzeitigen Tode verfallen, ohne sonst etwas Praktisches erlernt zu haben. Bei uns dagegen ist es nicht so. Uns hat Christus in kurzen, aber treffenden Worten gelehrt, was recht, geziemend und nützlich ist …

Ich wette, nirgends in dieser ersten Homilie war der Beifall lauter. Und nirgends erreichte Chrysostomos so perfekt das Ziel, seine Zuhörer auf das Matthäus-Evangelium einzustimmen. Hat man den Ablauf bemerkt, die Steigerung: Warum überhaupt Evangelien? Warum trotz der Abweichungen? Und was macht sie aller Sophistik/Philosophie überlegen? Schritt für Schritt wurde begründet, die Aussagen garniert mit »anmutigem« Figurenschmuck, besonders Dreierfiguren und Antithesen. Nur diese eine Antithese vom Ende der Ausführungen soll noch zitiert werden:

> Darum ist auch ihr [der Evangelisten] oberster Führer nicht ein Mensch oder ein Engel, sondern Gott selbst. Auch die Waffen dieser Krieger entsprechen der Natur dieses Kampfes; denn sie sind nicht von Leder [wie die Schilde der römischen Soldaten] und Eisen, sondern bestehen aus Wahrheit, Gerechtigkeit, Glaube und jeglicher Tugend.

Vordergründig erfolgreich war Chrysostomos damit trotzdem nicht. Er eckte beim Hof an, wurde verbannt und starb auf einer Art Todesmarsch, als er in immer weitere Fernen im Osten des Imperiums verlegt wurde. Aber nicht nur dass man Jahrzehnte später reumütig die Gebeine im Triumph zurückholte (die dann beim vierten Kreuzzug geraubt und in den Petersdom nach Rom gebracht wurden, von wo sie Johannes Paul II. dem orthodoxen Patriarchen zurückgab). Chrysostomos galt in der Spätantike als Vorbild eines Predigers, eben als der »Goldmund«, wie es der Name besagt.

Ich weiß, es erscheint mehr als gewagt, ihn neben einen amerikanischen Präsidenten zu stellen. Aber die Parallele liegt in einigen Punkten durchaus nahe. Man muss sich nur fragen, wo in unserer Zeit noch einmal ein Goldmund aufgetaucht ist, der sein Publikum fesselte, regelrecht mit ihm spielte und Beifallsstürme entfachte. Der dabei den rhetorischen Schmuck in Fülle benutzte. Der sich in die große Tradition der zwar nicht christlichen, aber bürgerlichen Befreiung stellte, die mit seiner Herkunft eng verbunden war. Und der nicht zuletzt aufgrund seines Auftretens bis in Stimmführung und Gestik in der Tradition von Laienpredigern gesehen wurde. Man muss nicht, kann aber auf Barack Obama stoßen.

## *Exkurs zu Jesus und den Propheten*

*Es war von Jesus als Urbild der Prediger die Rede – und dem völligen Mangel an Rhetorik. Fiel Jesus damit aus dem Bild heraus, das hier vom europäischen Redner gezeichnet wird? Und wie verhält sich dies zu einer zweitausendjährigen Predigtgeschichte, die in den europäischen Bahnen verlief?*

*Man muss zunächst sehen, dass die Angaben, die sich in den Evangelien finden, eigenartig zwiespältig ausfallen. Einerseits wird der Unterschied zu den Pharisäern, den »Schriftgelehrten«, mit ihren Spitzfindigkeiten und der Trennung von äußerer Handlung und innerer Gesinnung betont (Luk 11,37ff.). In der Bergpredigt, wie sie Matthäus überliefert, findet sich darüber hinaus die Unterscheidung zwischen bloßen Worten und wirklichen Taten, wenn es heißt: »Nicht jeder, der zu mir sagt: Herr! Herr!, wird in das Himmelreich kommen, sondern nur, wer den Willen meines Vaters im Himmel erfüllt« (Matth 7,21). Andererseits liest man bei Lukas, noch niemals habe ein Mensch »so geredet wie dieser Mensch« (Luk 4,22). Johannes sagt sogar, er habe »voll Anmut« gelehrt (Joh 14,24). Nebenbei findet sich auch der Hinweis, Jesu Predigt sei der Einsicht seiner Zuhörer angepasst, Bilder und Gleichnisse seien gut verständlich gewesen. Und wenn dies einmal nicht der Fall war und die Hörer glaubten, durch ihn spreche nicht Gott, sondern der Teufel, habe Jesus die Gedanken der Zuhörer durchschaut und eine passende Antwort gefunden (Luk 11,15). All dies summiert sich nicht zu einem einheitlichen Bild, aber auch nicht zu einer grundsätzlichen Distanz zum Gewohnten.*

*Schließlich gibt es noch eine weitere und ganz andere Auskunft, die Jesus auf jeden Fall weit wegrückt von Formen euro-*

*päischen Redens: »Das Wort aber, das ihr hört, ist nicht mein, sondern des Vaters, der mich gesandt hat«, heißt es und weiter: »Ich habe nichts aus mir selbst gesprochen, sondern der Vater, der mich gesandt hat, hat mir den Auftrag gegeben, was ich reden und was ich sagen soll« (Joh 12,49f.). Lukas berichtet von der Betroffenheit der Menge aufgrund der Lehre und gibt die Erklärung: »Denn er redete mit (göttlicher) Vollmacht« (Luk 4,32). Im gleichen Sinne erteilt Jesus seinen Rat an die Jünger:*

> *Wenn man euch vor Gericht stellt, macht euch keine Sorgen, wie und was ihr reden sollt; denn es wird euch in jener Stunde eingegeben, was ihr sagen sollt. Nicht ihr werdet dann reden, sondern der Geist eures Vaters wird durch euch reden. (Matth 10,19f.)*

*Dafür gab es ein Modell, das Jesus als frommer Jude kannte und das ihm wohl auch vorschwebte. Gemeint ist Mose, der Prophet, der bekanntlich nicht reden konnte. Als Jahwe ihm seine Aufgabe zuweist, wehrt er sich:*

> *Aber bitte, Herr, ich bin keiner, der gut reden kann … Mein Mund und meine Zunge sind nämlich schwerfällig. Der Herr entgegnete ihm: Wer hat dem Menschen den Mund gegeben, und wer macht taub oder stumm, sehend oder blind? Doch wohl ich, der Herr! Geh also! Ich bin mit deinem Mund und weise dich an, was du reden sollst. (Ex 4,10f.)*

*Als Mose noch einmal widerspricht, wird der Herr zornig, findet aber einen Ausweg. Er stellt ihm den Bruder Aaron an die Seite, der für ihn reden soll (»Er wird für dich der Mund sein, und du wirst für ihn Gott sein«). Übrigens gibt es dieses Soufflierverhältnis auch in einer besonders dramatischen Situation, nämlich am Sinai anlässlich der Verkündigung der Zehn Gebote. Nach dem Buch* Deuteronomium *ruft Mose das Volk zusammen und verkündet ihm das Gesetz, indem er das Wort Jahwes regelrecht weitergibt (»Ich stand damals zwischen dem Herrn und euch, um euch das Wort des Herrn weiterzugeben«).*

*Immer neu wird sich dieses Soufflieren in den biblischen Berichten wiederholen. Unter den Propheten ist es zunächst Jesaja, bei dessen Berufung Jahwe ausdrücklich die Lippen des Auserwählten berührt, ihn damit zu seinem Mund macht. Das Gleiche vollzieht sich bei Jeremia, der sich wie Mose zunächst mit dem Argument weigert, nicht reden zu können, um dann zu hören, dass Jahwe selbst ihm seine Worte in den Mund legen will. Schließlich erfährt Ezechiel, dass er in Gottes Namen reden werde, wobei dies in das denkbar stärkste Bild gefasst ist: Er soll die Buchrolle, d.h. die Bibel, buchstäblich essen. Jesus stand also in einer reichen Tradition, die der Evangelist Matthäus auch äußerlich aufgreift. Die Bergpredigt ist wirklich eine Rede auf einem Berg, erinnert also an den Sinai mit dem alten Gesetz. Und wenn Lukas Jesus nach der Wahl seiner Jünger von einem Berg herabsteigen lässt, um die Seligpreisungen vorzutragen, wendet er sich an Juden und Heiden, an alle, die da sind. Es gibt keine Spekulation über deren Fassungsvermögen, es gibt keine Strategie, zusammengefasst: Es gibt keine Rhetorik.*

*Die Ersten, die die christliche Theologie und Lebensform entwickelten, mussten an diese Vorgaben anknüpfen. Paulus greift wohl gezielt auf das biblische Modell zurück: »Wir sind also Gesandte an Christi statt, und Gott ist es, der durch uns mahnt«, heißt es im Korintherbrief (1 Kor 5,20). Mehr noch: Er bezeichnet sich an gleicher Stelle als »Unwissender im Wort«* (idiotes tu logu) *und gibt auch einen Hinweis auf die weltliche Alternative einer Rede:*

> *Meine Botschaft und Verkündigung war nicht Überredung durch gewandte und kluge Worte, sondern war mit dem Erweis von Geist und Kraft verbunden, damit sich euer Glaube nicht auf Menschenweisheit stützte, sondern auf die Kraft Gottes.*

*Mag sein, dass Paulus selbst an die Möglichkeit dieser Alternative glaubte. Paulus war Jude, tief geprägt durch das Alte Testament. Seine Nachfolger aber kamen aus dem gesamten Römischen Reich, hatten in der Regel die Schulen des Hellenismus durchlaufen und setzten sich mit ihren Rhetorikkenntnissen von den biblischen wie paulinischen Vorgaben ab bzw. deuteten sie wie*

*Johannes Chrysostomos elegant um. Die Geschichte der Predigt kennt Wellenberge und Wellentäler. Aber sie hat sich von den biblischen Vorgaben auch in den Tälern entfernt. Die christliche Predigt ist nur zu verstehen in der Anknüpfung an und auch in der Parallelität zur weltlichen Redekunst. Sie war für lange Zeit die wichtigste Erbin der antiken Vorgängerin. Die ersten Führer der Kirche hatten sich nicht ohne Bauchschmerzen gegen das biblische Urbild für die heidnische Rhetorik entschieden. Im Osten des Reiches war dies glatter verlaufen als im Westen. Hier bedurfte es eines Augustinus, um die Weichen zu stellen.*

## Obama, Goldmund in den USA

In der Nacht vom 4. zum 5. November 2008 war die Entscheidung gefallen: Amerika bekam seinen ersten schwarzen Präsidenten, Barack Obama hielt die Siegesrede (*Election Night Victory Speech*). Am 10. Februar 2007 hatte er seine Kandidatur bekanntgegeben. Auf den 27. Juli 2004 datiert die Rede, der er alles verdankte: die Grundsatzrede (*Keynote address*) auf dem Parteitag der Demokraten in Boston. Alles war sehr schnell gegangen, und man kann zweifellos sagen, dass Obama wie kein anderer Präsident diesen unerhörten Aufstieg seinen Reden verdankte. Es war nicht die Parteikarriere, es war nicht die Ausstrahlung einer bedeutenden Familie, die den Rückhalt gab, es war dieses Talent, ein Publikum mitzureißen. In Boston hatte es Ovationen für einen so gut wie unbekannten Nachwuchspolitiker gegeben, der Wahlkampf für den Präsidentschaftskandidaten John Kerry machte und nebenbei für seinen eigenen Einzug in den Senat in Washington warb. Bei der Verkündigung der Kandidatur vor dem Old Capitol in Springfield/Illinois stützte er sich bereits auf eine breite Anhängerschaft, die das große Symbol zu deuten wusste: Hier, wo der Sklavenbefreier Lincoln hergekommen war, wollte ein weiterer Senator dieses eher unbedeutenden Staates in die Fußstapfen dieses Großen treten. Obama hatte zu dieser Zeit bereits ein perfektes Team hinter sich. Aber dieses Team wusste auch, wo die Stärke ihres Stars lag. Sie lag im Reden, und das in einem besonderen Punkt: Man könnte mit dem Blick zurück auf Boston vom Grundsätzlichen sprechen.

Es ist zunächst wichtig, auf die Umstände zu achten. Amerika hatte sich nach der wirtschaftlichen Erholung der Clinton-Ära in zweifelhaften Kriegen verausgabt. Der 11. November 2001 war mit dem letzten Krieg im Irak nicht vergessen gemacht – auf der amtierenden Administration lastete vielmehr der Vorwurf einer Lüge. Was die amerikanische Nation wie nichts anderes ersehnte, war Erneuerung, Versöhnung, moralische Aufrüstung. Obamas Wort im eiskalten Februar vor dem Kapitol – »Es mag kalt sein, aber ich stehe unter Feuer« – versprach all dies, und seine Biographie passte perfekt. Hier trat jemand an, der in eigener Person den Aufstieg absolviert hatte und nun das Gleiche für die amerikanische Nation insgesamt leisten wollte. Schon in Boston setzte er dieses Argument wie ein Kapital ein, als er vor der Versammlung die Geschichte seiner Familie vortrug. Seine Anwesenheit sei »etwas unwahrscheinlich«, begann er, und nennt als Grund, dass sein Vater aus einem kleinen Dorf in Kenia stammte, sein Großvater noch Sklave war. Aber dieser Großvater hatte eben einen Traum, nämlich in harter Arbeit seinem Sohn ein Studium an dem »magischen Ort« Amerika zu ermöglichen, um weiterzukommen. Der Vater gab den Traum weiter an ihn, den nächsten Sohn, eine Geschichte, die »in keinem anderen Land der Erde möglich« gewesen sei.

Man ist damit bereits mittendrin in der Redekunst Obamas. Dietmar Till hat auf die Rolle der »narrativen Persuasion«, des Überredens durch Erzählen, hingewiesen, was schon in der antiken Rhetorik als pathosfördernd angesehen wurde. In amerikanischen Präsidentschaftswahlkämpfen spielte dies seit dem 19. Jahrhundert eine Rolle, um von Obama regelrecht ausgeschlachtet zu werden. Dabei bringt Obama nicht nur seine eigene Vergangenheit ins Spiel, sondern erzählt überhaupt gerne »Geschichten«, um grundsätzliche Probleme anschaulich zu machen. Wiederum in der Bostoner Rede empfiehlt er den Zuhörern, in die Vorstädte Chicagos zu gehen und mit den Leuten zu sprechen. Er selbst beruft sich auf ein Gespräch mit »einem jungen Mann namens Shamus«, der ihm in Illinois die Augen für Missstände öffnete und die Frage aufdrängte, ob die Regierung für einen solchen Außenseiter der Gesellschaft so viel tue wie für ihn selbst. Wie es dem Ziel der Rede angemessen ist, empfiehlt Obama Kerry als denjenigen, der diese Probleme lösen könne und lösen werde. Und Obama bezieht sich dabei auch auf das Versprechen der amerikanischen Verfassung, die er dafür zitiert: *E pluribus unum*, »Aus vielem Eines«. Das Grundsätzliche lässt sich besser ausdrücken, wenn es in das Gegenwärtige und Einzelne eingebunden ist. Aber das Grundsätzliche ist das Entscheidende. In Boston war einer der am meisten bejubelten Sätze der, in dem er das äußerte, was er 2006 in einem rasch zum Bestseller aufsteigenden Buch beschreiben sollte: *The audacity of hope*, »Hoffnung wagen«.

Es gibt also eine charakteristische rhetorische Strategie, derer sich Obama bedient, um seine Zuhörer zu fesseln: die Präsentation des Grundsätzlichen im Konkreten, speziell in »Geschichten« – vor allem in seiner eigenen. Es gibt aber auch eine bemerkenswert deutliche Ausschöpfung rhetorischer Kunstmittel beim Formulieren im Ganzen. Man kann es gut an der Siegesrede im Grant Park von Chicago demonstrieren, in hochemotionaler Situation nach dem Auftritt der ganzen Familie. Natürlich ist die Rede bis ins Einzelne vorbereitet, es gibt keinen Gefühlsausbruch. Obama spricht wie immer zügig, auch auf Höhepunkten mit kaum erhobener Stimme, gelegentlich mit entspanntem und entspannendem Lächeln auf die Ovationen reagierend. Dabei trägt Obama zunächst einmal vor, was in der Situation unvermeidlich war: Dank an seine Familie, Dank an den unterlegenen Gegner, Dank an das Publikum, das er bescheiden als eigentlichen Sieger apostrophiert. Obama hat auch eine Botschaft oder wiederholt die Botschaft, die ihn in diese Situation getragen hat: die Erneuerungsfähigkeit Amerikas, gipfelnd in einem Markenzeichen, das er im Wahlkampf kreiert hat: im *Yes, we can*, das das Publikum bald respondiert. Aber all dies ist zudem kunstvoll formuliert, in parallel gebauten Wendungen, in anaphorischen Wiederholungen, in Antithesen. Dem ganz und gar unprätentiösen Sprechstil korrespondiert erhebliches Pathos in den Formulierungen.

Schon der allererste Satz, nach dem jovialen »Hallo Chicago«, deutet an, dass hier jemand steht, der sein Sprechen formt, auch einen dreifach variierten Konditionalsatz riskiert:

> Wenn es da draußen jemanden gibt, der noch daran zweifelt, dass die Vereinigten Staaten ein Ort sind, an dem alles möglich ist, der sich noch immer fragt, ob der Traum unserer Gründerväter heute noch lebendig ist, der noch immer die Kraft unserer Demokratie in Frage stellt, hat heute Abend die Antwort bekommen.

Wiederum dreimal beginnen die Ausführungen mit »Es ist die Antwort …«, und immer trägt Obama seine Einzelheiten vor, die den Grundgedanken der Einheit, Stärke und Fähigkeit zum Wandel stützen. »Schlangen wartender Menschen« haben gewählt, unterschiedliche Gruppen wie Homosexuelle und Heterosexuelle, schließlich an der Zukunft Zweifelnde. Dies reichte dann »an diesem Tag, bei dieser Wahl, in diesem entscheidenden Moment«. Immer neu umkreist Obama seine Aussage in Dreiergruppen, in denen der Redner mit der »Fülle des Ausdrucks« (der in der antiken Rhetorik geforderten *copia verborum*) seine überlegene Intellektualität bezeugt.

Der erste Dank also geht in konkreter Ausfüllung an die Nation. Auch bei den nächsten Danksagungen wird Obama konkret. Bei seinem Konkurrenten McCain erinnert er an dessen aufopfernden Kampf in Vietnam. Bei seinem Partner und künftigen Vizepräsidenten geht er auf dessen Wahlkampf »in den Straßen von Scranton« ein. Von seiner Familie spricht er die Ehefrau Michelle Obama sowie die Kinder Sasha und Malia an, erwähnt auch die Großmutter, die von oben »auf uns schaut« und die Geschwister. Als er schließlich seinen Chefstrategen David Axelrod und das »beste Wahlkampfteam« aufruft, »das jemals in der Geschichte der Politik zusammenkam«, ist die Pointe erreicht: dass der Sieg nicht ihm, sondern diesen Helfern gehöre – mit dreifacher Wiederholung. Und schon kommt das wiederum pathosfördernde Paradox von der Unwahrscheinlichkeit dieses Erfolgs, die letztlich die Hoffnung auf die Zukunft stützt. Obama kostet es in zahlreichen konkreten Details aus, schildert den Beginn des Wahlkampfs »nicht auf den Fluren Washingtons«, sondern »in den Hinterhöfen von Des Moines, den Wohnzimmern in Concord und den Veranden von Charleston«. Sogar die »5, 10 oder 20 Dollar für die Sache« finden Erwähnung, worauf Obama der Erzählung vom »immer stärker« werdenden Wahlkampf die Deutung hinzufügt: Die Helfer taten es nicht für sich selbst, nicht für den neuen Präsidenten, sondern für die Lösung der ungeheuren »vor uns liegenden Aufgaben«. Auch dabei findet Obama Stützen in der konkreten Realität:

> Während wir heute Abend hier stehen, wissen wir, dass mutige Amerikaner in der Wüste des Iraks und in den Bergen Afghanistans aufwachen, um ihr Leben für uns zu riskieren. Es gibt Mütter und Väter, die noch wach liegen, wenn die Kinder schon eingeschlafen sind, und sich fragen, wie sie die Hypothek abbezahlen oder ihre Arztrechnung begleichen oder genug für die College-Ausbildung ihres Kindes sparen sollen …

Viele Geschichten also, die auf die Notwendigkeit des Wandels, aber auch die Lösbarkeit der Aufgaben hinweisen. Kaum ein Gedanke, der dabei nicht sprachlich kunstvoll geformt ist. Antithesen helfen (»Was vor 21 Monaten im tiefsten Winter begann, kann nicht in dieser Herbstnacht enden«, »Ich habe heute vielleicht nicht eure Stimme erhalten, aber ich höre euren Ruf«), weiter eine lange Passage zum eigentlichen Aufbruch, die anaphorisch gestaltet ist, um das Ganze zusammenzuhalten (»Lasst uns daran denken …«). Den Freunden in der Welt wird Unterstützung, den Feinden Widerstand angekündigt – es herrscht Übersicht in dieser Rede.

Ganz Obama aber ist wiederum eine anekdotenhafte Erzählung, und zwar von der 106jährigen Ann Nixon Cooper, die mit ihrem Leben die Geschichte Amerikas des letzten Jahrhunderts repräsentiert. »Nur eine Generation nach der Sklaverei geboren«, lange ohne Wahlrecht, steht sie für diejenigen, die »am amerikanischen Glauben festhielten« und ihn bestätigten. Genau darauf folgt dann der Schlussteil der Rede mit dem Element der Litanei. Was für Ann Nixon Cooper gilt, gilt auch für die heute Lebenden und Gestaltenden: »Ja, wir schaffen das.« Siebenmal wiederholt es Obama zwischen der Aufzählung der Niederlagen und Siege Amerikas, die häufig in Dreiergruppen geboten sind (»Ein Mann landete auf dem Mond, eine Mauer fiel in Berlin, eine Welt rückte zusammen durch unsere eigene Wissenschaft und Vorstellungskraft«). Und nicht eine abstrakte Zukunft ist es, die Obama am Ende beschwört, sondern die Zukunft seiner Töchter, »wenn (sie) das Glück haben sollten, so lange zu leben wie Ann Nixon Cooper«. Wie immer stützt sich die Zuversicht auf das, was die Zuhörer als gemeinsamen Glauben festhalten: den »amerikanischen Traum«, beruhend auf der Verfassung mit ihrer Zusicherung, »dass wir aus vielen als eins hervorgegangen sind«.

Was ich sagen will: Obamas Rede zeigt wesentliche Merkmale der europäischen Rede, die wir immer wieder gefunden haben. Die Medienwelt hat aus dem Präsidenten einen Medienstar gemacht, der mit der Inszenierung der Siegesrede für Bilder sorgte und sich mit dem umgebenden Fahnenmeer auf Bilder stützte. Er ist trotzdem Redner geblieben. Man erkennt durchaus die Akzentverschiebungen, die Obama zum Beispiel von einem de Gaulle oder Martin Luther King unterscheiden. Ja, es sieht so aus, als reagiere Obama auf die Probleme der europäischen Rede mit ihrer betonten »Männlichkeit«, bemühe sich um »weibliche« Formen der Präsentation, wie sie mit den Erzählungen gegeben sind (und von Kognitionswissenschaftlern, wie schon erwähnt, als empathiefördernd angesehen werden). Obamas Rede bietet in hohem Maße Momente der Einfühlung, nicht nur durch die Erzählung, sondern auch durch die Zurücknahme seiner Person und das In-den-Vordergrund-Stellen Amerikas. Aber Obama verzichtet nicht auf eine kunstvolle Sprache, die wichtige Elemente des Schmucks nutzt. In der Siegesrede sind es vor allem die dreigliedrigen Wendungen. In der wichtigen ersten Inaugualrede vom 20. Januar 2009 sind es darüber hinaus starke Bilder (»Diese Worte [des Amtseids] wurden gesprochen in den aufbrausenden Wellen des Reichtums und stillen Wassern des Friedens«) und Sprachspiele (»… eine Nation kann nicht prosperieren, wenn sie nur die Prosperierenden bevorzugt«). Ob man nun von einem neuen Austarieren der Kunstmittel sprechen will, einer Rücknahme oder Ergänzung: Eine Abwendung kommt jedenfalls nicht in Frage. Obama bleibt ein Redner in europäischer Tradition.

Die notwendige Einschränkung kommt von völlig anderer Seite. Es ist keine Frage, dass Obama seinen Aufstieg den Reden verdankt und auch seine Präsidentschaft in besonderem Maße auf Reden stützte – die erste Inauguralrede vom 20. Januar 2009 etwa bietet ein Feuerwerk an rhetorischen Finessen. Allerdings springt der unterschiedliche Erfolg ins Auge: Obama gewann alle Wahlen, aber er gewann kaum je den Kongress. Mit Reden, so sieht es aus, können zu Beginn des 21. Jahrhunderts Massen gewonnen werden, aber mit Reden allein lässt sich nicht Politik machen. Redner passen besser zu einem plebiszitären System als zu einem repräsentativen, wie es durch Kompromisse aushandelnde Parteien gebildet wird. Die amerikanische Verfassung enthält dieses plebiszitäre Element bei der Wahl und beim Amtsverständnis des Präsidenten als erstem Mann der Nation. Daher die Lebendigkeit der Rede in den USA, die nicht (wie man es gelegentlich hört) in erster Linie aus den Debattierclubs der Universitäten stammt, sondern aus der Verfassung. In Ländern, deren Regierung allein auf Parteien beruht, fehlt die große Rede nicht von ungefähr oder zieht sich in die präsidialen Räume zurück.

Es wäre so gesehen falsch oder unergiebig, in Deutschland nach Vergleichbarem zu suchen. Es liegt nicht an mangelndem Intellekt oder mangelndem Mut. Es liegt an unterschiedlichen Voraussetzungen und Traditionen. Die charismatische Rede, die Obama präsentiert, erfüllt einen anderen Zweck, als politische Reden ihn in der Regel anstreben. Es geht kaum oder jedenfalls gerade in den hier betrachteten Reden nicht um konkrete Absichten oder Programme. Es geht um generelle Zustimmung zur Regierung, um Einschwörung auf Einheit, Zusammenarbeit, Unterstützung. Letztlich sind diese Reden Lobreden auf das amerikanische »System«, daher ebenso die Angemessenheit des pathetischen Ausdrucks wie die Bereitwilligkeit, Pathos zu akzeptieren. Die Fortsetzung großer »Rhetorik« in der Politik hat so gesehen nicht nur ihre Voraussetzungen, sondern auch ihren Preis: Verzicht auf Politik, Übergang zur Feier. Das kann man kritisieren, wenn man übersieht, wie Politik in der Massen- und Mediengesellschaft funktioniert (wovon noch näher die Rede sein wird). In unserem Zusammenhang gilt das Interesse der Tatsache, dass die rhetorisch aufgerüstete Rede weiterlebt, indem sie eine neue Funktion übernimmt. Ich will es mit dem Hinweis auf Johannes Chrysostomos nicht übertreiben, zumal dieser Goldmund an seinem »Hof« noch mehr scheiterte als Obama am Kongress. Aber die Verwandlung von Religion wie Politik in ein Fest mit Zügen festlichen Theaters ist in beiden Fällen die entscheidende Grundlage des Sprechens und Hörens.

# Augustinus und Otto von Bismarck

## Der schlichte Stil bei Augustinus

Chrysostomos steht für das griechische Christentum mit seiner Verwurzelung im Hellenismus, der damals ebenso in Kappadokien wie in Ägypten oder Konstantinopel herrschte. Hier war die Entscheidung über die Aufnahme und Nutzung der heidnischen Autoren für die neue Religion nach anfänglichen Bedenken immer eindeutiger ausgefallen. Wie sieht es dagegen beim lateinischen Christentum im Westen mit der eher römisch geprägten Kultur aus? Sie war zunächst einmal jünger, weil auch im Westen des Römischen Reichs die Sprache der gebildeten Christen das Griechische war. Der erste christliche Theologe, der auf Latein schrieb, war Tertullian (gest. 225), geboren in Karthago. Als Begründer der christlich-lateinischen Literatursprache gilt Cyprian, ebenfalls ein Karthager, der in seiner Heimatstadt 258 den Märtyrertod erlitt (und dessen abgeschlagenes Haupt heute in Kornelimünster bei Aachen aufbewahrt ist). Zu den lateinischen Kirchenvätern gehören dann Ambrosius von Mailand, der Bibelübersetzer Hieronymus, Augustinus und Gregor der Große. Dabei war es Hieronymus, der das Bild von der gefangenen Frau (gemeint: die heidnische Kultur) prägte, die man schließlich heiraten dürfe. Allerdings litt gerade er unter dem Selbstvorwurf, mehr Ciceronianer als Christ zu sein.

Es war für die weitere Geschichte von größter Bedeutung, dass der bedeutendste Vertreter des lateinischen und vielleicht des frühen Christentums überhaupt, der aus dem nordafrikanischen Thagaste (im heutigen Algerien) stammende Augustinus, in diesem Punkt für klare Verhältnisse sorgte. Auch er hatte die römische Schule durchlaufen (mit bereits sehr geminderter Bedeutung des Griechischen), war Rhetoriklehrer in Mailand geworden, wo er Ambrosius kennenlernte und sich schließlich von ihm taufen ließ. In seinen *Bekenntnissen* schildert Augustinus ausführlich, wie er sein bisheriges Leben aufgab, das dem Streben nach dem ebenso »verwerflichen wie aufgeblasenen Ziel der Freude an menschlicher Eitelkeit« gewidmet gewesen sei, und bezieht darin ausdrücklich auch die Rhetorik ein (»Ich lehrte in jenen Jahren die Rednerkunst und verkaufte, selbst ein Besiegter der Begierde, die siegreiche Geschwätzigkeit«). Aber Augustinus wies in einer eigenen Schrift, *De doctrina christiana* (Von der christlichen Lehre), auch den Weg zu einem Kompromiss, der die Rhetorik für das Christentum rettete. Es könne nicht angehen, dass die Gegner der Wahrheit sprachlich hochgerüstet, die Verteidiger dagegen »unbewaffnet« seien, ja dass ihre Reden »Ekel« verursachten. Und so kommt es zu einem eigenartig widerspruchsvoll klingenden Programm: Selbst höchste Glaubenswahrheiten könnten im *genus humile*, im schlichtem Stil, verkündet werden, weil die Wahrheit allen schönen Worten überlegen sei. Aber es sei auch nötig, auf die Zuhörer einzugehen und höhere und höchste Stilarten zu wählen. Damit ist die Verchristlichung des europäischen Redners in der Theorie umgesetzt.

Wir finden diese Umsetzung in denkbar wünschenswerter Form ebenso in Augustinus' Praxis. Fast 1000 Predigten sind erhalten: darunter literarisch bearbeitete wie die Auslegung der Psalmen, aber auch aus dem Stegreif gehaltene, wie er sie fast jeden Tag hielt (in der Osterwoche morgens und abends). Vor allem kennen wir die Umstände seines Auftretens bis in die Einzelheiten. Bevor vergleichbare Bedingungen erst im späten Mittelalter wieder greifbar werden, lässt sich an Augustinus das Bild eines christlichen Predigers zeichnen, wie er in der römischen Welt der Spätantike typisch war – freilich auch in höchster Vollendung. Dabei ist der Beobachtungspunkt denkbar günstig. Während Rom im Jahre 410 von den Barbaren überrannt wird, ist die nordafrikanische Provinz noch sicher – erst auf dem Totenbett wird Augustinus die Belagerung durch die Vandalen erleben. Die Bevölkerung ist überwiegend christlich, auch wenn sich viele Männer spät taufen ließen, um ihre Konkubinen behalten zu können. Aber das Land ist mit Kirchen überzogen, jede Stadt hat mehrere, eine Großstadt wie Karthago besitzt eine Kathedrale mit Platz für mehrere Tausend Zuhörer (im Stehen).

Was wir aus seiner Autobiographie, von seinem zeitgenössischen Biographen Possidius und aus 200 erhaltenen Briefen wissen: Augustinus hatte in Karthago studiert, in Mailand als Professor gelehrt, um nach seiner Konversion wieder in die Heimat zu gehen. In Hippo, hundert Kilometer nördlich von seinem Geburtsort Thagaste, macht ihn der Bischof (übrigens ein »Grieche«, der schlecht Latein sprach und ihn deshalb zum Predigen engagierte) zuerst zum Priester, vor allem aber zum Nachfolger, der er dann 396 mit 42 Jahren wird. Augustinus lebt als Mönch mit kahlgeschorenem Kopf und glattrasiertem Gesicht (Ambrosius trug in der Kaiserstadt Mailand einen gepflegten Bart) in einer mönchischen Gemeinschaft und nimmt die kirchlichen Aufgaben wahr: Seelsorge, Predigen, Teilnahme an den innerkirchlichen Konflikten mit den Häretikern. Seine nähere Umgebung bereist er ständig, predigt immer wieder in Karthago, verlässt Afrika aber nicht mehr (schon wegen seiner Kränklichkeit). Daneben entsteht das literarische Werk: Weltliteratur mit Geschichtsphilosophie (*De civitate Dei*, Der Gottesstaat), Autobiographie (*Confessiones*, Die Bekenntnisse), theologischen Schriften (*De trinitate*, Über die Trinität, *De vera religione*, Über die wahre Religion, *De libero arbitrio*, Über den freien Willen) – die wissenschaftliche Ausgabe umfasst 16 Foliobände, zweispaltig. Und dann die Predigten, in denen er alle Fragen einfachen Hörern mundgerecht serviert: »seinen« Hörern in Hippo vor allem.

Wir kennen sehr häufig den Wortlaut. Das literarische Werk

von Augustinus ist per Diktat entstanden, er hatte ständig eine ganze Truppe von *notarii* zur Verfügung, die in den tironischen Noten stenographierten und die er auch in der Kirche stets mitschreiben ließ. Teils geschah dies, um in den Auseinandersetzungen mit den Häresien immer den Wortlaut zur Verfügung zu haben, teils wegen der ständigen Anfragen aus der immer größer werdenden Umgebung. Nur in Sonderfällen ging den Predigten eine schriftliche Fassung voraus oder folgte eine Überarbeitung, wenn Augustinus das Formulierte selbst als »Literatur« betrachtete. Ansonsten haben wir den Originalton mit allen Zufälligkeiten. Auch der Abbruch einer Predigt wegen mangelnden Interesses, weil neben der Kirche Theater gespielt wurde (»Hört also ihr Wenigen das Wenige an, denn auch wir haben nicht viel Kraft, körperlich müde wie wir sind, und dazu noch bei dieser Hitze«) oder schlicht aufgrund von Heiserkeit ist formuliert und festgehalten. Selbst Zwischenrufe haben die *notarii* bewahrt, das obligatorische Vollenden von Bibelzitaten auf erste Worte hin oder Murren, auf das Augustinus stets konterte. Schließlich ist sogar der Applaus aufgenommen: 23mal rief das Volk *Deo gratias*, 16mal »Es lebe Augustinus«, heißt es einmal.

Wir kennen auch die äußeren Umstände, ja können die Stelle besuchen, wo Augustinus saß. Seit 1924 ist die völlig untergegangene Stadt Hippo (heute Bône/Bona-la-Halida) ausgegraben worden, wobei man die Grundmauern der Kirche Basilica Pacis fand. Dazu gehört auch die Apsis, in der an der hintersten Wand auf einer Erhöhung der Predigtstuhl stand, die Kathedra. Von oben herab, damit alle ihn besser sehen und hören konnten, sollte der Bischof sprechen, ja Augustinus deutet das lateinische *episcopus* (Bischof) als »von oben Sehender«. Auch die Erscheinung ist uns möglicherweise mit einiger Authentizität erhalten geblieben: in Form eines Freskos, das um 600 in der ehemaligen Bibliothek des Lateranpalasts in Rom gemalt wurde. Es zeigt Augustinus auf einem Stuhl sitzend, mit der Hand in der Bibel neben sich blätternd. Der kahlrasierte Kopf samt bartlosem Gesicht als Zeichen des Mönchtums kommt weiter auf einem direkt nach seinem Tod angefertigten Gemälde zur Geltung. Übrigens verrät das leicht dunkelhäutige Gesicht durchaus die nordafrikanische Herkunft. Seine Mutter war Berberin, entstammte also der indigenen Bevölkerung, während der Vater wahrscheinlich als Kolonist ins Land gekommen war.

Die Predigt hatte ihren festen Platz im Gottesdienst. Nach dem Verlesen des Evangeliums folgte die Auslegung durch den Bischof. So war es in jeder Kirche, wobei es gerade in Nordafrika von Bischöfen wimmelte – jede kleine Ortschaft hatte ihren eigenen. In Hippo war man stolz auf diesen Könner, der in der Provinz auch nicht in große politische Konflikte hineingezogen werden konnte, wie es Chrysostomos in der Kaiserstadt Konstantinopel erlebt hatte. Augustinus besaß also sein festes Publikum und regte sich eher über die volle Kirche zu Ostern auf, wenn sich auch einmal die Fernerstehenden aus den windigsten Gründen blicken ließen und mit ihrem Lärm seine ohnehin strapazierte Stimme belasteten. Ansonsten erzog er sich regelrecht die Kerngemeinde aus einfachen Leuten: aus Fischern, Händlern, Gewerbetreibenden ohne viel Bildung, die aber trotzdem eine gute Predigt zu schätzen wussten. Sie kannten die Bibel, wichtige Bücher wie die Psalmen auch weitgehend auswendig und erwarteten nicht ohne Spannung, was »ihr« Prediger zu sagen wusste. Der ging meist nach dem gleichen Schema vor: von Vers zu Vers, auch einmal von Wort zu Wort des Evangeliums schreitend, und knüpfte daran seine Erläuterungen, die nach dem Vorbild des Origines im Wesentlichen in allegorischen Auslegungen bestanden: das bedeutet das, dieses dieses und so fort.

Aber es ging nicht nur um den Bibeltext. Der Text ist immer auch Anlass für Belehrungen hinsichtlich eines christlichen Lebens im Allgemeinen und manchmal einer aktuellen Frage im Besonderen. Augustinus hatte dabei seine Lieblingsthemen, die Zuhörer werden bei bestimmten Stichworten bereits gestöhnt haben. Der Mammon und die Habgier gehören dazu, weiter Zorn und Rachsucht, daneben auch Heikles wie die Putzsucht der Frauen, wobei er in Rouge und Schminke bereits vollendeten Ehebruch sah – Zeitgemäßes, das wir sofort abhaken. Aber man merkt auch, woran er gerade in seinem Studierzimmer saß. Als im Jahre 410 Rom von Alarich erobert wurde, schob man überall die Schuld den Christen zu. Augustinus konzipierte darauf sein vielleicht überhaupt bedeutendstes Werk: *De civitate Dei*, die Lehre von den zwei Reichen, dem weltlichen und dem geistlichen, die immer nebeneinander existieren (also sich nicht etwa ablösen, wie oft fälschlich angenommen wird). Und so liest er auch am Fest von Peter und Paul im Jahr danach seinen Zuhörern die Leviten, weil sie »gemurrt« hatten, dass doch die großen Märtyrer mit ihren Reliquien Rom nicht helfen konnten. Und nun kann man einmal sehen, wie Augustinus das Gegenargument vorträgt, auf den Verstand seiner Fischer und Bauern reduziert, aber ohne Verzicht auf Kunst (dies und das Folgende zitiert nach van der Meer):

> Da liegt nun des Petrus Leib in Rom – sagen die Menschen –, da liegt des Paulus Leib in Rom, des Laurentius Leib in Rom, die Leiber der anderen heiligen Märtyrer liegen in Rom – und Rom ist elend, Rom ist verwüstet, in Trauer versetzt, zertreten, ausgebrannt! So viele sind dort abgeschlachtet worden, umgekommen durch Hunger, Pest und Schwert. Wo bleiben jetzt die *memoriae* der Apostel? – Was sagst du da? – Ganz recht, das habe ich gesagt: so viel Elend leidet Rom! und wo sind jetzt die *memoriae* der Apostel? – Wahrlich, sie sind da, sie sind da! Aber sie sind nicht in dir. Wenn sie nur in dir wären! Wer du auch bist, der du so sprichst und so töricht urteilst; der du, im Geiste berufen, mit deinem Fleisch urteilst, wer du auch bist: Wären sie nur in dir, die *memoriae* der Apostel! Wenn du nur selbst die Apostel memorisieren würdest! Dann würdest du sehen, ob ihnen irdisches oder himmlisches Glück versprochen ist … In Petrus selbst war

> das Fleisch nur zeitlich, und du willst nicht, dass die Steine Roms zeitlich sind! … Ist Petrus deshalb gestorben und beigesetzt, damit kein Stein von den Theatern fällt?

Der ehemalige Rhetorikprofessor spricht seine Hörer an, nimmt ihre Worte auf und schleudert sie zurück – gespickt mit Antithesen, Wortspielen. Dabei richtet er sich auf ihren Horizont, ihr Denken ein, spricht nicht (wie im literarischen Werk) als Intellektueller zu Intellektuellen, sondern als Bischof von Hippo zu seinen murrenden Mitbürgern.

Und die konnten offenbar einiges vertragen, erwarteten auch dieses Niveau. Eben war von Mammon und Habgier die Rede. Wie peitscht Augustinus es ihnen ein? In der 64. Predigt lesen wir:

> Was ist es doch, das all diese Menschen auf das Meer hinaustreibt, bis nach Indien? Nur die Habgier. Sie können kein Wort Indisch, aber das Wort der Habgier scheint man überall zu verstehen! Wenn ein Sturm losbricht, dann rufen sie: Gott steh mir bei! Aber Gott antwortet: Warum? Habe ich dich vielleicht geschickt?

Oder bei Zorn und Hass. Ich zitiere ein rhetorisches Feuerwerk aus der 49. Predigt:

> Zorn, das ist der Splitter, Hass ist der Balken. Aber wenn du den Zorn nährst, wird er ein Balken: ein Splitter, den du nährst, wird zum Balken. Dass der Splitter nicht zum Balken werde, *lass darum die Sonne nicht untergehen über deinem Zorn*! Siehst du, fühlst du, dass du weiß wirst vor Hass, wenn du einen jähzornigen Menschen rügst? Lege den Hass ab, dann rügst du richtig! sonst sitzt der Balken in deinem eigenen Auge und der Splitter in dem des andern. Warum ein Balken in deinem Auge? Wenn du den Splitter darin nicht beachtet hast. Du bist damit schlafen gegangen, aufgestanden, du hast ihn gehätschelt, mit falschem Verdacht begossen und genährt, indem du Schmeichlern glauben schenktest, die dir Übles von deinem Freund hinterbracht hatten. so hast du aus deinem Splitter einen Balken gemacht. Nimm

ihn doch weg aus deinem Auge, hasse deinen Bruder doch nicht! … Denn du hassest doch nur, um dich rächen zu können! Sieh deinen Herrn dort hängen, sieh ihn dort hängen und dir vom Kreuz wie von einem Thron herab befehlen! Sieh ihn dort hängen und für dich Kranken aus seinem Blut eine Arznei bereiten! Sieh ihn dort hängen, der du gerächt sein willst! Du willst gerächt werden: Sieh ihn dort hängen, höre ihn beten: Vater verzeihe ihnen, denn sie wissen nicht, was sie tun!

Um auch dies noch zu toppen: Augustinus schreckt nicht vor Prosareimen zurück, wie es eine Predigt am Himmelfahrtstag zeigt, die schon fast an barocke Kunststücke heranreicht, wie wir sie noch bei Abraham a Sancta Clara kennenlernen werden (dazu brauchen wir unbedingt das lateinische Original):

*Christus descendit, inferi patuerunt; / Christus ascendit, superna claruerunt. / Christus in ligno, insultent furentes, / Christus in sepulcro, mentiantur custodientes. / Christus in inferno, visitentur quiescentes; / Christus in coelo, credant omnes gentes.*

Christus stieg hinab, die Hölle geöffnet war, / Christus stieg hinauf, die Himmel wurden klar. / Christus auf dem Holze, lasst toben die Verächter, / Christus in dem Grabe, lasst lügen seine Wächter. / Christus in der Hölle besucht, die Ruhe fanden; / Lasst glauben alle Völker an Christus auferstanden!

Wir haben für die Zeit um 400 kaum Zeugnisse politischer oder juristischer Redner. Aber man sieht deutlich den Übergang der alten und allmählich absterbenden Kultur zur neuen Welt des Christentums. Es ist nicht alles übernommen worden, wohl aber sehr Wesentliches. Und das Wesentlichste überhaupt ist die Überzeugung, dass der Wahrheit zur Wirksamkeit verholfen werden muss. Augustinus hat es nicht nur in seiner Schrift *De doctrina christiana* begründet, sondern auch in seiner Schrift *De catechizandis rudibus*, Katachese für Neulinge. Dort empfiehlt er dem Prediger, sich ein paar Fragen zu stellen. Erste Frage: Mit wem habe ich es zu tun? Zweite: Sind es viele oder nur Einzelne. Dritte: Sind es Bauern oder Städter, Vornehme oder Leute aus dem Volk, sind sie ungebildet, halbgebildet oder Intellektuelle? Und dann folgen ganz direkte Empfehlungen: immer den Schein von Anmaßung vermeiden, Halbgebildeten soll man sagen, sie mögen lieber moralische als grammatische Fehler vermeiden, bei biblischen Erzählungen müsse der Prediger das Staunenerregende (der Heilsgeschichte) hervorheben.

Augustinus predigt also im Stil der klassischen Rhetorik. Es ist kein Ciceronianismus, sondern ein gemischter Stil mit Tendenz zum Schlichten, zum *genus humile,* das er teils mit Rücksicht auf die Glaubenswahrheiten, teils mit Rücksicht auf konservativere Mitstreiter für den christlichen Prediger als besonders charakteristisch ansah. Tatsächlich hat die Rezeption immer wieder bevorzugt an diesen Aspekt seiner Theorie angeschlossen, wurde das *genus humile* augustinischer Prägung immer wieder zum Fanal der Rückkehr zur Schlichtheit gegen klassizistische oder barocke Auswüchse. Allerdings gehörte die unmittelbare Zukunft schon aufgrund schwindender Bildungsvoraussetzungen größerer Einfachheit. Die Überlieferung von *De doctrina christiana* belegt es (wie Joachim Knape gezeigt hat) deutlich: Bis zum Druckzeitalter existieren noch heute 255 Handschriften, von Augustinus' bedeutendstem Werk überhaupt, *De civitate Dei*, nur wenige mehr, nämlich 291. Man kannte also das Plädoyer für den niederen bzw. demütigen Stil gut. Kunstlos wurde die Predigt damit jedoch nicht.

## Der Nicht-Redner Bismarck

Nach Johannes Chrysostomos und Barack Obama nun also Augustinus und Otto von Bismarck – der Leser wird vielleicht stöhnen. Aber es geht nicht um vordergründige Parallelen, es geht um Ähnlichkeiten von Problemen über weite Zeiträume hinweg. Chrysostomos und Obama stehen für blühende und auch durchaus selbstbewusst vorgezeigte Redekunst, für opulenten argumentativen und sprachkünstlerischen Aufwand – für großes Pathos. Augustinus und Bismarck sind Partner in einem anderen Milieu: dem der eher zurückhaltenden Rede, dem Verzicht auf sprachliche Akrobatik oder gar knallige Effekte – dem schlichten Stil. Beide spielten mit dem Gedanken, auf Rhetorik verzichten zu wollen, wobei sich beide mit Rhetorik bestens auskannten und ihren Anweisungen letztlich folgten. Es ist lehrreich zu sehen, dass gerade dies nicht Sache einer langen Entwicklung ist, eines kontinuierlichen Verzichts in der Neuzeit nach anfänglicher Begeisterung in der Antike. Eher hat man es mit einer Wellenbewegung zu tun, bei der nach Bergen Tälern und nach Tälern neue Berge entstehen. Womit über Leistung oder Wert rein gar nichts gesagt ist – so wenig wie über Niedergang oder Verlust. Auch die Wellentäler liegen in tiefem Wasser, auch hier gibt es erhebliche Rhetorik. Bei Augustinus ist es deutlich geworden, bei Bismarck ist es nicht anders.

Bismarcks Berufung zum Ministerpräsidenten auf dem Höhepunkt der Auseinandersetzung von Krone und Parlament 1862 war für viele überraschend gekommen. Erst mit 34 Jahren hatte sich der Jurist mit Erstem Staatsexamen 1847 in den preußischen Landtag wählen lassen, wo König Wilhelm IV. ihn sich nach einer spektakulären Verteidigung der Rechte von Krone und Aristokratie als »roten Reaktionär« notierte. Dann begann der diplomatische Dienst: als preußischer Gesandter beim Bundestag in Frankfurt, weiter als Botschafter zuerst in Petersburg, darauf in Paris, was praktisch einer Kaltstellung gleichkam. Aber man schätzte den harten Verhandler, der die Macht des Staates über alles setzte, vor allem über das Parlament. So kam es zur dann doch nicht so überraschenden Zusammenarbeit mit Wilhelm I. bis zu dessen Tode 1888. Bismarck rettete den König mit eklatantem Verfassungsbruch, milderte diesen durch die spätere Erklärung der Indemnität (der Bitte um nachträgliche Bewilligung), führte die Kriege, die Preußen zum Kaiserreich (mit ihm als Reichskanzler) machten und schuf die Bündnisse, die Europa den Frieden sicherten. Erst Wilhelm II. sollte ihn zwei Jahre nach seinem Amtsantritt 1890 entlassen.

38 Jahre also war Bismarck Ministerpräsident bzw. Reichskanzler. Nach der Verfassung hatte er es in Preußen mit dem König und zwei Kammern zu tun: mit dem Abgeordnetenhaus und dem Herrenhaus. Im seit 1871 bestehenden Reich entsprachen dem der Kaiser sowie die beiden Kammern des Reichstags und des Bundesrats. Die großen politischen Auseinandersetzungen fanden im Abgeordnetenhaus und im Reichstag statt. Bismarck suchte nach einer ersten Konfrontation zeitweilig die Zusammenarbeit mit dem bürgerlich-nationalen Liberalismus, ließ aber je länger desto mehr durchblicken, dass er das Parlament letztlich als inkompetent und störend empfand. Immer auf eine Revolution von unten (von Bebels Sozialdemokratie) auf der Hut, setzte er auf eine Revolution von oben und verhinderte die Umwandlung des konstitutionellen in ein parlamentarisches System nach englischem oder gar französischem Vorbild. Der wirtschaftliche und gesellschaftliche Wandel, der Deutschland in die Spitzengruppe der europäischen Mächte katapultierte, ging teilweise mit den Forderungen der Liberalen zusammen, fußte aber auf Entscheidungen, die Bismarck letztlich allein traf. In der ständigen Auseinandersetzung über den Militärhaushalt riskierte er 1881 den nächsten Verfassungskonflikt mit dem Parlament und drohte 1887 mit dessen Auflösung.

Unter diesen Umständen ist es von großem Interesse zu sehen, wie Bismarck selbst die Rolle von Rednern und Reden einschätzte. Fast kann man es sich denken: Das Verständnis ist schlicht von Verachtung geprägt. Dazu bedarf es keiner Interpretation, sie lässt sich vielfach belegen, zum Beispiel im späten Rechenschaftsbericht der *Gedanken und Erinnerungen* (1898–1919). Dort feiert Bismarck die glücklich abgewendete

»Parlamentsherrschaft« und zitiert zustimmend das »alte Wort von 1848: ›Gegen Demokraten helfen nur Soldaten‹«. Für die »Erfolge, welche durch Reden und Vereine gewonnen« werden, gilt das Fazit:

> Beredsamkeit der Gegner, giftige Kritik, taktlose Mitarbeiter, deutsche Zanksucht und Mangel an Disziplin bereiten der besten und ehrlichsten Sache leicht einen betrübten Ausgang.

In Vereinen bestimme nicht der »sachliche Zweck« das Ergebnis, sondern »Redner und Geistliche … vielfach auch Damen, lauter Elemente, die zu einer politischen Wirksamkeit im Staate nur mit Vorsicht verwendbar sind«. Zu einer Staatsratssitzung am 4. Februar 1890 notierte er:

> Die höfliche Schüchternheit der Vertreter der Besonnenheit im Vergleich mit der Unverfrorenheit gewohnheitsmäßiger Volksredner, die der Kaiser zugezogen hatte, ließ erkennen, dass von den Staatsratssitzungen ein unbefangenes Wirken auf Seine Majestät nicht zu erwarten war … Aber ich hatte nicht darauf gerechnet, dass unsere Vertreter dem Banne der Jules Simonschen Phrasen so vollständig verfallen würden …

Bismarck hat sich nicht nur nach seinem Ausscheiden aus der Politik derart ablehnend geäußert. Seine Ansicht trug er durchaus dem Parlament selbst vor. Den drastischsten Ausfall leistete er sich am 5. Mai 1881. Er brachte den Antrag ein, die Etatlaufzeit von einem auf zwei Jahre zu erhöhen, um weniger Gelegenheit für Auseinandersetzungen zu bieten. Dabei witzelt er über den »berechtigten Badeurlaub«, den sich Abgeordnete »wegen Ermüdung durch die parlamentarischen Arbeiten« verdient hätten, er witzelt weiter darüber, dass er selbst »Wahlreden« gehalten und dabei das Gefühl gewonnen habe, dass ihn kaum jemand gewählt haben würde, wenn er ihn wirklich gekannt hätte. Dann heißt es unverblümt:

> Aber ich halte es im Interesse des Reichs für eine große Gefahr, wenn es dahin kommen sollte, dass die Mehrheit

> unter die Herrschaft derjenigen Abgeordneten fallen sollte, die eine andere, eine bürgerliche Beschäftigung eben nicht haben, die gewerbsmäßig Volksvertreter und deshalb im Reden die geübtesten sind und die die Stoffe, über die gesprochen wird, auf Monate und Wochen vorher sorgfältig durchgearbeitet haben, weil sie dieselben auch in der Publizistik vertreten und ihnen Anklang zu verschaffen suchen – ihre Zeit erlaubt es ja, sie sind ausschließlich darauf angewiesen. Und sie stehen dann, sowie es auf die Geschicklichkeit, auf die rhetorische Mensur ankommt, ja, vermöge der größeren Mensurpraxis, die sie haben, außerordentlich im Vordergrunde. In den Volksversammlungen kennen wir ja die Typen, die sich bis zu rhetorischen Klopffechtern ausbilden – die es natürlich hier nicht gibt –, (Heiterkeit) aber dort sieht man, wie sie jeden Widerstand sofort niederrennen und scharf im Zaum halten. Aber ich wiederhole, wie ich das schon neulich bemerkt habe, dass im Reichstage die Reden zwar zur Orientierung dienen, aber dass sie keine Herrschaft üben dürfen; der Wähler hat ein Recht auf einen unabhängigeren, auch von der überlegenen Beredsamkeit weder beeinflussten noch eingeschüchterten Vertreter.

Worauf eine wilde Polemik gegen »die Übertreibung und Häufung der parlamentarischen Sitzungen« folgt, die die »Volksvertretung« zu einer neuen »Gattung der ›Bureaukratie‹« mache. In der Konsequenz entstünden »erbliche Parlamentarierfamilien«, »die, wie der volkstümliche Mund sich ausdrückt, sagen: »Ich will Abgeordneter lernen«.

Höhnische Bemerkungen dieser Art sind kein Einzelfall. Als Bismarck am 11. Januar 1887 den Ausbau des Militärs forderte (um angebliche französische Angriffsgelüste unmöglich zu machen), hält er dem Parlament nicht nur die Verfassung entgegen, die in Fragen der Landesverteidigung die Entscheidung allein der Krone zubillige. Er nutzt die Gelegenheit auch zu einer Abrechnung mit den Rednern. »Reden und … Redensarten« mit Zusicherung des »letzten Talers«, wenn es denn wirklich darauf ankäme, so Bismarck, könnten ihn nicht beruhigen, und weiter:

> Das sind Worte, damit kann ich nichts machen. Worte sind keine Soldaten, und Reden sind keine Bataillone, und wenn wir den Feind im Lande haben, und wir lesen ihm diese Reden vor, dann lacht er uns aus. (Heiterkeit rechts)

Schon am 3. Februar 1866 hatte er vor dem preußischen Abgeordnetenhaus betont, dass er selbst kein Redner sei, worauf der berühmte »Widerspruch von allen Seiten« erfolgte, allerdings auch die Präzisierung: »Ich vermag nicht, mit Worten spielend, auf Ihr Gefühl einzuwirken, um damit Tatsachen zu verdunkeln.« Und am 26. März 1886 betonte er in letzter Klarheit, er habe

> nicht den Anspruch, ein Redner und ein Redekünstler zu sein, ich bin Minister, Diplomat und Staatsmann und würde mich für gekränkt halten, wenn man mich einen Redner nennte.

Fügt man noch briefliche Notizen an seine Frau hinzu, wo vom Parlament als »Haus der Phrasen« die Rede ist, in dem »diese Schwätzer … Preußen wirklich nicht regieren (könnten)«, lässt sich getrost zusammenfassen: Die Achtung vor dem Parlament scheiterte nicht unbedingt an mangelnder Achtung der Parlamentarier, sondern an mangelnder Achtung jeder Art von Meinungspluralismus. Wenn Bismarck selbst redete, so nicht, um Zukunftsbilder zu entwerfen oder Ideen zu verteidigen, sondern um in seinen Augen Verfehltes zu verhüten. Bismarck war, wie es Lothar Gall beschrieb, ein »Verteidiger des Bestehenden«. Dafür aber griff er durchaus auf Register der Rhetorik zurück, nur eben auf solche, die diesem Zweck dienten.

Ich möchte es an der frühen Rede vom 3. Dezember 1850 zeigen, als es um die für Preußen demütigende Absage Österreichs und Russlands an eine deutsche Union ging (die »Schmach von Olmütz«) und das Parlament die Regierung frontal wegen ihres angeblichen Versagens angriff. Bismarck rechtfertigte den Rückzug und griff selbst die Ankläger mit ihrem »Adressentwurf« an. Er beginnt dabei geradezu nach antikem Muster mit der Behandlung der Sachfrage (rhetorisch: dem Status der Rede), ja dreht in einem witzigen Paradox diese Frage sofort um: Der »verehrte« Vorredner habe die Sache »von dem Standpunkte eines unabhängigen oder kriegerisch gesinnten Beamten im Zivildienst« (Heiterkeit auf der Rechten) behandelt und, obwohl als Redner *für* die Kritik der Regierung eingeschrieben, in Wirklichkeit *gegen* sie gesprochen. Denn die große Einigkeit von Volk und Krone, auf die sich der »Adressentwurf« (also die Anklage gegen die Regierung) beziehe, laufe ins Leere, wozu Bismarck schönste rhetorische Antithesen aufbietet:

> Der Adressentwurf nennt diese Zeit eine große; ich habe hier nichts Großes gefunden als persönliche Ehrsucht, nichts Großes als Misstrauen, nichts Großes als Parteihass. Das sind drei Größen, die in meinem Urteil diese Zeit zu einer kleinlichen stempeln …

Dies ist nur der Vorspann zur eigentlichen Attacke. Denn die Gegenseite forderte als Korrektur der diplomatischen Niederlage Krieg. Bismarck stellt sich dem nun mit einem Feuerwerk an Beschreibungen entgegen, deren Pathos nicht auf der Berufung von hochfliegenden Ideen beruht, sondern auf der Vorführung von höchst konkreten Details:

> Warum führen große Staaten heutzutage Krieg? Die einzig gesunde Grundlage eines großen Staates, und dadurch unterscheidet er sich wesentlich von einem kleinen Staate, ist der staatliche Egoismus und nicht die Romantik … Es ist leicht für einen Staatsmann …, mit dem populären Winde in die Kriegstrompete zu stoßen und sich dabei an seinem Kaminfeuer zu wärmen oder von dieser Tribüne donnernde Reden zu halten und es dem Musketier, der auf dem Schnee verblutet, zu überlassen, ob sein System Sieg und Ruhm erwirbt oder nicht … So sehen sich die Fragen, die uns jetzt beschäftigen, nach einem Jahre anders an, wenn Sie sie rückwärts durch eine lange Perspektive von Schlachtfeldern und

> Brandstätten, Elend und Jammer, von 100 000 Leichen und 100 Millionen Schulden erblicken werden. Werden Sie dann den Mut haben, zu dem Bauer auf der Brandstätte seines Hofes, zu dem zusammengeschossenen Krüppel, zu dem kinderlosen Vater hinzutreten und zu sagen: Ihr habt viel gelitten, aber freut euch mit uns, die Unionsverfassung ist gerettet? (Heiterkeit)

Es gibt kaum einen Punkt, der für das rhetorische Können Bismarcks typischer ist als dieser Zug zum Konkreten. Gerade darin liegt die ständige Strategie der Abwehr, das »Destruktive« seines Vorgehens. Pathos ist (wie hier) durchaus möglich, aber wichtiger als Pathos ist der Witz und damit das entlarvende Potential von Beispielen aus der Realität.

Die argumentativen Methoden sind dabei vielfältig. So greift Bismarck auf historische Beispiele zurück, die zeigen, dass auch Großmächte ihre Grenzen kannten bzw. anerkannten. Die österreichische Armee habe gleich zweimal vor Turin haltgemacht, die englische Flotte an den Dardanellen zurückgesteckt. Ehre bzw. Ehrverlust haben etwas mit Realitäten zu tun. Das gilt auch für die »preußische Ehre«, die Bismarck gegen die Kritik des Parlaments mit einer wichtigen Unterscheidung (voller ironischer Anspielungen) schützt:

> Die preußische Ehre besteht nach meiner Überzeugung nicht darin, dass Preußen überall in Deutschland den Don Quichote spiele für gekränkte Kammerzelebritäten, welche ihre lokale Verfassung für gefährdet halten. Ich suche die preußische Ehre darin, dass Preußen vor allem sich von jeder schmachvollen Verbindung mit der Demokratie entfernt halte, dass Preußen in der vorliegenden wie in allen Fragen nicht zugebe, dass in Deutschland etwas geschehe ohne Preußens Einwilligung, (Heiterkeit) dass dasjenige, was Preußen und Österreich nach gemeinschaftlicher unabhängiger Erwägung für vernünftig und politisch richtig halten, durch die beiden gleichberechtigten Schutzmächte Deutschlands gemeinschaftlich ausgeführt werde.

Die reaktionären Bemerkungen über die Demokratie sind schwer zu ertragen. Bismarck sucht in dieser Abgrenzung wohl die letzte Absicherung für sein Anti-Kriegs-Konzept: Im Krieg ist die »Ehre« jedenfalls völlig fehl am Platz. Dies spiegelt sich in Witzeleien wider, mit denen Bismarck wohl signalisieren will, wie sicher er sich in seiner Argumentation fühlt: So »vertröstet« er die Befürworter auf »vier oder sechs Wochen«, wenn man denn den Krieg unbedingt haben wolle. Aber er malt auch die Konsequenzen in einem pathetischen Bild aus:

> Sollten wir trotzdem dahin getrieben werden, für die Idee der Union Krieg zu führen, meine Herren, es würde nicht lange dauern, dass den Unionsmännern von kräftigen Fäusten die letzten Fetzen des Unionsmantels heruntergerissen würden, und es würde nichts bleiben als das rote Unterfutter dieses sehr leichten Kleidungsstückes.

Und in einer letzten kühnen Antithese (endend in einem Witz) führt Bismarck seinen Zuhörern auch die Konsequenzen vor Augen, die es zu ergreifen gelte. Wenn die »Mehrheit der Kammer« unbedingt einen »Prinzipienkrieg« wolle,

> so ist dies meiner Meinung nach kein Grund zum Kriege mit Österreich, sondern zum Kriege mit dieser Kammer. Dann wäre es Pflicht der Räte der Krone, sich zu erinnern, dass eine Kammer leichter mobil zu machen ist als eine Armee (Heiterkeit).

Die Rede wurde anschließend von den Konservativen in 20 000 Exemplaren im ganzen Land verteilt. Möglicherweise war es gerade diese Rede, an die sich Wilhelm I. in seinen Nöten von 1862 erinnerte. Mit der ganz anderen Macht als Reichskanzler hat Bismarck sein »destruktives« Konzept immer wieder mit den rhetorischen Mitteln durchgeführt, die für Destruktion besonders geeignet sind: Ironie, Vorhalten der wahren Realität, antithetische Formulierungen und prägnante Bilder. Vieles davon ist aufgrund der Prägnanz in den Zitatenschatz übergegangen, wie einige Beispiele verdeutlichen mögen:

> Nicht durch Reden und Majoritätsbeschlüsse werden die großen Fragen der Zeit entschieden – das ist der große Fehler von 1848 und 1849 gewesen –, sondern durch Eisen und Blut. (Rede zum Militärbudget am 30. September 1862)
>
> Wenn man oft gesagt hat: »Was das Schwert gewonnen hat, hat die Feder verdorben«, so habe ich das volle Vertrauen, dass wir nicht hören werden: Was Schwert und Feder gewonnen haben, ist von dieser Tribüne vernichtet worden! (Rede zur Indemnität am 1. September 1866)
>
> Nach Canossa gehen wir nicht – weder körperlich noch geistig! (Rede zur Einsparung einer Gesandtschaft beim Vatikan am 14. Mai 1872)
>
> Die Vermittlung des Friedens denke ich mir nicht so, dass wir nun bei divergierenden Ansichten den Schiedsrichter spielen und sagen: So soll es sein, und dahinter steht die Macht des deutschen Reiches, sondern ich denke sie mir bescheidener, ja – ohne Vergleich. Im Übrigen stehe ich nicht an, Ihnen etwas aus dem gemeinen Leben zu zitieren – mehr die eines ehrlichen Maklers, der das Geschäft wirklich zustande bringen will. (Rede zur Balkankrise am 19. Februar 1878)

Bismarck war ein völlig anderer Redner als seine zeitgenössischen Kollegen William E. Gladstone und Benjamin Disraeli in einem britischen Parlament, in dem eben keine »Kanzlerdiktatur« (Eugen Richter, Führer der linksliberalen Fortschrittspartei) möglich war. Aber Bismarck galt als ein gefürchteter Redner. Seine Selbstbezichtigung, kein Redner zu sein, war reine Koketterie, schlimmer: zielte auf Verweigerung, der Rede anderer irgendetwas Gutes zuzutrauen. Dabei verließ er sich selbst auf glänzende Paraden, auf die Wirkung von Ironie und Witz in einer Umgebung von viel ermüdendem und auch falschem Pathos. Der Vergleich mit Augustinus ist so weit nicht hergeholt. Augustinus suchte das Heil in einer gewissen Demut angesichts des hohen Gegenstandes, auch des hohen Auftrags. Bismarck war stolz darauf, sich niemandem andienen zu wollen. Wirklich durchgeführt hat diese Programme keiner von ihnen. Nicht Redner sein zu wollen, war in der europäischen Tradition – sofern es um Qualität ging – immer eine höchst verdächtige Behauptung.

# Caesarius von Arles und August Bebel

## Caesarius von Arles gegen Aberglauben

Der Tod von Augustinus im Jahre 430 ist nach weltgeschichtlichen Maßstäben nicht mehr weit entfernt von jenem Jahr 476, auf das mit der Abdankung von Kaiser Romulus Augustulus der Untergang des weströmischen Reiches datiert wird. Der Osten, Byzanz, war davon nicht betroffen, dort wurde die Kontinuität in griechischer Sprache fortgeführt – mit blühender Redekunst, deren Anfänge hier kurz beleuchtet wurden. Im lateinischen Westen aber brach vieles zusammen. Das einst vorbildliche Nordafrika wurde von den Vandalen überrollt, ehe im 8. Jahrhundert der noch größere muslimische Sturm losbrach. Das italienische Mutterland war zersplittert, den Süden hielt Byzanz, den Norden Theoderich mit seinen Ostgoten, in der Mitte etablierte sich allmählich das Papsttum, das seit Leo dem Großen (gest. 461) und vor allem seit Gregor dem Großen (gest. 604) den Primat der Christenheit mit der Nachfolge Petri beanspruchte. Von beiden Päpsten stammen zahlreiche Predigten, von Leo 97, von Gregor 64. Sie wurden wieder und wieder abgeschrieben und als Vorlagen benutzt, stets zusammen mit Augustinus, der zum wichtigsten Kronzeugen des europäischen Christentums aufgestiegen war. Dies gilt besonders für einen Kirchenmann, der im Windschatten der Weltereignisse die Tradition fortführte. In der Provence nämlich ließ Caesarius von Arles alles abschreiben, was er an Handschriften von Augustinus fand. Er ist der eigentliche Retter von dessen Predigtwerk.

Caesarius bildet auf diese Weise eine wichtige Brücke von

der im Westen untergangsbedrohten Spätantike ins Mittelalter. Wie Augustinus in Hippo, so leitete er in Arles seine christliche Gemeinde mit Hilfe der Predigt. Dabei wird er sich als »Römer« gefühlt haben, sprach klassisches Latein, auch wenn er bei seinen Predigten auf schon romanisierte Zuhörer Rücksicht nehmen musste, und arrangierte sich mit den Herren, die in der zu Ende gehenden Völkerwanderungszeit gerade das Heft in der Hand hielten: zunächst mit den Westgoten unter Alarich II., dann mit dem Ostgotenkönig Theoderich dem Großen und schließlich mit den Franken, die nach den Siegen über ihre germanischen Konkurrenten die Grundlage des neuen Europa legten, das nun Frankreich und jenseits der Rheingrenze Alemannien und Thüringen umfasste. Solche »Länder« konnte man besiegen, jedoch nicht regieren. Diese Rolle übernahmen in den alten Römerstädten die Bischöfe, in Arles eben Caesarius, den der Papst zum Primas für Gallien (und später auch Spanien) bestimmte. Erst mit dem Franken Childerich änderte sich die Situation, wird die Provence Teil der gallischen Kirche, womit Caesarius kurz vor seinem Tod den gewohnten Einfluss verlor. Zuvor aber hatte er zusammen mit dem alten römischen Adel die Zivilisation aufrechterhalten. Zwar war die Bevölkerung schon seit Mitte des 3. Jahrhunderts christlich, aber es gab auch noch genügend heidnische Tradition, deren Bekämpfung Caesarius zur Berühmtheit machen sollte.

Dabei ähnelt der äußere Lebensweg dieses Kirchenmanns dem des Augustinus in wichtigen Punkten. Wie dieser wurde er nach einem weltlichen Studium (mit Aneignung rhetorischer Fähigkeiten) und kurzem Leben als Mönch im Kloster Lérins auf einer Insel vor Cannes in den Klerus von Arles aufgenommen, dort Priester und nach dem Wunsch des Bischofs dessen Nachfolger wegen seiner Begabung zum Predigen. Weiter kennzeichnet beide das asketische Ideal als Grundlage von Glaubwürdigkeit und Autorität. Wie Augustinus lebte Caesarius am Bischofssitz in einer Mönchsgemeinschaft. Schließlich gleicht das Auftreten dem Vorbild: Auch Caesarius saß auf einer Kathedra in der Stephanuskirche von Arles (von der heute im Gegensatz zur berühmten Arena leider nichts übrig geblieben ist) und hielt seine Gemeinde mit den Predigten zusammen. Dabei befolgte er auch insofern das Vorbild des Augustinus, als er von allen Tugenden des Redens die Verständlichkeit an die Spitze stellte und auf übermäßigen Prunk verzichtete. Eine »gebildete« Rede sei nur etwas für Gebildete, sagt er, eine »einfache« könnten Einfache und Gebildete gleichermaßen verstehen. Caesarius wusste, wovon er sprach. Einen gebildeten Prediger von spätrömischem Format hatte er als Bischofskollegen in Clermont direkt vor Augen: Sidonius Apollinaris, von dessen rhetorischen Fähigkeiten man sich anhand seiner Dichtungen und literarischen Briefe noch heute überzeugen kann. Aber dieser Sidonius führte auch das Leben eines Aristokraten, residierte mit allen Zeichen der Macht in seinem Bischofspalast. Caesarius ging den genau entgegengesetzten Weg.

Wir wissen durchaus, warum. Sidonius Apollinaris wollte die Welt des Adels ansprechen, der er selbst angehörte. Dazu brauchte er sowohl den Glanz der Rede wie ein prunkvolles Auftreten. Caesarius ging es um ein völlig anderes Publikum und damit um eine völlig andere Art, Autorität zu gewinnen. Zum Publikum in der Hafenstadt Arles gehörte eine gemischte Bevölkerung vorwiegend aus Kaufleuten und Landeigentümern, die in der lokalen Tradition verwurzelt war. Diese Bevölkerung ließ sich nicht mit prunkvoller Rede ansprechen, weil sie das entsprechende Latein nicht mehr verstanden hätte. Vor allem aber brachte sie ein Problem mit, nämlich eine Anhänglichkeit an die alten Traditionen, die einer vertieften Christianisierung entgegenstanden. Man kann es auch deutlicher ausdrücken: Der christliche Glaube war vom heidnischen Aberglauben bedroht. Mochten seine Zuhörer sich für gute Christen halten, in Wirklichkeit lugte ihnen das Heidentum aus sämtlichen Knopflöchern. So geht es Caesarius um Christianisierung durch Depaganisierung, Verchristlichung durch Bekämpfung von Aberglauben. Man kann durchaus sagen, dass er damit ein wesentliches Stück Mittelalter eröffnet. Ambrosius von Mailand hielt die überlieferten Bräuche um den Jahresbeginn noch für einen willkommenen Scherz, den man sich angesichts eines gefestigten Christentums leisten konnte. Caesarius ist pessimistischer. Überall wirkten seiner Meinung nach Dämonen, und sie lagen gerade beim Feiern auf der Lauer, um die angetrunkenen Seelen auf Abwege zu bringen.

Caesarius weiß dabei gut, ja bestens Bescheid. Noch Jahrhunderte später, während des gesamten Mittelalters, benutzte man seine Predigten zur jeweils aktuellen Bekämpfung des Aberglaubens. Meist geschah dies ohne Namensnennung, so dass heutige Aberglaubensforscher es schwer haben, bestimmte Bräuche zu datieren (und Spätantikes für »germanisch« halten, weil es in germanischer Zeit überliefert wird). Caesarius war wohl ein perfekter Prediger, aber nicht alles, was er sagte, stammte von ihm selbst. In knapp 22 Prozent seiner Predigten benutzt er Vorbilder, gut 15 Prozent stellen Übernahmen dar – jeweils am meisten von seinem großen Vorbild Augustinus. Natürlich haben wir in den Texten nicht immer den Wortlaut vor Augen, es ist die Rede von einer Fixierung durch Schreiber »nach Erinnerung«. Aber wir haben es mit einem Kirchenmann zu tun, der alles auf dieses Medium setzt: auf das gesprochene Wort in einer Kirche, die mit ihrer Architektur, mit ihren Fresken und Mosaiken dieses Wort gehörig unterstützt haben wird. Aus der *Vita* wissen wir im Übrigen, dass Caesarius über eine laute Stimme und gepflegte Gebärden verfügte. Allerdings sprach er nie länger als eine halbe Stunde, weil er Rücksicht auf die Armen nahm, die zur Arbeit mussten. Caesarius träumte von einer christlichen Gemeinschaft, die das Kloster in gewissem Sinne auf Stadt und Land ausdehnte: einig in den gleichen Werten von Gerechtigkeit, Frieden, ziviler Harmonie.

Diese Werte also hielt Caesarius für bedroht, die heidnische Vergangenheit bedrohte sie, und zwar nicht nur auf dem Lande, sondern »auch in dieser Stadt« (13. Predigt). Und das Tückischste lag für ihn darin, dass die meisten es nicht einmal bemerkten. Wir finden das Argument etwa in der 192. Predigt, wo es um das Baden im Fluss am Johannistag zur Zeit der Sommersonnwende geht. Nein, das sei kein alter Brauch, an dem man seinen Spaß haben dürfe, sondern in diesem Spaß verberge sich Gefährliches, die Vorstellung, dass gerade zu dieser Zeit Verfehlungen »abgewaschen« werden könnten, aber nicht mit Hilfe der Kirche, sondern von Dämonen. Und es genügt auch nicht, alte Bräuche auf neue »Gegenstände« anzuwenden, zum Beispiel an Märtyrerfesten Trinkgelage mit obszönen Tänzen aufzuführen, mit denen man einmal heidnische Götter geehrt hat (Nr. 47). Oder Neujahr mit Mummenschanz und Tiermasken zu feiern (Nr. 192), womit letztlich nur der römische Gott Janus mit seinem unsinnigen Doppelgesicht lebendiggehalten werde. In allen diesen Fällen geht es um ein »Brauchtum«, das unerkannt falschen Glauben in das frische Christentum einschleust und damit dessen Grundwerte gefährdet. Es ist wie bei Kontamination, die krank macht, ohne dass man es merkt. Wenn eine Frau eine Anrufung rezitiert, spricht in Wirklichkeit eine Schlange, heißt es in der 19. Predigt und erfährt auch noch die richtige Alternative: Sie solle lieber in die Kirche gehen und das Fleisch und Blut Christi zu sich nehmen. Weiter behandelt Caesarius Glockenläuten und Hörnerblasen bei Mondfinsternis sowie Techniken der Wahrsagung, die in mindestens vier Predigten verdammt werden (Nr. 12, 52, 53, 54).

Caesarius kann all dies sehr anschaulich erzählen, wie man sich anhand der 13. Predigt überzeugen kann, wo es um Mondfinsternisse, Baum- und Quellkulte sowie die Begehung des Donnerstag (Jupitertag) als Feiertag geht und Caesarius haarklein erklärt, warum all das so gefährlich ist (hier in eigener Übersetzung aus dem Original, im Folgenden nach der englischen Übersetzung von William E. Klingshirn):

> Wenn ihr erkennt, dass einige Leute bis jetzt noch dann, wenn der Mond sich verfinstert, diesen anrufen, so ermahnt

gerade auch sie und macht ihnen klar, dass sie eine für sie schwerwiegende Sünde begehen, und zwar immer, wenn sie darauf vertrauen, dass der Mond, der auf Anweisung Gottes sich zu bestimmten Zeiten verfinstert, sie aufgrund ihrer Anrufungen und bösen Verrichtungen trotz der gewagten Gotteslästerung Schutz bieten kann. Auch wenn ihr seht, dass bis jetzt noch einige Leute entweder an Quellen oder an Bäumen Gelübde ablegen, und, wie schon gesagt, sogar Zauberer und Wahrsager oder auch Zukunftsdeuter aufsuchen, auch teuflische Amulette, Figürchen, Kräuter, Gegenstände aus Bernstein sich oder den Ihren anhängen, scheltet sie aufs härteste, weil jeder, der dieses Böse begangen hat, das Sakrament der Taufe ungültig macht. Und weil wir gehört haben, dass manche Männer oder Frauen die Gewohnheit haben, dass am fünften Wochentag weder die Männer ihre anstehenden Tätigkeiten ausüben noch die Frauen ihre Arbeit mit der Wolle tun, so bezeugen wir vor Gott und seinen Engeln, dass alle, die willens gewesen sind, das so zu befolgen, wenn sie nicht durch ausgiebige und strenge Reue einen so schwerwiegenden Verstoß gegen Gottes Gebot gesühnt haben werden, dort, wo der Teufel in Glut sein wird, auch selbst zwangsläufig der Verdammung anheimfallen werden. Denn diese Unglücklichen und Elenden, die zur Ehre Jupiters am fünften Wochentag ihre Arbeiten ruhen lassen, schämen sich weder noch fürchten sie sich davor, daran zweifle ich nicht, gerade diesen Arbeiten selbst am Tag des Herrn [also am Sonntag] nachzukommen.

Es ist nichts Neues, was Caesarius anspricht. Schon Augustinus warnt vor dem Kontakt mit Dämonen. Aber Augustinus hat sich nicht vorstellen können, mit welchen Einzelheiten man es zu tun bekommt, wenn man diesen Dingen nachgeht. Caesarius' Zuhörer werden sich geduckt haben. Der Prediger mochte wenig von ihrer täglichen Arbeit verstehen, weder von den Problemen der Händler noch gar der Bauern. Aber in diesem Punkt kannte er sich aus, schaute ihnen geradewegs in die schwarze Seele, deckte schonungslos auf, was sie sich schönredeten.

Und Caesarius erzählte nicht nur anschaulich, sondern malte die Gedanken auch mit allerlei Synonymen und kleinen Antithesen aus wie in der 53. Predigt, in der er seine eigenen Mitbrüder anklagt, nicht genug bei der Zerstörung der heidnischen Heiligtümer zu tun:

> Das sind unglückliche und erbärmliche Leute, die nicht nur unwillig sind, die Heiligtümer der Heiden zu zerstören, sondern sich weder fürchten noch schämen, dasjenige wieder aufzubauen, was zerstört wurde. Und wenn jemand mit dem Gedanken an Gott die Bäume um die Altäre niederbrennt oder diese teuflischen Altäre umstürzt und zerstört, dann werden sie ärgerlich, geisteskrank und geraten in höchsten Zorn. Schließlich wagen sie diejenigen zu schlagen, die diese Idole aus Liebe zum wahren Gott zu vernichten suchen, oder sie halten nicht mit Mordgedanken zurück.

Ein anderes Mittel der Belebung stellt das Zitat dar. Wo Caesarius über die Mütter herzieht, die ihre kranken Kinder zu heidnischen Heilerinnen oder Heilern bringen, bietet er den Wortlaut, der ihm zweifellos hinterbracht worden ist:

> »Lasst uns diesen Wahrsager (*hariolus*) oder Heiligen (*divinus*) befragen, diesen Lose-Leger (*sortilegus*), diese Kräuterfrau (*herbaria*). Lasst uns die Kleider dieses kranken Jungen opfern, seinen Gürtel betrachten und beurteilen, lasst uns ein paar magische Zauberformeln sprechen, lasst uns ihm ein paar Amulette um den Hals hängen …« Manchmal verhalten sich Mütter mit kranken Kindern, als wenn sie gute Christinnen wären, und antworten ihren Kinderfrauen oder andern Frauen, denen der Teufel diese Dinge eingeredet hat, mit folgenden Worten: »Ich möchte nicht mit diesen Dingen konfrontiert werden, denn in der Kirche hieß es: ›Du kannst nicht zugleich aus der Schüssel des Herrn und des Dämons essen, du kannst nicht die Tafel des Herrn und die Tafel der Dämonen teilen (1 Kor 10, 20 f.)‹«. Aber im gleichen Mo-

> ment, wo sie dies wie zu ihrer Entschuldigung gesagt hat, sagt sie weiter: »Geh und tu, was du zu tun weißt. Nichts aus dem Vorratsraum ist dir verboten.«

Caesarius kann dabei kräftig schimpfen, aber auch aufbauen. Ein Beispiel (in der 193. Predigt) sind die heidnischen Wochentagsbezeichnungen mit ihrer unliebsamen Erinnerung an die alten Götter: »Merkur war ein erbärmlicher Kerl, habsüchtig, grausam, unfromm und hochmütig. Und Venus war eine höchst schamlose Hure«, liest man und dann mit lebendigen Anaphern:

> Lasst uns, Brüder, die wir dafür bekannt sind, nicht in verlorene und unfromme Leute Hoffnung zu setzen, sondern in den lebendigen und treuen Gott, keinen Tag mit dem Namen eines Dämonen ehren … Lasst uns solche höchst gemeinen Namen mit Verachtung strafen und lasst uns niemals sagen »Tag des Mars«, »Tag des Merkur« oder »Tag des Jupiter«, sondern lieber »erster Tag«, »zweiter Tag« oder »dritter Tag«, und zwar in Übereinstimmung mit der Schrift (im Buch *Genesis*).

Gelegentlich lässt Caesarius seine Zuhörer teilnehmen an seinen Überlegungen, seinen Argumenten, setzt dabei auf die höchstmögliche Autorität, die Heilige Schrift. Dies ist der Fall in der 50. Predigt über den Gebrauch von Amuletten zur Krankheitsabwehr, wogegen sich schon der Apostel Paulus und Christus selbst ausgesprochen haben. Andererseits ist Caesarius nicht verlegen, wenn es darum geht, zu drastischen Maßnahmen zu greifen. Zwar malt er gelegentlich die Freuden des Paradieses aus, die diejenigen erwarten, die den richtigen Weg gehen. Aber die Qualen der Hölle liegen ihm noch mehr. Vor allem droht er harte Strafen denen an, die über Untergebene verfügen (Nr. 13, 53 und 192). Damit sind die Landbesitzer gemeint, die über Sklaven verfügen. Sie sollen scharf mahnen und bei Verfehlungen hart durchgreifen. In der 53. Predigt sind Einzelheiten genannt:

> Züchtigt diejenigen, von denen ihr wisst, dass sie schuldig

> sind. Warnt sie äußerst klar, straft sie sehr empfindlich. Und wenn sie sich nicht bessern, schlagt sie, wenn ihr die Macht dazu habt. Falls sie auch davon nicht beeindruckt sind, schneidet ihnen die Haare ab. Und wenn sie dann immer noch beharren, legt sie in eiserne Ketten, so dass denen, denen die Gnade Christi nicht hold ist, eine Kette hold ist.

Das hört sich nicht sehr christlich an, ist gerade in der gut formulierten Antithese glatt zynisch.

Es spricht viel dafür, dass Caesarius in seiner Verfolgung des Aberglaubens zu weit ging, ein durchaus sinnvolles Nebeneinander der Kulturen verweigerte und mit dem Auslöschen von Tradition auch Wichtiges für die Identität vernichtete. Aber dies ist hier nicht das Thema. Das Thema ist die rhetorische Seite dieser Predigten. Dabei zeigt sich: Caesarius verfolgt konsequent sein Programm der Wirkung aufgrund von Verständlichkeit (und eigenem Vorbild). Aber auch nicht ohne die Form von Anmut, die Augustinus als wesentlich für den Erfolg betrachtete. Die soeben behandelte 53. Predigt ist ein Beispiel für eine geradezu poetische Diktion. Denn er beginnt seinen Vortrag über die Verfehlungen aufgrund von Aberglauben mit wunderschönen Gegensatzpaaren:

> Sie geben das Licht auf und folgen der Dunkelheit. Sie verachten Gott und umarmen den Teufel. Sie verachten das Leben und suchen den Tod. Sie widersagen Christus und öffnen sich dem Frevel.

Auch in Bildern kann Caesarius schwelgen, wie es der Fall in der 207. Predigt ist, wo er den militärischen Kampf mit dem Kampf für Gott vergleicht:

> Niemand soll das geistliche Feld verlassen. Denn ihr wisst ja, liebste Brüder, dass, wenn jemand, der einem irdischen König als Soldat folgt, diesen in der Schlacht im Moment des Zusammenstoßes aus Angst verlässt, nicht nur keinerlei Ehre erwirbt und die Belohnung, die ihm bereitet ist, sondern dass er auch sein Leben riskiert. Derjenige, der die Kirche Christi in diesen Tagen verlässt, muss deshalb zweifellos

> in derselben Weise beurteilt werden wie derjenige, der das Heer des irdischen Königs verlässt … Als ein Feigling und Deserteur vom himmlischen Feld wird er ewige Verdammnis und Strafen erlangen, die seiner Taten wert sind.

Caesarius war ein Redner mit klarem Programm und klarer Strategie. Sein Thema war der Kampf gegen den Aberglauben, sein Leben lang. Man fühlt sich daran erinnert, wenn man an neuzeitliche Politiker denkt, vor allem an solche, die wie Caesarius gegen Windmühlenflügel kämpften, den Kampf jedoch nie aufgaben. Mir fällt dabei August Bebel ein, der große Sozialdemokrat, ja Miterfinder der Sozialdemokratie, der sich im Parlament gegen den Obrigkeitsstaat ohne Beteiligung der Bürger wandte, ebenfalls sein Leben lang. In rhetorischer Hinsicht mögen die Gegensätze größer sein als die Parallelen. Caesarius war hochgebildet und sprach temperiert, um verstanden zu werden. Bebel war Handwerker und musste viel nachholen, um sprachlich seinen Zuhörern im Parlament zu imponieren. Aber hinsichtlich der Leidenschaft gleichen sie einander. Bebel fesselte den Reichstag wie Caesarius seine Kirche. Sie waren eben beide Spezialisten, der eine predigte die wahre Religion gegen den falschen Aberglauben, der andere den wahren Sozialismus gegen die falsche Monarchie. Wirklich erfolgreich war dabei keiner.

## Bebel gegen den Obrigkeitsstaat

Als Leo Trotzki die bedeutenden Führer der europäischen Arbeiterbewegung Revue passieren ließ, hob er zwei Gestalten besonders hervor: »Jaurès mit seiner feurigen lateinischen Rhetorik und Bebel mit seiner protestantischen Trockenheit.« Von Jean Jaurès, Absolvent der Pariser Elitehochschule und seit 1893 linksrepublikanischer Abgeordneter der Nationalversammlung, war schon die Rede. August Bebel war Volksschüler, arbeitete parallel zu seiner politischen Karriere in seiner Leipziger Drechslerwerkstatt und stand 1912 mit 76 Jahren an der Spitze von 110 Abgeordneten der SPD im Deutschen Reichstag. Ein Foto von 1905 zeigt den 1,68 Meter kleinen Mann (übrigens exakt die Größe Napoleons) auf der Rednerbühne: weißer Haarschopf, ausgreifende Armbewegung, umgeben von Abgeordneten, die dicht gedrängt im Stehen seiner Rede folgen. Wie war eine solche Karriere möglich? Was ist dran an der Alternative von »lateinischer Rhetorik« und »protestantischer Trockenheit«? Stellt Bebel im Gegensatz zu Bismarck tatsächlich das Beispiel eines bedeutenden Redners ohne rednerische Kunst dar?

Die Herkunft spricht dafür. Bebel war zwar der Sohn eines Unteroffiziers, aber Vater und Stiefvater starben ebenso wie die Mutter früh, zeitweise lebte der Waise von der Armenfürsorge. Mit Glück gelang ein bescheidener Aufstieg als Handwerksmeister mit der Gründung einer kleinen Werkstatt. Alles Weitere ergab sich aus der früh einsetzenden Tätigkeit in den damals rasch entstehenden und ineinander aufgehenden Arbeitervereinen. Bebel traf Mitstreiter, die ihn förderten, vor allem Wilhelm Liebknecht (Vater des schon erwähnten Karl Liebknecht), ein Lehrer und Journalist, der ihn vom liberalen Bildungswissen der Arbeiterbibliotheken auf Hegel und Marx verwies. Als der Verband deutscher Arbeitervereine (VDAV) 1867 einen Präsidenten suchte, trat Bebel gegen Max Hirsch an, einen promovierten Volkswirtschaftler, und setzte sich tatsächlich durch. Dann ging alles sehr schnell: Im gleichen Jahr gründeten Bebel und Liebknecht die Sächsische Volkspartei, die Bebel zum Mitglied des Reichstags des Norddeutschen Bundes wählte, wo er zur Minifraktion der äußersten Linken gehörte (»weiter nach links zu rücken, verhinderte die Wand«). 1869 erfolgte der Zusammenschluss von VDAV und Lassalles ADAV zur Sozialdemokratischen Arbeiterpartei (SDAP), nun auch dem Namen nach der Ursprung der SPD. Bebel war ihr Vorsitzender und wichtigster Redner auf den Agitationsreisen, die der Werbung für die neue Partei dienten. Die größte Wirkung aber ging von seiner Tätigkeit im Reichstag aus.

Bebel hat in seiner Autobiographie *Mein Leben* über die Anfänge berichtet und dabei hervorgehoben, mit welcher »Elite« an Politikern und Rednern er es im Parlament zu tun hatte. Vertreter des Adels und des Generalstabs saßen neben Bürgerlichen, die über durchweg hohe und höchste Bildung verfügten. Ausgerechnet der erfolgreiche Romanautor Gustav Freytag bezeugt, dass es einiger Übung bedurfte, um vor einem solchen Auditorium zu bestehen – und resignierte selbst sehr rasch. Die Witzfiguren waren eher in der Minderheit wie etwa Max Duncker, der nach dem Bericht der *Gartenlaube* »auf seine Löwenmähne stolz war«, oder Graf Bethusy-Huc, der das Auditorium mit seiner unglücklichen Bildersprache zum Lachen brachte (»Man muss den Strom der Zeit an der Stirnlocke fassen«). Als die *Gartenlaube* Bebels Jungfernrede von 1867 mit dem Satz kommentierte, man habe »den Sturmvogel der Revolution« gehört, strich der Herausgeber ihn später wieder aus Sorge, die Stelle könne zu lobend aufgefasst werden. Anträge, die Bebel stellte, wurden fast routinemäßig abgelehnt. Nur sein Vorschlag, das Wort »Muße« in einem Gesetz durch »Pause« zu ersetzen, ging durch. Eine Rede gegen das Privileg der Portofreiheit für Fürsten sorgte für einigen Aufruhr wegen angeblicher Beleidigung. Dabei stellten die Auftritte eine große finanzielle Belastung dar, sofern erst ab 1874 schmale, ab 1906 kostendeckende Diäten gezahlt wurden. Und nicht zuletzt handelte sich Bebel mit seiner Politik 57 Monate Haft ein.

Umso überraschender die Autorität, die Bebel gewann und von bedeutenden Mitstreitern wie Gegnern anerkannt wurde – Engels verglich ihn mit Demosthenes, Bismarck hielt ihn für den »einzigen Redner« im Reichstag. Dabei war die Situation äußerst schwierig. Als Bebel seine Jungfernrede über den Entwurf der Verfassung des Norddeutschen Bundes hielt, hatte Bismarck nach zwei erfolgreichen Kriegen das Parlament in seiner Hand. Seine einstigen liberalen Gegner fügten sich selbst in ihrer linken Abspaltung, den Freiheitlichen. Das vom König gebrochene Versprechen von Freiheit und Einheit war im Hochgefühl des Aufstiegs zur europäischen Macht vergessen, die neue Verfassung nur die Fortschreibung der oktroyierten von 1849. So maß man dem Einspruch dieses unbekannten Revoluzzers am 10. April 1867 kaum Beachtung bei, als er die Verwandlung von Deutschland in eine »Kaserne« prognostizierte. Auch der Aufruf zum Sturz des Militärsystems am 17. Oktober des gleichen Jahres verhallte. Danach folgten 1869 zwei Reden zum Entwurf einer Gewerbeordnung und zum Haushaltsetat für 1870. Mit einem Schlag berühmt aber wurde Bebel mit seiner Rede am 26. November 1870 gegen die Annexion von Elsass-Lothringen, der vom 6. Dezember 1870 bis zum 25. Mai 1871 vier weitere Reden zum Thema der Reichseinheit und Reichsverfassung folgten. Bismarck hatte erstmals einen wortgewaltigen Gegenspieler gefunden.

Am 26. November ging es um den Gesetzentwurf über weitere Gelder für die Kriegsausgaben. Preußen hatte Frankreich besiegt, forderte aber aus militärischen Gründen die Annexion von Elsass-Lothringen, womit der Krieg in ein zweites, längeres und wesentlich teureres Stadium zu geraten drohte (und dann auch geriet). Bebel setzte sich dem mit dem Antrag zur Verweigerung weiterer Gelder entgegen. Er wusste, was das damals bedeutete, und begann nicht von ungefähr mit der Beteuerung, »ein ebenso guter Deutscher und ein ebenso guter Patriot zu sein« wie sein Vorredner. Aber Bebel prangerte den Krieg nicht nur »als einen dynastischen« an, sondern kritisierte den preußischen König, dass er letztlich genau wie sein französischer Gegenspieler »Volk und Regierung zu trennen« suche. Dafür verlas er eine Stelle in der Thronrede, in der Wilhelm I. davon spricht, dass die beiden Völker »zu einem heilsamern Wettkampfe berufen (seien) als zu den blutigen Waffen« – nach Bebel reine »Phrasen«, die nur verdeckten, dass die Völker sich von ihren Regierungen überhaupt nicht vertreten fühlten. Im Falle des französischen Volkes fasste Bebel dies in einen prägnanten Satz mit dreifacher Wiederholung zusammen:

> Das französische Volk beseitigte das Kaiserreich, es gab sich eine neue Regierung, es konstituierte sich.

Die darauf folgende Unruhe war so groß, dass der Präsident zum ersten Mal eingreifen musste. Bebel war davon nicht nur nicht irritiert, sondern baute die These aus, denn es ging nun um die Funktionsfähigkeit der demokratischen Regierung in Paris, die in Berlin zu Unrecht nicht anerkannt werde – wiederum Anlass zu großer Unruhe. Bebel setzte in dieser Situation ungerührt auf Logik bzw. auf Aufdeckung von Unlogik. Während Preußen die republikanische Regierung formell nicht anerkenne, verhandle sie mit ihr über den Frieden. Hinter dem Scheitern der Verhandlungen aber stünden in Wirklichkeit machtpolitische Erwägungen, eben die Annexion von Elsass-Lothringen. Bebel drückt es denkbar klar und wohl auch gezielt salopp aus:

> Also, meine Herren, die Annexion ist der Grund, um den sich die ganze Sache dreht. Würde die preußische Regierung, würden die deutschen Regierungen auf die Annexion verzichten, so werden Sie mir zustimmen müssen, würde der Widerstand gegen einen Friedensschluss von Seiten Frankreichs, von Seiten der französischen Regierung nicht vorhanden sein. (Gelächter)

Und nicht nur der Friede mit Frankreich scheitere, Bebel fährt mit dem Vorwurf fort, dass auch das Versprechen von Freiheit und Einheit innerhalb Deutschlands selbst durch Polizeimaßnahmen erstickt werde. Gerade weil er wusste, dass nicht ein einziges seiner Argumente die Gegner von ihrem Weg abbringen werde, verlegt er sich auf Ironie und provoziert mit einem hübschen Paradox, um Selbstbewusstsein und vor allem die Stärke der eigenen Position zu demonstrieren:

> Meine Herren, es ist wahrlich ein eigentümliches Zeichen von der Stärke, die Deutschland in diesem Kriege entwickelt hat, dass man auf der andern Seite den Meinungsausdruck

> einer Partei, die nach der Aussage der offiziellen und offiziösen Presse eine winzige Minorität ist, die man eigentlich ihrer Minorität wegen unter die Narren und Träumer zu rechnen habe (Große Heiterkeit) – dass man dieser Partei den öffentlichen Ausdruck ihrer Ansichten versagte … Da man nun aber anderwärts uns verboten hat, gegen die Annexion von Elsass und Lothringen für Deutschland zu sprechen, so erlaube ich mir, in Kürze die Gründe anzuführen, die meines Erachtens gegen eine Annexion von Elsass und Lothringen sprechen.

Interessanterweise erhob der Präsident Einspruch, weil das Thema der Sitzung die Anleihe der Regierung sei. Bebel erklärte darauf, dass diese Anleihe mit der Annexion sehr wohl zusammenhänge, und durfte tatsächlich weiterreden. Dies tat er in klarer Disposition, sofern er sich zu den »nationalen«, zu den »politischen« und zu den »volkswirtschaftlichen« Gründen äußerte, wobei der politische Gesichtspunkt der drohenden »Wiedervergeltung« der wichtigste war. Bebel bekräftigte dies mit der Unterscheidung von Regierung und Volk, die ohnehin eine Leitlinie seiner Rede bildet. Die Bevölkerung in Elsass-Lothringen habe »nicht im mindesten Lust, in diesen deutschen Staat unter den Hohenzollern einzutreten«, heißt es, womit das Selbstbestimmungsrecht im Gegensatz zum »reaktionären« Nationalitätsprinzip als der entscheidende politische Begriff ins Zentrum rückt:

> … wollen wir das Nationalitätsprinzip in Europa wirklich unverfälscht zur Geltung bringen, dann, werden Sie zugeben, wäre des Krieges kein Ende abzusehen, dann wäre der Beruf der Völker nur, immer Krieg zu führen, zu arbeiten nur, um den Krieg möglich zu machen … Mit dem Nationalitätsprinzip also … würden wir aus dem Kriege nicht herauskommen. Es würden die Völker sich gegenseitig zerfleischen bis an das Ende aller Dinge …

Daran gemessen enthülle sich die Thronrede als durchsichtig berechnend: Man bezeichne die französische Nation als so edel wie die eigene, schütte aber die »ganze Jauche« des Zorns über das französische »Volk« aus, suche »das Volk und seine Regierung in sehr unmonarchischer Weise zu trennen«, »zwischen der republikanischen Regierung, die die Macht in Händen hat, und dem Volke die Zwietracht zu schüren und Spannung zu bringen«. Damit überspiele man die Not und das Elend, das dieser Krieg schon jetzt und in Zukunft noch viel mehr über die Völker bringen werde. Bebel beschreibt durchaus pathetisch, dass »Hunderttausende um ihre Existenz gebracht sind, dass Hunderttausende zu Krüppeln geworden, dass Tausende und aber Tausend um das Leben gekommen sind«, und fordert vor allem, dass »die Massenschlächterei endlich ein Ende nehme«.

Wenn Bebel in seiner Autobiographie schildert, dass seine Rede »einen Sturm (erweckte), wie ich ihn seitdem nie wieder mit einer Rede hervorrief«, so bezieht sich dies allerdings erst auf den nächsten und letzten Punkt. Dort verwies er triumphierend darauf, dass das Besitzbürgertum zwar den Krieg befürwortete, aber dass es »um wirkliche Opferwilligkeit« blamabel bestellt sei, sofern die Anleihen der Regierung trotz der in Aussicht gestellten fünf Prozent Gewinn und einer Ausgabe zu 88 Gulden für 100 nur schwach gezeichnet wurden. In keinem Punkt griff Bebel zu einem so gekonnten Sprachspiel wie hier, ehe seine Rede in Zischen, Pfui-Rufen und der Warnung vor endgültigem Entzug des Rederechts durch den Präsidenten zunächst einmal unterging:

> Nun, meine Herren, dieser Hinweis sollte auch dazu beitragen, dass wir uns hier nicht in neue Opfer stürzen, dass wir die Opfer nicht unendlich verlängern, Opfer, die doch nur dadurch hier aufgebracht werden können, dass diejenigen, die immer mit dem Patriotismus voraus sind in den Worten, erst abwarten, ob ihnen die nötigen Prozente auch in die Tasche fallen.

Bebel ließ sich auch von diesem Tumult nicht beeindrucken, sondern präzisierte seine These noch insoweit, dass sich seine

Äußerung nicht auf das »Volk«, sondern auf die »Bourgeoisie« bezogen habe. Der zusammen mit Liebknecht gestellte Antrag zur Ablehnung der Geldbewilligung wurde ordnungsgemäß gestellt und ebenso ordnungsgemäß abgelehnt.

Bebel hatte sich klar ausgedrückt, immer bedacht auf logischen Zusammenhang und eine Verständlichkeit in möglichst antithetischen Formulierungen. Überhaupt sind es diese Antithesen, die er offenbar sucht. In seiner Rede zur Ablehnung des Verfassungsentwurfs heißt es:

> Wenn Sie ein Recht fordern, meine Herren, dann haben Sie zwar die theoretische Begründung, das theoretische Recht jedenfalls auf Ihrer Seite, aber die Gewalt, das Recht in der Praxis durchzuführen, die haben Sie nicht.

Es gibt auch rhetorische Figuren wie die Anapher, die Bebel benutzte, wie in der vorhergehenden Rede zum gleichen Thema:

> Erst wenn das Volk einsieht, dass es von seinen Regierungen, von seinen Fürsten nichts zu hoffen hat, dass jeder Krieg, der geführt wird, immer nur gegen sein Interesse geführt wird, erst wenn es eingesehen, dass die drei Kriege, die seit zehn Jahren in Deutschland geführt worden sind, nur uns jedesmal in freiheitlicher Beziehung zurückgebracht haben, dann wird es besser werden; das Volk wird zur Selbsterkenntnis kommen, das Volk wird anfangen, denken zu lernen – und, meine Herren, das Resultat wird sein, dass das Volk begreift und einsieht, dass es von seinen Fürsten, von seinen Regierungen nichts zu erwarten hat, dass es nur gestützt auf seine eigene Macht, auf sein eigenes Selbstbestimmungsrecht, eine neue Verfassung sich schaffen muss, dass, mit einem Worte, das Endziel des deutschen Volkes einzig und allein die Beseitigung der Monarchie und die Begründung der Republik sein kann und muss. (Widerspruch, große Unruhe)

Bebels rhetorische Möglichkeiten waren letztlich begrenzt, sofern man an die gewohnten Formen des Schmucks denkt. Was er jedoch voll ausschöpfte, war die logische Disposition, die er mit wirksamen Pointen versehen konnte. In seiner Rede am 24. April 1871 zu den Folgen des »Raubkrieges« rechnete er dem Parlament vor, dass es die Annexion war, die zuerst weitere Kriegsanstrengungen forderte und in Zukunft immer weitere Schutzmaßnahmen nötig mache – eine sehr teure Politik und eine unsichere dazu, sofern sich die russische Regierung kaum »in ähnlicher Weise über den Löffel wird barbieren lassen, wie dies seinerzeit bei Napoleon durch den Herrn Reichskanzler geschehen ist (stürmische Heiterkeit)«. Man kommt so gesehen über Trotzkis Diktum ins Grübeln. Gewiss verwandte ein Jaurès mehr, ja geradezu ciceronianischen Figurenschmuck, aber wirklich trocken sprach Bebel nicht. Man muss die Lebendigkeit eben nur anderswo suchen: in der Anschaulichkeit des Vortrags, in den kleinen Pointen und verhältnismäßig seltenen, aber umso wirkungsvolleren Figuren.

Ganz so weit ist dies von Caesarius nicht entfernt. Und in der Verfechtung einer Überzeugung gegen die geballte Zuhörerschaft, im lebenslangen Kampf auf verlorenem Posten, sind sie sich noch viel ähnlicher. Allerdings trifft dies nur auf Bebels Tätigkeit im Parlament zu, vor dem »Volk« war er viel erfolgreicher. Während Caesarius bei seinen Predigten das Portal seiner Kirche schließen ließ und jedem Flüchtigen mit Exkommunikation drohte, hängte man in den überfüllten Sälen, in denen Bebel seine Agitationsreden hielt, die Fenster aus und entfernte die Dachziegel, um den Redner besser sehen und hören zu können.

# Predigten im frühen Mittelalter und die Revolution von 1200

## Predigten im frühen Mittelalter

Seit die ersten Redner ihre Reden vortrugen, die ich hier zusammenfassend als europäisch kennzeichne, durfte ihnen ein Merkmal auf keinen Fall fehlen. Sie mussten von ihnen selbst stammen. Die kleine Ausnahme im klassischen Griechenland, als Ghostwriter auftraten und Prozessreden auf Bestellung anfertigten, zählt nicht wirklich. Denn diese Reden waren individuell auf den jeweiligen Fall zugeschnitten, es waren zwar nicht die eigenen Worte, aber die Worte für den eigenen Prozess.

Dies änderte sich im frühen Mittelalter grundlegend. Schon Caesarius von Arles hatte die Predigten des Augustinus und seine eigenen abschreiben lassen, um damit Vorlagen zur Verfügung zu stellen. Karl der Große, der übrigens nach dem Zeugnis seines Biographen Einhard *De doctrina christiana* von Augustinus (neben dessen *De civitate Dei*) besonders schätzte, verpflichtete die Priester und Bischöfe seines Reiches zur regelmäßigen sonn- und feiertäglichen Predigt. Ein Kanon der Synode von Tours aus dem Jahre 813 verlangt dies ausdrücklich, »damit alle leichter verstehen können, was gesagt wird«. Eine frühe Sammlung ließ Karl selbst von Paulus Diaconus in Montecassino anfertigen. Dann entstanden immer neue sogenannte Homiliare (Sammlungen von Homilien, also Auslegungen der Evangelien) zur Bedienung für diejenigen, die selbst über nicht genügend Wissen und Bildung verfügten. Schaut man in ein solches Werk hinein, etwa in das Homiliar des Bischofs Burghard von Würzburg noch aus dem 8. Jahrhundert, so folgt allerdings die nächste Enttäuschung: kein Burghard, sondern

Augustinus, Caesarius von Arles und sogar Johannes Chrysostomos sind die Beiträger. Dabei entpuppt sich das meiste von Augustinus auch noch als unecht, in Wirklichkeit als Caesarius von Arles, weil der echte offenbar doch etwas zu schwierig war oder das Thema Aberglaube Vorrang besaß.

Das nächste Problem: Karl der Große hatte eine Predigt in der Volkssprache verlangt, sämtliche Homiliare aber bieten Latein. Prediger also, die selbst nichts zustande brachten, mussten in der Lage sein, die lateinische Vorlage zu verstehen und das Ganze dann in die Volkssprache umzusetzen. Abgesehen davon, dass ein Predigen auf Latein weder in Frankreich noch in Deutschland irgendeinen Sinn gemacht hätte, finden sich gelegentlich Zeugnisse, die dieses Übersetzen bestätigen. Selbst für Bonifatius, den angelsächsischen Gelehrten, der seit 719 Bayern, Franken und Friesland missionierte (und 732 Erzbischof von Mainz und Primas von ganz Deutschland wurde), ist dies in seiner *Vita* bestätigt. Ganz klar ist es trotzdem nicht, wenn man sich vorstellt, dass es im 8. Jahrhundert kein Deutsch gab, sondern nur stark unterschiedliche Dialekte, wonach sich schon Franken in Bayern schwertaten, aber kein Friese wohl irgendetwas Fränkisches oder Bayerisches verstanden hätte. Aus späterer Zeit weiß man, dass mit Dolmetschern gearbeitet wurde. Vielleicht war dies auch bei Bonifatius der Fall. Wobei hinzukommt, dass sich unter den 15 von ihm erhaltenen Predigten mindestens zwei befinden (die 7. und 15. Predigt), die entweder teilweise oder komplett einmal mehr auf Augustinus zurückgehen.

Auch im 9. Jahrhundert findet diese Praxis ihre Fortsetzung. Der große Hrabanus Maurus aus dem Gelehrtenkreis um Karl den Großen hat in seiner Schrift *De institutione clericorum* (Über die Ordnung des Priesteramts) auch die Aufgabe des Predigens nach Augustinus' *De doctrina christiana* beschrieben. Aber die insgesamt 70 Predigten, die von ihm überliefert sind, folgen alle den Kirchenvätern, wieder besonders Augustinus (allerdings lediglich mit zwei echten) und Caesarius von

Arles. Bis ans Ende des 12. Jahrhunderts ändert sich in diesem Punkt nicht viel, auch wenn die Sammlungen nun anschwellen. Das *Speculum ecclesiae* (Spiegel der Kirche) des Honorius Augustodunensis enthält so gut wie ausschließlich Väterliteratur: Ambrosius, Augustinus, Gregor der Große und so fort. Dabei sind die Bischofsviten voll des Lobs über die Predigtkunst ihrer Helden und betonen in verdächtiger Wiederholung ein Merkmal ganz besonders: dass sie die Zuhörer zu Tränen rührten. Erzbischof Bardo von Mainz, der diese Rührung auch noch vor Kaiser Konrad II. hinbekam, erhielt daraufhin den Beinamen Chrysostomos, ein neuer Goldmund schon damals also.

Schließlich die letzte Enttäuschung: Die ältesten Bruchstücke von Predigtsammlungen in deutscher Sprache erweisen sich als bloße Übersetzungen. Dies gilt für ein paar (teilweise zerstörte) Pergamentblätter aus dem bayerischen Kloster Wessobrunn, die heute in München aufbewahrt werden und Bruchstücke aus Augustinus enthalten. In einer Wiener Handschrift gibt es vier Predigten, darunter nur eine vollständige, von Gregor dem Großen. Und aus Buchrücken zerstückelt ans Tageslicht gekommene Fragmente ebenfalls aus Wessobrunn (heute teils in München, teils in Nürnberg aufbewahrt) geben Augustinus und Beda Venerabilis wieder. Natürlich sind alle diese Fragmente kostbar, weil sie die deutsche Sprache auf ihrer frühesten althochdeutschen Stufe wiedergeben. Das Gleichnis von den Arbeitern im Weingarten, die der Hausherr am Abend trotz ganz unterschiedlicher Arbeitszeit gleich entlohnt (Matth 20,1-16), hört sich zum Beispiel zu Beginn so an:

> Das euangelium zelit uns, daz daz himilrih kelih si demo hûsherro, der des morgenis fruo in sinan uuinkarten samenoti die uuerhliuti.
>
> (So wörtlich wie möglich: Das Evangelium erzählt uns, dass das Himmelreich gleich sei dem Hausherrn, der des Morgens früh in seinem Weingarten versammelt die Werkleute.)

Interessant, aber nicht interessant für die Fähigkeit zu predigen. Wir sehen, wie die lateinische Sprache in die Volkssprache übersetzt wird, und dies auch nicht am Beispiel etwa eines Bischofs, der sich mit seinen eigenen Worten an dieses Volk wendet, sondern mit den Worten der Väter, die teilweise gekürzt sind, um das Volk nicht zu überfordern.

Kein dunkles, sondern zunächst einmal ein langweiliges Mittelalter also, was die Predigt anlangt. Im Übrigen ging der Elan des Predigens auch noch deutlich zurück. Selbst der bescheidene Standard der Karolingerzeit verlor sich schon bald, die regelmäßige Sonntagspredigt war Vergangenheit. Nur betrifft dies die Volkspredigt. An einem anderen Ort hatte es nie eine Unterbrechung der Tradition gegeben. Dieser Ort ist das Kloster. Hier predigte der Abt oder Prior vor seinen Anbefohlenen. Und hier herrschte auch ein entsprechendes Niveau, sofern Gebildete zuhörten. Man muss große Redner also an dieser Wirkungsstätte suchen und findet sie. Einer davon ist Bernhard von Clairvaux im 12. Jahrhundert. Ich möchte trotzdem zunächst einen Sprung ins hohe und späte Mittelalter machen, um zu verdeutlichen, was in diesem für viele unscheinbaren Genre Predigt steckte. Man hat so oft über das Ende der Redekunst geklagt und weiß nicht, was man damit übergeht: nämlich die vielleicht größte Entfaltung der Rede, die es in der europäischen Kultur gab. Die politische Rede ist vorerst verschwunden, es gibt für sie keine Öffentlichkeit. Aber eine neue Öffentlichkeit ist da, und in ihr triumphiert ein neuer Rednertyp, der die Massen mehr und öfter in seinen Bann zieht als zu den besten Zeiten in der Antike.

## Die Revolution von 1200

Denn mit der Wende vom 12. zum 13. Jahrhundert hat sich etwas vollzogen, was in unserem Zusammenhang von kaum zu überschätzender Bedeutung ist: Die Predigt wird »Massenmedium« (Georg Steer). Mit dem Prediger kehrt ein Rednertyp zurück, der sich ans Volk wendet, und dies mit Mitteln rhetorischer Kunst, die nur dem neuen Themenfeld und dem neuen Publikum angepasst werden mussten. Wenn es ohnehin immer schon ein Unsinn war, vom Tod der Redekunst zu sprechen, so wird dieser Unsinn nun von erdrückenden Fakten widerlegt. Man kann es eher und auf jeden Fall mit mehr Recht in die andere Richtung übertreiben: Noch nie in der Geschichte wurde so viel öffentlich geredet wie nun. Europa verwandelt sich in einen Redeschauplatz mit einer unübersehbaren Reihe von Rednern. Es gibt keine Gattung von Texten, die bis heute annähernd in solcher Fülle überliefert ist wie die Predigt, auch wenn das allermeiste davon in Manuskriptform in Archiven lagert. Es hat keinen Zweck, diese Revolution auf ein bestimmtes Ereignis zurückzuführen. Es kommen eher mehrere voneinander zunächst einmal unabhängige Ereignisse zusammen, ohne die sich die neue Situation nicht begreifen lässt.

Ich nenne zunächst die allmähliche Entstehung der Universität und damit die Herausbildung von Schulen, die von Kloster oder Kathedrale unabhängig sind. Den Musterfall stellt Paris dar, wo Robert von Sorbonne, Hofkaplan von König Ludwig dem Heiligen, die Idee hatte, armen Studenten nach ihrem Studium der Freien Künste ein Theologiestudium zu ermöglichen. Die winzige Zelle erhielt ihr erstes Privileg genau 1200 (und wurde erst viel später nach ihrem Gründer benannt). Sorbonne aber war nicht nur selbst ein berühmter Prediger, sondern sah im Theologiestudium die rechte Vorbereitung für dieses wichtige Amt. Wer Theologe wird, wird Prediger. Entsprechend wichtig sind die Vorbilder. 1212 entsteht in Paris eine erste Sammlung von regelrechten Predigtmitschriften (*reportationes*), an denen man sich orientieren kann. Im Lauf des Jahrhunderts kommen weitere hinzu, die mit ihren Hunderten von Einzeltexten heute noch in der Pariser Nationalbibliothek aufbewahrt sind, fein säuberlich unter dem Namen des Predigers und seinem Status als Weltgeistlicher oder Ordensangehöriger.

Denn mittlerweile hatte es die nächste große Neuerung

gegeben: die Entstehung der Bettelorden (Mendikanten). Sie geht auf das zurück, was die Kirche als Ketzerbewegung bezeichnete: auf eine gegen den Reichtum und die Macht der Amtskirche gerichtete Bewegung in evangelischem Geist, vertreten von Wanderpredigern. Denn der erste Bettelorden, den Franz von Assisi gründete, nimmt diese Ideale auf, unterstellt sich aber dem Papst, Innozenz III. Der bestätigt um 1210 den neuen Orden als den der Minderen Brüder, erteilt ihm zunächst nur den Auftrag zu Bußpredigten, also außerhalb von Liturgie und Konkurrenz zur Weltkirche. Fast gleichzeitig entsteht der nächste Bettelorden mit den von Dominikus gegründeten Dominikanern, die der gleiche Papst direkt als Predigerorden (*Ordo praedicatorum*) vereinnahmt. Dies geschah auf dem wichtigen Vierten Laterankonzil 1215, das ohnehin das Predigtamt (neben der Ohrenbeichte) ins Visier nahm und seine Ausübung erstens regelte, zweitens ins Zentrum der Seelsorge rückte. Dabei verband Dominikus dieses wichtige Amt nun sofort mit entsprechender Ausbildung, was die Franziskaner alsbald nachahmten. Nach wenigen Jahren ihrer Existenz sind die neuen Bettelorden die Speerspitze des Predigtamtes, die Einschränkung auf die Bußpredigt ist vergessen. Wer nun Prediger werden will, geht in die neuen Orden. Bis ans Ende des 13. Jahrhunderts gibt es in Europa 15 000 Dominikaner und 30–40 000 Franziskaner, alle studiert und präpariert für ihr Amt.

Und die wiederum nächste Neuerung ist zu vermelden. Seit Augustinus hatte es keinen Versuch mehr gegeben, für die Predigt eine Lehre zu entwickeln. Schon die Rhetorik insgesamt war nur in verdünnter Form tradiert worden, in karolingischer Zeit etwa von Alkuin in karger Zusammenfassung antiker Vorgaben. Nun aber setzen sich Autoren hin und schreiben eigene *Artes* fürs Predigen, *Artes praedicandi*, so wie auch *Artes poetriae* für die Poesie oder *Artes dictaminis* fürs Briefschreiben (in Kanzleien) entstanden. Ein Zisterzienser, Alain de Lille (gest. 1202), gibt den Startschuss mit seiner *Summa de arte praedicatoria*, die schon einmal den Titel prägt, auch wenn sich noch nicht viel wirklich Rhetorisches findet, weder zur Stilistik noch zu Fragen der Aufführung. Immerhin nimmt Alain etwas typisch Europäisches ins Visier: die Frage der Adressaten. Der Prediger soll nicht nur das Evangelium verkündigen, sondern er soll dabei das spezielle Publikum der »modernen« Stadt berücksichtigen. Entsprechend findet man Hinweise, was man Advokaten oder Prälaten sagen kann, was Eheleuten oder Jungfrauen, was Soldaten und so fort. Man hat es im beginnenden 13. Jahrhundert nicht mehr mit Mission zu tun, aber mit Konkurrenz: mit einer arbeitsteiligen Gesellschaft, die ihren Geschäften nachgeht und darin schon zu versinken droht, mit Verführungen eines immer komplexer werdenden Alltags.

Die weiteren *Artes* (bis ans Ende des Mittelalters werden es 300 sein) holen das Versäumte sofort nach, machen die Predigt zu einer formal ausgearbeiteten Rede nach antikem Vorbild. Der Prediger hat (nach einem gemeinsamen Gebet) sein Thema zu nennen und orientiert sich an einer klaren Gliederung seiner Gedanken, mit denen er etwas »beweisen« soll. Nichts macht die Kontinuität zur Antike stärker deutlich. Es geht nicht um Belehrung und Ermahnung wie noch bei Augustinus auf der Grundlage eines Allegorisierens, das von vornherein zur gemeinsamen Welt von Prediger und Zuhörer gehörte. Es geht um Überzeugen, um Belegen, um Argumentieren. Der Hörer ist nicht nur als Gegenüber mit seinen eigenen Voraussetzungen anerkannt. Er wird auch in seinem eigenen Urteilsvermögen ernst genommen. Das macht die Rhetorik auch über Augustinus' *De doctrina christiana* hinaus interessant, führt zum Rückgriff auf die antiken Lehrschriften. Schon bei Alain de Lille ist die Rede von einer *instructio* mit rhetorischen Mitteln im Dienst der Theologie. Ein Dominikaner, Richard von Fishacre (gest. 1248), prägt dazu das spektakuläre Bild, dass man ins Schlafgemach der Herrin nur gelange, wenn man sich vorher mit den Mägden eingelassen habe. Kühler liest man bei Thomas von Chobham (gest. 1238), die Rhetorik sei eine Kunst des Redens mit dem Zweck der Überredung, woraus sich die »Notwendigkeit der rhetorischen Lehre für das Predigeramt« ergebe.

Als eines der interessantesten Elemente dieses neuen Beweisstils aber gilt die Einbeziehung von Beispielen (*exempla*). Wir befinden uns nicht in antiken Gerichtsprozessen oder politischen Versammlungen, bei denen die Redner mit der Kunst der Wahrscheinlichkeit operierten, obwohl auch das vorkommt: Wilhelm von Auvergne (gest. 1249) vergleicht den Prediger mit einem Rechtsanwalt, der seinen »Mandanten« vor Gott vertritt, um mit den Mitteln sprachlicher Kunst Gnade zu erbitten. Das Ziel des Predigers ist rhetorikgeschichtlich neu, besteht in der Werbung für die Lehren des Evangeliums. Auch dazu aber bedarf es der Belege. Jakob von Vitry (gest. 1240), der außer seinen spektakulären Berichten über das Heilige Land aus eigener Anschauung eine Sammlung von Predigten zu den Sonn- und Festtagen, vor allem eine Beispielsammlung zum Gebrauch aus seinen Predigten zusammengestellt hat, gibt im Prolog zu diesem Werk eine bemerkenswerte Auskunft:

> Wir müssen sorgfältig gewählte und ausgefeilte Formulierungen beiseitelassen und unseren Einfallsreichtum auf die Erbauung und Erziehung der einfachen und ungebildeten Leute richten, denen oftmals konkrete und handgreifliche Beispiele und das, was sie aus eigener Erfahrung kennen, vor Augen gestellt werden müssen. Denn sie werden durch Beispiele aus der sichtbaren Welt stärker aufgerüttelt als durch Autoritäten oder tiefsinnige Sätze.

Es geht also um Abwehr einer stilistisch überbordenden Rhetorik (offenbar als Folge der früheren Allegorese), aber um Verteidigung von kunstgerechter Argumentation. Etwas zugespitzt gesagt: Der Glanz bzw., wie es wörtlich heißt, das »Aufrütteln«, stützt sich auf die Realität. Dafür hat Jakob von Vitry Wegbereitendes geleistet. Auf ihn nämlich geht der neue Predigttyp *ad status* zurück, die Predigt, die sich an die einzelnen »Stände« (Berufe) der Menschen richtet und nun nicht nur wie schon Alain de Lille ihre Erfahrungswirklichkeit berücksichtigt, sondern diese Wirklichkeit durchleuchtet und heftig kritisiert, etwa mit der Offenlegung üblicher Betrügereien von Kaufleuten und Handwerkern.

Darin aber liegt eine Tendenz, die wir im 13. Jahrhundert allerorten beobachten können. Wissen ist das große Schlagwort und macht sich bemerkbar in den Summen, die nun nach dem Vorbild des Aristoteles die verschiedenen Teilgebiete weltlichen Wissens abhandeln. Alle Orden haben ihre Spezialisten. Bei den Franziskanern sind es Roger Bacon und Bartholomäus Anglicus, bei den Dominikanern Vinzenz von Beauvais, Thomas von Cantimpré, Albertus Magnus. Von der menschlichen Anatomie über Missgeburten bis zu Tieren, Steinen, Metallen und Planeten wird alles durchforstet, was je an Wissen zusammengetragen wurde. Die Prediger gründen ihre Autorität nun weniger auf blendende Formulierungen als auf diese Details, die die Phantasie anregen und die Zuhörer bei der Stange halten. Was ist die allegorische Auslegung des siebenmaligen Gähnens an einer Stelle im Alten Testament (mit der sich Bernhard von Clairvaux abmüht) gegen den Bericht über menschliche Einfüßler, die in fernen Weltregionen europäische Reisende schockieren? Berühmt ist der Bericht von Caesarius von Heisterbach, der seine schläfrigen Zuhörer einmal nur mit dem Namen von König Artus aufweckt und sie dafür kritisiert, sich für das wirklich Wichtige nicht zu interessieren. Allerdings hat gerade dieser Caesarius mit seinen Wundergeschichten reichlich Stoff geboten, mit dem Prediger sich die Aufmerksamkeit sichern sollten.

Aber nicht nur Aufmerksamkeit ist der springende Punkt. Es geht wie gesagt um Argumentieren. Schon Aristoteles hat in seiner Rhetorik neben dem deduktiven Beweis (mittels Syllogismen bzw. der geminderten Form der sogenannten Enthymeme) den induktiven gewürdigt, also das Beispiel. Es wird in den *Artes praedicandi* nun als eigene Form der Beweisführung abgehandelt (als *modus dilatandi*). Dabei steht nicht (wie bei Caesarius' Artus-Idee) ein Trick im Mittelpunkt, sondern Logik: die Logik, die vom Beispiel ausgeht. Wo die gesamte Schöpfung als Hinweis auf Gottes Wirken angesehen werden kann, ist erst recht die Welt der Geschichte als Heilsgeschichte immer auch »beweiskräftig«. Und schon deshalb besonders attraktiv, weil sich manche »Gläubige« eher durch profane Wissenschaften überzeugen lassen als durch die Heilige Schrift, wie es ein Autor offen formuliert. Zur Verurteilung von Korruption kann man sich etwa auf Scipio Africanus stützen, der gefangene Mädchen freiließ, um nicht in Versuchung geführt zu werden. Für die Liebe zur Armut kann man sich auf Homer und Abaelard berufen, für die Eigenschaften, die man bei Gott fürchtet, sogar bei Dschingis Khan Stoff finden.

Entsprechend entstehen wieder Predigtsammlungen zu Lehrzwecken. Weiter existieren reine Sammlungen von geschichtlichen Beispielen teils mit theologischer Anordnung, teils mit alphabetischer oder auch historischer. Insgesamt kommt ein gigantischer Stoff zusammen, überwiegend von Vertretern der beiden Bettelorden. Täglich wird gepredigt, teilweise morgens und nachmittags. Zur Predigt im normalen liturgischen Rahmen der Messfeier tritt noch die Sonderpredigt, speziell berühmter Wanderprediger auf ihrer Durchreise (wovon noch näher die Rede sein wird). Anfangs des Kapitels war von der Predigt als Massenmedium die Rede. Das ist nicht metaphorisch gemeint, sondern Wirklichkeit. Keine Form von Kommunikation, kein Bildungsträger prägt die mittelalterliche Gesellschaft stärker als die Predigt bzw. der Prediger.

# Bernhard von Clairvaux und Abraham a Sancta Clara

## Bernhard, der Honigsüße

Das 12. Jahrhundert war rhetorikgeschichtlich das »langweilige« Jahrhundert – mit der großen Ausnahme der Klöster und der noch größeren eines Predigers, der eines dieser Klöster von Zeit zu Zeit verließ: Bernhard von Clairvaux. Es ist die Szene beim Hoftag von Vézelay im März 1146, die dafür so typisch erscheint. Man hat vor der Kirche ein Gerüst für den Redner errichtet, der zu einer unübersehbaren Menschenmenge spricht. Dieses Gerüst betritt Bernhard zusammen mit dem französischen König Ludwig VII. Das Thema ist der anstehende Kreuzzug, die Werbung für ihn durch den berühmtesten Mönch Frankreichs. Seinen Auftrag erhielt er von Papst Eugen III., seinem eigenen Zögling aus jenem Kloster Clairvaux, mit dem Bernhard einst nach dem Auszug aus dem benediktinischen Cîteaux den Reformorden der Zisterzienser gegründet hatte. Mittlerweile steht er auf dem Gipfel seines Einflusses, nennt sich selbst in einem Brief spielerisch und trotzdem in gewagter Eitelkeit den »eigentlichen« Papst. Ganz unberechtigt war es nicht, hatte er doch das Schisma kurz zuvor beendet, indem er einen der beiden Päpste zum Rücktritt bewegte, und auch die Häresie im Languedoc bekämpft. Gegen den mächtigen Abt Suger von St. Denis konnte er sich mit seinem Askese-Ideal behaupten. Die Karriere des großen Intellektuellen Abaelard beendete er, indem er dessen Lehre verurteilen und seine Bücher verbrennen ließ.

Allerdings ist es nicht der Volksredner, über den wir wirklich Näheres wissen – die Predigt in Vézelay ist nicht im Wortlaut überliefert, wurde vielleicht gar nicht gehalten. Wir besitzen von Bernhard vielmehr um die 200 Predigten, die er seinen Mönchen in der Kirche oder in Lehrstunden im Kloster vorgetragen hat. Diese Predigten sind zu Lesepredigten umgeformt, immerhin von ihm selbst. Aber wir müssen es uns eingestehen: Anders als im Falle von Augustinus oder Caesarius von Arles sind das keine Zeugnisse öffentlichen Redens. Über wirklich öffentliche Reden finden sich in der Regel lediglich Berichte wie etwa der über Bernhards zweitägiges Redegefecht mit dem häretischen Bischof von Poitiers auf dem Konzil von Reims 1148 sowie das einseitige Duell mit Abaelard 1140 auf dem Konzil zu Sens, bei dem Abaelard schwieg, weil er das Gremium für unzuständig hielt. Auch die Volkspredigten im Languedoc gegen die Häretiker sind nicht erhalten.

Warum diese für uns eher enttäuschende Form der Überlieferung? Warum gibt es die 86 Lesepredigten über das *Hohelied* in über 900 Handschriften (allein in 111 noch aus dem 12. Jahrhundert), von den zahlreichen Volkspredigten dagegen diejenige *Zum Allerheiligenfest* nur in einer einzigen, weil irgendwer in Paris sie eher zufällig mitschrieb? Die Antwort liegt darin, dass die Predigt eben als mündliche Form attraktiv war und in der Schriftlichkeit eine neue und andere Funktion erhielt. Die Predigt wird zum Traktat, wobei das Erstaunliche darin liegt, dass diese Traktate mit Zeichen der Mündlichkeit ausgestattet werden. Der Leser ist also angesprochen, der Autor vertagt sein Thema wegen erkennbarer Müdigkeit seiner angeblichen Zuhörer (»Obendrein hat die heutige Predigt schon eine ungebührliche Länge erlangt«), ein andermal soll das Vorgetragene schon viel zu lang geworden sein. Man hat gemutmaßt, dass diese Formeln bei der Umwandlung stehen geblieben sind, aber es scheint zutreffender, dass sie durchaus gezielt verwendet wurden, um dem Leser eine persönliche Atmosphäre zu vermitteln. In einem Brief schreibt Bernhard, dass das gesprochene Wort leichter angenommen werde als das geschriebene – galt dies vielleicht auch für das fingiert gesprochene?

Damit aber ist das größte Problem noch gar nicht genannt. Dieses Problem liegt in der rhetorischen Ausgestaltung der Lesetexte, wobei wir gerne wüssten, ob diese Ausgestaltung schon für die Mündlichkeit galt oder sich doch erst der Schriftform verdankt. Aber das Problem liegt sogar noch tiefer. Denn wir haben zahlreiche Kommentare Bernhards selbst zur Stilfrage, die völlig querliegen zu dem, was wir in den mündlich gefärbten Schrifttexten finden. Es gibt Passagen und sogar komplette Predigten, die von nichts anderem handeln als von der Frage, wieweit die Verkündung der Wahrheit rhetorischen Schmuck verträgt – als hätte es die Diskussion bei Augustinus und Co. mitsamt der Lösung nicht längst gegeben. Die Antwort aber ist ebenso konsequent wie die eigene Praxis inkonsequent. Denn Bernhard lehnt den Schmuck ab, verteufelt ihn geradezu, wie es dem zisterziensischen Armutsideal auch in der Baukunst und der Ausstattung der Kirchenräume entsprach (worin der Konflikt mit dem Benediktinerabt Suger von St. Denis lag, der die architektonisch atemberaubende Gotik erfand und nicht genug Gold und Edelsteine bei deren Ausstattung verwenden konnte). Dabei sind seine Predigten wahre Kunststücke klassischer Rhetorik.

Man muss es sich einmal im Zusammenhang ansehen, wie Bernhard in 86 Predigten das Hohelied von Vers 1,1 bis 3,1 ausgelegt hat (der Text geht weiter bis Vers 8,14, Bernhard ist darüber gestorben). Zugrunde liegt dabei die allegorische Methode, die Ausdeutung jedes Verses, oft jedes Wortes auf seinen dahinterliegenden Sinn, wenn etwa der »Kuss« der Heilige Geist ist, die »Lippen« der Braut Verstand und Willen bedeuten, die »Empfängnis« als Einguss der Gnade gedeutet wird und die geborenen »Kinder« die geretteten Seelen und geistlichen Erkenntnisse darstellen. Das schränkt die Argumentationsmöglichkeiten ein bzw. lenkt sie in die seit der Spätantike ausgearbeiteten Bahnen. Uns kommt es hier nicht auf diese spezifische Art der Argumentation an, die ihr eigenes (aber auch ungewohntes und manchmal schwer erträgliches)

Feuerwerk entfaltet, sondern auf die rhetorische Ausgestaltung mit ihren charakteristischen Figuren. Ich wähle als Beispiel gleich die erste Predigt, das große Eingangstor zum letztlich nicht bewältigten Ganzen.

Bernhard folgt dabei den strategischen Vorgaben der Rhetorik, bietet eine Einleitung (ein Exordium) mit dem üblichen Hauptpunkt: der Bitte um wohlwollende Aufnahme (der Captatio benevolentiae). Er richtet sich nicht an jedermann und schon gar nicht an Außenstehende, sondern an Insider, an »geistlich Gesinnte«, wie es die Chormönche in seinem Kloster sind (also nicht die als Handwerker tätigen Konversen, die kein Latein verstehen). Aber auch diese Experten des Glaubens müssen für Reden über den Glauben gewonnen werden. Bernhard benutzt dafür ein suggestives Bild: Er spricht Leser an, die statt Milch (wie Kinder) feste Speise (wie Erwachsene) vertragen, Brot. Aber auch beim Brot gibt es eine Steigerung. Es ist nicht das Brot, das das Alte Testament mit seinen Weisheitsbüchern *Ecclesiasticus* und den *Sprüchen Salomons* spendete, sondern sein »drittes Brot« ist »kräftiger«. Die Weisheitsbücher kämpften an gegen die beiden »Seuchen«: »Liebe zur Welt« und »übermäßige Eigenliebe«. Dazu reichte es, »mit der Haue der Zucht alles Verkehrte in den Sitten und alles Überflüssige im Fleisch (auszumerzen)« bzw. »durch das Licht der Vernunft in jedem Ruhm der Welt den falschen Schein der Torheit (aufzuspüren)«. Jetzt ist mehr gefordert. Bernhard sagt noch nicht, was. Aber er sagt, dass man dies »nur reinen Sinnen und Ohren anvertrauen (dürfe)«.

Der Leser versteht: Ich bin etwas Besonderes – und bringt dem Autor sein Wohlwollen entgegen. Aber dies genügt Bernhard nicht. Er schmeichelt nicht nur, er bezirzt, denn die Formulierungen sind voller Anmut. Die Metapher »Brot« wird aufgegriffen und umspielt, zu dem ausgesponnen, was Experten eine Allegorie (jetzt im rhetorischen, nicht exegetischen Sinne) nennen. Eine erste rhetorische Frage nimmt den Faden auf: »Aber wer wird es [dieses dritte Brot] brechen?« Sogleich erinnert Bernhard an eine andere große Szene des Brotbrechens, als nämlich die Jünger ihren Herrn bei dessen erstem Erscheinen nach seiner Auferstehung genau daran erkannten. Der Leser wird also in diese Position der Jünger geschoben bzw. gehoben. Und Bernhard reiht sich in diese Position selbst ein. Auch er gehört zu denen, die »erwartungsvoll« das Brot brechen, »um die Speise meiner Seele, die Nahrung des Geistes« betteln. Er stellt sich nicht als der überlegene Lehrer dar, sondern fingiert den Mitschüler, wertet den Leser also noch einmal auf, auch wenn niemand wirklich glauben mag, dass er mit Bernhard auf einer Stufe steht. Trotzdem wird er die folgende Formulierung mit Genugtuung gelesen haben: »Ja, über das tiefste Geheimnis dieser Rede klopfe ich arm und ratlos bei dem an, der öffnet, und niemand schließt.« (Offb 3,7).

Eine Demutsgeste also, wie sie auch ein Cicero vorzubringen pflegte. Und so wagt sich Bernhard an die Auslegung des ersten Verses, des berühmten »Er küsse mich mit dem Kuss seines Mundes«, hebt das Überraschende dieses Beginns hervor, der eben nicht mit den Mitteln des Exordiums gebildet ist, sondern »wie plötzlich mitten aus einer Rede« (kommt). Statt einer Auslegung liest man einen überraschend schlichten Kommentar: »Gewiss eine erfreuliche Rede, die mit einem Kuss beginnt!« Und hört nun, dass auch darin etwas Exordiales steckt:

> Die gleichsam schmeichelnde Anmut der Schrift verlockt und reizt trotz der Mühe leicht zur Lektüre, so dass es den Genuss gewährt, ihre verborgenen Geheimnisse aufzuspüren, denn wo die Süße der Sprache uns bezaubert, macht uns wohl auch die Schwierigkeit eines tieferen Eindringens nicht zu schaffen …

Womit Bernhard mitten in seinem eigenen Exordium Vers 1 als eine besonders kunstvolle Form eines Exordiums beschreibt, das mit den Mitteln der Anmut den Leser fesselt. Doch dies nur, um alsbald den eigenen Gedankengang mit der rhetorischen Frage zu unterbrechen, ob er nicht eine Art Frühstart hingelegt hat, sofern die Überschrift nicht bedacht wurde.

Die aber lautet »Lied der Lieder«. Und sogleich fängt er den Selbstvorwurf mit dem Bild des Brotes ein, ermahnt sich selbst dazu, »nicht ein Jota« zu übergehen, »da uns doch befohlen wird, auch die kleinsten Überreste der Brotstücke zu sammeln, damit sie nicht verderben«. Darauf wird die Antwort erteilt, die Bezeichnung »Lied der Lieder« sei ganz zu Recht erfolgt:

> Es ist nicht ein Klang des Mundes, sondern ein Jubel des Herzens (*non est strepitus oris, sed iubilus cordis*), nicht ein Laut der Lippen, sondern eine Regung tiefer Freude (*non sonus labiorum, sed motus gaudiorum*), ein Einklang des Willens, nicht der Stimmen … Es ist ein Hochzeitslied und schildert die keuschen und beglückenden Umarmungen der Seelen, die Eintracht der Herzen, die wechselseitige, in ihren Herzensregungen übereinstimmende Liebe (*complexus animorum, morum concordiam*).

Man sieht im Lateinischen noch besser als im Deutschen, wie Bernhard diese Formulierungen mit den immer gleichen Figuren ausschmückt. Es handelt sich um kleine Antithesen, um parallel gebaute Glieder, um Wiederholungen mit Gleichklängen, zuletzt um eine Kreuzstellung, die die vorangehenden Parallelismen variiert. Der Leser wird nicht nur im Exordium als Experte, ja als dem Autor Gleicher umschmeichelt, sondern auch sprachlich umgarnt. Ihm wird signalisiert, dass hier jemand schreibt, der ihn, den Leser, ernst nimmt, der ihm nicht Hausmannskost bietet, sondern Ausgefeiltes. Der sprachliche Schmuck mag zur Größe der Botschaft passen, er passt aber auch zur Größe des Predigers bzw. stellt sie allererst her.

Man findet die Beispiele in den *Hohelied*-Predigten ebenso wie in den weiteren Predigten zu den Sonn- und Festtagen, die man sich ebenfalls stets als sorgfältig überarbeitet denken muss. Das auffälligste Merkmal stellen die Wiederholungen dar, die Bernhard selbst als besonders wichtigen Affektausdruck bezeichnet hat (»Denn die Wiederholung ist der Ausdruck des Affekts«). Gemeint sind parallel und oft antithetisch gebaute Satzteile, meist mit Sprachspielen (Reimen) abgerundet. Selbst in der Übersetzung kommt es noch heraus, wenn es etwa heißt:

> Jetzt möge er [Christus] uns den Rücken seiner Gnade zeigen, um uns einst in Herrlichkeit das Antlitz seiner Würde zu zeigen. Erhaben ist er in seinem Reich, doch beglückend an seinem Kreuz … Beide Arten der Schau sind heilbringend, beide beglückend; doch die zweite zeigt dich in Herrlichkeit, die erste in Niedrigkeit; die zweite im Glanz, die erste in blasser Unscheinbarkeit (61. *Hoheliedpredigt*).

Gelegentlich gleitet dies in Wortspielereien ab: »Nun ist es aber an der Zeit, auch die Zeit selbst zu betrachten, in der der Erlöser kam …« In einer *Weihnachtspredigt* (1. Predigt) streift dies den Kalauer:

> Groß, geliebte Brüder, ist das Fest der Geburt des Herrn, das wir heute feiern. Die Kürze des Tages jedoch zwingt uns, uns kurz zu fassen. Und es ist nicht verwunderlich, wenn wir das Wort kurz halten, da doch auch Gott Vater das göttliche Wort klein gemacht hat …

Worauf Bernhard über Gott als Kind spricht, in dem er sich erniedrigt hat und prompt in die nächsten Wiederholungen und Antithesen verfällt:

> Was wäre denn unwürdiger, was mehr zu verabscheuen, was härter zu bestrafen, als wenn der Mensch zwar sieht, dass der Gott des Himmels ein kleines Kind geworden ist, sich aber dennoch weiterhin erkühnt, sich über die Erde zu erheben? Unerträgliche Schamlosigkeit wäre es, wenn ein elender Wurm sich aufbläht und anschwillt, wo die Majestät sich erniedrigt hat.

Als weitere Besonderheit sei die Bildlichkeit genannt, die Art, einzelne Metaphern zu kleinen Allegorien auszuspinnen, wie wir es schon gesehen haben. Hier ein Beispiel mit »Wasser«, natürlich durchtränkt mit den üblichen Wiederholungen (wiederum aus der *Weihnachtspredigt*):

> Aus der Quelle des Erbarmens haben wir das Wasser der Vergebung, um unsere Schuld zu tilgen; aus der Quelle der

> Weisheit das Wasser der klugen Unterscheidung, um unseren Durst zu stillen; wir haben schließlich aus der Quelle der Gnade das Wasser der Frömmigkeit, um die Saat unserer guten Werke zu bewässern. Lasst uns nun kochendes Wasser suchen, das Wasser der Nacheiferung, um die Speisen zu kochen …

In der 48. *Hoheliedpredigt* ist es das Bild von der Lilie unter Dornen, das Bernhards Phantasie förmlich explodieren lässt. Die Bilder des Stechens stehen dabei im jähen Kontrast zur Lilie in ihrer Strahlkraft:

> »Wie eine Lilie unter Dornen ist meine Freundin unter den Mädchen.« (Hld 2,2) Das sind keine guten Mädchen, die da stachelig sind. Schau auf dieses schlechteste Gewächs unserer vom Fluch getroffenen Erde … solange die Seele also im Fleische ist, befindet sie sich unter Dornen und muss notwendigerweise die Unruhe der Versuchungen und die Stacheln der Prüfungen erdulden. Wenn sie aber nach den Worten des Bräutigams eine Lilie ist, soll sie sehen, wie wachsam und aufmerksam sie auf sich schauen muss, da sie überall von Dornen umgeben ist, die von da und dort Stacheln ausstrecken. Denn die Zartheit der Blüte hält nicht einmal einen ganz kleinen Dornenstich aus, sondern wird durchbohrt, sobald man ihr auch nur ein wenig zusetzt … Die leuchtende Lilie! Welch eine zarte und anspruchsvolle Blume …

Immer wieder fallen ihm ungewöhnliche Bilder ein, wenn etwa die Schärfe der Drangsal mit den Zacken von Dreschwagen verglichen wird, wobei sich im Lateinischen auch noch ein Wortspiel von *tribulatio* (Drangsal) und *tribulum* (Dreschwagen) einstellt bzw. die *tribulatio* wohl das *tribulum* ausgelöst hat. Und immer wieder werden die Bilder förmlich auseinandergefaltet, wenn etwa der Besuch des göttlichen Wortes in der Seele (in der 74. *Hoheliedpredigt*) geschildert wird und Bernhard ausführt, was dieses göttliche Wort mit der Seele anstellt. Man sieht also, warum Bernhard an den Beinamen des honigsüßen Lehrers (*doctor mellifluus*) gekommen ist. Für die Predigt ist ihm kein Schmuckmittel zu schade, um seinen Lesern die Deutung des Textes leichterzumachen. Es wird ihm hin und wieder auch beim improvisierenden Vortrag gelungen sein. Aber es ist keine Frage: Dieses Feuerwerk entstand vorwiegend am Schreibpult. Und nur der Leser kann es wirklich auskosten, es seiner Meditation zugrunde legen.

Damit aber entsteht ein eigenartiges Paradox: Bernhards Predigten haben europäische Merkmale des Redens, stehen in europäischer Redetradition. Es sind aber keine Reden, sondern Texte. Warum spricht Bernhard selbst ausdrücklich von Predigten, simuliert ständig Mündlichkeit? Die Antwort lautet: weil das gesprochene Wort als überzeugend empfunden wird, überzeugender als das vom toten Buchstaben Gebotene. Die Predigt versteht sich als »Botschaft«, als Verkündigung, kann entsprechend nur als mündliche geboten werden. Das aber führt zu der eigenartigen Tradierung der Elemente mündlichen Redens im Medium der Schrift. Die Fortführung des europäischen Redners in der Schrift ist so gesehen nicht wirklich überraschend. Zwar gibt es diesen europäischen Redner nicht mehr in der Politik, wohl aber in der Predigt. Hier muss Überzeugungsarbeit geleistet, muss verkündet werden. Und die Tradition war durchaus wohlbekannt, wie die etwa zeitgleiche Literatur der *Artes praedicandi* zeigt. Man konnte also an die alte Rhetorik anschließen und tat es, sofern die entsprechende (Aus)Bildung vorhanden war. Bernhard ist dafür nur das beste Beispiel.

## Abraham a Sancta Clara, ein Wiener Wortjongleur

Bernhard von Clairvaux war ein Jongleur mit Worten. Schon wenn man diese Charakterisierung wählt, fällt einem ein anderer Jongleur ein, aus den Zeiten, als die Predigt ihren letzten Höhepunkt erreicht hatte: im Zeitalter von Reformation und

Gegenreformation. Während die protestantischen Prediger eher dem rhetorischen Wellental des *genus humile* verpflichtet waren, setzten die katholischen auf den Wellenberg einer voll entfalteten Rhetorik. Der am besten bekannte Vertreter, auch wenn er diese Bekanntschaft einem Zufall (oder auch einem Irrtum) verdankt, ist ein Wiener Ordensmann. Denn der angebliche Kapuziner, den Schiller im ersten Teil seiner *Wallenstein*-Trilogie mit seinen Wortspielereien auftreten lässt, erinnert an den Augustiner-Barfüßer Abraham a Sancta Clara, der damit zum Inbegriff des Barockpredigers wurde.

Die Monographie zu Abraham a Sancta Clara von Franz M. Eybl trägt den Untertitel: »Vom Prediger zum Schriftsteller.« Dies verdankt sich zweifellos dem germanistischen Fachpublikum, dem der Zusammenhang der weniger vertrauten Predigt mit der Literatur der Zeit vermittelt werden soll. Wer das vorliegende Buch bis hierher gelesen hat, wird eher irritiert sein. Das Problem mit den Predigten lag ja gerade darin, dass wir sie kaum je als Vortrag fassen können, sondern immer nur in ihrer literarischen Zurichtung. So gesehen waren alle Prediger Schriftsteller. Und doch hat Eybl recht, sogar in doppelter Hinsicht. Denn was wir von Abraham a Sancta Clara kennen, ist erstens nicht nur eine literarisch aufgearbeitete Predigt, sondern eine von vornherein als Literatur entstandene. Und zweitens misst sich diese Predigt in ihrer sprachlichen Gestaltung an literarischen, sprich: speziell für die Literatur erarbeiteten rhetorischen Prinzipien. Um es auf einen vereinfachten Nenner zu bringen: Diese Predigten mussten literarisch klingen, um von ihren Hörern bzw. Lesern ernst genommen zu werden. Noch schärfer: Die Überzeugung, um die es jeder Redekunst geht, stammt weniger aus der »Sache« als aus ihrer höchst kunstvollen »Aufbereitung«.

Abraham a Sancta Clara lebte in direkter Nähe zum Wiener Habsburgerhof und vertrat von Anfang an dessen dynastische Interessen. 1677 reichte er noch vergeblich eine Predigt über den zum Landespatron erhobenen heiligen Joseph ein, fiel aber auf und wurde zu einem der Hofprediger ernannt. Auch die nächste wichtige Predigt war nicht wirklich gehalten, sondern machte ihn mit dem Druck berühmt: *Mercks Wienn*, worin Abraham das Elend der Wiener Pest von 1679 schildert und mit deutlicher Kritik am geflohenen Hof verbindet. 40 000 Exemplare wurden verkauft, weniger der angeprangerten Laster als der präzisen Schilderung des Elends wegen (mit entsprechenden Kupferstichen). Als drei Jahre später die Türken vor Wien standen, beschrieb Abraham diese Form der Nöte samt ihrer Voraussetzung in den Lastern des Bürgertums in *Auff auff ihr Christen*. Damit war der anfänglich kleine Stadtseelsorger endgültig eine Institution, die sich der Schriftstellerei und ihren Verbreitungsmechanismen verdankte.

Aber Abraham predigte auch leibhaftig bzw. wurde von höchster Stelle dazu eingeladen. An Gedenktagen wie dem der Befreiung von der Pest, an den dynastischen Höhepunkten wie Hochzeiten und Thronfolgergeburten entfaltete sich ein Schema des Festverlaufs, in dem Staat und Kirche aufs engste zusammenwirkten. Dazu gehören auch der Gottesdienst und die Predigt. Das geistliche Wort, inhaltlich dem Aufruf zu Frömmigkeit und Abwehr der Laster gewidmet, wird formal zum Bestandteil der Feier. Zum Ohrenschmaus der Musik und zum Augenschmaus der Liturgie gehört der Festvortrag, und hinterher lädt man nicht den Zelebranten, sondern den Festprediger zur Tafel ein. Die Predigt ist fester Bestandteil der Repräsentation, und wichtiger als ihr Inhalt erscheint der Beleg der Anziehungskraft der Massen, wie es in den Drucken ausdrücklich vermerkt oder auch in der Ordenschronik eigens hervorgehoben ist. Die Predigt »bei einer unglaublichen Menge Volks« findet »mitten in der Stadt wie auf öffentlichem Platz« statt, und auch in den Kirchen ist die Rede von der »Gegenwart eines hohen und häufigen Adels wie auch einer volkreichen Zuhörerschaft«. Die eigentliche Wirkung aber verdankt sich der anschließenden Verteilung als Broschüre, die den Rang des Gesagten im Rang des Gedruckten bezeugt.

Und doch ist auch das Gesagte von Bedeutung. Denn wir wissen es ja von der Schillerschen Karikatur her: Dieser Prediger pflegt eine virtuose (für andere: manirierte) Wortkunst. Aus der Sicht des Barock kann man sagen, dass das gesteigerte Wort wie sonst Bild, Musik oder Architektur dem gesteigerten Gegenstand bzw. seiner Würde entspricht. Es ist aber auch hinzuzufügen: Diese Wortkunst wird zum Erkennungszeichen des Predigers, schafft ihm sein Publikum. Abraham predigt vor Einverstandenen, ja Eingestimmten, und sein Erfolg ist garantiert, wenn er nur der eigenen Stilisierung gerecht wird. Abraham spricht nicht mehr vor überwiegend Illiteraten, sondern vor gebildeten Bürgern des beginnenden modernen Verwaltungsstaats. Die kunstvolle Stilistik ist Anreiz für diejenigen, die ein solches Niveau bereits in der Literatur kannten und nun auch in der Predigt erwarteten. Natürlich dient die Predigt der religiösen Durchdringung des Alltagslebens nach katholischer Tradition. Aber sie tut dies im überraschenden Kunstgriff. Als Abraham eine Lobrede auf die heilige Katharina an ihrem Festtag halten muss, geht er nicht von den (zweifellos erwarteten) Tugenden der Gepriesenen aus, sondern von den üblichen Verdächtigungen des weiblichen Geschlechts, die Katharina alle widerlegt. Dabei dreht sich das Wortkarussell, wenn Frauen sich aufs »Suppenmachen«, Männer auf »Supplikation machen« verstehen, Frauen auf »Kinderstuben«, Männer auf »Ratsstuben«, Frauen auf »Pasteten«, Männer auf »Basteien« und so fort, bis mit einem »Schweig still« die Bewunderung der Heiligen ausgedrückt wird.

Um Abrahams Sprachkunst etwas näher zu beleuchten, wähle ich die Predigt, die er am 15. November 1673 in Klosterneuburg bei Wien vor dem versammelten Hof mit Kaiser Leopold I. an der Spitze hielt (hg. von Werner Welzig). Sie erschien selbstverständlich sofort in gedruckter Form, und zwar unter dem üblichen barocken Schnörkel-Titel (ich vereinfache etwas): *Astriacus austriacus, himmelreichischer Österreicher, der hochheilige Markgraf Leopold*. Mit diesem »himmelreichischen

Österreicher« (als Übersetzung von *astriacus austriacus*) ist Markgraf Leopold III. aus dem 12. Jahrhundert gemeint, der 1485 heiliggesprochen worden war, nicht zuletzt wegen seiner Gründung des Klosters Klosterneuburg, wo man dies jährlich feierte. Dabei muss man wissen, dass Kaiser Leopold I. seinen Namenspatron zum Schirmherrn der österreichischen Erblande gemacht hatte. Und den konnte der Kaiser gerade 1673 gut gebrauchen, sofern er immer noch auf den ersehnten Stammhalter wartete. Leopolds erste Ehefrau war nach der Geburt von vier Kindern, von denen keines überlebte, selbst gestorben, so dass sich nun alle Hoffnungen auf die neue Gemahlin Claudia Felizitas richteten.

Abraham wusste dies und kannte vor allem auch die Verbindung von Heiligenverehrung und dynastischer Repräsentation. So spricht er über die Taten des heiligen Vorgängers und fingiert als Höhepunkt ein Gespräch, in dem die Gottesmutter Maria dem Heiligen für die Klosterstiftung dankt. Vor allem geht Abraham von der Gottesmutter unversehens über zur leibhaft anwesenden Kaisergemahlin und spricht ihren kaiserlichen Gemahl direkt an, nicht ohne das etwas heikle Anliegen in ein gefälliges Bild zu fassen:

> Deine Claudia, die mich heute zum ersten Mal besucht, wird dir ein fruchtbarer Weinstock auf Seiten des Hauses Österreich sein.

Der heilige Patron werde Österreich »bereichern«, heißt es dann in einem weiteren Bild und schließlich in voller Offenheit, wenn auch in ein Fremdwort gekleidet:

> … er [der heilige Leopold] bittet für seine heute zum ersten Mal hier anwesende römische Claudia, damit sie von Gott mit einer trostvollen Posterität nach aller Welt Wunsch gesegnet werde.

Um »Posterität«, Nachkommenschaft also, geht es. Der nervöse Kaiser wird es huldvoll zur Kenntnis genommen haben. Abraham aber wäre nicht Abraham, wenn er die Gelegenheit versäumt hätte, sein rhetorisches Können zu demonstrieren. Es war ihm wohl zu peinlich, dies in Verbindung mit dem Kinderwunsch zu tun. Aber es geht in der Predigt auch um den Kaiser selbst, um die Herrschertugenden, die zu preisen und vor allem in Erinnerung zu rufen sind – um ein panegyrisches Herrscherlob also. Abraham lässt es trickreich aus dem Munde der Heiligen kommen, deren Reliquien Klosterneuburg birgt. Und immer wieder schlägt er aus deren Geschenken sprachliche Funken.

Was hat die heilige Cordula dem Kaiser zu bieten? Sie schenkt ihm die drei vorderen Buchstaben ihres Namens, nämlich lateinisch *cor*, also »Herz«, nennt ihn damit das »Herz Österreichs« und damit Vater allen Lebens in Österreich. Die nächste Heilige preist ihn als »heiligen Grammatiker«, der Böse und Gut zu »deklinieren« weiß. Die nächste als »heiligen Weidmann«, dem die »himmlische Diana« Maria ihre Reverenz erweise. Um abzukürzen, sei noch die zehnte Heilige erwähnt, die den Anfangsbuchstaben von »Leopold« als Zahlzeichen für »fünfzig« liest und diesen »jubiläischen Buchstaben« für ein halbes Jahrhundert voll Kampf gegen alle Übel und Beschwerden nimmt. Man sieht, worauf der Einfallsreichtum dieses Predigers beruht: auf Assoziationen, die nicht entfernt genug liegen können, um überraschend Aufmerksamkeit zu erregen. Der Frühaufklärer Christian Thomasius, ausgerechnet ein Protestant, hat in seinen *Monatsgesprächen* 1688 das Prinzip nicht nur erkannt, sondern durchaus gewürdigt. Die »weit her gesuchten Erfindungen«, so liest man, seien ein Mittel gewesen, »das Volk zur Aufmerksamkeit anzuhalten: denn je entlegener die Erfindungen und je unerwarteter die Anwendung ist, umso mehr macht sie aufmerksam«.

Den Höhepunkt in dieser Hinsicht aber bietet Abraham in der Schlussphase seiner Predigt, wo er die Herrschertugenden direkt anspricht. Dazu gehört die »Ehre«. Er sagt aber nichts über deren Inhalt, sondern improvisiert über den mittleren Buchstaben, das H:

Wie sich dieser einstige Markgraf in seiner Regierung erwiesen hat, kann mit einem Buchstaben erklärt werden. Die Gelehrten beobachten nicht zu Unrecht, dass mitten in dem Wörtchen »Ehre« [im österreichischen Dialekt der Zeit: »Ehr«] ein H befindet, und zwar deshalb, weil der Buchstabe H als Aspiration bezeichnet wird, weshalb die meisten Menschen auf Ehre aspirieren. Denn um der Ehre willen macht man sich ans Laufen, Raufen, Schnaufen, Treiben, Schreiben, Sehen, Stehen. Die Ehre ist eine goldene Angel, an der alle anbeißen wollen. Die Ehre ist ein Magnet, der so gut wie alle anzieht. Die Ehre ist ein Abgott, dem alle opfern wollen. Die Ehre ist ein Teich, in dem alle fischen wollen. Die Ehre ist ein Glückstopf, aus dem alle etwas herausheben wollen. Wegen der Ehre wachen die Augen, hören die Ohren, redet die Zunge, gehen die Füße, arbeiten die Hände. Alles »aspiriert« nach diesen Dingen, so dass sich nicht ohne Ursache mitten in dem Wörtchen Ehre ein H, also eine Aspiration befindet.

Das Ganze beruht auf dem Wortspiel mit »Aspiration« im Sinne von Behauchung (lateinisch *aspirare*) und »aspirieren« im Sinne von etwas anstreben (französisch *aspirer*). Und schon kommt es zu den wiederum wortmalerischen Aufzählungen, die den Inhalt dessen, was alle »aspirieren«, ausmalen.

Erfüllt dies nun die Thomasiussche Forderung nach Aufmerksamkeit bzw. kann man davon ausgehen, dass ein Prediger eine Stunde lang nichts anderes praktiziert, als für Aufmerksamkeit zu sorgen? Das wird man so nicht sagen können. Aber es gibt auch noch einen anderen Gesichtspunkt, der die Thomasiussche Beobachtung ergänzt. Dieser Gesichtspunkt zielt auf den Sinn der sprachlichen Pracht, die der Pracht des Gegenstandes entspricht: der kaiserlichen Majestät. Und ganz so spielerisch, wie es aussieht, ist das Ausgeführte ohnehin nicht. Abraham verweist den Herrscher auf seine Pflichten. Denn das H, über dem er seine Pirouetten dreht, stelle einen Seufzer dar, wie die schwere Pflicht des Herrschens eben zu Seufzern führe, wenn sie denn wirklich ernst genommen werde. Gewiss ist dies unterwürfig formuliert. Aber Abraham denkt auch an die Beherrschten und das, was sie erwarten können. Denn Leopold, so heißt es schließlich wiederum höchst akrobatisch, sei als »ÖsterREICHER reich«, ja so reich, »dass jedermann von ihm begehrt, REICH zu werden und seine vielvermögende Fürbitte zu genießen«.

Es geht also nicht ganz oder jedenfalls nicht nur so kalauerhaft zu, wie Schiller in Anlehnung an Abrahams Türkenpredigt seinen »Kapuziner« auftreten lässt, um Wallensteins Soldaten Angst vor ihrem möglicherweise zu wenig gottesfürchtigen Anführer zu machen (»Der Rheinstrom ist worden zu einem Peinstrom, / die Klöster sind ausgenommene Nester, /Die Bistümer sind verwandelt in Wüsttümer, / Die Abteien und die Stifter / Sind nun Raubteien und Diebesklüfter ...«). Abraham jongliert mit Worten, bewegt sich rhetorisch im Genus grande, also in höchsten stilistischen Höhen. Dabei aber verfolgt er auch eine Form von Belehrung, die andere nur mit anderen Mitteln zu erreichen suchten. Die Rhetorik bzw. eine ihrer Hauptseiten, nämlich der sprachliche Schmuck, war ausgeschöpft, ließ sich nicht überbieten. Was Bernhard von Clairvaux mit seinen logischen Kunststücken wie Antithesen und Paradoxen vollbrachte, bietet Abraham mit seinen Wortspielen. Vor völlig anderem Publikum, in völlig anderen Zeiten und auch mit völlig anderen Mitteln jonglieren Prediger mit der Sprache, verwenden ihre Kunst als Grundlage von Autorität. Kaum nötig zu sagen, dass sie damit die Anforderungen europäischer Rede erfüllen. Die Zuhörer im 12. wie im 17. Jahrhundert dankten es ihnen.

# Berthold von Regensburg und die Hofberedsamkeit

## Berthold von Regensburg als Sozialreformer

In der Österreichischen Nationalbibliothek liegt ein Kodex mit deutschen Predigten des Franziskanermönchs Berthold von Regensburg. Darin findet sich eine kolorierte Federzeichnung, die den Berühmten in seinem Element zeigt: auf einer Kanzel vor einer kleinen Kirche. Um ihn scharen sich ein paar aufmerksame Zuhörer sowie ein schlafender Hund, im Hintergrund spielt sich eine kleine Szene vor der Kirchentür ab. Aus der Sonne in der rechten oberen Ecke fliegt eine Taube mit Heiligenschein, die nach wie vor jeden Prediger zum Mund Gottes macht. Über dem Bild liest man: *Das ist pruder berthold der prediger, anno domini 1444*. Das Bild ist also um 200 Jahre später entstanden und kann nicht authentisch sein. Es reagiert auf die Legenden, die sich mittlerweile gebildet hatten: die Legenden vom großen Volksprediger, die im Wesentlichen auf zwei zeitgenössische Chroniken zurückgehen: auf die *Annales* des Benediktinerabts Hermann von Niederaltaich und die *Chronica* des Franziskaners Salimbene von Parma. Beide Autoren berichten über die Attraktivität dieses Predigers, der so viele Menschen anzog, dass Kirchen nicht ausreichten, auch wenn die Zahlen (Hermann nennt 60 000 bis 100 000) ebenso übertrieben sein mögen wie das Wunder, dass ein Ochsentreiber, dem sein Herr den Predigtbesuch verboten hatte, die Predigt über 300 Meilen hinweg erstens hörte, sie zweitens auswendig behielt und drittens anschließend genauso viel pflügte wie ohne die Unterbrechung.

Es gibt auch besser Überprüfbares. Berthold hat mehrere

große Predigtreisen unternommen, deren Ziel jedoch nur bedingt der Predigt diente. Immer wieder sind es Streitschlichtungen, die mindestens genauso wichtig erscheinen. In Landshut bringt er 1253 den Herzog Otto zur Raison, der sich mit seiner Geistlichkeit überworfen hatte. Auf einer ersten Schweizreise 1254/55 predigt er nicht in Winterthur, weil es ihm misslang, die Stadtführung von einem Zoll abzubringen, der besonders die Armen traf. Auf einer zweiten Schweizreise 1256 überredet er den Ritter Albert von Sax, ein widerrechtlich angeeignetes Schloss dem Kloster Pfäfers zurückzugeben. 1259 schlichtet er in Pforzheim einen Streit zwischen dem Ritter Ludwig von Liebenzell mit der Markgräfin Irmingard von Baden über Zehntrechte in Uffenheim. Auf der letzten großen Predigtreise 1261 bis 1263 in den Osten über Österreich bis Böhmen, Mähren und Ungarn (also in deutsche Kolonisationsgebiete) geht es unter anderem um die Rückkehr Abtrünniger zum Christentum, aber auch um die Aussöhnung des Herzogs Boleslav von Schlesien mit dem Breslauer Bischof. Predigt und Friedenstiftung gehören also zusammen. Dahinter steht ein Programm, das die Franziskaner mit ihrem neuen Ansatz vertreten: Aussöhnung der Gesellschaft, Herstellung von Eintracht im Hier und Jetzt, auch wenn es aufgrund der erbsündlichen Verderbtheit so schwer zu verwirklichen ist.

Welche Rolle spielen dabei die Predigten? In diesem Punkt gibt es eine grundsätzliche Schwierigkeit. Von Berthold besitzen wir mehrere Predigtzyklen, die sich auf die Sonn- und Festtage sowie auf die Heiligenfeste beziehen, also Schriftauslegung betreiben. Weiter gibt es von ihm thematische Predigten, die das franziskanische Programm behandeln. Diese Predigten (die bis heute nur in kleinen Ausschnitten gedruckt vorliegen) sind lateinisch geschrieben: Es sind Predigten, die sich an den Klerus richten, der sie nicht nur sprachlich, sondern auch theologisch heruntertransformieren musste, wenn er sie denn für Predigten vor Laienpublikum verwenden wollte. Ganz anders steht es um die deutschen Predigten. Sie sind bestens verständlich, theologisch weniger anspruchsvoll. Die heutige wissenschaftliche Ausgabe führt 71 auf, 65 Volks- und 6 Klosterpredigten (für Nonnen). Wenn man weiß, dass Berthold vor Laien stets auf Deutsch gepredigt hat (er fragte oft: *verstêt ir mîn tiutsche*, was sich auf den Dialekt bezog), glaubte man, endlich im Besitz von authentischen Volkspredigten zu sein. Aber das hat sich als Irrtum erwiesen. Es hilft nichts, man muss sich die Dinge genauer ansehen.

Die deutschen Predigten sind zunächst einmal gegenüber den lateinischen geradezu verschwindend gering überliefert, wobei diese Überlieferung überhaupt erst nach dem Tod Bertholds einsetzt. Es gibt drei Sammlungen, von denen wir jeweils einige wenige Handschriften besitzen (bei den lateinischen Predigten sind es über 200 Handschriften). Und nun kommt das Entscheidende: Alle deutschen Predigten haben sich als Bearbeitungen der lateinischen erwiesen, teilweise als Zusammensetzungen aus diesen. Berthold selbst hat niemals auf Deutsch geschrieben, sondern immer auf Latein. Denn die Schriftfassung war zur Verbreitung gedacht und richtete sich an Prediger, die Latein verstanden. Es waren also keine Protokolle, vielmehr erwähnt Berthold einmal, dass er sich nur deshalb hingesetzt und seine Predigten (selbst) fixiert habe, weil Verfälschtes im Umlauf war. Und so ergibt sich der Anfang des großen Paradoxes: Bertholds Predigten besitzen wir in einigermaßen authentischem Zustand nur auf Latein. Wie er damit umgegangen ist, wenn er nicht vor seinesgleichen stand, sondern vor dem Volk predigte, wissen wir schlicht nicht.

Denn damit beginnt die Fortsetzung und Steigerung des Paradoxes. Die deutschen Predigten wurden wohl niemals als Vorlage für eigenes Predigen benutzt, sondern dienten einer damals neuen Funktion: nämlich der Erbauung von Laien, die kein Latein verstanden, aber lesen konnten. Das heißt vor allem: Das Publikum war nicht das »einfache« Volk, sondern es handelt sich um adlige Kreise, vornehmlich Frauen. Für deren Geschmack wurden deutsche Predigten »hergestellt«, wurden die lateinischen Klerikerpredigten auf Laienniveau gebracht. Natürlich bedurfte es dabei angesichts gebildeter Adressaten der Anreize. Und diese Anreize sind gegeben, indem die Predigten wie Vorträge aussahen, also Elemente der Mündlichkeit erhielten. Wissenschaftler haben die Meinung geäußert, die Bearbeiter hätten sich bei ihrem Transformieren von ihrer Erinnerung an Bertholds Predigten leiten lassen, so dass wir also doch »Quasi-Authentisches« vor uns haben. Aber das ist unbeweisbar und auch unwahrscheinlich. Die Bearbeiter wussten, was sie taten. Sie erfanden ein neues Genre: die Lesepredigt zu Meditationszwecken. Sie werden sich in ihre Zuhörer(innen) versetzt haben und nicht Erinnerungen nachgegangen sein. Die Zuhörer(innen) aber wollten nicht nur erbaut, sondern auch niveauvoll unterhalten werden.

Womit wir beim entscheidenden Punkt angelangt sind, der sich auf jeden Fall beweisen lässt. Denn die deutschen Lesepredigten, die unter dem Namen Berthold überliefert sind, entstanden in einem sehr speziellen Kontext, im Augsburger Konvent. Wir müssen uns diesen Konvent als eine Produktionsgemeinschaft vorstellen, der wenig auf heutige Wünsche nach Authentizität achtete, sondern in den damaligen Alltag hineinwirken wollte. Dies geschah in einer Art konzertierten Aktion von Predigten, Traktaten und sogar juristischem Schrifttum wie dem *Schwabenspiegel*, dessen Prolog aus Predigtstücken zusammengesetzt ist. Es gab Hauptlieferanten dieser Literatur, wozu außer Berthold der theologisch überlegene David von Augsburg gehörte (der übrigens die Predigtreisen stets zusammen mit Berthold absolvierte). Was diese »Kreativen« lieferten, wurde von einem Stab von Mitarbeitern für die verschiedenen Zwecke »bearbeitet«. Dass einer der Ihren es zu großer Resonanz brachte, war von Vorteil und diente als Anlass, die immer neu zusammengebastelten Texte mit seinem Namen zu versehen. Predigten von Bruder Berthold hörten sich auch damals zugkräftiger an als Predigten, die der Augsburger Konvent aus Vorlagen zusammengesetzt hatte. Wenn

Wissenschaftler daraus Berthold zum »größten Volksprediger des Mittelalters« gemacht haben, ist das eine andere Sache. Jedenfalls wissen wir über Berthold einiges, aber kaum etwas über ihn als Volksprediger. Das ist jammerschade.

Man muss trotzdem aus der Situation das Beste machen und die deutschen Predigten wenn schon nicht als Volkspredigten, dann wenigstens als Lesepredigten für ein adliges Laienpublikum würdigen. Denn es lassen sich ja immerhin die Themen entnehmen, die damals aktuell waren, und auch das stilistische Niveau einschätzen, das man Lesern gegenüber für angemessen hielt und sich wohl nicht völlig von dem unterschied, was man Hörern in den Kirchen zumutete. Dabei schließt sich zunächst der Kreis zu den Schlichtungsaktionen, von denen anfangs die Rede war. Denn zum wichtigsten Thema der franziskanischen Ordenspolitik gehörte der Frieden. Nicht nur Streitschlichtung war angesagt, sondern auch der innere Frieden, die Eintracht unter den Menschen überhaupt. Die Volkspredigten, sowenig wir den authentischen Text vor uns haben, sind jedenfalls durchweg diesem Thema gewidmet (die Homilien bleiben den lateinischen Predigten und damit den Klerikern reserviert). Dazu gehört alles, was den inneren Frieden der Gesellschaft gefährdet. Von daher stehen die Tugenden und Laster auf der Agenda, die Habgier und der Hochmut zum Beispiel, die den zentralen Idealen der Armut und der Demut entgegenstehen.

Hinter all dem lässt sich eine Idee von der Gesellschaft ausmachen, die in dieser ewig sündigen Welt überdauern kann. Im Wesentlichen sind es augustinische Gedanken: eine aufgrund der Erbsünde auf Ungleichheit gegründete Ordnung mit Herrschenden, Dienenden und Betenden, die voneinander abhängen und deshalb in Harmonie leben sollen. Besonders aktuell ist das Bild, das Papst Innozenz III. vermittelte: die Vorstellung, dass Laien zwar nie den wirklichen Aufstieg zur Vereinigung mit Gott schaffen, dass sie jedoch mit Hilfe geistlicher Führung in sich gehen und den Aufstieg wenigstens anbahnen können. Auf dem schon genannten 4. Laterankonzil wurde die regelmäßige Beichte beschlossen, die Predigt arbeitet als Bußpredigt auf diese Beichte regelrecht hin. Es geht also um Seelenerforschung, Seelenlenkung, und dies mit einem gehörigen Anteil Realität. Der Typus der Predigt *ad status*, zu den einzelnen (Berufs)ständen mit ihren speziellen Verfehlungen, ist also nicht ganz zufällig das wichtigste Modell bertholdisch-franziskanischen Predigens vor den Laien.

Ich wähle als Beispiel die 21. Predigt, die der Ehe gewidmet ist. Berthold (wie ich mit der Einschränkung sage, die eben begründet wurde) sagt also etwas über das Fundament der Gesellschaft, und man ahnt es schon: Es wird Mahnungen und Drohungen geben. Zunächst allerdings formuliert er einen Vorbehalt. Man müsse nicht heiraten, man müsse nur ins Himmelreich kommen. Damit beginnt sofort ein hübsches Spiel mit Möglichkeiten, sofern es drei richtige und drei falsche Wege gibt. Drei falsche? Den die Juden, Heiden, Ketzer gehen. Und die richtigen? Ehe, Witwenstand und Jungfräulichkeit. Damit hat man zwar den Juden, Heiden, Ketzern etwas voraus, ist aber vor der Hölle keineswegs sicher.

So kann nun der Hauptteil folgen. Fünferlei Menschen darf man nicht heiraten. Erstens Verwandte bis zum vierten Grad. Berthold macht es an den Körperteilen klar, wer hier zu was gehört: Am Kopf (Vater und Mutter) hängen die Schultern als der erste Grad, dann folgen die Ellbogen, die Hände, der Mittelfinger – alles zu nah zum Heiraten. Weiter darf man mit Schwägern keine Ehe eingehen, auch nicht mit Patenkindern, Priestern und bereits zur Ehe Versprochenen. Bei all dem gibt es Komplikationen, vor allem wenn die Verbindung unwissentlich zustande kam. Immer wieder unterbricht Berthold seine Erläuterungen und flicht Fragen der Zuhörer ein: »Bruder Berthold, ich fürchte mich.« »Weshalb denn?« »Ich habe doch meinen Schwager geheiratet.« Worauf die Antwort folgt: Nein, keine Scheidung, aber Buße tun. In anderen Fällen muss das Erbe speziell geregelt werden – man merkt, wie hier

Wissen weitergegeben wird, über das Unsicherheit herrschte und manchmal auch Nöte entstanden. Ein Mann hat eine Frau genommen, die eigentlich ins Kloster wollte. Was tun? Berthold sagt: Buße tun. Auch sich trennen? Das ist nichts für die Öffentlichkeit, ein Weiser soll es dem Frager ins Ohr raunen. Der Leser versteht: Hier spricht jemand, dem es nicht um die Sache allein geht, sondern auch um die Menschen.

Das war die Eheanbahnung. Es folgt das Leben in der Ehe, zum Beispiel die Behandlung der Ehefrau durch den Ehemann. Er soll sie treu »pflegen« hinsichtlich Leib, Seele und Gütern. Letztere darf er nicht andern Frauen geben, noch verspielen, vertrinken oder bei Turnieren draufmachen, auch nicht zu Possenreißern gehen, die – ein schönes Bild – des »Teufels Blasebalg« darstellen. Umgekehrt gilt das Gleiche: Die Frauen sollen ebenfalls das Gut nicht verprassen, zum Beispiel mit dem Kauf teurer Schleier, die Gräfinnen angemessen sind. Und derber: Wenn sie nicht an Geld kommen, klauen sie Korn, Mehl, Fleisch und verhökern es anschließend, womit sie den Mann in den Ruin treiben. Dem folgt jedoch ein schöner Preis der Eintracht in der Ehe, der fast auf Gleichberechtigung hinausläuft, aber wenigstens sprachlich sehr »gleich« (nämlich in lauter Doppelformen) gestaltet ist:

> Wärst du [der Mann] ein König und wäre sie ein armes Frauchen: Du wärest doch ihr und sie dein. Bist du edler oder schöner oder reich an Freunden oder an Gütern oder einfach nur jünger, wie auch immer es um sie bestellt ist, ob arm an Freunden oder an körperlicher Schönheit oder an Gütern, die sie dir einbrachte: so gehört doch die Frau dem Mann und der Mann der Frau und ist die heilige Ehe so fest und stark, als wenn ein König eine Königin zur Ehe genommen hätte.

Wie genau Berthold sich umgehört hat, kann man dem nächsten Hauptpunkt entnehmen. Ausdrücklich handele es sich nicht um Gottes Gebot, sagt er, sondern nur um einen guten Rat: nämlich zu großen Altersunterschied zu vermeiden. Auch diese Stelle hat fast poetischen Reiz bei den vielen Wiederholungen:

> Wenn ein Alter eine Junge nimmt, so wäre er gerne jung und pflegt sich entsprechend, bleibt aber doch nur ein alter Sack (pardon, es steht dort: *sô ist er doch ein alter grîsinc*). Und kleidet er sich noch so jugendlich, bleibt er ein alter Sack. Badet er sich, kommt nur ein alter Sack heraus. Lässt er sich den Bart geradezu aus der Haut heraus scheren, ist es ein alter Sack. Und sie sieht auf jeden Fall lieber einem andern hinterher, der ihr besser gefällt.

Ich lasse die weiteren Einzelheiten weg, auch die *zuht an dem bette* mit dem Verzicht auf den Geschlechtsverkehr nach dem Wochenbett und in den vielen Fastenzeiten des Jahres. Es ist auch so deutlich geworden, mit welchen sprachlichen Anreizen diese Predigt versehen ist. In der Forschung hat man die rhetorischen Figuren im Einzelnen bestimmt und ausgezählt, mit dem Ergebnis: alles voll davon. Ob das auch beim mündlichen Vortrag der Fall war, wissen wir leider nicht. Aber eines wissen wir genau: Der Bearbeiter, der sich hinsetzte und seinen Leserinnen eine Predigt präsentierte, die so klingen sollte wie gesprochen, griff zu rhetorischen Mitteln. Er konnte sich wohl eine sprachlich öde Predigt nicht vorstellen. Der »größte Volksprediger des Mittelalters«, von dem wir leider keine einzige Volkspredigt kennen, wohl auch nicht.

## Hofberedsamkeit und soziales Engagement

Man muss es sich immer wieder deutlich machen: Die europäische Rede ist nicht an die Demokratie oder gar an ihre Athener Variante gebunden. Allein die Predigt widerlegt es. Aber die Politik widerlegt es auch. Denn das vertraute Bild vom Versiegen des Redegeistes unter der Herrschaft von Monarchen ist verständlich, aber falsch. Es gilt nicht einmal für die Zeit des

Absolutismus, die seit dem 17. Jahrhundert Europa prägt. Wir wissen es von Frankreich, wo Marc Fumeroli im Gegenteil vom Goldenen Zeitalter der Rhetorik gesprochen hat, das neben der Predigt auch die Juristen in den Gerichtshöfen beflügelte. Und wir wissen es für Deutschland, wo Georg K. Braungart die Entwicklung der Hofberedsamkeit etwa bei Huldigungsszenen oder Landtagsauftritten nachgezeichnet hat. Klar, es gibt keine Demosthenesse oder Ciceros mit der Möglichkeit, direkt auf die Politik einzuwirken und dabei eine entscheidungsfähige und entscheidungsfreudige Zuhörerschaft vor sich haben. Aber es gibt Redner, die das tun, was in diesem Buch für die Redekunst als grundlegend ausgemacht und verfolgt wird: Reden halten, die mit Mitteln der Kunst auf Überreden angelegt sind. Man muss eben nur die Spannweite dieses Überredens, die zeittypischen Ausformungen, ausloten. Dazu gehört auch das (rituell »gedämpfte«) Reden am Hof.

Nehmen wir Braungarts bestes Beispiel, auch wenn es uns zu heute wenig bekannten Namen führt. Im März 1609 traten in Wien die Vertreter der nieder- und oberösterreichischen Stände (also der jeweiligen Geistlichkeit und des Adels) zusammen. Sie sollten Matthias, dem Bruder des österreichischen Kaisers Rudolph II., »huldigen«, ihn als ihren Herrn anerkennen. Die Situation war äußerst gespannt. Im Haus Habsburg herrschte Bruderkampf, Matthias wollte liebend gerne Rudolph verdrängen und selbst Kaiser werden, mindestens aber König neben ihm. Dafür brauchte er Unterstützung zu seiner Wahl. Und die lag bei den Ständen, die in der Verfassungswirklichkeit des unendlich kompliziert aufgebauten Römischen Reiches deutscher Nation immer noch mitbestimmten. Immer noch mussten sie die Steuern akzeptieren, vor allem aber jeden neuen Herrscher im Amt bestätigen. Es sollte bald immer enger werden für die Stände, die Herrscher sollten sich immer selbstverständlicher durchsetzen.

Aber 1609 ist das Recht noch da und wird von einer beherzten Führerpersönlichkeit genutzt. Georg Erasmus von

Tschernembl hat dabei durchaus Eigeninteressen, denn er ist im katholischen Österreich Calvinist. Er kennt die Rekatholisierungsmaßnahmen Rudolphs II., der allerdings den böhmischen Ständen Zugeständnisse gemacht hatte. Nun will Matthias etwas von den Ständen, und Matthias soll dafür etwas geben: Religionsfreiheit. Wie lässt sich dies fordern? Eben, in Reden. In Wien ergreift Tschernembl das Wort während der Huldigungsverhandlungen und begründet seine Forderungen mit historischen Beispielen, die zeigen, dass Staaten mit Religionsfreiheit durchaus passabel leben können. Dabei kommt es auch zur leisen Drohung, dass der Kaiserbruder in zu viele Schwierigkeiten geraten könnte, die ihn zuletzt die Krone kosten würden. Zwei Tage später steht Tschernembl in der Audienz vor Matthias und hält eine weitere Rede nun in kleinerem Kreis. Diesmal ist die Drohung noch ernster, sie bezieht sich auf eine Alternative, die den Ständen offensteht: die Verbindung mit dem Protestantismus im Reich. Das Ergebnis ist ein Kompromiss. Es kommt zur Rekatholisierung, jedoch in Grenzen. Tschernembl muss allerdings letztlich weichen, stirbt im Genfer Exil. Aber er hat geredet und Matthias dazu gebracht, dass er wenigstens teilweise nachgibt.

Wir wissen auch, wie. Tschernembl hatte die Erziehung seiner Zeit genossen, war mit dem Humanismus vertraut und kannte die klassische Rhetorik. Aber diese Rhetorik mochte in der Predigt vor einem gebildeten Publikum ihre Wirkung entfalten, in der Politik war sie nie zur Anwendung gekommen. Dafür gab es weder den entsprechenden Platz noch die Zeit. Am Hof herrschte das Gesetz der Kürze, wie man es vom Militär her kannte, und das Gesetz der Form: die Einpassung in den zeremoniellen Rahmen mit Berücksichtigung von Höflichkeitsformeln bis hin zum korrekten Titelgebrauch. Strategische Ziele konnten nur in diesem Rahmen verfolgt werden: mit Andeutungen, unter Zusicherungen der Treue verpackt. Als der Absolutismus schon viel weiter fortgeschritten war, bei der Huldigung der gerade militärisch unterworfenen Stadt

Magdeburg an den Großen Kurfürsten von Brandenburg im Jahre 1650, geht es erneut um das Recht auf die eigene Religion. In Magdeburg ist man lutheranisch nach der Augsburger Konfession, der Kurfürst ist reformiert und sucht dies in seinem gesamten Herrschaftsbereich durchzudrücken. An der Huldigung geht kein Weg vorbei, Erpressung des Herrschers ist diesmal nicht möglich. Aber selbst in dieser Situation gibt es in den notwendigen Reden Platz wenigstens für Anspielungen. Dieser Platz wird genutzt, man flicht das Tauziehen im Vorfeld in die Huldigungsreden ein und zeigt sich wenigstens als selbstbewusst. Die klassische Rhetorik kommt dann in der anschließenden Festpredigt zur Anwendung.

Nebenbei zeigt sich eine eigenartige Situation. Im 17. Jahrhundert sind die Grundlagen der klassischen Rhetorik bekannt, die bürgerlichen Akademiker sind darin ausgebildet. Aber in der Politik braucht man anderes: Kürzeres, Passenderes. Die Misslichkeit wird bemerkt und behoben. Im Jahre 1677 erscheint ein dickes Buch mit dem Titel: *Politischer Redner*. Der Verfasser, Christian Weise, ist Schulmann, wird mit diesem Buch Rektor einer Ritterakademie im sächsischen Weißenfels, hat es also mit Adligen zu tun, die in den Hofdienst streben. Er weiß, dass sie mit der üblichen akademischen Rhetorik nichts anfangen können, und beschreibt ihnen eine andere Form von Rhetorik fürs »politische«, also taktisch kluge Auftreten. Sie firmiert unter einem überraschenden Begriff: dem des Kompliments. Sprechen ist für Weise Komplimentieren, die höfliche Formulierung eines Glückwunschs, einer Kondolenz, eines Begehrens. Weise macht seinen Lesern vor, wie es geht. Man wählt ein Thema (Gratulation zur Geburt eines Kindes) und spricht einen Wunsch aus (dass das Kind gedeihe). Als Verbindung dienen Elemente wie die Erinnerung daran, was mit einer Geburt verbunden ist. Und fertig ist ein kleines Kunstwerk, mit dem man sich ganz nebenbei beim Gegenüber verdient macht. Man gewinnt den anderen und wird gewonnen – so läuft das höfische Geschäft. Nur darf dies nicht primitiv ausfallen. Der

*Politische Redner* ist ein dicker Wälzer, macht zahllose Vorschläge für die kurze Rede und findet trotzdem sieben Jahre später noch eine Fortsetzung.

Weise hat mit dem Begriff des »politischen« Redens einen Durchbruch erzielt, der für Jahrzehnte das Terrain beherrschte. Überall erschienen Werke, die den Gedanken aufgriffen und ausbauten. Und doch blieb eine Lücke. Weises Komplimente zielten auf den täglichen Umgang am Hof und die dort anfallenden »kleinen« Reden. Auf Landtagen war wieder anderes erforderlich. Hier aber – Tschernembl bildet eine Ausnahme – herrschte entweder unerträglicher Akademismus oder hilfloses Gestammel (wenn man nicht zur Vorsicht ganz schwieg). In diese Lücke stieß die Idee der Beispielsammlung. Schon länger hatten findige Autoren wie Balthasar Kindermann in seinem *Deutschen Redner* von 1660 etwas umfangreichere Reden etwa bei Verlöbnissen, Taufen oder Begräbnissen vorgelegt. Auch nach Weises Impuls gab es dies etwa von dem bekannten Barockdichter Christian Hofmann von Hofmannswaldau in dessen *Deutschen Rede-Übungen* von 1695 – mit schmissigen Titeln zum Beispiel für Hochzeitsreden (*Die japanische Trauung* oder *Rosen aus Sina* [China]). Erdmann Uhse setzte in seinem *Wohl-informierten Redner* 1709 die Trauerrede auf den Tod von Kaiser Joseph am 22. März an der Leipziger Universität in den Anhang, die August Heinrich von Planitz gehalten hatte (erster Satz: »Josephus ist tot!«). Was lange fehlte, waren jedoch praktische Beispiele aus der Politik. Sie wurden ebenfalls gegeben.

Tschernembls Reden waren noch als sogenannte »Relation« einzeln gedruckt worden, die Huldigungsreden von Magdeburg findet man in einer Darstellung der Stadtgeschichte. Mitte der 1780er Jahre fiel der Startschuss zu größeren Sammlungen. Hans Assmann von Abschatz gab 1685 in seinen *Hoff- und bürgerlichen Reden ganz neuen Stils* tatsächlich gehaltene Reden noch ohne Angaben der Redner und Anlässe heraus. Ein Jahr später veröffentlichte Veit Ludwig von Seckendorff seine eigenen Reden (auf die ich noch näher eingehe) mit allen nötigen Angaben zum Umfeld. Der barocke Titel sei einmal in seinem ganzen Umfang in leichter sprachlicher Bereinigung genannt:

> Deutsche Reden, an der Zahl vierundvierzig, welche er von 1660 bis 1685 in Fürstlich Sächsischen respektive Geheimen Rats- und Kanzler-Diensten teils zu Gotha, vor allem aber zu Zeitz oder als Landschaftsdirektor zu Altenburg, etliche auch andernorts bei Ehrensachen, aus Verwandt- und Freundschaft abgelegt, und zwar soweit sie aus erhaltenen Schriften noch zu haben waren. Samt einer ausführlichen Vorrede von der Art und Nützlichkeit solcher Reden samt einigen Zugaben laut des Inhaltsverzeichnisses.

Die Rhetoriklehrbücher, die nach Weise Legion werden, fügen immer wieder komplette Reden ein. So Christian Schröter in seiner *Gründlichen Anweisung zur deutschen Oratorien* von 1704 neben Trauerreden auch »Staats- und Kriegsreden«, die er etwa aus dem englischen Parlament bezog. Im gleichen Jahr bietet der Weise-Schüler Christian Weidling in seinem 1242-Seiten-Schinken, dem *Oratorischen Hofmeister*, ebenfalls konkrete Beispiele. Friedrich Andreas Hallbauer flicht in seine *Anweisung zur verbesserten deutschen Oratorie* von 1725 neben Tipps für Lob- oder Leichenreden auch solche für politische Reden ein. Das Gleiche findet sich in Julius Bernhard von Rohrs *Einleitung zur Cermoniel-Wissenschaft der Privatpersonen* von 1728. Friedrich Christian Baumeister bietet in seinen *Anfangsgründen der Redekunst* 1754 etwa die Rede des englischen Gesandten an die russische Zarin, des englischen Königs ans Parlament, des niederösterreichischen Hofkanzlers an die Stände bei der Eröffnung des Landtages oder die Rede eines Herzogs an den Dogen und den Senat von Genua – alles mit genauen Datierungen und Umständen. Als Gottsched 1759 seine *Akademische Redekunst* als Schülerausgabe seiner professionellen Rhetorik herausgab, führte er 47 Redesammlungen auf, darunter zahlreiche mit politischen Reden.

Den Vogel aber schoss bei diesen Sammlungen der Leipziger Stadtschreiber Johann Christian Lünig ab. Nach einer ersten Probe gab er zwischen 1707 und 1722 das Sammelwerk *Grosser Herren, vornehmer Minister und anderer berühmten Männer gehaltene Reden* heraus. In sechs Bänden sind dort gut 1500 Reden aufgeführt, zusammen je nach Druck bis zu 7000 Seiten. Und dann ließ Lünig 1725–1730 auch noch Nachfolgebände mit weiteren 300 Reden auf 1440 Seiten folgen. In Deutschland setzte ein regelrechter Wettbewerb ein, bei Lünig gedruckt zu sein. Dabei kamen trotz des schon durchaus stattlichen Netzwerks dieses Stadtschreibers vor allem Beiträge aus dem ost- und mitteldeutschen Raum zum Zuge. Wer will, kann versuchen hochzurechnen und würde immerhin bei einigen Tausend Reden landen, die zu Beginn des 18. Jahrhunderts an deutschen Fürstenhöfen und auf Ständeversammlungen gehalten wurden. Dabei lag Lünigs Programm auf der Linie der Zeit: Es ging um Modelle für einen »guten deutschen Stil« bei klarer Funktionsbestimmung: In der Vorrede ist die Rede von einem »wohlgesetzen Kompliment«, das als »kurzgefasste zierliche Rede die meiste Estime [Anerkennung]« hervorrufe. Weise wirkt also nach, wird auf den größeren Rahmen übertragen. Was aber vor allem aus Lünigs Unternehmen hervorgeht: Das Argument, im absolutistischen Staat hätte es keine politischen Reden gegeben, ist schlicht falsch. Es wurde ständig geredet, nur eben nicht nach Cicero. Mit diesem wäre man allerdings bei der gegenseitigen Beziehungspflege grandios gescheitert.

Und der Vergleich mit Berthold von Regensburg? Ich denke dabei an das politische Engagement. Weder im 13. Jahrhundert noch im 17. und zu Beginn des 18. Jahrhunderts gab es eine Bühne für politische Äußerungen, wie es sie einmal in Demokratien gegeben hat und wieder geben sollte. Das politische Engagement ist aber nicht unmöglich, es hat sich nur in Nischen zurückgezogen. Im Mittelalter war die Nische die Kirche, das Medium die Predigt. Die Franziskaner dehnten die Möglichkeiten aus, überschritten die einstigen Zuständigkeiten für Glaubensfragen und Bibelerklärung, wandten sich der

Gestaltung des öffentlichen Lebens bis in die Fragen des Rechts zu. In der Neuzeit gibt es für politische Fragen die politische Bühne, die nur genutzt werden muss, bei der die Zuständigkeiten ausgedehnt werden können: als Einbau von konkreten Forderungen in die zeremoniellen Gepflogenheiten. Schon Aristoteles hat klar gesehen, dass Lobreden die Umkehr von Beratungsreden darstellen, sofern die gleichen Empfehlungen nur in allgemeiner Form ausgesprochen werden. Ob jedoch Predigt oder Lobrede: In beiden Fällen hilft sprachliche Kunst. Berthold knüpft an völlig andere Traditionen an als seine neuzeitlichen Kollegen. Aber die Mittel gleichen sich. Autorität gewinnt man nicht mit Forderungen allein, sondern mit gut formulierten. Dies gilt gerade da, wo das Reden speziell oder prekär ist.

# Meister Eckhart und Johann Christoph Gottsched

## Eckharts Lob der Gelassenheit

Die Predigt im Mittelalter und die politische Rede in der Neuzeit mögen weit auseinanderliegen und zeigen doch Gemeinsamkeiten. Bei Berthold von Regensburg und den Hofreden im 17. Jahrhundert bildet die insgeheime Politik den Bezugspunkt, die Arbeit an einer gesellschaftlichen Ordnung ohne wirkliche Macht, sie durchzusetzen. Es gibt aber noch ganz andere Formen von Gemeinsamkeit über große Zeiträume und völlig andersartige Bedingungen hinweg. Ich meine damit die Verbindung von Rede und Wissenschaft, diese ungleichen Zwillinge, die sich doch immer wieder in der Tradition nahekamen.

Im Mittelalter kann man sich dabei auf einen Prediger berufen, der dem Dominikanerorden angehörte, dem zweiten Bettelorden, bei dem die Ausrichtung auf die Wissenschaft eine noch größere Rolle spielte als bei den Franziskanern. Aus deutscher Sicht empfiehlt sich eine der berühmtesten Gestalten dieses Ordens, Meister Eckhart, dessen lateinische und deutsche Predigten seit langem umfassend erschlossen sind. Dabei stößt man bei Eckhart nicht wie bei Berthold von Regensburg auf (fingierte) Volkspredigten, sondern wie bei Bernhard von Clairvaux auf Predigten im Kloster. In seinen Erfurter Anfängen hatte Eckhart es mit den männlichen Novizen zu tun, in Straßburg erhielt er vom Ordensgeneral den Auftrag, vor Dominikanerinnen und Beginen (frommen Frauen außerhalb von Klöstern) zu predigen. In allen diesen Fällen haben wir es mit einem außerordentlich hohen theologischen bzw. philosophischen Niveau zu tun, das nie und nimmer vor dem Volk vertretbar gewesen wäre. Es ging um eine christliche Lebensführung unter Höchstanforderungen: um eine Spiritualität, die sich auf ein Wissen über das Verhältnis des Einzelnen zu Gott stützte. Auch hier lautet natürlich die Frage: Wie ließen sich solche Gedanken verständlich machen? Und vor allem: Inwieweit diente dem Redekunst?

Es ist bemerkenswert, dass sich Eckhart der Probleme dieser Aufgabe genau bewusst war. Er spricht gelegentlich seine Beschäftigung mit solchen Fragen an, auch ganz konkret als Pariser Magister (daher auch sein Name »Meister«), also Professor an der Universität. In der 16. Predigt besteht er förmlich darauf, Dinge, »die man auf der Schule (bespricht)«, auch Laien verständlich zu machen. Und in der 9. Predigt geht er sogar auf ein akademisches Streitgespräch mit dem franziskanischen Konkurrenten Gonsalv von Spanien ein. Wir kennen diese komplizierte Disputatio, bei der es um die Frage ging, ob die vernünftige Erkenntnis oder der Wille höher einzustufen sei, man sich also Gott eher mit dem Verstand oder eher mit Liebe nähern könne. Sie war in 15 Einzelargumente zerlegt. Dabei warf Gonsalv Eckhart zum Beispiel den unerlaubten Schluss *a destructione antecedentis* vor: Aus dem Satz »Wenn etwas kein Wissen hat, so ist es ein reines Nichts« dürfe man nur schließen: »Wenn etwas gottgefällig ist, so muss es Wissen haben«, nicht aber: »Wenn etwas Wissen hat, so ist es gottgefällig.« In dieser Weise hat Eckhart das Problem in seiner Predigt eben *nicht* behandelt. Die Disputatio hat für ihn ihre eigenen Regeln, was aber auch bedeutet: Die Predigt hat andere. Man kann es auch so formulieren: In der Disputatio geht es um Lehre und damit um Begründung nach allen denkbaren Möglichkeiten der Logik. In der Predigt geht es um die Gewinnung der Zuhörer. Auch Eckhart war also wirklich ein Redner – wenn auch einer mit sehr hohem Niveau.

Das Dauerthema ist dabei etwas, was Novizen und fromme Frauen durchaus verstehen konnten und aus aktuellem Anlass auch verstehen sollten. Und zwar geht es um ein christliches Leben, das seine Christlichkeit nicht in bestimmten »Werken« ausdrückt, sondern in einer bestimmten Haltung. Zu diesen Werken gehörte gerade in klösterlichen Kreisen die Askese, in der Eckhart jedoch eine höchst problematische Erpressung Gottes sah: Man kasteit sich und will dafür Anerkennung haben. In Straßburg hatten die Dominikanerinnen gerade riesigen Zulauf, sieben Klöster konnten den Andrang kaum fassen. Dabei aber gab es eine Art Frömmigkeitswettbewerb, ein gegenseitiges Sichüberbieten mit ruinösen Praktiken. Eckhart stellt dem etwas anderes gegenüber: sein Konzept der Gelassenheit. Wer wirklich loslässt, Gott ohne Hintergedanken sucht, der erfährt Erfüllung. Nebenbei taucht auch einmal das Problem auf, mit Spenden gottgefällig sein zu wollen. Mitten im teuren Klosterumbau sagt Eckhart tatsächlich, eine Spende von tausend Mark sei zwar ganz hübsch, wer aber tausend Mark für nichts achte, gebe mehr. Das ist bedeutend anschaulicher als die Disputatio mit Gonsalv. Aber Eckhart traut sich auch an schwierigere Gedanken und muntert seine Zuhörer dabei durchaus auf.

Ich wähle als Beispiel gleich die 1. Predigt über die Stelle im Matthäusevangelium, wo Jesus die Händler aus dem Tempel vertreibt. Man ahnt schon, worauf das hinausläuft. Der Tempel wird zur Seele des Menschen, und dieser Tempel muss »rein« sein. Dann hören wir das Entscheidende in durchaus verständlichen, aber eben auch anregenden Worten:

> Wohlan, nun gebt acht! Wer waren die Leute, die da kauften und verkauften, und wer sind sie noch? Nun hört mir genau zu! ... Seht, alle die sind Kaufleute, die sich hüten vor groben Sünden und wären gern gute Leute und tun ihre guten Werke Gott zu ehren, wie Fasten, Wachen, Beten und was es dergleichen gibt, allerhand gute Werke, und tun sie doch darum, dass ihnen unser Herr etwas dafür gebe oder dass ihnen Gott etwas dafür tue, was ihnen lieb wäre: dies sind alles Kaufleute. Das ist im groben Sinn [also nicht allego-

> risch kompliziert] zu verstehen, denn sie wollen das eine um das andere geben und wollen auf solche Weise markten mit unserm Herrn. Bei solchem Handel sind sie betrogen. Denn was sie sind, das sind sie durch Gott, und was sie haben, das haben sie von Gott und nicht von sich selbst. Darum ist ihnen Gott für ihre Werke und für ihr Geben gar nichts schuldig, es sei denn, er wolle es freiwillig tun aus seiner Gnade und nicht um ihrer Werke noch um ihrer Gaben willen …

Wichtig ist zunächst: Eckhart argumentiert, beweist, beleuchtet die Frage von allen Seiten, in ihren Alternativen. Das ist scholastische Manier, aber es ist eine geminderte Form dieser Manier, auch ein Laie kann folgen (ohne die Verästelungen der aristotelischen Logik mit ihren unzähligen Schlussmöglichkeiten zu kennen). Sein und Haben stehen sich gegenüber, Werke und Gnade. Und alles zusammengefasst in die Metapher vom »Markten«. Man versteht: Christliches Leben funktioniert anders, es ist kein Markt. Nachdem dies klar ist, kann Eckhart nachhaken und tut dies anhand des Bibelworts, dass nicht nur das Geld, sondern auch die feilgebotenen Tauben hinausgetragen werden sollen. Mit diesen Tauben tue man nichts Böses, aber es bringe Hindernisse für die lautere Wahrheit mit sich:

> Diese Leute, das sind alles gute Leute, die ihre Werke rein nur um Gottes willen tun und des Ihren nichts darin suchen und die sie doch mit Bindung an das eigene Ich, an Zeit und an Zahl, an Vor und an Nach tun. In diesen Werken sind sie gehindert an der (Erreichung der) allerbesten Wahrheit: dass sie nämlich sollten frei und ledig sein, wie unser Herr Jesus Christus frei und ledig ist …

Es gibt also über das reine Markten mit Gott hinaus auch noch eine feinere Form von falscher Einstellung: die Ich-Bindung, ein Tun im Namen des eigenen Ich. Wirklich christlich ist etwas anderes: aus seinem Ich heraustreten, nicht im eigenen Namen handeln, sondern in Gottes Namen allein. Eckhart fasst dies in ein höchst einprägsames Bild, das den Hörer anspricht, ihn womöglich schockiert mit der Einfachheit seiner Wahrheit:

> Will jemand anders in dem Tempel, das ist in der Seele, reden als Jesus allein, so schweigt Jesus, als sei er nicht daheim, und er ist auch nicht daheim in der Seele, denn sie hat fremde Gäste, mit denen sie redet. Soll aber Jesus in der Seele reden, so muss sie allein sein und muss selbst schweigen, wenn sie Jesus reden hören soll.

Das versteht man, wobei die Antithesen von Reden und Schweigen, von Daheimsein und Gästehaben helfen. So kann Eckhart zum Schluss vom inneren und vom äußeren Menschen handeln, vom Gehorsam des äußeren gegenüber dem inneren. Und er kann den Schluss anfügen, Jesus möge auch »in uns kommen und hinauswerfen und wegräumen … alle Hindernisse und uns eins machen, wie er als eins mit dem Vater und dem heiligen Geiste ein Gott ist, auf dass wir so mit ihm eins werden und ewig bleiben«.

Es sind diese Verlebendigungen und Alternativen (Antithesen), die das Verstehen unterstützen und die Predigt zur Rede machen, also Zuhörer überzeugen sollen. Wo liegt der Unterschied zu Bernhard von Clairvaux, der vor ähnlich gehobenem Publikum sprach? Bernhard allegorisiert, Eckhart zergliedert. Man kann beides als Argumentieren verstehen, beides bedient sich der Bilder. Der Unterschied liegt in der Wirkung: Bernhard spricht stärker den Affekt an (worin ihm die Franziskaner folgten), Eckhart den Verstand. Seine Zuhörer bzw. Zuhörerinnen sollten ihr geistliches Leben in seinen Grundlagen verstehen, sich nicht auf eine (angeblich) »reine« Liebe einlassen, die zu unkontrolliert und damit letztlich zu gefährdet erscheint. Eckhart kannte solche (in den Klöstern üblichen) problematischen Formen, sei es in Weihnachtsbräuchen mit Kindleinwiegen oder in einer schmerzzerflossenen Betrachtung der Passion. Dagegen stellt er eine selbstbewusste, eine intellektuelle Spiritualität. Aber er bahnt seinen Zuhörern und Zuhörerinnen auch den Weg dazu. In der Forschung wurde lange Zeit die These verfochten, Eckhart habe sich um sein Publikum keine Gedanken gemacht, habe seine Vorstellungen von Spiritualität ohne Rücksicht auf Verständlichkeit vorgetragen, sei einem »inneren Drang« gefolgt. Dabei berief man sich sogar auf Eckharts eigene Worte. Das bekannteste lautet: »Wäre hier niemand gewesen, ich hätte [diese Predigt] diesem Opferstocke predigen müssen.« Noch schwerer wiegt die Stelle, wo Eckhart über die Armut predigt und drei Punkte ankündigt, die er näher ausführen will:

> Ich bitte euch um der Liebe Gottes willen, dass ihr diese Wahrheit versteht, wenn ihr könnt. Versteht ihr sie aber nicht, so bekümmert euch deswegen nicht, denn ich will nur von so gearteter Wahrheit sprechen, wie sie nur wenige gute Leute verstehen.

Ist das blanker Zynismus? Man kann es auch anders deuten. Eckhart spricht nicht vor gewöhnlichen Laien, sondern vor religiösen Experten. Er rechnet mit Nichtverstehen, aber er wertet auch alle die auf, die ihm folgen können. Es ging ihm vielleicht wirklich nicht um alle, aber alle diejenigen, die ihm folgen konnten, wollte er auch gewinnen. Allein die aufgewiesenen rhetorischen Mittel bestätigen dies.

## *Exkurs zur Predigt als Lektüre*

*Die Wirkung von Eckharts Predigten war enorm, anders als bei Berthold von Regensburg ging sie sogar besonders von den deutschen Predigten aus, von denen heute mehr als 200 Handschriften vorliegen. Allerdings sind es (wieder) Lesepredigten, Predigten, die zum Lesen nachpräpariert wurden, um eine neue Funktion zu gewinnen: Es werden Traktate zur Erbauung derjenigen, die in der Ruhe ihrer Kammer nach Anregungen für ein christliches Leben suchen. Aber man muss auch sehen, dass die Autoren dafür eine Gestalt wählen, die die Predigt kopiert, die Mündlichkeit suggeriert. Warum? Weil immer noch das gesprochene Wort das Leitmedium ist, das Hören die eigentliche Form des Verstehens. Und auch dies darf man nicht vergessen: In der Predigt redet Gott durch den Mund des Predigers. So gesehen gibt es kein edleres Medium. Das aber führt zum Schluss: Wir haben in den Handschriften vielleicht keine einzige »authentische« Predigt vor uns. Aber die Handschriften wollen wie Gesprochenes wirken. Es wäre schon sehr merkwürdig, wenn dies auf eine Weise geschähe, die mit dem Vortrag nichts zu tun hätte.*

*Wir sind im Übrigen durchaus darüber im Bilde, wie die mittelalterlichen Leser und Leserinnen mit diesen Texten umgegangen sind, denn wir kennen Bibliotheken, die sich erhalten haben bzw. als Ganzes in moderne Bibliotheken gelangt sind. So wissen wir zum Beispiel über das (heute nicht mehr bestehende) Straßburger Dominikanerinnenkloster St. Nikolaus in undis Bescheid. Dort gab es bis zum 15. Jahrhundert 86 Handschriften mit Predigten. Dazu gehörte Unauthentisches von Augustinus sozusagen als Kronjuwelen der Väterzeit. Dann folgten Predigten der großen Dominikaner aus dem 14. Jahrhundert: in erster Linie*

*Meister Eckhart, daneben auch von dessen Nachfolgern Johannes Tauler und Heinrich Seuse. Als eine Art Hausliteratur wurden Nikolaus von Straßburg und Peter von Breslau (der in St. Nikolaus Lesemeister und Beichtvater geworden war) aufbewahrt. Weiter gibt es eher Unerwartetes: Predigten, die auf dem Basler Konzil im dortigen Steinenkloster gehalten wurden. Insgesamt machen dominikanische Prediger die Hälfte der Handschriften aus, aber es wurden auch sechs Franziskaner, je ein Augustiner und ein Karmelit, weiter zwei Johanniter, drei Konzilsprediger und drei Weltgeistliche gesammelt. Wir kennen also nicht wirklich die Predigten des Mittelalters, aber wir kennen immerhin den Geschmack zum Beispiel von Nonnen, die diese Predigten in ihrer schriftlichen Form schätzten.*

*Dabei wird nebenbei deutlich, dass selbst Dominikanerinnen nicht nur Dominikanisches lasen. Man kannte offenbar die Spezialisierungen der Orden und nutzte das Spektrum insgesamt. Es gibt eine interessante Quelle, die diese Art des Sammelns bei den Predigern selbst bestätigt. Um das Jahr 1275 und noch einmal 1304 entstanden an der Pariser Universität sogenannte Taxationslisten, die den Buchhändlern die Preise für die angebotenen Manuskripte vorschrieben. Die Listen enthalten Klassiker wie Augustinus und Gregor den Großen, weiter Bernhard von Clairvaux, der wie kein anderer die neue Universität bekämpft hat. Dann folgt Aktuelles, also Predigtstoff aus den beiden Bettelorden, wobei die Dominikaner dominieren. Man kann regelrecht sehen, wie sich ein Kanon bildet, bei dem Namen wie Markenzeichen wirken. Der Augustinerchorherr Jakob von Vitry etwa ist zentral vertreten. Wilhelm von Peyraud, Prior des Dominikanerkonvents in Lyon, taucht mit seinen* Sermones de dominicis *(Sonntagspredigten) und* de sanctis *(Werktagspredigten an den Heiligenfesten) auf, weiter mit einer* Summa de vitiis *(Summe über die Sünden), aus der man nicht Predigten insgesamt, wohl aber Stoff dazu heranziehen kann. Vom Franziskaner Guibert von Tournai konnte man die* Sermones de tempore et de sanctis *erwerben, zu deren Abfassung ihn der Papst selbst aufgefordert hatte.*

*Auch wenn die Bettelorden miteinander konkurrierten und im Laufe des Mittelalters ihre gelegentlich spektakulären Streitigkeiten austrugen: Das Publikum kannte keine Berührungsängste, griff nach Berühmtheiten ohne Rücksicht auf das Lager. Und nur ein verschwindender Teil fand den Weg in die Verbreitung, vor allem später in den Druck. Das meiste liegt in Handschriften verborgen, die nie auf Taxationslisten gerieten. Kein Einzelner, auch keine normale Forschungsgemeinschaft könnte diese Masse wirklich insgesamt durch- und aufarbeiten. Man muss sich also auf Stichproben verlassen und den gebahnten Pfaden folgen, wobei niemand sagen kann, ob es wirklich die richtigen sind. Es ist jedenfalls völlig anders als bei der poetischen Literatur. Die Dichtungen des Mittelalters sind entdeckt und publiziert. Nur sehr selten wird noch Neues aus dem Staub gezogen. Bei den Predigten dagegen biegen sich die Regalböden mit Unerschlossenem. Johann B. Schneyer hat in seinem* Repetitorium *zumindest die Titel zusammengetragen und die Aufbewahrungsorte in den europäischen Bibliotheken genannt. Im Einzelfall können sich dann hinter einem einzigen Namen oder einer einzigen Handschrift Hunderte von Predigten verbergen. Es ist schon ein gigantisches Echo, das die gesprochene Sprache in der geschriebenen Form hinterlassen hat.*

## Gottscheds Lob einer Verstorbenen

Mit welchem weltlichen Redner in der Neuzeit lässt sich Eckhart vergleichen? Mir fällt Johann Christoph Gottsched ein, der wie Eckhart ein Mann der Wissenschaft war und auch bei seinen Vorstellungen von der Redekunst von der Wissenschaft ausging. Redekunst ja, aber im Dienst der Wahrheit, lautete seine Devise, die zu ähnlichen Problemen führte, wie sie Eckhart lösen musste. Eckhart ging es um die Konsequenzen seiner theologischen Vorstellungen für den klösterlichen Alltag sowie die Vermittlung an relativ wenige, die diesen Alltag bewältigen mussten. Gottsched stand vor der Frage, wieweit sich wissenschaftliches Argumentieren bei seiner Weitergabe an ein schon sehr viel breiteres Publikum der Gebildeten auf die Mittel rhetorischer Wirksamkeit einlassen sollte. Noch war die grundsätzliche Trennung von Wissenschaft und Rhetorik, die Kant im § 53 der *Kritik der Urteilskraft* so rabiat formulieren sollte (»Rednerkunst ist, als Kunst, sich der Schwächen der Menschen zu seinen Absichten zu bedienen … gar keiner Achtung würdig«), nicht vollzogen, noch schienen Kompromisse möglich und sinnvoll. Gottsched hat daran lebenslänglich gearbeitet, verschiedene Rhetoriken mit grundsätzlichen Überlegungen vorgelegt und auch selbst Reden gehalten, die dem theoretisch Formulierten entsprechen sollten. Man muss dazu einen kurzen Blick auf seine Biographie werfen.

Im Jahre 1724 traf in Leipzig ein hünenhafter junger Mann ein, der gerade den preußischen Werbern entflohen war und nach einem Aufstieg suchte. Belesen wie er war, gab er Moralische Wochenschriften nach englischem Muster heraus, in denen er über philosophische, soziale und sonstige Themen (außer Politik und Religion) plauderte: zuerst die *Vernünftigen Tadlerinnen*, dann den *Biedermann*. 1729 wurde er damit außerordentlicher Professor für Poetik, vier Jahre später ordentlicher in Logik und Metaphysik. Zwischendurch befasste er sich mit der deutschen Sprache und schrieb Theaterstücke, mit denen die alten Hanswurstiaden verdrängt werden sollten. Vor allem aber stützte, ja stürzte sich Gottsched auf den damals gerade aufgegangenen Stern am Philosophenhimmel, auf Christian Wolff, mit dem nach verbreitetem Urteil in Deutschland die Aufklärung begann. »Vernünftig« und »kritisch« sollte alles zugehen, die Ethik genauso wie die Politik *more geometrico* erörtert werden, nach quasi mathematischen Wahrheitsansprüchen. Wie die Menschen auf der Grundlage von Tugenden glückselig werden können, lautete die Frage in der Ethik, wie als Bürger in einem Staat zum gemeinsamem Besten zusammenwirken, in der Politik. Und wie – vor allem – lässt sich dies auf natürliche Weise ganz jenseits von theologischen Unterstellungen wie der Annahme einer erbsündlich verderbten menschlichen Natur begründen?

Damit war viel Aristoteles zurückgekehrt, aber Wolff hatte um dessen Rhetorik einen großen Bogen gemacht. Wie Aristoteles einst die Rhetorik-Phobie seines Lehrers Platon korrigieren zu müssen glaubte, so suchte Gottsched Ähnliches bei seiner ansonsten bedingungslosen Rezeption von Wolff durchzuführen. Warum bei der Wahrheit das Problem der Wirksamkeit ignorieren? Möglich schien Gottsched dies, wenn man sich an Klassisches hielt: an die Rhetorik »der Alten«, sprich: Aristoteles, Cicero, Quintilian. Weises Komplimentierkunst war Gottsched ein Graus, Redensammlungen eines Lüning lösten Kopfschütteln aus. Die Aufklärung, wie Gottsched sie verstand, musste das barocke Gestammel überwinden und zur »Natürlichkeit« zurück, für die es ein in seinen Augen einzigartiges Vorbild gab: die Antike. Wie Wolff forderte Gottsched Natürlichkeit als Maßstab, fand sie aber nicht in der Natur, sondern in der Tradition – die Voraussetzung für seinen Klassizismus. Die lateinischen Rhetoriken des Humanismus hatten es vorgemacht, das französische goldene Jahrhundert gezeigt, wie auch in modernen Sprachen der alte Geist im Sinne der Aufklärung fruchtbar zu machen war. Jetzt sollte Deutschland nachfolgen. Gottsched schrieb 1729 die *Critische Dichtkunst* (als Rhetorik für die Poesie), 1736 seine *Ausführliche Redekunst* mit Untertitel »nach Anleitung der alten Griechen und Römer wie auch der neuern Ausländer«. Für einige wenige Jahrzehnte beherrschte Gottsched damit die intellektuelle Szene in Deutschland. Erst Lessing und der Sturm und Drang sollten mit völlig anderen Vorstellungen von Natürlichkeit das Konzept hinwegfegen.

Es ist trotzdem interessant. Vor allem hat Gottsched in seiner *Ausführlichen Redekunst* nicht nur die Theorie ausgearbeitet, sondern in einem fast gleich starken zweiten Teil die

Praxis zum Zuge kommen lassen. Dabei zeigt sich sehr schön, welche Arten von Reden in der ersten Hälfte des 18. Jahrhunderts das Feld beherrschten. Gottsched beginnt nämlich mit den Lobreden oder »Panegyrici«, lässt dann die Trauerreden folgen, weiter Predigten, dann öffentliche Reden der Lehrer sowie öffentliche Reden der Studierenden jeweils in den Schulen bzw. Universitäten. Schon fast am Ende tauchen die Hof- und Staatsreden auf, schließlich die Vorstellung von Personen sowie Verlobungs-, Trauungs- und Strohkranzreden (letztere am Tag nach der Hochzeitsnacht, mit Strohkranz statt Brautstrauß). Es gibt also weiter ganz überwiegend Zeremonialreden nach ihren verschiedenen Anlässen, weiter Reden auf der Kanzel und dem Katheder. Wenn man sieht, dass die politischen Reden Huldigungsreden darstellen, ist man ebenfalls wieder bei den Zeremonialreden. Die Rückkehr zur antiken Form ist so gesehen eine Rückkehr zu jener antiken Rede, die in der Antike selbst die geringste Beachtung fand: zur Lobrede. Auch wenn Gottsched die Panegyrik gesondert behandelt, fällt letztlich alles, was er aufführt, in dieses Ressort. Aber Aufklärung und Panegyrik, Lobrede und Wissenschaft: Wie geht das zusammen?

Man versteht dies nur, wenn man sich klarmacht, dass es eben uns heute eigenartig vorkommende Vorstellungen vom Menschen und der menschlichen Vernunft gibt, die diese Form der Aufklärung prägten. Die Wahrheit, die es zu verkünden oder zu verteidigen gilt, trifft zwar nicht mehr wie früher auf »verderbte« Zuhörer, aber auf ungelehrige oder auch nur müde. Der Wahrheit muss so gesehen aufgeholfen werden, sie muss zur Wirksamkeit kommen – und dies mit den Mitteln der Rhetorik. Auch dies gehörte zur antiken Theorie, ja war die Grundlage jener Ausbuchstabierung der »Mittel«, die die Rhetoriken immer mehr anschwellen ließen. Nur gab es im 18. Jahrhundert keine demokratischen Bedingungen, es gab den Absolutismus, der die Redeanlässe stark beschnitten hatte – wie in der Spätantike, als schon einmal die drei großen Redegattungen in die eine zusammengefallen waren, in die Panegyrik. Allerdings war dies eine »große« Panegyrik, nicht diese Schwundform wie bei einem Weise oder Lüning. Was Gottsched nicht nur lehrt, sondern im zweiten Teil seines Buches anhand meist eigener Beispielreden vorführt, ist Panegyrik mit ciceronianisch-quintilianischem Niveau. Er demonstriert es als Predigt (am zweiten Weihnachtstag) ebenso wie als lateinische und deutsche Schulrede, fingiert Huldigungsreden an den Kurfürsten und gräbt eigene Beispiele aus, die er in der Leipziger Rednerschule zu Übungszwecken verwendet hatte.

Was sich Gottsched dabei unter klassischer Rhetorik vorstellt, wird am besten deutlich, wenn man die einzige Übersetzung anführt, die er von der Lobrede eines der berühmtesten Kanzelredner in Paris bietet: Valentin Esprit Fléchiers *Trauerrede auf den Grafen von Turenne* von 1676. Fléchier, von Ludwig XIV. zum Bischof gemacht und zum Akademiemitglied zusammen mit Racine gewählt, spricht über einen Helden seiner Zeit, einen Grafen, der nicht ohne interessanten Fehler war. Denn dieser hatte sich zeitweilig der Reformation angeschlossen, was Anlass gibt, über den rechten Glauben und auch die Möglichkeit zu sprechen, einen solchen Fehler zu korrigieren. Ich zitiere die entscheidende Stelle, die zugleich wenigstens eine Andeutung gibt von dem Dauerfeuerwerk an Parallelismen, Antithesen, rhetorischen Fragen, mit denen Fléchier seine Ausführungen würzt (und die Gottsched geradezu genüsslich nachempfindet):

> Wie vollkommen war doch seine Bekehrung, meine Herren! Und wie sehr war sie von derjenigen unterschieden, die aus eigennützigen Absichten die Ketzerei verlassen; die zwar die Meinungen, aber nicht die Sitten verändern; die nicht anders in den Schoß der Kirchen kommen, als sie durch ein ärgerliches Leben desto näher zu verletzen; und nicht eher aufhören ihre geschworenen Feinde zu sein, als bis sie ihre widerspenstigen Kinder geworden … Er erkannte die Wahrheit; er liebte sie, er folgte ihr. Mit was für einer demütigen

> Ehrerbietung wohnte er unseren heiligen Geheimnissen bei? Mit was für einer Lehrbegierde hörte er die heilsamen Unterweisungen der Prediger? Mit was für Untertänigkeit bete er die Werke Gottes an, die der menschliche Verstand nicht begreifen kann? Ein wahrhafter Anbeter im Geist und in der Wahrheit, der nach dem Rat des weisen Mannes den Herrn mit einfältigem Herzen sucht!

Nicht anders als bei den barocken Rednern zeigt sich hier wieder die argumentative Form der Panegyrik, das pädagogisch gemeinte Lob. Nur ist es in diesem Fall mit allen Mitteln der Rhetorik dargeboten. Das aber wollte Gottsched auch im eigenen Namen vorführen. Ich wähle als Beispiel die Leichenrede, die er selbst 1726 in der Leipziger Paulinerkirche (also der durch die Sprengung zu DDR-Zeiten berühmt gewordenen Universitätskirche) auf Dorothea Schütze hielt, zwei Jahre nach seiner Ankunft in Leipzig und zweifellos mit dem Hintersinn, sein Können zu zeigen. Vermutlich hat er bei der Veröffentlichung Jahre später noch nachgefeilt.

Man muss sich in die damalige Situation versetzen. Verstorben war die Ehefrau des in Leipzig hochgeachteten Friedrich Wilhelm Schütze, Mitglied der Theologischen Fakultät am Ort und selbst bekannter Prediger in den großen Leipziger Kirchen. Etwas anderes als ein Lob kam nicht in Frage, aber Gottsched zeigt sofort zu Beginn seiner Rede, dass er das Problem sieht: Er spricht »falsche Lobsprüche« an, die »die Laster ihrer Verstorbenen desto sichtbarer machen«, auch »unerträgliche Schmeicheleien«, die die Zuhörer nerven. Es geht also um das Lob einer wirklich Lobenswerten – anderes ist für einen Aufklärer schlicht nicht zumutbar.

So weit war der Boden bereitet, um über »diese junge Pflanze, die Gott selbst zum Gärtner hatte« lobend zu reden. Aber wie genau? Gottscheds Konzept war, das Bild einer idealen Ehefrau zu zeichnen, die alle Anwesenden als Vorbild anerkennen konnten. Der Panegyricus gerät also zum pädagogischen Diskurs, in dessen Schutz das Lob unverfänglich bzw. umgekehrt gezeigt wird, wie sich ein individuelles Lob umfunktionieren lässt in die Präsentation von allgemein gültigen Werten:

> Sie erquickte ihren Eheherrn unter der Last seiner Sorgen. Sie linderte den überhäuften Kummer seines Herzens durch ihre Freundlichkeit. Oft trocknete sie den Schweiß von seinen Wangen, den ihm seine Amtsgeschäfte reichlich auspressten. Sein Vergnügen war ihre einzige Freude, seine Betrübnis war ihre größte Qual. Und wie gerne hätte sie einen Teil seiner Bürde auf sich genommen, wenn solches nur auf irgendeine Weise möglich gewesen wäre.

Das ist heute vielleicht schwerer zu ertragen als die hölzernen Reden bei einem Lüning, die Gottsched verabscheute. Sie zeigen eben das, worum es hier zu tun ist: rhetorischen Schmuck in Form von immer neu parallel gebauten Sätzen und kraftstrotzenden Bildern:

> Tretet her, ihr nachlässigen Frauen, die ihr durch eine törichte Affenliebe die Eurigen verzärtelt, ihren Leibern zwar nichts, aber den unschuldigen Gemütern fast alles fehlen lasst. Tretet her und nehmt an dieser vernünftigen Mutter ein Exempel. Wie ernstlich ließ sie sich angelegen sein, schon in der zartesten Kindheit die verkehrten Neigungen ihrer Säuglinge zu dämpfen und das Unkraut der Laster schon seinen ersten Knospen auszujäten!

Es geht noch weiter, aber ich kürze ab, weil es heute ungenießbar ist, vor allem wenn Gottsched dann auch noch seine »ungeübte Zunge« bedauert. Man kann Lessing und die Stürmer und Dränger verstehen, wenn sie sich von diesem Klassizismus befreien wollten. Die Rhetorik war seither ruiniert, weil schlimmer als das Gestammel das Geklingel wirkte.

Nur muss man sich auch dies vor Augen halten: Eine Gesellschaft suchte nach Normen, Werten und fand sie in der Rückbesinnung auf die Antike. Aristoteles mochte dabei die Moral und Politik fundieren helfen, überhaupt für Logik und wissenschaftliche Begründung stehen, die mittlerweile schon wieder einen großen Schritt weitergekommen war. Aber das neue Wissen bedurfte seiner Weitergabe, sollte auch wirksam werden. Dazu schien wiederum die Antike ihre Hilfe anzubieten, diesmal besonders Cicero. Man kann sagen, dass dies zum Schwulst führte, wie er im Barockzeitalter gerade überwunden schien. Aber man kann nicht sagen, dass hier nicht Rationalität im Spiel war. Für die Begründung der Wahrheit konnte nichts gut genug sein, für die Verkündung aber auch nicht. Geht man dabei von der (klassizistischen) Vorstellung aus, dass der Maßstab der Natur in der Antike gefunden und für alle Zeiten definiert worden war, führte kein Weg vorbei an einem erneuerten Ciceronianismus. Die Trauergemeinde in Leipzig dankte es vermutlich dem Redner. Unter den Bedingungen der öffentlichen Versammlung war anspruchsvolle Rhetorik möglich und auch nötig. Was heute peinlich klingt – die Tiraden über die gute Ehefrau –, füllte mit den rhetorischen Ausgestaltungen Erwartungen an eine Rede, die der Toten, vor allem aber ihrem zurückgebliebenen Ehemann zur Ehre gereichten. Es war eben ein Panegyrikus mit genau berechneter Funktion: ein Beispiel dafür, wie wissenschaftlich angeleitete Redekunst klingen konnte – und sich bezahlt machte. Gottsched machte in Leipzig Karriere.

# Johannes Kapistran und Robert Blum

## Kapistran, ein Wanderprediger

Ich versuche es ein letztes Mal mit einem Pärchen aus Predigt und Politik, vielleicht dem am weitesten hergeholten, bei dem das Wandern die einzige (äußere) Gemeinsamkeit darstellt. Denn Johannes Kapistran, der Franziskaner, war wieder wie Berthold Wanderprediger, ja war es noch mehr als dieser. Und Robert Blum zog in Zeiten der Revolution von Stadt zu Stadt, um seine demokratischen Ideen zu verbreiten, verlor bei seiner Visite in Wien, die er aus seiner Teilnahme an der Frankfurter Nationalversammlung heraus unternahm, gar sein Leben. Leider wissen wir kaum etwas über die sprachlichen Anpassungsprobleme, die solche Wanderschaft zweifellos mit sich bringt: Kapistrans gedolmetschtes Italienisch oder Latein etwa in Wien, das auch er bereiste, Blums rheinischer Dialekt in Dresden oder Süddeutschland, wo er besonders viel sprach. Aber wir sind unterrichtet über die Auftritte als solche und auch die Reden – mit dem Ergebnis, dass viel Kunst im Spiel ist. Redner, gerade vor fremdem Publikum, empfahlen sich nicht mit Themen oder Thesen allein, sie boten Attraktives, wozu auch die sprachliche Darbietung gehörte. Richten wir uns auf große Unterschiede ein, aber auch auf ein ähnliches Ergebnis. Ich beginne mit dem heutzutage wohl wenig bekannten Kapistran.

Es wäre durchaus sinnvoll, von einem Höhepunkt der Rede im 15. Jahrhundert zu sprechen, im vielgeschmähten späten Spätmittelalter. Jedenfalls tauchen in dieser Zeit Prediger auf, die an Wirkung alles überstrahlen, was wir seit der Antike kennengelernt haben. Die Kanzel wird zur Agitationsplattform, die Massenhysterie zum Normalzustand. Während die gleichzeitig einsetzende Renaissance zur Antike zurückkehrte und die Künste (einschließlich der Literatur) erneuerte, wird die Religion fundamentalistisch. Man kann beides als Folge der Krisenerfahrungen deuten, die mit einer Verschlechterung des Klimas und entsprechenden Hungersnöten, mit dem Auftreten der großen Seuchen von Pest und Syphilis zusammenhängen. Auf jeden Fall geht es um Selbstbehauptung, um Widerstand gegen den drohenden Untergang. Die einzige Form der großen Rede, die die Zeit kennt, sucht diese Gegenwehr in religiöser Erneuerung. Vor allem die Stadt kommt damit in Kontakt. Jeder Bürger ist Adressat unaufhörlichen Predigens. In den Fastenzeiten, zum Beispiel der vierzigtägigen vor Ostern, wird täglich gepredigt, mancherorts morgens und nachmittags.

Das Personal dieser Prediger kommt weiter im Wesentlichen aus den Bettelorden. Es sind durchweg einfache Leute, die sich für einen Bildungsgang empfahlen und danach Karriere machten. Dafür bieten die Orden die nötige Infrastruktur. Schon Berthold von Regensburg hatte sein »Haus« hinter sich, das seine Predigten als Texte aufbereitete und seine Reisen organisierte. Im 15. Jahrhundert ist das System perfektioniert und erhält einen neuen Akzent. Es tauchen Gestalten auf, die mit ihrer Tätigkeit direkten Einfluss auf die Politik suchen und auch gewinnen. Politik bedeutet hier nicht Reichs-, sondern Stadtpolitik. Das Urbild sind die italienischen Kommunen mit ihrer hohen Selbständigkeit. Der Franziskaner Bernhardin von Siena (gest. 1444) reformiert mit seiner durch Predigten gewonnenen Autorität Perugia und Siena. Das Fernziel ist die Gottesstadt, das Nahziel die Reinigung der Stadt vom Laster, wozu alles gehört, was das Leben spannend macht: Luxus, Glücksspiel, »moderne« Kunst. Bernhardin verbrennt entsprechende Gegenstände spektakulär auf den Marktplätzen. Zur Unterstützung seiner Ausführungen hielt er eine Tafel mit dem Namen Jesus hoch, was 1426 zu Ausschreitungen führte, denen ein päpstliches Verbot folgte. Bernhardin umging es subtil – in Verbindung mit einem Kreuz blieb die Szene gestattet.

Vielleicht bemerkt man Zusammenhänge bei noch wesentlich bekannteren Namen. In Florenz vertreibt der Dominikaner Girolamo Savonarola selbst ein Fürstengeschlecht wie die Medici und hält die Bürger in einer Stadt zusammen, die wie ein Kloster organisiert ist. Erst nach zwei Jahren holen die Mächtigen 1498 zum Gegenschlag aus und verbrennen ihn auf dem Platz vor der Signoria, wo jeder Tourist noch heute die Stelle auf einer Bodenplatte findet. Etwas später geschieht Ähnliches in Zeiten der Reformation. Huldrych Zwingli (gest. 1531) macht mit seinen Predigten Zürich zur Gottesstadt, Jean Calvin (gest. 1561) Genf. Was sich im Hochmittelalter als Trennung von Staat und Kirche allmählich anbahnte und dann in der Neuzeit zu einem wesentlichen Element europäischer Staatsvorstellung heranreift, wird in den Krisenzeiten des 15. und 16. Jahrhunderts unterbrochen vom Gedanken einer Theokratie. Auch Europa also hatte seine Form der »Islamisierung«. Sie setzte sich nicht durch. Aber sie verdankte ihre Ausbildung der Rede bzw. Rednern (wozu es bei der heutigen Islamisierung beunruhigende Parallelen gibt, über die man in rednerischer Hinsicht viel zu wenig weiß). Diese Akteure standen in Traditionen, die seit der Spätantike die Ansätze europäischer Redekunst immer wieder umgeformt hatten. Und immer wieder war Wesentliches erhalten geblieben. Dazu gehört als eigentliche Grundaufgabe das Überreden mit den Mitteln von Kunst, auch äußerer Kunst bis in die Erscheinung des Redners, die Inszenierung seines Auftretens.

Der Perfektionist auf diesem Gebiet war Johannes Kapistran (gest. 1456). Der Franziskaner, ein Schüler von Bernhardin, der dessen Heiligsprechung durchsetzte, wurde vom Papst mit Sonderaufträgen ausgestattet, die wir heute mit Schaudern ansehen: Als Inquisitor bekämpfte er die als häretisch eingestuften eigenen Ordensbrüder (die konsequent »evangelisch« lebenden Fraticelli) bis zur regelrechten Ausrottung, weiter

Juden und die seit dem Konstanzer Konzil verfolgten Hussiten in Böhmen, Mähren und Ungarn – alles Länder, in denen er jeweils als Prediger auftrat. Visitations- bzw. Legationsreisen, speziell der Aufruf zum Kreuzzug gegen die Türken, führten ihn darüber hinaus bis nach Palästina, Frankreich, die Niederlande und Sizilien. König Friedrich III. holte ihn über seinen Sekretär Enea Silvio Piccolomini (den späteren Papst Pius II.) schließlich auch ins Deutsche Reich, wo er von 1451 bis zu seinem Tod 1456 predigte. Es ging in diesem Fall um die religiöse Erneuerung nach dem wichtigen Basler Konzil, das 1449 geendet hatte. Kapistran war also »Reformator«, der nicht bei der Kirche, sondern beim Volk ansetzte, zu dem freilich Klerus und Laien gleichermaßen gehörten.

Dabei zeigen die vielen erhaltenen Predigtmitschriften einen kunstvollen Aufbau der Argumente nach dem damaligen Stand des Humanismus – der Minorit Nikolaus Eyfeler hat nach diesem Vorbild eine *Ars praedicandi* verfasst. Die Streitschrift gegen den Kopf der hussitischen Bewegung in Böhmen, den Prager Magister Johannes von Rokytzana, zeigt viel rhetorische Brillanz, wie sie wohl geradewegs aus den Predigten stammt. Man muss nur einmal den Angriff lesen, mit dem Kapistran seinen Gegner bedachte (dieses und das folgende Zitat nach Johannes Hofer):

> Warum machst Du mit Deinem schmutzigen Mund den Mönchsnamen verächtlich, Du Fraß der Würmer, Du Speise des Feuers, Du Fäulnishaufen, Du Sündenmensch, Du Sohn des Verderbens, Du Sklave der Hölle, wenn Du nicht wahre Buße tust. Verzeihe mir! Du hast mich zum Zweikampf herausgefordert. So ertrage geduldig die Stöße der blitzenden Lanze. Ich will Dich nicht abschlachten, nur aus dem Sattel werfen, damit Du Dich nicht für einen unbesieglichen Ritter hältst. Du rühmst Dich ja immer, wie man sagt, der unbesiegbare Ketzer zu sein. Komme zu mir, dem Generalinquisitor, dem Kommissar des Papstes, komme zum Abschwören, demütige Deine Seele, erkenne Deine Irrtümer, sei

aufrichtig und in Wahrheit ein Lehrer des wahren Glaubens. Komme um die Lossprechung; versöhne Dich mit Deiner hehren Mutter; sei nicht wie die Vipernbrut, die der Mutter Eingeweide auffrisst. Wenn Du zum Abschwören kommst, wenn Du noch heute kämest, als meinen teuersten Freund würde ich Dich aufnehmen.

Nur erklärt dieses sprachliche Feuerwerk die Wirkung nicht. Wie schon einst bei Bernhard von Clairvaux spielt der Inhalt der Predigten die geringste Rolle. Es ist vielmehr der Auftritt dieses Asketen (der uns im Porträt von Thomas Burgkmair wie ein Totenschädel aus der ärmlichen Kutte ansieht), der wie ein Popstar unter Glockengeläut von der gesamten Bevölkerung empfangen wird und zur vorbestimmten Stunde vor Zigtausenden spricht (der nüchterne Piccolomini gibt 20 000–30 000 an, die Umgebung von Kapistran meldet wesentlich höhere Zahlen). Schon in Villach, der ersten Station, ist der Empfang sensationell. In Wien errichtet man ihm eine Außenkanzel vor dem Dom, vor der sich Klerus, Universität und Hof mit König Friedrich III. an der Spitze auf ihren Ehrenplätzen versammelt haben. Auch Kapistran nutzt bei seinen Auftritten eine große Geste, indem er Bernhardins Jesus-Täfelchen hochhält und dazu dessen Reliquien – die Heiligsprechung war nicht ohne Nebenabsichten vorangetrieben worden. Ebenso ist der Höhepunkt der Predigten Bernhardin nachempfunden: Am Ende gehen die »Eitelkeiten« in Flammen auf. Für Wien ist ein besonders großes Feuer bezeugt.

Am Rande hören wir von einer Einzelheit, die den Vortrag beleuchtet. Kapistran selbst bezieht sich auf ein Wort des Propheten Jesaja, in dessen Tradition er sich wie alle Bußprediger sieht. »Rufe aus voller Kehle, halte dich nicht zurück! Lass deine Stimme ertönen wie eine Posaune!«, zitiert er und kommentiert dies so:

Wenn du Tullius [Cicero] und Augustinus *De christiana doctrina* im 4. Buch gelesen hast, dann weißt du ja, wie viel Stimme und Geste beim Volk bedeuten, auf das mehr Eindruck macht, was es sieht, als was es hört. Wenn ich das Volk zur Andacht bringen will, dann muss ich die Stimme steigern. Wenn du aber sagst: Weichet von mir ihr Verfluchten, dann musst du furchtbar schreien, das verlangt der Sinn der Worte. Gütig aber sind die Worte vorzutragen: Kommt, ihr Gesegneten meines Vaters.

Nicht umsonst also ging damals das Wort vom *mos italycus* um, von der italienischen Art des Auftretens, mit dem Kapistran vor allem von seinen Kritikern bedacht wurde. Er schrie wohl wirklich und hielt auch sein Publikum zum Toben an, sofern es im Chor beim Hochhalten der Bernhardin-Reliquien in *misericordia*-Rufe ausbrechen musste.

Es ist keine Frage, dass Kapistran eine Rednerfigur verkörpert, die vor allem *eine* Seite europäischer Redekunst verabsolutiert: den Auftritt. Es geht um Überredung zu religiöser Erneuerung, wobei Argumente und Argumentation schon aus sprachlichen Gründen eine untergeordnete Rolle spielen – kaum jemand versteht ja den Redner wirklich, die meisten sind auf Übersetzung angewiesen oder begnügen sich schlicht mit dem Schauspiel. Und es ist dieses sich stets wiederholende Schauspiel, ja die Erwartung der Wiederholung, die die Massen fasziniert. Drei Stunden und länger können die Predigten dauern, über die die Chroniken immer wieder in allen Einzelheiten berichten: dass man in Regensburg den Kornmarkt aus Sauberkeitsgründen eigens mit Stroh bedeckte, dass man ihn in Nürnberg von der steinernen Kanzel auf dem Friedhof sprechen ließ, in Frankfurt am Main auf dem Römerberg genau an der Stelle, wo das Volk dem jeweils neuen Kaiser zu huldigen pflegte (und während der Predigt die Stadttore geschlossen hielt wie einst bei Caesarius von Arles). Der Auftritt verschlingt also förmlich den Inhalt. Das Ergebnis aber muss nüchtern betrachtet werden. Natürlich wissen wir nicht, wer genau und in welcher Weise sein Leben änderte. Die Wirkung kann jedoch nur flüchtig gewesen sein. Die Stadt hält für einen Augenblick den Atem an, lässt sich in den

Bann schlagen, dem Exzess folgt der Schock. Aber dann geht das Leben weiter.

## Blum, ein reisender Politiker

Ganz so ist es in der Politik nicht gewesen. Und vor allem: Am Ende zieht es die Politiker in die politische Arena, ins Parlament, um ihre Positionen zu vertreten. Dies trifft besonders auf Robert Blum zu, einen Vertreter der Demokraten mit Tendenzen hin zur radikalen Linken, der heute weitgehend vergessen ist. Er vertritt die Figur des Berufspolitikers, wie er sich im Vormärz und dann vor allem nach Ausbruch der Märzrevolution 1848 in Deutschland herausgebildet hat. Nach seiner Herkunft aus ärmlichsten Verhältnissen mit unzulänglicher Schulbildung erwirbt Blum sein Wissen als Autodidakt und gründet Zeitungen, in denen er seine demokratischen Ideen verbreitet. In Leipzig bringt er es als »Bierpolitiker« mit seinen Reden im Schützenhaus zum Mitglied im Stadtrat und fordert im Februar 1848 in spektakulären Aktionen (einmal vom Balkon des Rathauses aus, also fast wie Kapistran) vor Hunderten Zuhörern den Rücktritt der sächsischen Regierung. Der Erfolg ist bescheiden (ein Minister demissioniert), aber Blum hat sein Talent erkannt, geht auf Redereisen. Als im März die Revolution losbricht und in ihrer Folge die Idee der Nationalversammlung reift, greift er sofort zu.

Blum wird ins Vorparlament gewählt und bringt es dort zu einem der Vizepräsidenten, was sich beim Fünfzigerausschuss wiederholt. Ins eigentliche Parlament gelangt er, nachdem ihn gleich mehrere Städte als Kandidaten aufgestellt haben. Sogar zur Wahl des Präsidenten tritt er an, unterliegt allerdings sehr deutlich gegen Heinrich von Gagern. Bei den Verhandlungen gilt er als Führer der demokratischen Fraktion, sucht die Zusammenarbeit mit dem linken Flügel der Liberalen und grenzt sich ab von den radikalen Revolutionären Friedrich Hecker und Gustav Struve. Als Herausgeber der Deutschen Reichstagszeitung berichtet er täglich über die Arbeit im Parlament und beteiligt sich fleißig an den Debatten. Im Fünfzehnerausschuss zur Ernennung eines provisorischen Staatsoberhaupts unterliegt er ebenso wie bei der Wiederherstellung der Selbständigkeit Polens: Statt eines bürgerlichen Oberhaupts wird der österreichische Erzherzog als Reichsverweser ernannt, Polen bleibt eine Provinz des Deutschen Reichs. In Verhandlungspausen ist Blum auf Vortragsreise unterwegs, so wie zuletzt als Delegationsleiter der demokratischen Fraktion in Wien. Aus der Sympathieadresse an die dortigen Revolutionäre wird Teilnahme am Barrikadenkampf, Verhaftung und standrechtliche Erschießung. In Frankfurt ist die Intervention (bei einem Linken) zu schwach, um ihn zu retten. Erst die Trauerfeiern in ganz Deutschland zeigen die große Sympathie mit dem demokratischen »Märtyrer«.

Blum hat sich also eingemischt, zu allen wesentlichen Themen in den Anfangsmonaten der Nationalversammlung gesprochen und die Position der Demokraten markiert. Dies gilt auch für eine der brisantesten Diskussionen überhaupt: die Wahl zwischen einem frei gewählten »Vollziehungsausschuss« als Exekutive in einem neuen Bundesstaat oder einem von den Fürsten abhängigen »Bundesdirektorium«. Praktisch lief dies darauf hinaus, entweder eine Republik (nach französischem Vorbild) einzuführen oder eine konstitutionelle Monarchie. Das rechte Zentrum, das im Ausschuss über die Mehrheit verfügte, sah im Antrag der Linken den »völligen Umsturz der Verhältnisse«, mit einer Pervertierung der »Freiheit« zu »Schrankenlosigkeit«. Die Vertreter der Rechten suchten auf alle Weise zu verhindern, dass die Nationalversammlung zur »Regierung« werde, der Monarch zum »Unterschreiber«. Die Gemäßigten wiesen auf die Gefahren hin, die in der gänzlichen Entmachtung eines an sich »überwundenen Prinzips« steckten, nämlich eine neue Form von Despotie diesmal von unten.

Außerdem verfüge man über keinerlei Macht, vor allem nicht über Soldaten. Schließlich müsse alles in einer »Schreckensherrschaft« und einem »Verwüstungskampf«, in »Terrorismus« und »Anarchie« enden wie einst beim Nationalkonvent in Frankreich. Gegen diese Argumentation trat Blum mit zwei »Reden über die Zentralgewalt« am 20. und 24. Juni ans Pult.

Diese Reden sind durch und durch rhetorisch aufgebaut und ausgeführt, ähneln darin den englischen und französischen Vorbildern. Es geht Blum um eine klare These: Nur ein Organ, das der Nationalversammlung und damit dem Volk verpflichtet ist, führe aus der monarchischen Willkürherrschaft heraus. Die Nationalversammlung habe den klaren Auftrag, ein solches Organ zu schaffen, um die Hauptziele zu erreichen: die Einheit und die Verfassung. Blum überstürzt in seiner Rede nichts, beginnt mit einer Einleitung, die die Gemeinsamkeit der Abgeordneten mit schwungvollen (anaphorischen) Sätzen beschwört:

> Sie sind hierhergekommen, um dieses zerstückelte Deutschland in ein Ganzes zu verwandeln. Sie sind hierhergekommen, um den durchlöcherten Rechtsboden in einen wirklich, in einen starken zu verwandeln. Sie sind hierhergekommen, bekleidet mit der Allmacht des Vertrauens der Nation, um das »einzig und allein« zu tun. Genügt es dazu, dass Sie Beschlüsse fassen und sagen: die Nationalversammlung beschließt, dass das oder das geschehe? Durchaus nicht. Sie müssen sich das Organ schaffen, durch welches diese Beschlüsse hinausgetragen werden in das Leben, durch welches sie gesetzliche Geltung erlangen. Dieses Organ zu schaffen, ist der Gegenstand unserer Verhandlung.

Noch ist die Uneinigkeit nicht angesprochen. Aber Blum muss damit heraus und formuliert sein »Wollen« in einer klaren Antithese:

> Man sagt uns, der Vollziehungsausschuss, der von einer sehr kleinen Minderheit vorgeschlagen worden ist, sei eine republikanische Einrichtung, und wir geben das sehr gerne zu. Wir verhehlen gar nicht, wir wollen die Republik für

> den Gesamtstaat, wir wollen diese Einrichtung, und nicht deshalb, weil wir die Verhältnisse in Deutschland auflösen wollen, sondern weil wir sie schützen wollen.

Was folgt, ist die Entkräftung von Vorwürfen hinsichtlich einer Form von Einheit, die den »Spielraum« der Regionen beenge oder eine Verteidigung unmöglich mache. Umgekehrt aber sei die »Verantwortlichkeit« eines Direktoriums in den Händen von Monarchie und Fürsten »eine leere Phrase«, führe zu nichts anderem als »Despotie«, ja »schrankenlosester Diktatur«. An dieser Stelle wendet sich Blum direkt an die Versammlung, spricht ihr das Recht »zu verhandeln« mit dem Argument ab, die andere Seite habe »seit 30 Jahren niemals mit uns unterhandelt«. An dieser entscheidenden Stelle greift Blum zu einprägsamen Bildern und Antithesen. Ein »Volk von 40 Millionen« könne nicht »mit 34 Menschen [gemeint: mit den 34 Fürsten] (unterhandeln), die ihr Sonderinteresse fördern wollen«. Vor allem aber kehrt er den Vorwurf der drohenden Anarchie um, macht wieder einmal aus dem scheinbar schwächeren Argument das stärkere:

> Man hat uns vielfach in diesen Tagen darauf hingewiesen, es herrsche die Anarchie, und sie trete hervor an diesem und jenem Orte in Deutschland. Und das ist wahr, leider ist es wahr. Aber fragen Sie, was ist denn diese Anarchie? Ist sie etwas anderes, als die Zuckung der Ungeduld, die in dem gehemmten Leben sich kundgibt, die Zuckung der Kraft, die nach außen oder nach innen sich geltend machen will? … Wollen Sie der Anarchie entgegentreten, Sie können es nur durch den innigen Anschluss an die Revolution und ihren bisherigen Gang. Das Direktorium, das Sie schaffen wollen, ist aber kein Anschluss daran; es ist ein Widerstand, es ist Reaktion, es ist Konterrevolution.

Blum hat an diesem Punkt der Rede den Ansatz gefunden zum Gegenstoß und führt ihn aus mit einem Wortspiel, das zu »stürmischem, anhaltendem Beifall in der Versammlung und auf den Galerien« führt:

> Man wirft mitunter schielende Blicke auf einzelne Parteien und Personen, und sagt, dass sie die Anarchie, die Wühlerei, und wer weiß was, wollen. Diese Partei lässt sich den Vorwurf der Wühlerei gern gefallen. Sie hat gewühlt ein Menschenalter lang mit Hintansetzung von Gut und Blut, hat den Boden ausgehöhlt, auf dem die Tyrannei stand, bis sie fallen musste, und Sie säßen nicht hier, wenn nicht gewühlt worden wäre …

Ob die weiteren Ausführungen vorbereitet waren oder sich dem Schwung verdankten, den der große Beifall auslöste. Blum greift nun das monarchische Regiment mit seinen Missständen an, wo eine Tänzerin genügte [Anspielung auf die Affäre um Lola Montez in Bayern], um den Staat »in seinen Grundfesten (zu) erschüttern« und ein »korrumpierter Thron« »neben aller Sittlichkeit, Ehre und Tugend auch alle Mittel (verschlang), die nötig waren, um die Hungernden zu ernähren«. Wonach der furiose oder auch (nach heutigen Maßstäben) kitschige Schluss folgt, dass die Freiheit »den Kranz des unverwelklichen Dankes« auf dem Grab der Diktatur niederlegen möge, »wenn sie siegt«:

> und wenn sie unterliegt, wird auch der letzte sehnsüchtige Blick ihres brechenden Auges sich dorthin wenden. Wollen Sie das Himmelsauge brechen sehen, und die alte Nacht über unser Volk aufs Neue heraufführen, so schaffen Sie Ihre Diktatur.

Nach diesem Schlusssatz protokollierte der Stenograph »stürmisches Bravo«.

Aber man muss sehen, dass Blum nicht nur pathetisch sein konnte. Gerade in der zweiten Rede vom 24. Juni geht er durchaus nüchtern auf die Probleme ein, die mit einer konstitutionellen Monarchie verbunden sind, weist auf das Fehlen einer Konstitution in dieser Konstitutionellen Monarchie hin, auf eine »Schranke für die Gewalt, die Sie schaffen wollen«. Es gehe um ein »Staatenhaus«, das der Bundestag nie war und nie werden könne (»Wenn Sie ein Kloster, ein Jesuitenkloster haben, und die alten Mönche hinausschicken und neue, junge, andersdenkende hineinsetzen, haben Sie dann etwas anderes als ein Jesuitenkloster?«). Es gehe vor allem um »Verantwortlichkeit« gegenüber dem Volk, die in der konstitutionellen Monarchie nicht gewährleistet sei und nur bei einer Vertretung des Volkes gegenüber dem Monarchen ihren Namen verdiene. Blum ist konsequent genug, den Wandel von einer wirklichen Revolution zu erwarten, einer solchen, die bislang (mit Frankreich verglichen) gewaltfrei war und es bleiben könne, wenn sich denn die Nationalversammlung an ihre Spitze setze. Gerade weil die Revolution wie in Frankreich aus dem Ruder zu laufen drohe, müsse sie verantwortlich gestaltet werden.

Und er wäre nicht Blum, wenn er diese Möglichkeit nicht am Horizont erscheinen sähe. So endet auch diese Rede in einer rhetorischen Ausmalung der Zukunft mit allen Mitteln des Sprachspiels:

> Wie sollte das Herz eines Volkes nicht abstumpfen können unter einer dreißigjährigen Tyrannei, wie sollte es nicht alt werden unter der Knechtschaft eines Menschenalters! Aber auch das alte Herz kann lieben, und es liebt inniger, wenn auch ruhiger, als das junge, weil es das Bewusstsein in sich trägt, dass der Liebesfrühling ihm nur noch *einmal* kommt. Es wird für die Erkorene in die Schranken treten, nicht mit der Aufwallung des Jünglings, aber mit der vollen Kraft des reifen Mannes. Überliefern sie die Braut des besonnenen deutschen Volkes nicht ihrem ärgsten Todfeind: der Gewalt. (Von allen Seiten: Bravo! Klatschen auf den Galerien.)

Formulierungen dieser Art führten allerdings bei einem Beobachter wie Heinrich Laube, von dem noch näher die Rede sein wird, zur Verurteilung solcherlei Bilderreichtums als »hohl«, des Ganzen als »schwülstig« und allenfalls etwas für »die Galerie«. Die Äußerungen »in friedlichst singendem Tone«, die »schimmernde Halbwahrheit«, »vorgetragen mit priesterlicher Salbung«, machen Blum in den Augen Laubes zum unredlichen Charakter. Aber das dürfte zu moralisch geurteilt sein. Die Rhetorik *ist* (nach unseren Maßstäben) schwülstig, aber sie gehört in eine Welt, die solcherlei Rhetorik immer noch erwartete, ja als Unterpfand von Wahrheit und Authentizität ansah. Die auf Rhetorik verzichtenden Redner waren in der Paulskirche noch in der Unterzahl – auch darüber später Näheres. Die allermeisten sprachen noch nach den Lehrbüchern oder Vorbildern der Vergangenheit.

Blum hatte letztlich keinen Erfolg, kein einziger seiner Anträge wurde angenommen. Aber dies lag kaum an seiner Rhetorik, auch nicht an fehlender Überzeugungskraft – und erst recht nicht an seiner Rolle als politischer »Wanderprediger«, die ihm im Gegenteil immer viel Beifall eintrug. Blum hatte sich allerdings an einen Ort gewagt, der den Bedingungen, unter denen er bislang Erfolg fand, nicht mehr entsprach. Zwar trugen ihm seine schwungvollen Reden auch dort eine beachtliche Anhängerschaft ein, nicht nur auf den Galerien. Aber das Publikum bestand eben zum überwiegenden Teil nicht mehr aus einzelnen Persönlichkeiten, die eine undefinierbare Masse bildeten wie auf seinen Agitationsreisen. Das Publikum der Nationalversammlung waren die Gewählten in ihren neuartigen Fraktionen. Dort aber fand Überredung ihre Schranke an puren Mehrheitsverhältnissen. Da konnte Blum auftreten wie Kapistran – es war vergeblich.

# Geiler von Kaysersberg und Martin Luther

## Geiler von Kaysersberg in Straßburg

Das entscheidende Manko von Kapistrans Predigten lag in der Kurzfristigkeit ihrer Wirkung, geradezu in deren Verpuffen. Deshalb erscheint eine andere Figur des Redners, die uns bei Bernhardin von Siena oder Savonarola begegnet ist, vielversprechender: der Stadtreformer, der ein Publikum über eine größere Dauer hinweg anspricht, auf Kontinuität und Identität setzt. Diese Gestalt bildete sich in Deutschland im Zusammenhang der Errichtung von sogenannten Prädikaturen aus. Städte bzw. deren Magistrate leisteten sich im Klima religiöser Erneuerung nach dem Basler Konzil einen Prediger, dessen einzige Aufgabe es war, die Stadt theologisch und moralisch zu führen. Interessanterweise kamen dafür nun nicht mehr die untereinander zerstrittenen Bettelorden in Frage. Prediger an Stadtkirchen wurden Weltgeistliche mit möglichst guter Universitätsausbildung. Einen kennen wir dank der umfassenden Forschungen von Rita Voltmer sehr gut: Es handelt sich um Johann Geiler von Kaysersberg, den Straßburger Münsterprediger.

Schon die äußeren Rahmenbedingungen sind spektakulär. Peter Schott der Ältere aus einer angesehenen Bürgermeisterfamilie in Straßburg entdeckt einen jungen Theologen, der gerade an der Freiburger Universität Karriere macht, und wirbt ihn ab für die neuartige Aufgabe des Münsterpredigers, die tatsächlich noch attraktiver erscheint. 1478 ziehen Bischof und Domkapitel mit, nur wegen juristischer Subtilitäten kommt die offizielle Bestätigung erst 1489 zustande. 32 Jahre lang predigt

Geiler dann im Münster sowie in den Straßburger Klöstern. Fast 4500 deutschsprachige Kanzelreden kommen zusammen, mehr als 1300 sind in Frühdrucken oder als Traktate erhalten (allerdings skandalös schlecht ediert). Das meiste davon beruht auf eigenen Fixierungen nach gehaltener Predigt sowie auf autorisierten Mitschriften, den teilweise stenographierten *reportationes*, die der später als Schwankautor bekanntgewordene Johannes Pauli zwischen 1504 und 1509 angefertigt hat. Die Texte sind also wie immer im Mittelalter bedingt authentisch, dürften aber der Realität des Vortrags nahekommen. Jedenfalls lässt sich die Wirkung nun anders als im Falle Kapistrans in erster Linie am Wort ablesen. Nach allen Zeugnissen muss auch das Auftreten imponierend gewesen sein. Wenn der Wanderprediger vom Überraschungseffekt zehrt, lebt der Stadtprediger von seiner Dauerpräsenz.

Das Problem im Falle Geilers liegt darin, dass er sich nicht wegen, sondern eher trotz seiner Fähigkeiten behauptete. Denn die lagen in seiner massiven Kritik, die Domkapitel und Rat auf eine Weise provozierte, dass es der schützenden Hand eines Schott und anderer sehr eifriger Unterstützer bedurfte, um ihn im Münster zu halten. Schon 1482 mischt sich Geiler erstmals mit einem Reformprogramm direkt in die Stadtpolitik ein. Vor allem sind es die Dauervorwürfe in Richtung Unfähigkeit und Unchristlichkeit der Ratsherren (»Rotzherren«), die in dem Wort gipfelten, die Herren besäßen »weniger Hirn als die Metzger auf ihrer Schürze«. Wo es um die Abschaffung der Todesstrafe bei Kleindelikten geht, liest man gar, man solle nicht die ertränken, die den Geboten keinen Gehorsam leisteten, sondern diejenigen, die diese Gebote erlassen hätten.

Auch die Bürger und vor allem Bürgerinnen mussten sich einiges anhören. Noch harmlos die Anprangerung der Anonymität, wo keiner keinen mehr kenne oder gar grüße. Schon heftiger die Attacke auf die Kleidung mit der Verwischung der Standesgrenzen, wo selbst die Schuhe keine Identifizierung mehr zuließen. Und am heftigsten die Angriffe auf den Luxus, der Frauen zu Huren mache und im Übrigen die Geschlechtergrenzen verwische. Auch sonst ist es gerade die Unzucht, die Geiler als Grundübel der Stadt gilt. Dabei gerät sogar die Darstellung der Heiligen ins Visier (»Jetzt gibt es keinen Altar, auf dem nicht eine Hure draufsteht. Wenn die Maler die heilige Barbara, die heilige Katharina malen, dann malen sie Huren, ausgeschnitten, wie man eben jetzt geht«). Unzucht und Geldgier der jede Reform verweigernden Dominikaner in der Stadt griff Geiler ebenfalls an, unter anderem mit dem Rat an die Bürger, keine Vertreter von Bettelorden in ihr Haus zu lassen, wenn sie auf den Ruf ihrer Frauen Wert legten. Vielleicht um angesichts dieses Dauerfeuerwerks (»Du bist nicht deshalb von Gott gemacht, dass du lebst wie eine Sau oder ein Eber oder Kuh, dass du fressen, saufen, glücksspielen und unkeusch leben sollst«) auch einmal Pluspunkte zu machen, spöttelte Geiler über die »Schwaben«, die neuerdings die Stadt mit ihrer bäurischen Art eroberten.

Was aus diesen Einzelbeispielen vielleicht nicht genügend hervorgeht, ist die Tatsache, dass Geiler ein klares Programm vertritt, das man durchaus in Parallele zu dem etwa zeitgleichen Savonarola als Errichtung einer Theokratie bezeichnen kann. Eine Stadt wie Straßburg könne nur überleben, wenn Magistrat und Bürger die göttlichen Gesetze befolgten, und dies unter Führung des Klerus (womit aber nur er selbst in Frage kam, da er den Bischof wie die Orden für unfähig hielt). Geiler war nicht klar, dass staatliche Ordnung mit den menschlichen Leidenschaften rechnen und sie austarieren muss, dass Freiheit nicht aus Zwang, sondern aus Kontrolle hervorgeht. So bleibt er Vorstellungen von der Herstellung des Gemeinwohls aus Religion bzw. Tugend verhaftet, letztlich der Errichtung eines Gottesstaates, den übrigens Augustinus nie als reales Ergebnis für möglich gehalten hatte, sondern immer nur als Idee im Wechselspiel mit dem gleichermaßen existierenden weltlichen (Mängel-)Staat. Geiler hat diese Vorstellungen wiederholt zu Papier gebracht, speziell in den *21 Thesen*, die er dem Rat vorlegte (und am 27. Januar 1501 von der Kanzel herab dem Volk vortrug). Alle Punkte sind weniger politisch denn moralisch: so die Spendung der Sakramente an Hinzurichtende, die Armenfürsorge, bei der auch Auswärtige einzubeziehen seien, die Behandlung der Syphiliskranken in eigens einzurichtenden Spitälern etwa. Nur wissen wir: Moral ist nicht Politik. Die Regierungslehre mit guten und bösen »Regimentern« in Anlehnung an Aristoteles war hoffnungslos veraltet.

Es geht hier aber nicht um politische Kompetenz, sondern um den Redner und seine Redekunst. Und in diesem Punkt ist das Bild durchaus klar: Geiler hat seine Anliegen auf eine Weise vorgetragen, die zwar auch nicht in diesem Punkt auf der Höhe der Zeit lag, wenn man an die beginnende Renaissance und deren Rückwendung zur antiken Philosophie in ihrer vollen Breite denkt. Aber Geiler war bestens ausgebildet in der Universitätstradition des Mittelalters. Sein Vorbild war Jean Gerson, Rektor der Pariser Universität und wichtiger Konzilstheologe in Konstanz zu Beginn des 15. Jahrhunderts. Von ihm übernahm er das Konzept der Laienfürsorge und legte dessen Traktate vielen seiner Predigten zugrunde. Vor allem die Ausgestaltung der Predigt als Argumentation mit den scholastischen Mitteln der Gliederung und Begründung waren ihm vertraut. Gegen alle Versuche, es mit Schulweisheit oder sonstigem Prunk zu versuchen, setzte er auf Verständlichkeit und Eingehen auf den Horizont des Publikums. Aber es bleibt nicht bei simplem Legendenerzählen oder all den Predigtmärlein der jüngeren Vergangenheit. Geiler will etwas beweisen, um Reformen zu bewirken. Er benötigt Autorität und gewinnt sie dank seiner rednerischen Fähigkeiten.

Man sieht es schon an der Anlage der Predigten, die überwiegend großen Reihen angehören. Den berühmtesten Fall stellt das *Narrenschiff* dar, eine Prosaparaphrase der gereimten Dichtung des Sebastian Brant von 1494, die Geiler 1498/99 vortrug. Wo Brant, den Geiler übrigens wenige Jahre später dem Rat erfolgreich als Stadtsyndikus vorschlug, über Laster im städtischen Leben schrieb, predigt Geiler über Sünden und kann sich angesichts der Anschaulichkeit seiner Vorlage der Neugier seines Publikums sicher sein. Emblematische (also an einem bestimmten Bild orientierte) Predigten dieser Art gibt es weiter als die *Pilgerschaft* (mit Wallfahrt ins himmlische Reich) oder als das *Schiff der Pönitenz* (mit entsprechenden Bußübungen). Entscheidend aber ist: Geiler schafft auf diese Weise argumentative Zusammenhänge, leistet Überzeugungsarbeit mit argumentativen Mitteln. Dass sich die Argumentation mit einer kräftigen Bildsprache verbindet, ist kein Widerspruch, sondern gehört zu diesem Überredungskonzept. Um einmal ein Beispiel etwas näher vorzuführen, wähle ich die Predigt *Über die drei Vorbilder der Nächstenliebe*, die Geiler möglicherweise im Straßburger Frauenkloster der »Reuerinnen« vorgetragen hat und zu den wenigen gut edierten Beispielen gehört (ich zitiere in meiner eigenen Übersetzung).

Es geht um ein, ja das zentrale Thema der »Stadttheologie«: um die gegenseitige Unterstützung aller »Stände«. Der biblische Ausgangspunkt ist die paulinische Lehre vom Leib und den Gliedern im *Korintherbrief* (1 Kor 12). Danach ist jedes Glied des Leibes auf jedes andere angewiesen. Wie kann man das einem Publikum von frommen Frauen (die, wie die verschiedenen Visitationen im 15. und 16. Jahrhundert zeigen, so fromm nicht waren) klarmachen? Geiler formt den Gedanken um in die Forderung, dass sich alle »liebhaben«, und benennt auch das entscheidende Hindernis: die Selbstsucht. Aber der Gedanke muss entfaltet werden, in seine Verästelungen verfolgt werden, um ihn ins Leben umzusetzen. Dazu gehört ein starkes Bild, das Geiler wieder und wieder in seinen Predigten aufgreift. Er sieht sich als den Wächter auf dem Turm der Stadt, der nach Feuer Ausschau hält und nicht aufhört zu »stürmen«, solange nicht die kleinste Flamme gelöscht ist. In diesem Fall aber, beim gegenseitigen Liebhaben, glimmt es immerfort, auch fromme Frauen sind betroffen und verstehen zu wenig, wie sie in diesem Punkt gefährdet sind. Geiler deckt es auf, überredet nicht irgendwen zu irgendwas, sondern holt seine Zuhörerinnen da ab, wo sie stehen:

> Das ist die Krankheit allen christlichen Lebens, dass jeder nur sich selbst und sein Eigenes sucht. Niemand sagt: Das ist gegen die Ehre Gottes, gegen das Heil der Seelen, gegen christliche und geistliche Ordnung. Es dient nicht der Vollkommenheit, wonach alle geistlichen Leute ringen müssen nach Maßgabe ihrer Gelübde. Nein, darüber schweigt jeder. Und stattdessen suchen alle Menschen nur sich selbst und das Ihre … Und so haben wir Gott und seine Ehre vergessen und stattdessen uns selbst zu einem Abgott gemacht …

Der Gedanke ist nicht leicht eingängig und verträgt im direkten Anschluss auch ein kleines Sprachspiel:

> Denn unser Fleiß, Ernst und Ansinnen geht nur darauf, dass wir uns selbst schonen, dass uns nichts geschieht und wenn doch etwas geschieht, dass es gerächt wird. Geschieht aber etwas gegen Gott, dann wird viel weniger darauf geachtet, dass es gerächt wird, denn alle unsere Klagen beziehen sich nur auf das, was uns angetan wird …

Es ist nicht spektakulär, was Geiler hier vorträgt (das Schimpfen auf die Ratsherren ist immer spektakulärer), aber es zeigt, wie er seine Aufgabe versteht. Er kann mit der Bibel allein nicht wirken, er muss den biblischen Gedanken erklären, in die Lebenswelt der Zuhörerinnen hineintragen. Und die haben genügend Verstand, um Argumenten zugänglich zu sein.

Vor allem, wenn diese Argumente durch Bilder und Beispiele erläutert sind. So malt Geiler das große Bild vom Leib und den Gliedern in allen Einzelheiten aus: Der Fuß beneidet das Auge nicht, weil es im würdigen Haupt untergebracht ist, während er auf der Erde herumläuft. Im Gegenteil: Ihm, dem Fuß, täte es eher leid, wenn das Auge wie er im »Kot« »verwüstet« würde. Der Fuß beneidet auch weder das vornehmere Herz noch das Gehirn, dessen Amt es ist, zu »betrachten«, zu »beratschlagen«, zu »phantasieren«.

Es ist klar, welches Konzept der Prediger verfolgt. Es geht

um die Gebundenheit an den Stand und die Begründung dafür in der gegenseitigen Unterstützung. An der Ständeordnung als solcher rüttelt Geiler nicht, bestärkt sie vielmehr mit allen sprachlichen Mitteln, auch mit kunstvollen Beispielen, wenn er davon redet, dass der Mund weiter Zwiebeln isst, auch wenn das Auge danach tränt, oder man sich nach einem Schnitt in die linke Hand nicht aus Rache auch in die rechte schneide. Und so arbeitet er sich durch seine Predigt, geht weitere acht »Eigenschaften« der Glieder durch, die alle auf den nötigen Zusammenhalt verweisen. Die Zuhörerinnen konnten ihm dabei wohl folgen. Ja, so ist das: Kein Glied darf sich am anderen rächen (siehe das Messerbeispiel), keines arbeitet für sich allein (das Auge lenkt den Fuß), die Speise, die ein Glied (Organ) zubereitet, kommt allen zu und so weiter und so fort. Und dann folgen die nächsten beiden Predigten, die sich nach dem Liebhaben der Glieder untereinander der Liebe von Christus zu uns und der Liebe des Nächsten wie sich selbst widmen.

Eine letztlich harte Kost, die in diesen scholastischen Unterscheidungen häppchenweise verabreicht wird, akzeptabel auf der Grundlage einer Frömmigkeitskultur, die von einer grundsätzlichen Bereitschaft ausging, das Heil auf biblisch vorgezeichneten Wegen zu suchen. Selbst den Ratsherren war klar, dass Geiler nicht ganz unrecht hatte, nur übertrieb und die Wirkung von Almosen oder sonstigen »Werken« vielleicht doch nicht genug in Rechnung stellte. Man hielt sich also 32 Jahre lang einen Nervling, den auszuhalten Strafe genug war, um dem ewigen Feuer zu entgehen, an dessen Gefahr man selbstverständlich glaubte. Aber man hatte auch seine Ansprüche. Einem lediglich »Verrückten« hätte man nicht zugehört, auch nicht jemandem, der das Geforderte nicht selbst verwirklichte (worauf Geiler mit aller Konsequenz achtete). Und nicht zuletzt konnte man nicht verleugnen, dass hier jemand das Wort beherrschte. Es waren so gesehen weniger die politisch eher veralteten »Grundsätzlichkeiten«, die man ohnehin mehr oder weniger ignorierte. Es war vielmehr die stellvertretende

Gewissensinstanz mit ihrer Wortmächtigkeit, die zwar keine wirklichen Erfolge erzielte, aber als Instanz akzeptiert wurde. Man war eine Stadt mit politischem Gewicht und kulturellem Anspruch. Dazu gehörte auch ein Münsterprediger mit Niveau.

## Luther in Wittenberg

Geiler von Kaysersberg starb 1510, sieben Jahre vor Luthers Thesenanschlag in Wittenberg. Es ist nicht verwunderlich, dass man den Münsterprediger immer schon mit dem Reformator verglichen und sowohl Ähnlichkeiten wie Unterschiede gefunden hat. Natürlich sind die Unterschiede größer, aber die Ähnlichkeiten sind teilweise frappierend. Auch Luther sah sich in erster Linie als Prediger und verband dies mit »seiner« Stadt Wittenberg. Auch Luther beklagte sich immer neu, dass sein Predigen nichts fruchte, trat sogar deshalb in einen regelrechten Predigtstreik. Selbst gemeinsame Themen gibt es, zum Beispiel die Ablehnung des Ablasswesens. Auch Luther stellte die Verständlichkeit der Predigt über jeden Prunk, sprach in der Regel genau eine Stunde lang und gab an, wie Geiler »ohne Ordnung, wie es Gott der Herr gibt« zu sprechen. Und schimpfen konnte Luther sowieso, wobei auch er die Ratsherren als »Rotzherren« titulierte, was möglicherweise sogar Zitat war. Schließlich glaubte Luther genauso wie Geiler an die Notwendigkeit einer *reformatio* als einzigem Garanten dafür, die Apokalypse aufzuschieben. Luther, darauf kommt es hier an, ist als Prediger zunächst einmal eine ganz und gar mittelalterliche Erscheinung. Der entscheidende Unterschied liegt darin, dass er das Programm der *reformatio* grundsätzlicher anfasste und sich nicht scheute, die Organisationsformen der Kirche aufzulösen.

Der Fixierung auf den Prediger scheinen die großen Schriften zu widersprechen, die zu Recht als Fundament der Reformation gelten. Als Luther auf dem Wormser Reichstag 1521 den Widerruf seiner bisherigen Schriften spektakulär verweigerte und die Reichsacht ausgesprochen wurde, hat er aus der Schutzhaft auf der Wartburg heraus sofort mit neuen Schriften geantwortet, darunter *An den christlichen Adel deutscher Nation* und *Von der babylonischen Gefangenschaft der Kirche*. Zu den wichtigsten Grundlagen der Reformation gehört weiter die Bibelübersetzung, die Luther auf der Wartburg begann und im September 1522 mit dem Druck des Neuen Testamentes als ersten Anlauf zur Vollbibel von 1534 verwirklichte (mit immer neuen Verbesserungen bis ins Todesjahr 1546). Wichtige theologische Auseinandersetzungen wie die mit Erasmus von Rotterdam über die (von Luther bestrittene) Willensfreiheit erfolgten literarisch. Schließlich gehört der *Große Katechismus* als Lehrwerk zur Grundlage des evangelischen Christentums. Daneben erscheinen die Predigten im eher provinziellen Residenz- und Universitätsstädtchen Wittenberg wie Randerscheinungen. Wie sollte von ein paar Hundert Hörern die Reformation ausgehen? Lag in der Selbsteinschätzung Luthers vielleicht eine Selbsttäuschung?

Man muss zunächst beachten, dass diese Predigten gedruckt wurden und dass Luther dies wusste, ja zunehmend einkalkulierte und in der Verarbeitung zu den späteren Postillen als Sammelwerken auch gezielt einsetzte. Gewiss, der (legendenumwobene) Thesenanschlag mit den 95 auf Latein formulierten Forderungen gegen Ablasshandel und ähnliche Missstände hatte 1517 in Deutschland ein erhebliches Echo hervorgerufen. Und die frühen Schriften wurden in der damals als abenteuerlich hoch geltenden Anzahl von 4000 Exemplaren gedruckt. Dies verblasst jedoch vor der Größenordnung, mit der wir es gerade in der kämpferischen Anfangszeit bei den Predigten zu tun haben. Im Jahr 1522, als Luther die Wartburg verließ und in die Unruhen in Wittenberg eingriff, hat er ca. 120 Mal gepredigt, wovon heute noch etwa 90 Predigten bekannt sind. Aber nun kommt das, was wir bislang noch bei keinem Vorgänger annähernd erlebt haben. Allein die deutschsprachige Überlieferung dieser Predigten umfasst 187 Einzeldrucke, die insgesamt 58 Predigten bieten. Eine einzelne Predigt kann dabei in bis zu 16 Drucken erscheinen. Daneben gibt es sechs Sammeldrucke mit bis zu 27 Predigten, die insgesamt 40 Predigten überliefern. Dabei sind die alsbald einsetzenden Übersetzungen nicht einmal gerechnet. Es ging nicht ganz so stürmisch weiter. Aber Luthers Predigten gehören zu einem Kommunikationsmedium, das eine bislang unbekannte Wirkung erzielte. Und noch einmal anders als in allen vorigen Fällen verdankt sich dies nicht einer Präparierung des gesprochenen Worts als Erbauungstext fürs stille Kämmerlein, vielmehr kommt es nun auf Authentizität und Aktualität an. Gerade die Predigten von 1522, ein Jahr nach den Ereignissen auf dem Reichstag vor Kaiser Karl V. persönlich (mit dem wiederum etwas legendenhaft verbrämten »Hier stehe ich. Ich kann nicht anders«), wurden als Zeitzeugnisse begehrt und verbreitet. Während in Wittenberg selbst keine einzige Predigt im Druck erschien, riss man sich in Augsburg oder Straßburg um die Mitschriften, die so schnell wie möglich unters Volk gebracht wurden wie später Zeitungsartikel.

Die Situation erscheint also eigenartig widersprüchlich. Nach Einschätzung sämtlicher Beobachter wäre die Reformation tatsächlich nicht denkbar gewesen ohne den Buchdruck. Luther aber sah sich als Prediger, als »Evangelist«, wie er selbst sagte, und beharrte auf der Idee, die Reformation nicht mit dem toten Buchstaben, sondern mit dem lebendigen Wort zu vertreten (mit Berufung auf Paulus: »… so kommt der Glaube aus der Predigt, die Predigt aber aus dem Wort Christi«). Als sich die Situation 1522 in Wittenberg zuspitzte und die Reformation auf der Kippe stand, erschien ihm nichts geeigneter zur Gegenwehr als die Ergreifung des Wortes auf der Kanzel. Im auf der Wartburg entstandenen Traktat *Vom Missbrauch der Messe* erklärte er (nach Matth 2,7 »Die Lippen des Priesters sollen nicht anders als Gottes Gesetz und Weisheit reden«) die

Wortverkündigung zum Fundament des neuen evangelischen Gottesdienstes. Dazu passte die lebenslange Tätigkeit, die er kaum je unterbrach. 1514, nach seiner Promotion an der Universität, übernahm er die (seit 1455 bestehende) Prädikatur an der Wittenberger Stadtkirche, die mit dem üblichen Umfang von Auftritten verbunden war, wie wir ihn schon bei Geiler kennengelernt haben: sonntags zweimal, in der Woche mehrmals, in der Fastenzeit täglich. Und Luther hat dies lebenslänglich beibehalten. Für das Jahr 1537 sind 52 Sonn- und Feiertagspredigten, für 1538 sogar 63 festgehalten, in Jahren mit Reisetätigkeit waren es etwas weniger. Übrigens sind mehr als 2000 Predigten bis heute erhalten, nach Schätzungen etwa zwei Drittel des Gesamtbestandes.

Wie – noch einmal – reimt sich dies auf die Buchdruck-These? Es gibt ein unscheinbares Indiz zur Lösung aus dem Munde Luthers selbst. Die Wittenberger Kanzel sei ihm der Ort des Predigens für »die Stadt und den Weltkreis« geworden, formuliert er einmal wohl ironisch in Analogie zum päpstlichen Segen *urbi et orbi*. Luther war also klar, dass er nie vor zwei-, dreihundert Zuhörern predigte. Sein Wort wurde vielmehr durch den Buchdruck verstärkt. In diesem Druck, darauf kommt es an, sollte die Mündlichkeit bewahrt bleiben. Man sollte das Gedruckte *wie* das Gesprochene aufnehmen. Warum? Weil in der Predigt etwas geschieht, was der gelehrteste Professor nicht ersetzen kann. Es ist einmal mehr die alte Auffassung, dass Gott selbst durch den Mund des Predigers spricht. Wenn sich Luther immer wieder als Prophet und damit Sprachrohr Gottes sah, wenn er aus nichts sonst so sehr seine Selbstsicherheit gewann, dann musste etwas von dieser Medialität auch im Druck erhalten bleiben. Und die Drucker haben es von Anfang an begriffen. Sie haben die Zeichen der Mündlichkeit nicht gestrichen, sondern eher verstärkt, wie wir es schon immer beobachtet haben, wenn es um die Umformung des mündlichen Worts in Lesetexte ging. Die Predigt, so löst sich das angesprochene Paradox vollends auf, ist der willkommene mediale

Zwitter: die mündlich-schriftliche Botschaft des abwesend-gegenwärtigen Reformators. Seine Schriften, die im Übrigen auf Latein geschrieben waren, wandten sich an die Gebildeten, die ans Lesen gewöhnt waren. Das Volk, die breite Masse, erreichte Luther durch die deutschsprachige Predigt.

Es ist klar, dass sich von daher spezielle Anforderungen ergaben. Luther hat in den Predigten selbst und in seinen Tischreden wiederholt darauf Bezug genommen. Die Ausführungen sind jedoch nicht sehr erhellend, sie laufen auf eine Absage an rhetorische Kabinettstückchen hinaus, betonen Schlichtheit, sogar eine gewisse Improvisationsgabe. Moderne Forscher haben die Predigten trotzdem nach Spuren von Quintilian (den Luther nachweislich kannte und ins Studium integrieren ließ) durchforstet. Man kann sich über das Ergebnis streiten, ein »Ausruf« muss keine (kunstgerechte) *exclamatio*, es kann auch ein (ganz natürlicher) Ausruf sein. Wichtiger erscheint jedenfalls die Tatsache, dass Luther sich sehr rasch von allegorisierenden Verfahren freigemacht und seine Predigten immer konsequenter als Herausarbeitung des theologischen Gehalts der biblischen Botschaft begriff. Noch 1523 wird der Einzug Jesu in Jerusalem (Matth 21,1-9) in allen Einzelheiten auf übertragene Bedeutungen hin abgetastet, die Aussendung der Jünger nach dem Esel als Aussendung zur Verkündigung des Evangeliums, der Esel selbst als der dem Gesetz unterworfene Mensch, das mitgeführte Fohlen als sein Inneres, auf dem Jesus reitet und so fort. Seit 1524 ist dies gestrichen und ersetzt durch eine Auslegung des Prophetenworts, wonach der König zu seiner Tochter Zion komme, friedfertig auf einer Eselin mit ihrem Fohlen reitend.

Die Schwierigkeit liegt eher in einem anderen Punkt. Luthers neue Vorstellung von der Kirche fußt auf einem allgemeinen Priestertum, woraus auch ein allgemeines Predigtrecht folgt. In diesem Punkt wurde ihm jedoch rasch klar, dass Grenzen gezogen werden mussten. Die Erfahrung mit »falschen Brüdern«, ja mit dem Einbruch Satans in seine »Hürde«, lässt ihn nach Sicherheitsmechanismen greifen, nach Ausbildung, Examination und geordneter Bestellung von Predigern in ihren Gemeinden. Und die Postillen als Predigtsammlungen, die er selbst jahrgangsweise auf den Weg brachte, sind wie schon früher zu Lehrzwecken für angehende und vor allem eben doch real existierende weniger geisterhellte Prediger gedacht. Die Reformation bedurfte bei ihrem Start der medialen Verstärkung durch die Schrift bzw. Verschriftung, auch wenn Luther zeitlebens bei der Vorstellung blieb, dass die eigentliche Überzeugungsarbeit nur mündlich erfolgen konnte. Auf eine vertrackte Weise entsprach dies ja auch der Wahrheit. Man hörte ihn eben sprechen, wenn man die Predigten las. Die Verschriftung war deshalb eine wichtige, ja entscheidende Aufgabe. An einem Beispiel soll dies etwas klarer werden.

Man vergisst leicht, dass die Reformation zwar von Luther angestoßen wurde, sich aber sofort verselbständigte, als habe man nur auf diesen Anstoß gewartet. Ein mehr äußeres Zeichen liegt im Bildersturm, der vor allem Mittel- und Nordeuropa fast flächendeckend überzog und bis in die Mitte der 30er Jahre anhielt. In Wittenberg gab es den ersten Ausbruch im Dezember 1521 im Barfüßerkloster, wo man aus hölzernen Altären Galgen machen wollte. In der Stadtkirche kam es im Februar 1522 zu Ausschreitungen, Altartafeln und Statuen wurden vor der Kirche zerschlagen bzw. verbrannt. Die Initiative dazu lag bei den beiden anfänglichen Gesinnungsgenossen Luthers, die die kirchliche Umgestaltung jedoch immer radikaler verstanden: Gabriel Zwilling und Andreas Bodenstein von Karlstadt. Besonders Karlstadt hatte in seiner Schrift *Von der Entfernung der Bilder und dass kein Bettler unter den Christen sein soll* den Sturm vorbereitet und mit der These, das Geld für die Bilder werde besser für die Armen ausgegeben, äußerst geschickt untermauert. Der Rat war gespalten, hatte gerade eine neue Kirchenordnung auf den Weg gebracht, die den Eiferern den Wind aus den Segeln nehmen sollte (aber dem Kurfürsten schon zu weit ging). Man sah sich also in der Klemme und suchte einen Ausweg in der Bitte an den letztlich für die Neuerungen verantwortlichen Luther, an Ort und Stelle einzugreifen. Der verließ tatsächlich nicht ohne Rechtfertigungsbrief an den Kurfürsten die Wartburg und ritt inkognito nach Wittenberg. Vom Sonntag Invokavit an (dem ersten Sonntag in der Fastenzeit) predigte er täglich in der Stadtkirche.

Von der rasanten Verbreitung dieser sogenannten Invokavit-Predigten war schon die Rede. Dank Susanne bei der Wieden wissen wir aber auch, dass keine einzige der zahlreichen Wiedergaben wirklich authentisch ist. Jede Vertextung, soweit sie nicht einfach einer Vorgängerin folgte, zeigt die Interessen des Vertexters. Und die lagen nicht in theologischen Fragen, auch nicht in den persönlichen Umständen, sondern in der damaligen Sensation: Luther sprach über den Bildersturm und weitere in seinen Augen verfehlte oder übertriebene Maßnahmen der neuen evangelischen Kirchenordnung, über falsche und richtige Reformer, wie es sie etwa in Straßburg genauso gab. Am Mittwoch war das Verbot des Fleischgenusses an der Reihe, und der allererste Druck überhaupt hat sich genau diese Mittwochpredigt herausgegriffen, weil man eben an einem besonders lebenswichtigen Beispiel wissen wollte, wie man sich verhalten musste, um »evangelisch« zu sein.

Die Sammelausgaben der acht Predigten bieten dann das gesamte Spektrum, letztlich Luthers Vorstellungen über die äußeren Verhältnisse der neuen evangelischen Religion. Aber die erhaltenen Handschriften zeigen eben auch, dass die Druckfassungen einiges weglassen. Dazu gehört die Stilisierung von Luthers Kampf gegen seine Wittenberger Gegner als Kampf gegen den Teufel, wobei er Karlstadt offensichtlich persönlich angriff. Es ist kaum wahrscheinlich, dass dies nachträglich hineingetragen wurde, sondern dass eher umgekehrt in Städten wie Straßburg oder Augsburg die Wittenberger Personalien uninteressant waren und deshalb wegfielen. Auch die sicher bezeugte anfängliche Auslegung des Tagesevangeliums ist in keinem einzigen Druck berücksichtigt – sie ging schlicht angesichts der Aktualitäten unter. Noch viel mehr zu bedauern ist es, dass überhaupt persönliche Bemerkungen Luthers und auch manche schlicht nur farbigen beim Druck beseitigt wurden. In den Handschriften scheint das Bild noch erhalten, wenn wir etwa lesen (ich übersetze): »Wein bewirkt nichts Gutes, aber wollen wir deshalb allen Wein ausgießen? Frauen sind auch schädlich, aber wollen wir sie deshalb erwürgen?« Dafür fehlen in den Handschriften offenbar wichtige Gedankengänge theologischer Art, die zum Verständnis wiederum unabdingbar sind. Die heutigen wissenschaftlichen Ausgaben haben sich entsprechend für die Drucke entschieden.

Diese Drucke stellen also (nicht von Luther, sondern von den Druckern) propagandistische Fassungen im Dienst der Reformation dar. Was wir jedoch auch in ihnen noch immer finden, ist die Grundstrategie Luthers, mit der er »seine« Reformation verteidigte. So unterscheidet er zwischen Maßnahmen, die Wesentliches betreffen und ohne Wenn und Aber umzusetzen sind, und solchen, auf die dies nicht zutrifft. In noch anderer Wendung: Er mahnt zur Rücksicht auf die »Schwachen«. Am deutlichsten wird dies bei der Frage des Bildersturms. Luther ist gegen die Bilder (mit Karlstadts Argument, dass das Geld bei den Armen besser aufgehoben ist), aber auch gegen den Sturm. Die Wittenberger Ereignisse sind für ihn ein klarer Fall von Eiferern, die zum eigenen Ruhm wirken und dabei die Sache selbst vergessen. Und so ist es auch mit den Speisevorschriften, mit der Spendung des Sakraments in beiderlei Gestalt (also Brot und Wein) und mit allem anderen. Was zu ändern ist und auf größte Schwierigkeiten hin wirklich geändert werden muss, ist die alte Messe als »Opfermesse« mit dem Charakteristikum, dass die Feier gegen entsprechende Bezahlung zum Seelenheil beitragen soll. Dagegen stellt Luther die neue Messe, in deren Zentrum die Verkündigung des Wortes Gottes steht, also die Predigt. Um dies vorwegzunehmen: Genau damit hat sich Luther in Wittenberg durchgesetzt. Der Rat zog mit, Karlstadt und Zwilling mussten gehen. Während in Zürich oder Straßburg die Flammen wüteten, war in Wittenberg der Spuk rasch vorbei. Übrigens hat noch Lenin 1921 einen kommunistischen Bildersturm unter Hinweis auf die Wittenberger Ereignisse und speziell die Position von Karlstadt abgelehnt.

Wie ging Luther vor? Fast möchte man sagen: Genau so, wie er es mit der »Sache« hielt – er nahm auch bei den Predigten Rücksicht auf die Schwachen. Es muss von großer Wirkung gewesen sein, dass der lange Abwesende überhaupt die Kanzel betrat und dann ungerührt das Tagesevangelium auslegte. Umso größer dann die Aufmerksamkeit, als man merkte, dass er den Übergang suchte zu den Tagesereignissen. »Wir sind alle Kinder des Zorns« war der Satz, der diesen Wendepunkt markierte, ein Paulus-Zitat voller Doppeldeutigkeiten angesichts der Ereignisse. Er wolle seine Zuhörer nicht mit »(Bibel-)Sprüchen überschütten«, heißt es weiter, aber dieser eine Spruch folgt eben wie ein Donnerschlag: dass alles ohne Liebe nichts ist, wiederum nach Paulus. Und noch ein Wort folgt, das Lob der Geduld, danach die Anwendung in voller Klarheit mit wenigen gezielten Wiederholungen:

> Deshalb, liebe Freunde, darf ein jeder nicht tun, womit er recht hat, sondern er muss sehen, was seinem Bruder nützlich und förderlich ist, wie Paulus sagt: »Allerhand Dinge mögen mir guttun, aber sie sind nicht förderlich«, denn wir sind nicht alle gleich stark im Glauben. Vielmehr haben etliche unter euch einen stärkeren Glauben als die anderen. Deshalb dürfen wir nicht auf uns oder unser Vermögen sehen, sondern auf unseren Nächsten.

Worauf Luther das Bild von der Mutter ausmalt, die ihrem Kind zuerst Milch, dann Brei und schließlich feste Speise gibt, verbunden mit der anschließenden Frage, wohin wir kämen, wenn die Mütter ihre Kinder aus Ungeduld »wegwürfen« oder wenn der Bruder, der sich sattgetrunken hat, der Mutter die Brustwarzen abschnitte.

Das eigentliche Ziel ist damit erreicht. Luther kann seine Zuhörer auch ohne Bilder anreden: Wäre er nicht auf der

Wartburg, sondern in Wittenberg gewesen, wäre es nicht so weit gekommen, wie es gekommen ist, heißt es. Ja, die Tendenz war nicht falsch, aber nein, die Ausführung unmöglich. Es gibt nicht nur den richtigen Glauben, sondern auch die richtige Liebe, und die beugt sich herab zu den Schwachen (rhetorisch hübsch: »Es gibt etliche, die können gut rennen, etliche gut laufen, etliche kaum kriechen«). Und dann redet Luther auch im Druck in der ersten Person:

> Ich bin der Erste gewesen, den Gott auf diesen Plan gesetzt hat. Ich kann mich jetzt nicht davonmachen, sondern muss so lange bleiben, wie es Gott verlangt. Ich bin auch derjenige gewesen, dem es Gott als Erstem offenbart hat, sein Wort zu predigen. Ich bin auch gewiss, dass ihr daran das lautere Wort Gottes habt. Darum lasst uns das mit Furcht und Demut behandeln und einer dem anderen unter die Füße legen, einander die Hände reichen, einer dem andern helfen.

Es gehe nicht hauptsächlich um einen Kampf mit dem Papst, sondern um den mit dem Teufel. Die Messe aufzugeben, war gut, aber es sei »nicht ordentlich« geschehen. Weil der Punkt so entscheidend ist, greift Luther zum Dialog:

> Du sagst, es entspricht völlig der Schrift. Das sage ich auch, aber wo bleibt dabei die Ordnung? Denn es ist frevelhaft geschehen, ohne Ordnung und mit Ärgernis gegenüber dem Nächsten.

Außerdem hätte man ihn, Luther, ja auch einmal fragen können, weit weg sei er nicht gewesen und jederzeit brieflich erreichbar. Aber es war eben anders:

> An all dem sieht man, dass ihr den Geist nicht besitzt, sondern nur gute Kenntnisse des Buchstabens der Schrift. Merkt euch einmal den Unterschied zwischen »sein müssen« und »frei sein«. »Sein müssen« bedeutet zu tun, was die Notwendigkeit fordert und unveränderlich bestehen muss, so wie der Glaube. Den lasse ich mir nicht nehmen, sondern ich muss ihn alle Zeit in meinem Herzen bewahren und vor jedermann frei bekennen. »Frei sein« aber bedeutet

> zu tun, worin ich frei bin. Ich kann es tun oder lassen, und zwar so, dass mein Bruder und nicht ich den Nutzen hat. Macht mir nicht aus dem Freisein ein Muss, wie ihr es getan habt … Denn wenn du einen dazu bringst, freitags Fleisch zu essen und er im Sterben angefochten wird und denkt: »O weh, dass ich Fleisch gegessen habe und jetzt nicht bestehen kann«. Von dem wird Gott von dir Rechenschaft fordern.

Was Luther wieder und wieder theoretisch formuliert hat, hat er hier praktisch verwirklicht: die Rücksicht auf seine Hörer, auf ihr Auffassungsvermögen, nicht zuletzt auch auf ihre Emotionen. Man war sich offenbar sicher, richtig gehandelt zu haben. Luther klagt jedoch zunächst nicht an, sondern erklärt, worin das Falsche im scheinbar Richtigen lag. Die Ermahnung (fachmännisch: *exhortatio*) folgt also der Lehre (*doctrina*). Das konnte man akzeptieren und akzeptierte es. Man muss annehmen, dass die nächsten Predigten bereits Routine waren, weil aus dem Grundprinzip nichts mehr anderes folgen konnte als Zurückhaltung bei der Durchsetzung des Neuen. Luther kommt trotzdem immer wieder auf den Unterschied von Glaube und Liebe zurück, von Freiheit und Zwang. Man sieht förmlich, wie die spezifisch Lutherische Form des evangelischen Glaubens aus dieser Zufallskonstellation der Wittenberger Ereignisse erwächst. Aber man sieht auch, was dabei auf das Konto der Predigt geht. Es ist diese spielerische und gelegentlich auch sprachspielerische Ansprache, die Vertrauen erzeugt.

Dabei fallen Bemerkungen über den Sinn oder die Möglichkeiten der Predigt ganz allgemein. Am Montag ist die Rede davon, dass er sich predigend durchsetzen wollte, aber bei Misserfolg seine Hörer keineswegs »bei den Haaren gezogen« und gezwungen hätte. Überhaupt habe er nie Zwang ausgeübt, sein Wort habe als solches gewirkt, auch während er schlief oder mit seinem »Philipp« (Melanchthon) Wittenbergisches Bier getrunken habe – also gedruckt. Das Wort allein sei »allmächtig« und nehme »die Herzen gefangen«. Wir wissen allerdings, dass Luther auch verzweifelt sein konnte, wenn er mit seinem Wort *nicht* durchdrang. Er reiste Karlstein 1524 in dessen neue Wirkungsstätte Orlamünde nach, wo dieser Bilder und Orgel hatte entfernen lassen, und erreichte bei der Gemeinde keine Wende. Es muss in Wittenberg also eine Art Urvertrauen gegenüber dem großen Initiator der Reformation gegeben haben, auf die er sich letztlich verlassen konnte (auch wenn er klagte: »… je länger ich euch predige, je ärger wird es mit Fressen, Saufen und allen anderen Sünden«). Es gab eben diese Sprecher-Hörer-Beziehung, die die gesprochene Rede so wirkungsvoll macht. Verwunderlich ist dies nicht. Verwunderlich ist eher, dass sich dieses Verhältnis auch noch im Druck erhielt. Genau darauf beruhte der wirklich entscheidende Erfolg. Oder sollte man nicht noch etwas zugespitzter sagen: Die schon im Sinken befindliche Welt der Mündlichkeit ragte noch einmal hinein in die neue Welt des Druckzeitalters. Luther hat jedenfalls von beidem profitiert.

Ein kleiner Nachtrag: Das berühmte Altargemälde (genau: die Pedrella) in der Wittenberger Stadtkirche von Lukas Cranach zeigt Luther als Prediger auf »seiner« Kanzel. Der Reformator trägt noch das Mönchsgewand (das er 1524 durch den Talar des Professors ersetzte), jedoch keine Tonsur mehr. Wie aber sieht das Kirchenschiff aus? Es ist leergeräumt, ohne jedes Bildnis bis auf den gekreuzigten Christus, auf den der Prediger verweist. Dies entspricht genau dem, was wir vom Fortgang der Reformation wissen. Luther hatte mit seinen Invokavit-Predigten enormen Erfolg. Letztlich durchgesetzt haben sich jedoch seine Ideen, nicht immer er selbst.

## *Exkurs zur Kanzel*

*Redner brauchen für ihren Auftritt einen Ort. In Athen gab es dafür eine Tribüne auf dem Platz der Volksversammlung, der Pnyx. In Rom benutzte man die Rostra. Ihr Name geht auf erbeutete Schiffsschnäbel zurück, die man im 4. Jahrhundert v. Chr. auf dem Forum als Siegeszeichen aufgestellt hatte, neben denen dann die Redner auftraten. Später verlegte man den Ort wiederholt, Antonius hielt nach der Ermordung Caesars seine berühmte Rede an das Volk auf den Stufen des Senatsgebäudes. Unter akustischen Gesichtspunkten muss man alle diese Orte als suboptimal bezeichnen, kein Vergleich jedenfalls mit den Theatern, in denen sich die Schauspieler bis zu 14 000 Zuhörern verständlich machen konnten. Wer einmal im französischen Orange eine Opernaufführung erlebt hat, weiß, wovon hier die Rede ist. Die christlichen Bischöfe gingen für ihre Predigt in die Kirchen und benutzten die Kathedra im Chorraum: erhöht wie auf dem Forum, aber dank des geschlossenen Raums mit besserer Hörbarkeit.*

*Nur wissen wir auch dies: Die Predigt verlor an Bedeutung, die Liturgie dominierte den Gottesdienst. Schola und Solisten teilten sich den obligatorischen gregorianischen Gesang, wofür bei den Chorschranken, den* cancellae, *eine spezielle Bühne errichtet wurde. Ein Meisterwerk dieser Art stellt die 1302–1312 errichtete Marmorkanzel von Giovanni Pisano im Dom zu Pisa dar. Als dann die Predigt wieder Pflicht wurde, lag es nahe, diese Bühne gewissermaßen umzufunktionieren – zur Kanzel. Es waren ursprünglich einfache und bewegliche Holzkonstruktionen, wie sie die Klosterkirche Königsfelden im Schweizer Aargau aus dem 15. Jahrhundert bis heute bewahrt. Meist suchte man sich nun die Mitte des Hauptschiffs zur Aufstellung auf, vom Altar aus gesehen rechts, der Seite, von der das Evangelium vorgetragen wurde (die Epistel las man links).*

*Als im 15. Jahrhundert die Predigt ausgebaut und die Prädikaturen eingerichtet wurden, wuchs die Bedeutung der Kanzel. Es wurde zur Prestigefrage, ein steinernes Exemplar mit entsprechendem Figurenschmuck zu besitzen. Fast wie ein Krimi verlief diese Diskussion im Straßburger Münster. Wie schon dargestellt, versah Johannes Geiler von Kaysersberg dort seit 1478 die Prädikatur. Seine Predigten hielt er zunächst in der Laurentiuskapelle im nördlichen Querschiff, kein besonders repräsentativer Ort. Es gab also Grund zur Unzufriedenheit und vor allem die Gefahr des Abwanderns. Denn in Basel lockte nicht nur eine bessere Dotierung, sondern auch das Versprechen einer steinernen Kanzel. Tatsächlich wurde eine solche für Heynlin von Stein 1484/85 dort aufgestellt. Das war nun so verführerisch geworden, dass sich der Straßburger Gönner Geilers, Peter Schott der Ältere, zur Tat entschloss. Er finanzierte zusammen mit der Stadt ein Prachtexemplar von steinerner Kanzel, die von Hans Hammerer erstellt und 1489 durch Handberührung von Geiler eingeweiht wurde. Das in der Mitte des Langhauses auf der Evangelienseite an einen Pfeiler angelehnte Werk ist bis heute im Wesentlichen unverändert erhalten und stellt neben Orgel und astronomischer Uhr die Hauptattraktion der Ausstattung dar.*

*Seit Ende des 15. Jahrhunderts wird die Kanzel zum unverzichtbaren Bestandteil der Kirchen und entfaltet neben dem akustischen Sinn ein gewisses künstlerisches Eigenleben. Unter den Figurenprogrammen dominieren die vier Evangelisten oder auch die vier abendländischen Kirchenlehrer Hieronymus, Ambrosius, Augustinus und Gregor der Große. Der Schalldeckel, der erstmals 1429 bezeugt ist, wird ebenfalls ins Schmuckprogramm aufgenommen. 1616 erhält die Straßburger Münsterkanzel diesen Bauteil, der akustisch begründet ist, aber wie die Kanzel selbst der Repräsentation dient. Im Ulmer Münster wurde 1510 ein 20 Meter ansteigender Baldachinturm eingebaut. Auch die* noch gotische Tulpenkanzel des Hans Witten im Dom zu Freiberg von 1508–1510 erscheint wie ein kleines Gesamtkunstwerk für sich.

Eine gewisse Wende brachte die Reformation, die die Kanzel aufwertete, aber den Schmuck ablehnte – siehe Luthers Wittenberger Kanzel auf dem Gemälde von Cranach. Das eigentlich Neue aber lag in der Errichtung eines Gestühls um die Kanzel herum, nachdem man zuvor in den Kirchen dem Gottesdienst und der Predigt stehend beigewohnt hatte. Ganz nebenbei tat sich hierbei nach dem Wegfall des Ablasses eine Einnahmequelle auf, sofern Plätze käuflich erworben und in »Bankregistern« verankert werden konnten. Die nun nötige Vergrößerung des Raumes wurde nicht durch eine (zu teure) Vergrößerung des Grundrisses erreicht, sondern durch den Einbau von Emporen. Neuerrichtete evangelische Kirchen enthalten dieses charakteristische Element, wofür die Frauenkirche in Dresden ein schon spätes, dafür unvergleichlich gelungenes Beispiel darstellt.

Im Übrigen arbeitete man an neuen Konzepten für die Aufstellung der Kanzel. Unter rein symbolischen Gesichtspunkten empfahl sich der Kanzelaltar, die Errichtung einer Kanzel über dem Altar, möglichst unter Einbeziehung der Orgel, so dass alle für den Gottesdienst wesentlichen Elemente zusammengefasst waren. Die Kapelle der Wilhelmsburg in Schmalkalden, errichtet 1586–1590, wäre ein Beispiel. Man überlegte sich aber auch eine Verbesserung in akustischer Hinsicht und suchte entsprechend nach optimalen Aufstellungen der Kanzel. Dabei kamen Architekten zu Wort, zum Beispiel Joseph Furttenbach, der als erster Theoretiker des evangelischen Kirchenbaus gilt. Furttenbach lehnte in seinem Kirchen-Gebäu von 1649 Gewölbe aus akustischen Gründen ab und konzipierte die Größe einer Kirche vielleicht zum ersten Mal überhaupt nach den Möglichkeiten der Stimme des Predigers. Aber sein »Kanzelaltar« erfuhr allein wegen der symbolisch unerwünschten »Erhöhung« des Predigers auch Kritik. Der mecklenburgische Oberbaudirektor Leonhard Christoph Sturm legte in seinen Architektonischen Bedenken *von 1712 eine ganze Reihe von Entwürfen vor, die mit den gewohnten Grundrissformen brachen und allein auf akustische Optimierung setzten. Auch daran entzündete sich Kritik, und die symbolisch adäquatere »Kreuzkirche« setzte sich im evangelischen Kirchenbau durch – im schlesischen Schweidnitz mit 3500 Sitz- und 4500 Stehplätzen. Für die Dresdner Frauenkirche wurde die Kreuzform aus Kostengründen verworfen und wich einem immer wieder abgewandelten quadratischen Grundriss mit eingeschriebenem Kreis, bei der die Kanzel wie ein Schiffsbug in die Mitte der Chorbalustrade integriert wurde.*

*In den katholischen Barockkirchen der Gegenreformation lag das Schwergewicht von Anfang an weniger auf akustischen als auf ästhetischen Gesichtspunkten. Die Kanzel wird statt zu einer Bühne für die Predigt zu einer Art Predigt in Architektur, wie man tatsächlich damals gesagt hat. Raumbeherrschend tritt sie sogar in symmetrischer Wiederholung als Doppelkanzel auf wie in Wies (Dominikus Zimmermann, 1746–1756). In Ottobeuren stehen sich Tabor- und Taufszene gegenüber (Johann Michael Fischer 1737–1766), und das Kuppelfresko verbindet beide Ereignisse mit der Darstellung der pfingstlichen Herabkunft des Heiligen Geistes. Die Predigt wird auf dieser Bühne zum Theater, wobei auch vom »Theatro dieser gegenwärtigen Cantzel« die Rede ist. Wenn die Münsterkanzel in Straßburg noch als Messkelch gestaltet war, kommt sie nun als Walfisch zur Geltung, in dessen Rachen der Prediger wirkungsvoll als zweiter Jonas auftritt, auch als Schiffskanzel, die das Schiff Petri bzw. der Kirche symbolisiert wie im ostallgäuer Irsee, wo die Putten auch noch Matrosengestalt annehmen. Eher selten meldet sich Kritik, wie sie Pfarrer Hieronymus Theodoricus 1621 in der Predigt zur Einweihung seiner Kanzel in Sommerhausen vortrug. Ein Paul von Samosata habe von einer besonders prächtigen Kanzel Ketzerei vorgetragen, heißt es, und weiter: »Darum macht ein schöner Predigtstuhl keinen guten Prediger.«*

*Es ist bemerkenswert, dass heutige Pfarrer beider Konfessionen ihre Kanzeln kaum mehr benutzen, zumal Mikrophon und*

*Lautsprecher für perfekte Verständlichkeit sorgen. Man scheut die alte Symbolik der Kanzel mit ihrer »Kanzelberedsamkeit« und will neue Wege an neuen Orten gehen. Aber Vorsicht: Mit dem Ortswechsel allein ist das Problem einer zeitgemäßen Predigt nicht erledigt. Eine Kanzelberedsamkeit ohne Kanzel könnte noch nachteiliger wirken.*

# Zweierlei Kontroversen

## Reformatorische und gegenreformatorische Predigt

In seiner immer noch lesenswerten *Geschichte der christlichen Predigt* spricht Werner Schütz im Hinblick auf das 16. Jahrhundert von einem »noch nie dagewesenen Aufblühen« seines Genre. Man muss nur einmal die Quantitäten betrachten. Wenn Geiler von Kaysersberg am Ende des 15. Jahrhunderts fast tägliches Predigen für die Stadt bezeugt, erreicht dies im 16. das kleinste Dorf. Weil die Pfarrer immer noch schlecht ausgebildet sind, greifen sie zu den üblichen Vorlagen, die nun ständig neu als Postillen oder Summarien zur Verfügung gestellt werden. Von Martin Luther war schon die Rede. Aus seinem Umkreis ließ Philipp Melanchthon, der selbst nie die Kanzel betrat, 1549 eine Postille auf Deutsch erscheinen, 1594 kam eine weitere mit noch größerer Verbreitung auf Latein heraus. In gleicher Weise beteiligte sich Johann Agricola, Mitkämpfer in Wittenberg, an der Bereitstellung von Materialien, also Grundgedanken zur Konzeption von Predigten. Johann Bugenhagen, auf Anraten Luthers Inhaber der Pfarrstelle in Wittenberg, lieferte mehrere Summarien. Veit Dietrich, Hausgenosse Luthers, ergänzte dies mit Kinderpredigten, die rasch weitere Autoren fanden. Johann Mathesius, ebenfalls Luthers Tischgenosse, gab 1500 Predigten in Druck, die sämtliche theologischen Fragen mit Beispielen aus dem Bergbau ausstaffieren. Von Johannes Brenz, dem Reformator in Schwaben, stammen unter anderem Türkenpredigten, für die Luther selbst das Vorwort lieferte.

Alle Reformatoren aber setzten von Anfang an auf die eigene Predigt. Von Luther sind, wie schon gesagt, annähernd 2000 erhalten. Ulrich Zwingli (gest. 1531) hielt etwa 1000 Predigten am Großmünster in Zürich, wobei er auf fortlaufende Bibelerklärung setzte (also nicht auf die Auslegung der jeweiligen Sonn- und Feiertagsevangelien). Dabei bezog er auch Tagesereignisse ein, prangerte öffentliche Missstände wie das Steuerwesen oder das Schweizer Söldnertum an. Zwinglis Nachfolger Heinrich Bullinger (gest. 1575) predigte sechs- bis achtmal pro Woche. 618 Predigten wurden veröffentlicht und später zu einem Hausbuch zusammengestellt, das Übersetzungen in die wichtigsten europäischen Sprachen erfuhr. Johannes Calvin (gest. 1564) predigte in Genf fast täglich, sonntags zweimal. Seit 1549 beschäftigte er einen hauptamtlichen Stenographen, der bis 1560 fast lückenlos mitschrieb. 700 Predigten sind erhalten, bis 1563 gab es 21 Drucke. Allerdings wurden die einst 40 Bände mit 2042 Predigten im 19. Jahrhundert tatsächlich kiloweise verhökert, um später verzweifelt und unter großen Einbußen zurückgekauft zu werden.

Das große Dreigestirn der reformatorischen Prediger eint dabei ein gemeinsames Kennzeichen: der vorsichtige Umgang mit Rhetorik. Während der Humanismus die antiken Texte und deren Ideen wiederbelebte, bleiben diese durchaus humanistisch erzogenen und auch im Geist humanistischer Quellenkritik denkenden Gelehrten bei der Forderung nach Schlichtheit, Verständlichkeit. Der Grund ist deutlich: Allen Reformatoren ging es um das Wirken in die Breite. Mit der Abgrenzung von den »irrenden Brüdern« aber startet eine andere Bewegung: die Kontroverspredigt, die auf logische Kabinettstückchen setzte und damit auf den ganzen Reichtum der klassischen Rhetorik. Seit der in Religionsfragen konservative Erasmus von Rotterdam mit seinem *Ecclesiastes sive de ratione concionandi* (Ecclesiastes oder über die Kunst des Predigens) 1535 die antiken Lehren auf die christliche Predigt angewandt hatte, war der Strom der Predigtanleitungen nicht abgerissen. Philipp Melanchthon folgte etwa mit *De rhetorica libri tres* (1537), worin er die klassischen drei Genera (Beratungs-, Gerichts- und Lobrede) durch das »didaktische Genus«, also die Predigt, ergänzte. Die bedeutenden Schulmänner der Reformation, Rudolf Agricola in seiner (und Luthers) Geburtsstadt Eisleben oder Johannes Sturm in Straßburg, machten die Rhetorik zu einem unabdingbaren Bestandteil der gymnasialen Ausbildung. Alle rednerischen Waffen, die Cicero und/oder Quintilian zur Verfügung gestellt hatten, dienten nun dem Ziel der Verteidigung des eigenen und des Angriffs auf den fremden Glauben. Die Fülle der lutherischen und reformierten Predigtanleitungen geht in die Hunderte. Aus der Reformation erhebt sich die Orthodoxie.

Der Umfang des Predigens wird darüber größer und größer. Für Rostock ist die Zahl der im Jahre 1640 gehaltenen Predigten auf 1500 berechnet worden, die Zahl 200 gilt als jährliche Durchschnittsleistung eines Pfarrers. Von der Reduzierung auf eine einzige Stunde, die noch für Luther galt, ist nicht mehr die Rede, drei Stunden und mehr sind nichts Besonderes. Im Freiberger Dom ist noch heute das gegenüber der Kanzel angebrachte Stundenglas zu sehen, in dem der Sand verrann und dem Pfarrer anzeigte, wie lange er schon gepredigt hatte bzw. wie lange er noch durfte. Dazu passt auch die Erscheinung des Weckdiensts, den Küster mit langen Stöcken ausübten, indem sie sanft Entschlummerte in die Wirklichkeit der Apokalypse oder sonstige Bedrohlichkeiten zurückriefen. Natürlich gingen bei diesen Dimensionen leicht die Themen aus oder verstiegen sich Pfarrer in Abstrusitäten oder Geschmacklosigkeiten. Für 1658 ist eine Predigtsammlung als *Unruhige Klaff- und Klappermühle* belegt, die der Erläuterung des Gewissens gilt. Auch *Bitter Pomeranzen und saure Zitronen* waren im Angebot, weiter Predigten mit Wortspielereien, wobei etwa die »Damen« zu »Maden« wurden.

Es ist lange übersehen worden, dass die katholische Seite dabei keineswegs untätig blieb, sondern die Entwicklung der Predigt tatkräftig mitgestaltete. Zum Wendepunkt wurde das Konzil zu Trient (1545–63). Während ein Johannes Eck (gest.

1543) noch mit Einzelaktionen wie seinen fünf Bänden *Christliche Auslegung der Sonntagsevangelien* gegen Luthers Postillen angekämpft hatte, wurde die sonntägliche Predigt Pflicht und ergänzte die immer wieder aufgetretene Tendenz zur reinen (lateinischen) Liturgie durch die (volkssprachliche) Unterweisung. Ein neuer Typ von Orden tritt auf, der in die Städte geht und dessen Angehörige sich vom Weltklerus nur durch das etwas anders geformte Barett unterscheiden: die *Societas Jesu*, der Jesuitenorden. 1540 wird er vom Papst bestätigt, bis zu seinem Tod 1556 baut sein Gründer Ignatius von Loyola die allein Rom unterstellte Gemeinschaft zur Speerspitze der Gegenreformation aus. Das Hauptinstrument aber bildet die Predigt. Für den Erwerb der entsprechenden Fähigkeiten sorgt ein strenges Studienprogramm (wichtigste Formulierung in der *Ratio studiorum* 1586) mit offizieller Erklärung der Rhetorik zur Königin der Wissenschaften. Lehrbücher über Lehrbücher erscheinen, die dem Unterricht zugrunde liegen. Weil alles auf Latein vermittelt wird, gewinnt in Deutschland ein Spanier besonderes Ansehen: Cyprian Soarez mit seinem Buch *De arte rhetorica* (1560) in drei Bänden.

Es ist schon eine bizarre Situation, wie sich das protestantische und katholische Lager seither gegenüberstehen. Um es einmal aus einem Zufallsblickwinkel zu erläutern. Wenn man an der Kölner Universitätsbibliothek die *Rhetorices contractae* des niederländischen Protestanten Gerhard Johannes Vossius aus dem Jahre 1621 einsieht, bemerkt man einen alten Eingangsstempel mit dem markanten Logo von drei Kronen. Dahinter verbirgt sich die Aufnahme des Buches in die Bibliothek des Kölner Jesuitengymnasiums Tricoronatum (von den drei Kronen) kurz nach Erscheinen in Löwen. Was das besagt? Dass sich die Jesuiten sehr genau ansahen, was ihre protestantischen Konkurrenten veröffentlichten, denn Vossius war der beste Kenner der Rhetorik in deren Lager. Man schaute also ungeniert voneinander ab und kämpfte dann mit den genau gleichen Mitteln. Das berühmteste Beispiel ist das Schultheater, das noch Goethe auf seiner ersten Italienreise in Innsbruck am Jesuitengymnasium kennenlernte und bewunderte. Damit probte man den lateinischen Vortrag auf der Bühne vor Publikum und glaubte, dass man mit diesem Mittel seine Schüler am besten auf das öffentliche Auftreten in der Predigt vorbereiten konnte. Erfunden aber hatten das Schultheater protestantische Schulmänner. Noch Christian Weise sollte am Ende des 17. Jahrhunderts das seit Beginn der Reformation eingeführte Genre vervollkommnen und zu einem Ausgangspunkt der Bemühungen um eine neue Dramatik in Deutschland machen. Denn in einem Punkt unterschieden sich die Protestanten von den Katholiken grundlegend: Sie ließen statt auf Latein auf Deutsch spielen.

Den Höhepunkt der katholischen Predigt markiert das Auftreten von drei Predigern unter Ludwig XIV. am französischen Königshof von Versailles: Bossuet, Bourdaloue und Massillon. Ihr Markenzeichen ist der Klassizismus, die Rückkehr zur ciceronianischen Redekunst mit allem Wort- und Figurenprunk, der auch die gleichzeitige Theaterkunst von Corneille, Racine und Molière auszeichnet – anhand von Gottscheds Fléchier-Übersetzung ist uns diese Welt schon begegnet. Jacques Bénigne Bossuet (gest. 1704) hatte seine Schulbildung am Jesuitenkolleg von Dijon absolviert, betätigte sich zuerst als Kontroversprediger und wurde ab 1662 Hofredner Ludwigs XIV., ein Amt, das er auch noch als Bischof von Meaux ausübte. Fastenpredigten und Trauerreden für hochrangige Verstorbene (wie den Prinzen von Condé) machten ihn zur Berühmtheit, seine Antithesen und Paradoxe gingen in den nationalen Zitatenschatz ein (»Die größte Schwäche ist zu fürchten, schwach zu erscheinen«). Als Hofprediger wurde er von Louis Bourdaloue (gest. 1703) abgelöst, einem Jesuitenpater, der auch den Sittenverfall am Hof thematisierte, dies aber mit einer Brillanz, die seine Attraktivität nur steigerte. Die Leichenrede auf Ludwig XIV. mit dem berühmten Eingangswort: »Gott allein ist groß, meine Brüder!« hielt der Dritte in diesem Bunde, Jean

Baptist Massillon (gest. 1742), ein Angehöriger der Oratorianer, die sich ebenfalls der Predigt verschrieben hatten. Trotz der kleinen Kritik zu Beginn handelt es sich schlicht um Panegyrik, die gleiche Leichenpredigt enthält die Worte: »Mit Ludwig starb ein König, ein Held, ein Heiliger.«

Hinzuzufügen wäre, dass Massillon Mitglied der Académie française war. Voltaire ließ sich aus seinen Werken bei Tisch vorlesen. Genauso wie Bossuet und Bourdaloue wurden seine Predigten als »Literatur« betrachtet, als Vorzeigewerke französischer Sprache. Allerdings gab es daran auch hochrangige Kritik. Jean de La Bruyère hat in seinen »psychologischen« Betrachtungen des Hoflebens, den *Charakteren* (ab 1688), der Predigt ein eigenes Kapitel gewidmet. Die Prediger würden »erbarmungslos das Hirn ihrer Zuhörer bearbeiten«, liest man neben dem Rat, sie sollten »im Verlaufe ihres Dahinstürmens ein paarmal Atem schöpfen und ein wenig verschnaufen«. Das Fazit lautet:

> Leeres Reden, verlorene Worte! Die Zeit der Homilien ist nicht mehr, die Basilius, die Chrysostomos werden sie nicht mehr zurückführen … die Masse der Menschen liebt Phrasen und Perioden, bewundert, was sie nicht versteht … Es waren erstaunliche Kenntnisse notwendig, damit man so schlecht predigen konnte … Es sind heute sehr wenige Kenntnisse nötig, um gut predigen zu können.

Dabei nimmt La Bruyère Bossuet und Bourdaloue sogar aus und schiebt den Verfall auf die Masse der schlechten Nachahmer.

Was in Frankreich den katholischen Klassizismus ausmacht (es gibt auch einen protestantischen, etwa mit Jacques Saurin, der es ebenfalls zur Berühmtheit brachte), begegnet in Deutschland als katholische Barockpredigt. Sie reicht von der Bußpredigt angesichts des drohenden Jüngsten Gerichts über Panegyrik und Strafrede bis zur Kontroverse. Dabei machen sich die Orden mit ihren Spezialisierungen bemerkbar. An den Kathedralen oder Hauptkirchen ist genau geregelt, welcher

Orden für welche Zeit zu welchem Zweck seinen Vertreter entsendet. Auch in die Dörfer gehen Geistliche in festgeregeltem Rhythmus – allein in der Rheinprovinz kommen viertausend Dorfpredigten im Jahr zusammen. In Paderborn haben die Kapuziner (ein Reformorden der Franziskaner) neben den Jesuiten über zweihundert Jahre lang die Dompredigt inne. In Hildesheim bestreitet man seit 1631 die Fastenpredigten. In Mainz teilen sich die Kapuziner die Dompredigt mit den Jesuiten und dem Dompfarrer, wobei ihnen an Feiertagen die Frühpredigten zufallen, in der Fastenzeit der Mittwoch. In Münster streiten sich Dominikaner und Jesuiten um die Stelle, später kommen die Kapuziner hinzu.

Man kann es nur wiederholen: Wer am Fortleben der Redekunst in der Neuzeit zweifelt, hat nicht eine kleine Erhebung links liegengelassen, sondern ein ganzes Gebirge. Ohne Predigt ist die Reformation nicht denkbar, wobei die Reformation die Gegenreformation auslöste, also den Gegner schuf, der mit gleicher Münze zurückzahlte – auch die katholische Predigt ist ohne Reformation undenkbar. Je länger desto mehr einigte die Kontrahenten dabei ein Kennzeichen, das gerade anfangs eher unterdrückt wurde: die Verwendung von Kunst, ja von immer mehr Kunst. Die Schulen spielen dabei eine wichtige Rolle, sofern Rhetorik nun nicht mehr Sache des persönlichen Studiums wird, sondern Lehrfach mit Wirkung in die große Breite. Auch dabei gab es jedoch Pendelausschläge. Angesichts des neuen Ciceronianismus erinnerte man sich an das augustinische *genus humile*, prunkte statt mit Pathos mit raffinierter Schlichtheit. In Deutschland gibt es eine Strömung, die dieses Prinzip auf die Spitze trieb und damit zumindest in ihrer Zeit große Resonanz erzielte. Diese Strömung, die noch Goethe beeindrucken sollte, war der Pietismus.

## Die pietistische Alternative

Neben der großen Kontroverse der reformatorischen und gegenreformatorischen Prediger übersieht man leicht diese kleinere, die für die Geschichte der Redekunst gleichwohl von hoher Bedeutung ist. Dabei stellt der Pietismus zunächst einmal nichts anderes als eine theologische Strömung der Reformation dar, die sich gegen Formen oder besser Verformungen der Orthodoxie wandte und dabei gerade in der Redekunst eine Alternative bieten wollte. Als Gründergestalt gilt Philipp Jakob Spener (gest. 1705), der 1666 seine wissenschaftliche Karriere abbrach, um zunächst in Frankfurt, dann in Dresden und Berlin als Prediger und Kirchenreformer zu wirken. Seine während vier Jahrzehnten entstandenen 3000 Predigten, über die er selbst in einem Register Buch führte, erschienen in Sammlungen, die weite Verbreitung fanden. Sein bekanntestes Werk aber ist eine Programmschrift aus dem Jahre 1675: *Pia desideria oder herzliches Verlangen nach gottgefälliger Besserung der wahren Evangelischen Kirchen*.

Darin geht es nicht nur um die Uneinigkeit der evangelischen Kirchen, sondern sogar um deren tiefe sittliche Verderbtheit. Selbst Laster wie die Trunksucht würden geduldet, und die Prediger selbst seien alles andere als Vorbilder. Es mangele ihnen am Glauben, und was sie für Glauben hielten, entbehre der Erleuchtung durch den Heiligen Geist. Auf diese Weise habe sich die Predigt in eine völlig falsche Richtung entwickelt, nämlich in die der fruchtlosen Kontroverse mit dem Ziel, damit glänzen zu können. Nebenbei erfährt man, woran diese Predigten am meisten leiden. Sie sind rhetorisch aufgebaut und gehen damit an einer adäquaten Vermittlung des Glaubens völlig vorbei:

> Indem es solche Prediger gibt, welche öfters ihre meisten Predigten mit dergleichen Dingen zubringen, womit sie sich als gelehrte Leute darstellen, obwohl die Zuhörer nichts davon verstehen: Da müssen oft viele fremde Sprachen herbei,

> obwohl nicht ein Einziger in der Kirche ein Wort davon versteht. Manche tragen sich mehr mit der Sorge, dass ja das Exordium sich recht schicke und die Zusammenfügung artig ausfalle. Weiter dass die Disposition kunstreich und verborgen genug bleibe, dass alle Teile recht nach der Redekunst abgemessen und ausgeziert seien … So soll es gerade nicht sein. Und weil die Kanzel gerade nicht der Ort ist, wo man seine Kunst mit Pracht sehen lässt, sondern wo das Wort des Herrn einfältig, aber gewaltig gepredigt wird, und dieses das göttliche Mittel sein sollte, die Leute selig zu machen, so muss alles auch auf diesen Zweck hin ausgerichtet sein. Und deshalb hat sich der Prediger vielmehr nach seinen Zuhörern zu richten, weil sie es nun einmal nach ihm nicht können. Und so soll der Prediger sich mehr nach den Einfältigen richten, weil diese den größten Teil der Zuhörer ausmachen, und nicht nach den wenigen Gelehrten, die womöglich darunter sind.

Es ist nichts wirklich Neues, was Spener anspricht. Aber er erneuert die Forderung nach Einfachheit aus einem neuen Grund. Dahinter steht die Vorstellung von einem »inneren oder neuen Menschen«, dessen Glaube in der Seele liegt und der in dieser Seele angesprochen sein will. Das Konzept geht auf Augustinus zurück, diesmal nicht auf seine Predigtlehre in *De doctrina christiana*, sondern auf Formulierungen in seinen *Bekenntnissen*, wo er eine Lehre vom inneren Verstehen, einem quasi direkten, jedenfalls ohne Sprache vermittelten Verstehen im Herzen entwickelt (am zugespitztesten in der zusammen mit der Mutter schweigend erlebten Entrückung in den Himmel). Es ist dies die größtmögliche Entfernung von Überzeugungen der Rhetorik, die gerade umgekehrt dem Wort vertraut, ja aus dem miteinander geteilten Wort ihre Philosophie der Verständigung entwickelt.

Spener geht dabei nicht nur auf Augustinus selbst zurück, sondern bedient sich bei frühneuzeitlichen Mystikern wie Johannes Tauler, die diese nichtsprachliche Verständigung als

Voraussetzung einer gelingenden Vereinigung mit Gott ansahen. Damit aber entsteht ein grandioses Paradox. Die Predigt, die nun einmal mit Worten agiert, soll die Herzen auf letztlich wortlose Weise zum Glauben »überreden«. Weil dieser Gedanke schlicht unlogisch ist, kommt es zu einer Art Ersatz für die zu radikale Sprachidee. Und die liegt im Gedanken der Einfachheit. Wenn man schon nicht wortlos reden (predigen) kann, dann wenigstens ohne all das, was Worte nur aufputzt – also Rhetorik. Tatsächlich hat der Pietismus seine Bedeutung und auch sein Verdienst in dieser Rückbesinnung auf eine Schlichtheit, die der Sprache ihre eigenen Impulse verleiht.

Allerdings zeigt ein Blick in die Predigten, dass diese Einfachheit durchaus relativ zu sehen ist. Die Predigt *Über die den Kindern Gottes verleidete Liebe der Welt* zählt die Arten »des verderbten Weltlebens« penibel auf, beschreibt etwa die Wollust der »Weltschweine« in Einzelheiten und widmet sich in verwickelter Argumentation der Frage, was genau von der Welt zu »gebrauchen« ist und was nicht. »Einfach« bedeutet dabei vielleicht »klar«, aber nicht kunstlos. Die jeweiligen Kapitel sind stufenförmig gegliedert, die Abschnitte eingeleitet mit Formulierungen wie »Dann sehen wir nun die Ursache, warum man die Welt nicht lieben solle …« mit nachfolgend durchgezählten Argumenten. Weiter heißt es: »Folget nunmehr …«, »Dieses erhellet daraus …«, »Es ist ferner zu merken …«, worauf ein neues Kapitel mit »Merkpunkten« den eigentlichen Höhepunkt der Beweisführung ausmacht. Bei diesen Ausführungen mangelt es nicht an anaphorisch wirkungsvoll eingeleiteten Passagen (»So lasset uns …«), bis das Ganze zum Schluss in ein Gebet mündet, das ebenfalls nicht ohne ein rhetorisches Wortspiel mit der »Welt« bzw. der Antithese von Welt und Geist daherkommt:

> Ach, Herr Jesu Christ, der du den Fürsten der Welt überwunden und uns von der Welt erwählt und erkauft, auch zu teureren Gütern berufen hast, als dass wir in der Welt uns zu verlieben Ursache hätten: Siehe mit Erbarmen auf

den elenden Zustand deiner armen Christenheit und wie in derselben die Weltliebe alles so schändlich verdorben habe, dass deine und des Vaters Liebe fast kaum mehr Platz hat. Erzeige aber deine Kraft und erweise, dass du noch mächtig seist, die Herzen von der Weltliebe durch deinen Geist zu reinigen, wie der Geist der Welt ist, selbige in solcher Weltliebe gefangen zu halten …

Spener fand Schüler, die sein Konzept weiterentwickelten. Besonders bekannt wurde August Hermann Francke (gest. 1727) aufgrund der Errichtung eines Waisenhauses in Halle, das sich zu einer vorbildlichen Schulstadt mit 2500 Bewohnern entwickelte (den berühmten Franckeschen Stiftungen). Der radikalere aber war Gottfried Arnold (gest. 1714), der noch Goethe mit seiner *Kirchen- und Ketzerhistorie* beeindruckte, in der er den Niedergang des Christentums aufgrund seiner Verbindung mit der heidnischen Philosophie schilderte. Wie Spener geht auch Arnold davon aus, dass sich der göttliche Geist dem Menschen nur auf dem Wege der Erleuchtung mitteile, äußerliches Sprechen also unwirksam bleiben müsse. Ebenso wie Spener aber geht auch er Kompromisse ein, anerkennt sogar die Rhetorik, sofern ein »Erleuchteter« sie benutze. Dann bereite die Predigt den Zuhörer nämlich auf die Vereinigung mit Gott, die *unio mystica*, vor. Das Schlüsselwort dafür lautet »heroische Methode«, eine Predigt im Sinne des ursprünglichen Christentums: mit Standhaftigkeit im Glauben, aber ohne rhetorische Disposition. Mit dem Schlachtruf »Verstocke dein Herz nicht!« soll der Hörer vorbereitet werden, um zum neuen Menschen geboren zu werden.

Vielleicht noch radikaler als in Deutschland fand das Konzept bei den englischen Methodisten Verbreitung. John Wesley (gest. 1791) predigte fünfzig Jahre lang vor einem Massenpublikum auf freiem Feld, wobei die ungeheure Zahl von 40 000 Predigten zusammengekommen sein soll. Über Verbindungen mit der Herrnhuter Gemeinde erlangte das Konzept weltweite Wirkung, mündet aber auch in ein unkontrolliertes religiöses Schwärmertum, gegen das sich die Gründerväter vergeblich zur Wehr setzten. Die Lehre von der inneren Erleuchtung macht Sprache nicht schlicht, sondern schlicht überflüssig und mündet in ein Lallen, bei dem sich die Protagonisten auf die biblische Pfingstschilderung beriefen. Im 19. Jahrhundert interessierten sich Psychologen und Psychotherapeuten für das Phänomen. Forderungen nach Verständlichkeit, Klarheit mündeten so gesehen in ihr pathologieverdächtiges Gegenteil.

Verständlichkeit, Klarheit als neue Ideale gegenüber einer überbordenden Barockrhetorik entstanden aber auch in einem anderen Kontext und hatten völlig andere Wirkungen. Es waren die Begründer der Aufklärung, die diese Ideale im Zusammenhang einer »philosophischen Methode« propagierten. Im Zentrum stand dabei Christian Wolff (gest. 1754), der mit seinen sowohl lateinischen wie deutschsprachigen Werken zu allen wichtigen Teilen der Philosophie (wozu damals Mathematik und Physik ebenso wie Politik und Moral gehörten) die bis Kant wichtigste Schule gründete. Zu seinen eifrigsten Schülern hatte, wie schon ausgeführt, Gottsched gehört, der die neue »philosophische« Methode der Wahrheitsfindung mit dem rhetorischen Prinzip der Wirksamkeit verband und damit in Deutschland den (französischen) Klassizismus einführte. Prediger, die sich in diese Entwicklung einreihten, predigten also ebenso mit den Mitteln der Wolffschen Philosophie wie mit denen der klassischen Rhetorik. In der Ablehnung des barocken Wortprunks mit dem Pietismus einig, griff man anders als dieser unbefangen auf die »heidnischen« Mittel zurück, orientierte sich an einer Form der Überredung, die dem »aufgeklärten« Publikum entsprach. Man kann dabei eine Reihe von Namen nennen, die heute kaum noch bekannt sind. Goethe hat noch einige von ihnen in *Dichtung und Wahrheit* erwähnt, als er bestimmende Einflüsse seiner Jugend schilderte: Jerusalem, Zollikofer und Spalding. Dazu nur wenige Andeutungen:

Johann F. W. Jerusalem (gest. 1789) hatte bei Gottsched

Wolffsche Philosophie studiert und suchte nach einer Form von Religiosität, die sich auf begründbares Wissen stützte. Religion wird zum »Mittel der Aufklärung« und besteht letztlich in einer Moralität, die schon Wolff als etwas von Religion letztlich Unabhängiges begriff – sein Vortrag über die (durchaus mit dem Christentum vergleichbare) Religion der Chinesen hatte zum Eklat geführt. Georg J. Zollikofer (gest. 1788), ein reformierter Theologe aus der Schweiz, der dann Pfarrer der reformierten Gemeinde in Leipzig wurde, vertrat ebenfalls eine Religion als Ethik. Das Streben nach »Glückseligkeit«, das das Zentrum der Wolffschen Philosophie darstellte, erhält eine christliche Interpretation. Die Attraktivität dieser Legierung zeigt sich in einer 15-bändigen Ausgabe seiner Predigten, die sich durchweg mit lebenswichtigen Fragen wie Einsamkeit und Freundschaft, Gesundheit und sinnlichem Vergnügen beschäftigten – ausbuchstabiert in den Bahnen der Aufklärungsrhetorik à la Gottsched. Schließlich hat sich auch Johann J. Spalding (gest. 1804) mit Wolff bzw. dem damaligen Wolffianismus beschäftigt und ebenfalls Wege zu einer natürlichen Religion gesucht. Religion dient wie Philosophie der »Besserung« und damit der Erlangung von »Glückseligkeit«. Der Prediger wird ausdrücklich als »Lehrer der Weisheit und der Tugend«, ja als »bestallter Lehrer der Sittlichkeit« bezeichnet. Obwohl sich Spalding mit dem Pietismus kritisch auseinandersetzte, teilt er dessen Ablehnung der Rhetorik. Die Predigt soll »klare Erkenntnisse« vermitteln, was jedoch kaum der Gottschedschen Interpretation der Rhetorik widerspricht.

Was selbst in dieser notwendig klischeehaften Kurzfassung deutlich wird: Die Predigt sucht und findet Kontakt zu den kulturellen Strömungen der Zeit. Prediger werden gefeiert, sofern sie die Verkündung des Evangeliums mit diesen Strömungen verbinden. Das hat zur Krise der Predigt geführt, zur Ununterscheidbarkeit von Religion und Philosophie bzw. all ihren Spielarten, die noch kommen sollten. Schon Goethe nahm an dem predigenden Dreigestirn der frühen Aufklärung nur noch den stilistischen Effekt wahr, ihm galten diese Prediger als Beispiele oder Vorbereiter einer »gefälligen Schreibart«, die mit der barocken Steifheit brachen. Diese Sichtweise sollte die Zukunft bestimmen. In Romanen wie dem halbautobiographischen *Anton Reiser* beschreibt Karl Philipp Moritz 1785–1790 die Erschütterung, die sein Protagonist erfährt, als er den so sehr geschätzten Prediger im privaten Kontext Dialekt sprechen hört. Die als »Verkündigung« verstandene Predigt erweist sich urplötzlich als bloßes »Schauspiel«. Sie lebt von Anforderungen der Vergangenheit, hat keinen wirklichen Kontakt mehr zu den Problemen der Gegenwart.

Man könnte so gesehen statt vom Tod der Rhetorik vom Tod der Predigt (vielleicht sogar: nach dem Minimalismus der Pietisten) sprechen, wenn nicht auch diese Formel der Realität widerspräche. Bedeutenden Predigern ist es auch später immer wieder gelungen, ein Publikum an sich zu binden. Friedrich Schleiermacher (gest. 1834), heutigen Philologen wegen seiner Verwurzelung in der literarischen Romantik bekannt, hat in der reformierten Berliner Dreifaltigkeitskirche seine Zuhörerschaft beeindruckt und zehn Bände Predigten hinterlassen. Der katholische Bischof von Mainz, Wilhelm E. Kettler (gest. 1877), wurde wegen der fortschrittlichen Behandlung sozialer Fragen in seinen Predigten bekannt. Mit dem Lutheraner Dietrich Bonhoeffer und dem katholischen Bischof von Münster, Clemens August Graf von Galen, sind die seltenen Vertreter eines kirchlichen Widerstands gegen den Nationalsozialismus benannt. Nach dem Zweiten Weltkrieg trat mit dem Jesuitenpater Johannes Leppich (»Pater Leppich«) sogar noch einmal die Gestalt eines Wanderpredigers in Erscheinung, der auf öffentlichen Plätzen ein in die Zigtausende gehendes Publikum in den Bann schlug (»Christus auf der Reeperbahn«).

Allerdings handelt es sich bei all dem um Rekapitulationen unter speziellen Bedingungen, die von der einstigen Rolle der Predigt in einer prinzipiell religiösen Gesellschaft weit entfernt sind. Die große Rede begegnet nun doch eher in anderen

Bereichen. Sie ist wesentlich mit der Wiederkehr der Politiker verbunden. Wie die Prediger in den Jahrhunderten zuvor hatten auch sie Nachholbedarf, galt es auch für sie, in mancherlei Wandlungen verlorenes Terrain zurückzuerobern. Man muss dazu auch in Deutschland jedoch nicht auf die Zeiten der Demokratie und auch nicht auf die einer gelungenen Revolution warten. Mitten im 17. Jahrhundert und zumindest in den letzten Tagen eines diktatorischen Regiments im 20. Jahrhundert finden sich durchaus Beispiele politischer Reden von hohem Niveau und ansprechenden sprachlichen Mitteln in den Bahnen europäischer Kunst. Ich möchte im Folgenden Veit Ludwig von Seckendorff, gestorben 1692, drei Rednern gegenüberstellen, die kurz vor dem Berliner Mauerfall 1989 auf dem damals Ostberliner Alexanderplatz sprachen.

# Veit Ludwig von Seckendorff und die Revolution von 1989

## Von Seckendorffs Reden am und für den Hof

Veit Ludwig von Seckendorff stammte aus altem fränkischem Adel, suchte aber eine Karriere über die damalige gelehrt-humanistische Schul- und Universitätsausbildung. Als fertiger Jurist ging er in den Fürstendienst, zuerst in Sachsen-Gotha bei Herzog Ernst, wo er es bis zum Kanzler brachte, dann bei Herzog Moritz von Sachsen-Naumburg-Zeitz in gleicher Funktion. In beiden Fällen handelt es sich um für Deutschland typische Kleinstaaten mit wenig Potential für den zeitgemäßen Absolutismus. Von Seckendorff baute zunächst eine Verwaltung für das vom Dreißigjährigen Krieg ruinierte Gotha auf und brachte das Ergebnis 1656 auch in Buchform zur Geltung: in seinem *Deutschen Fürstenstaat.* Das Werk, das an Universitäten im Unterricht benutzt wurde, orientiert sich am Typus eines christlichen Regiments lutherisch-orthodoxer Prägung. Ziel ist die allgemeine Wohlfahrt aufgrund umfassender rechtlicher Regelungen. An der Autorität des Fürsten wird nicht gerüttelt, aber er bleibt nicht von Kritik verschont. Von Seckendorff bietet einen Fürstenspiegel genauso wie einen Beamtenspiegel mit Pflichten aller Beteiligten. Es ist eine gottgegebene Ordnung, die nach außen durch das Zeremoniell sichtbar gemacht wird. Es ist aber auch ein klar veraltetes Modell, wenn man es mit dem damals modernen Naturrecht vergleicht (das von Seckendorff in einer eigenen Schrift ausdrücklich ablehnt). Umso interessanter die Rolle der Rede im Fürstenstaat.

Von Seckendorff hat in einem »Diskurs anstatt einer Vorrede« diese Rolle deutlich umrissen. Ihm ist aufgrund seines humanistischen Studiums mit antikem Geschichtswissen völlig klar, dass die Form der Rede von der Form des Staates abhängt. In einem monarchischen Regiment wird befohlen, aber nicht nur in Demokratien antiken Musters kann geredet werden:

> Wo aber der Regent keine völlige Botmäßigkeit, sondern das Volk etwas Freiheit und Macht zu sprechen gehabt, da hat man es erst durch Vorhaltung vernünftiger Ursachen zum Gehorsam bewegen müssen und also der Reden und Vermahnungen bedurft …

Deutschland ist ein solches Land mit »etwas Freiheit« und der Möglichkeit, mit Gründen zu operieren. Aristoteles, Cicero, Quintilian werden ausdrücklich (im Gegensatz zur Predigt) für die Politik als zu schulmäßig abgelehnt und stattdessen Luther als »deutscher Nestor und Perikles« empfohlen. Nach dem Prinzip »ländlich, sittlich« könne man mit Einfachheit, Verständlichkeit, Natürlichkeit durchaus Erfolg haben. Er selbst sei von der »Schul-Kunst« »wieder auf die natürliche Einfalt gefallen«, liest man und erfährt auch, dass dies nicht völlig einer Stilisierung der Rede widerspricht: nur eben nicht mit überbordendem Schmuck, sondern mit interessantem Stoff, der bei immer wiederholten Anlässen wie den Neujahrsreden der Variation bedarf. Auch das Auftreten kommt in den Blick:

> Insgemein wird auch heutzutage eher ästimiert, wenn sich der Redner nicht weit von der Art einer familiaren Rede bewegt, als wenn er sich den Deklamierern in den Schulen oder den Predigern auf den Kanzeln mit allzu starker Erhebung der Stimme und vielen Gebärden gleichstellt …

Als Vorbild verweist von Seckendorff allerdings nicht auf Christian Weise, sondern auf den Kanzleistil mit seiner trockenen Kürze. Die beschworene »Einfalt« orientiert sich also an bekannten Formeln in bekömmlicher Aufbereitung. Stimmt dies mit dem Ergebnis überein? Ich mache die Probe aufs Exempel anhand einer der 15 Neujahrsreden, und zwar derjenigen von 1669, der fünften in der Sammlung, achteinhalb Druckseiten lang.

Die Rede hat wie alle Neujahrsreden ein klares Ziel: dem Fürsten die guten Wünsche für die Zukunft auszusprechen. Dafür braucht man keine achteinhalb Druckseiten, und von Seckendorff nutzt die ihm zur Verfügung stehende Zeit auch für mehr. Er sagt etwas dazu, wie das Jahr am besten verläuft – im Zusammenwirken aller Kräfte des Fürsten wie seiner Untertanen. Man könnte sich diesen Redezweck auch in Verbindung mit einer beliebigen Audienz vorstellen, auch mit einer Grundsatzrede auf einer Versammlung der Stände. Aber in diesen Fällen wäre der Anlass ein Problem. In Audienzen erwartet der Fürst die Abwicklung des Tagesgeschäfts, auf Landtagen gibt es Reden zur Steuerbewilligung oder zu einem Kriegseinsatz. Im Fürstenstaat ist nicht unbedingt oder jedenfalls nicht allein die Überlegenheit des Fürsten das Problem, sondern die Reglementierung der Anlässe. Sie haben sich dem Protokoll anzupassen, damals sprach man vom Zeremoniell. Ein Anliegen wie das der Ermahnung des Fürsten zur gedeihlichen Zusammenarbeit mit seinen Untertanen braucht diesen zeremoniellen Anlass. Und den gibt es durchaus, ja die Ausfüllung wird bei dieser Gelegenheit sogar erwartet: eben am Neujahrstag, beim Glückwunsch fürs neue Jahr. *Daher* die achteinhalb Seiten oder vielleicht zwanzig Minuten im großen Saal des Schlosses vor der versammelten fürstlichen Familie und der Beamtenschaft.

Von Seckendorff will etwas und weiß etwas. Er will ermahnen, und er weiß, dass er für diese Ermahnung Aufmerksamkeit braucht. Die Situation wiederholt sich jährlich und macht es notwendig, jeweils Neues zu bieten. Am 1. Januar 1669 wählt er das Bild der Sonne als Grundlage seiner Ermahnung. Nur ein einziges Bild ist möglich, aber jedes Jahr ein anderes. 1666, bei seiner ersten Neujahrsrede in Zeitz, knüpfte er an Ovids *Fasten* an, an die Erläuterung des Kalenders also, an dessen Anfang die Gestalt des Gottes Janus mit den beiden (nach vorn und nach hinten gerichteten) Gesichtern stand. Das Fazit lag damals darin, dass mit Herzog Moritz die Zeit des

Heidentums vorbei sei. 1670 knüpfte er an das übliche Glückwünschen an und improvisierte über eine falsche Form von Glück als launische Fortuna, über die der Fürst erhaben sei. 1771 geht es um den (in Deutschland damals noch keineswegs einhelligen) Jahresbeginn mit dem kürzesten Tag des Jahres, nach dem also der Aufstieg erfolge, wie es auch im Fürstentum der Fall sei. 1772, im Schaltjahr, doziert von Seckendorff über die notwendige Korrektur des Kalenders und wünscht sich Beamte, die in ihrem Bereich ebenfalls zu solchen Korrekturen fähig sind.

Die Rolle des Bildes als Zentrum der Rede ist also deutlich. Sie wird zur Argumentation benötigt, stellt aber auch schon selbst ein Argument dar: Der Fürst herrscht nicht willkürlich, sondern nach Gesetzen, die in Bildern gefasst sind. Dass sich ein Bild für diese Herrschaft finden lässt, belegt geradezu deren »Natürlichkeit«. Besonders stark deshalb ein biblisches Bild, wie es 1769 zugrunde liegt. Es sei den Augen lieblich, die Sonne zu sehen, heißt es bei Salomo im Alten Testament. Das lässt sich aufgreifen, ausmalen, den Zuhörern so vor Augen stellen, dass sie zunächst nicht ahnen, wohin die Auslegereise geht. In diesem Punkt gibt von Seckendorff sein Kürze-Prinzip durchaus auf und schwelgt für einen Moment in Beschreibungen. Wer erwartet sehnlich das Licht? Der unruhige Schläfer, der Gefangene in seinem Kerker, der Blinde ohnehin, jeder Mensch an trüben Wintertagen, sogar die Tiere. Allen ist die Schönheit der Sonne bekannt,

> so dass auch die Vögel in der Luft, ja die allerverachtetsten Kreaturen, die Fliegen, Mücken und Käfer solche Schönheit und Anmut der Sonne nebst der Wärme zu begreifen scheinen und sich lustig und geschäftig zeigen, sobald die Sonnenstrahlen herauskommen.

Der Bezug auf die Natur ist damit erst einmal ausgeschöpft. Es folgt ein Bezug auf gelehrtes Wissen (das also so verpönt doch nicht ist), ein Zitat des »Kirchenhistorikers Salianus«, der die »Süße« des Lichts am ersten Schöpfungstag besonders vorbildlich geschildert habe. Auch für die Erwähnung des vierten Schöpfungstags mit der Erschaffung der Sterne nimmt sich von Seckendorff noch Zeit, ehe er das Lob auf die kleine Wiederholung der Schöpfung jeden Morgen bezieht sowie die fällige Übertragung auf die »geistliche Sonne unseres Herrn und Heilandes«. Dann folgt urplötzlich (vielleicht besser: mit geplanter Urplötzlichkeit) die Anwendung auf den Fürsten:

> Die politische Sonne, nämlich die hohe, alles beobachtende und regierende Obrigkeit, ist auch lieblich anzuschauen und das Licht ihrer Gnade und Güte ist süß. Weil Eure Fürstliche Durchlaucht von Gott dem Herrn in diesem Lande und politischem Firmament zur Sonne und Licht verordnet sind, so erfreuen wir als deren untertänigste und treue Diener von Herzen, dass, wie wir diese Sonne an diesem Tag zu glücklichem Eintritt des neuen Jahres in deren gewöhnlichem Glanz anschauen, wir Sie selbst nebst der herzliebten Gemahlin, unserer gnädigsten Frau, welche wir dem andern Himmelslicht, dem Mond, vergleichen, samt den Fürstlichen jungen Herren und Fräulein wie die vielen Himmelssterne in vollem Licht und ordentlichem Lauf des Fürstlichen Glückes antreffen und sagen mit dem König Salomo: *Dulce lumen et delectabile est oculis videre solem [was übersetzt bedeutet]*: Das Licht, der hohe Wohlstand, die Gnadenstrahlen unserer Gnädigsten Herrschaft sind süß, und es ist unsern treuen Diener Augen lieblich, die Sonne, nämlich unsern gnädigsten Herrn und Regenten so glückselig anzuschauen.

Das klingt unterwürfig und ist es. Es ist aber auch die übliche Floskel und insofern nicht von größerer Bedeutung als die Bestätigung der ohnehin bestehenden Ordnung. Der Fürst hat Anspruch auf Gehorsam und empfängt ihn in einer Form, die den höfischen Gepflogenheiten entspricht. Zu diesen Gepflogenheiten gehört auch die Kürze, die von Seckendorff eigens erwähnt und ihn zur einzigen Erweiterung des Bildes führt: Die Sonne vollführt nicht nur ihren täglichen Lauf, sondern bewegt sich auch in einem Jahreskreis, der die Jahreszeiten erzeugt. Das ist es, was er braucht, um den »untertänigsten Neujahrswunsch« endlich zur Ermahnung umzufunktionieren. Denn nur im täglichen Auf- und Untergehen der Sonne ist der Fürst seinen Untertanen (bis in den Tod) gleich. Darüber hinaus führt der Fürst eben dieses andere Leben mit seinem »schweren und langsamen« Fortschritt, mit all der Arbeit und Sorge um den Bestand seines Landes, jedoch ohne Murren. Damit kommt von Seckendorff endlich zu seiner Ermahnung:

> Der Welt- und Landlauf geht in geschwinder Eile von Morgen zu Abend, das ist: vom Guten zum Bösen oder vom Bösen in noch Schlimmeres. Es fällt fast jedermann, der hohe und niedere, der arme und reiche von der Höhe des Himmels bzw. der Tugend in den tiefen Untergang der Laster. Glaube, Ehre, Treue und Geschicklichkeit verlieren sich nach und nach, ja es will fast damit getan sein und finsterer Abend werden. Ein löblicher Regent macht es nichtsdestoweniger wie die Sonne, dringt von Abend gegen Morgen, widerstrebt der bösen Welt Schwall und Fall mit Hilfe getreuer und redlicher Diener nach Möglichkeit, hält sich mit Belohnung des Guten und Bestrafung des Bösen empor und gibt gleichsam die Widerwaage, damit nicht alles drüber und drunter und damit untergehe.

Worauf (»nach diesen beiderlei Betrachtungen« des doppelten Sonnenlaufs) endlich der förmliche Neujahrswunsch folgt.

Von Seckendorff hat noch vier Minuten. Er weiß, was er noch sagen muss, und flicht die eine oder andere Ermunterung ein. In fünf anaphorisch eingeleiteten Sätzen formuliert er den Wunsch, dass »Gott der Herr« Moritz segnen und behüten möge, darunter auch so, dass er »gegen die Last des zum Untergang sinkenden gemeinen Wesens bestehen möge«. Die gerade an Höfen wichtigsten Laster von Wollust, Hochmut und Geiz sind ebenfalls erwähnt, daneben der Wunsch, der Fürst möge sich den Undank seiner Untertanen nicht unnötig zu Herzen nehmen. Und womit schließt von Seckendorff? Natürlich mit dem »untertänigsten und herzlichsten Dank« aller Anwesenden, mit der Zusicherung von »Schuldigkeit und Devotion« der »ehrlichen Leute und rechtschaffenen Diener«, die sie immerfort dem »gnädigen Fürsten und Herren sein und bleiben werden«.

Man hat angesichts solcher Formulierungen von »Zeremonialreden« (Miloš Vec) gesprochen – kein schlechter, aber doch ein missverständlicher Ausdruck. Richtig ist, dass von Seckendorffs Neujahrsglückwunsch in zeremoniellem Rahmen vorgetragen wurde und zeremonielle Bestandteile enthält. Aber es ist auch eine auf Überreden angelegte Rede, die ihre überredenden Elemente lediglich auf ungewohnte Weise unterbringt oder verbirgt. Von Seckendorff formuliert dabei keineswegs »familiar«, »einfältig« oder gar naiv. Die Rede ist sorgfältig aufgebaut, hat ihre bildliche »Erfindung« und ihren Beschreibungsteil (hier als Auslegung des Bildes), lässt den argumentativen Höhepunkt folgen und endet mit vertrauten Aufforderungen – alles in eine damals flüssige Sprache sogar mit sparsamem (etwa anaphorischem) Schmuck gekleidet. Es ist keine Frage, dass die Zuhörer, vor allem der Fürst, darin ein kleines sprachliches Kunstwerk sahen, mit dem sie sich geehrt fühlen konnten. Natürlich weiß niemand, wieweit von Seckendorff damit Veränderung oder gar Verbesserung erreichte. Die Frage wäre unsinnig gestellt. Er hat im Rahmen des Erwarteten gesagt, was er Mahnendes sagen konnte und wollte. Und er hat es in die sprachliche Form gekleidet, die nach bewährtem europäischem Rezept die Chancen auf Annahme steigerte.

Dieses Rezept bewährte sich aber auch da, wo die Bedingungen unter gleichermaßen nichtdemokratischen Verhältnissen ungleich anders aussahen. Auch der sehr viel energischere Ausbruch aus der verordneten Leisetreterei hat seine Folgen für die Sprache gehabt. Auch die Revolutionäre vom November 1989 mussten noch Rücksichten nehmen und bezogen einen Teil ihrer Überzeugungskraft aus einer sprachlichen Kunst, die allerdings nur noch indirekt, über die Demonstration des Selbstbewusstseins, auf die Herrschenden zielte. Der eigentliche Adressat war das Volk, das dieser Herrschaft endlich ihr Ende bereiten sollte.

## Drei Reden zur Revolution von 1989

Im Herbst 1989 vollzog sich in der DDR jene unblutige Revolution, die zur Wiedervereinigung Deutschlands führte. Am 11. September gestattete Ungarn flüchtigen DDR-Bürgern die Ausreise nach Österreich. Am 30. September kündigte Außenminister Genscher vom Balkon der Prager Botschaft den zu Tausenden Versammelten ebenfalls die Erlaubnis zur Ausreise an. Seit dem 4. September hatten in Leipzig die Montagsdemonstrationen begonnen, bei denen immer mehr Teilnehmer »Wir sind das Volk« riefen. Während der offiziellen Feierlichkeiten zum 40. Jahrestag der DDR am 7. Oktober demonstrierten Zehntausende für eine demokratische Erneuerung des Staates. Wie schon die Polizei am 2. Oktober in Leipzig eingeschritten war, schritt sie auch am 7. Oktober in Berlin ein und beendete die Demonstration gewaltsam. Umso überraschender war es, als der Machtapparat (fünf Tage vor dem Mauerfall) am 3. November offiziell eine Massenkundgebung auf dem Berliner Alexanderplatz genehmigte.

Die Initiative war von verschiedenen Verbänden der Künstler ausgegangen, hauptsächlich von Schauspielern der Berliner Theater. Schon am 15. Oktober hatten sich Hunderte versammelt und für eine demokratische DDR demonstriert. Nun aber kamen Hunderttausende (die Zahlen schwanken zwischen 200 000 und einer Million) zusammen, traten für Presse-, Meinungs- und Versammlungsfreiheit ein. Um 10 Uhr startete der Marsch in der Prenzlauer Allee, zog am Palast der Republik vorbei zum Alexanderplatz, wo die dreistündige Abschlusskundgebung stattfand. Mehr als 20 Redner kamen zu Wort, darunter Politiker bzw. Funktionäre wie Günter Schabowski und Stasigeneraloberst Markus Wolf, die beide ausgepfiffen wurden, ohne dass Ordnungskräfte eingriffen – für eine Beobachterin wie Bärbel Bohley der Anfang des Endes der DDR. Weiter sprachen Hochschulrektor Lothar Bisky, Rechtsanwalt Gregor Gysi und Pfarrer Friedrich Schorlemmer, vor allem aber Schriftsteller bzw. Künstler: Heiner Müller und Jens Reich, Ulrich Mühe und Jan Josef Liefers, Stefan Heym, Christoph Hein und Christa Wolf – nur Wolf Biermann war am Grenzübergang Friedrichstraße die Einreise verweigert worden. Gert Ueding hat in seinem Sammelband *Deutsche Reden* die Beiträge von Heym, Hein, Christa Wolf (und Schorlemmer) nach Tonbandprotokollen wiedergegeben. Sie sind hier herangezogen.

Stefan Heym, Jahrgang 1913, als Jude 1933 aus Nazi-Deutschland geflohen und dann in die DDR zurückgekehrt, war überzeugter Sozialist, kämpfte aber gegen die DDR-Autokratie und unterstützte die Bürgerrechtsbewegung. Zu den zahlreichen Erzählungen und Romanen kommen politische Zeugnisse, darunter eine Diskussion mit Günter Grass am 21. November 1984 im Brüsseler Goethe-Institut (*Nachdenken über Deutschland*). In seiner Rede sprach er (wie einst Papst Johannes XXIII. vor dem Konzil) vom Aufstoßen der Fenster und fasste dies in ein poetisches Bild voller rhetorischer Wiederholungen:

> … nach all den Jahren der Stagnation …, den Jahren von Dumpfheit und Mief, von Phrasengewäsch und bürokratischer Willkür, von amtlicher Blindheit und Taubheit – welche Wandlung. Vor noch nicht vier Wochen die schön gezimmerte Tribüne hier um die Ecke. Mit dem Vorbeimarsch, dem bestellten. Vor den Erhabenen. Und heute, heute ihr, die ihr euch aus eigenem freien Willen versammelt habt für Freiheit und Demokratie und für einen Sozialismus, der des Namens wert ist.

Die kurze Rede (im Druck eine einzige Seite) ist sprachlich bis ins Letzte kunstvoll ausgeformt, geradezu verschnörkelt. »Und das ging so, in dieser Republik, bis es nicht mehr ging«, heißt es. Weiter ist die Rede von »Unwilligkeit« und »Unmut« – lauter Sprachspielereien. Auch der Aufforderung, die »Sprachlosigkeit« zu überwinden, gehen spielerische Bemerkungen voran: »Aber sprechen, frei sprechen, gehen, aufrecht gehen, das ist nicht genug. Lasst uns auch lernen zu regieren.« Sogar die Verurteilung von Autokratie kommt im Sprachspiel daher: »Denn Macht korrumpiert, und absolute Macht – das können wir heute noch sehen – korrumpiert absolut.« Zum Sozialismus gehört für Heym die Demokratie, was er im letzten Satz seinen Zuhörern in kunstvoller Wendung ausbuchstabiert:

> Demokratie aber – ein griechisches Wort – heißt »Herrschaft des Volkes«. Freunde, Mitbürger – üben wir sie aus, diese Herrschaft!

Der Applaus war ihm damit gewiss. Ein Teil aber galt wohl auch der sprachlichen Gestaltung, die mit der kulturellen Potenz politische signalisieren sollte.

Christoph Hein, Jahrgang 1944, war in der Bundesrepublik mit der Novelle *Drachenblut* bekannt geworden, arbeitete aber vor und auch nach 1989 in erster Linie als Dramaturg und Theaterautor. Seine Rede klingt als Rede ungewohnt, hat fast literarische Qualität. Zwar endet Hein mit einem redetypischen Aufruf, nämlich Leipzig als »Heldenstadt der DDR« umzubenennen in Analogie zur aufgezwungenen Rede von Berlin als »Hauptstadt der DDR«. Im Zentrum steht dabei die Erinnerung an einen »alten Mann«, der einen »Traum« gehabt hatte, für diesen Traum ins Zuchthaus ging, aber bei der Verwirklichung aufgrund falscher »Geburtshelfer« wie dem »besiegten Faschismus« und dem »übermächtigen Stalinismus« nur »Bürokratie, Demagogie, Bespitzlung, Machtmissbrauch, Entmündigung und auch Verbrechen« zustande brachte – Erich Honecker. Zweimal nimmt Hein diesen Faden auf, glaubt, dass dieser alte Mann »den verkrusteten Strukturen gegenüber fast ohnmächtig« war, und begründet die Erinnerung an ihn schließlich damit, dass er zur Warnung diene, nun nicht wieder die falschen Strukturen zu schaffen, wieder einen »Sozialismus, der dieses Wort … zur Karikatur macht«. Es ist also eine Erzählung, die rhetorisch wirken soll, eine Erzählung, die auf Einfühlung berechnet ist und die wirklich sich stellenden Aufgaben deutlich macht, zumal sich schon jetzt falsche »Väter« des Erfolges meldeten, während die wahren Helden das Volk seien (»die Vernunft der Straße«).

Eine wohlaufgebaute Rede also, der es auch nicht an sprachlicher Kunst in den einzelnen Formulierungen mangelt. Schon der erste Satz bietet eine Antithese (»Es gibt für uns alle viel zu tun, und wir haben wenig Zeit für diese Arbeit«), der zahlreiche weitere folgen, zum Beispiel die, dass »Begeisterung« nicht die »Arbeit« ersetzt. Immer wieder sind es kleine Wiederholungen, die die Aussagen bekräftigen, vor allem in der Schlusspassage:

> Der Titel (»Leipzig – Heldenstadt der DDR«) wird unseren Dank bekunden. Er wird uns helfen, die Reform unumkehrbar zu machen. Er wird uns an unsere Versäumnisse und Fehler in der Vergangenheit erinnern. Und er wird die Regierung an die Vernunft der Straße mahnen, die stets wach blieb und sich, wenn es notwendig ist, wieder zu Wort meldet.

Übrigens enthielt die Anrede eine wunderschöne Captatio benevolentiae: »Liebe mündig gewordene Mitbürger!«

Unter den Schriftstellern war auch damals niemand bekannter als Christa Wolf, Jahrgang 1929. Seit 1974 trotz kritischer Äußerungen Mitglied der Akademie der Künste der DDR, wurden ihr Studienaufenthalte in Paris und den USA zugestanden. Wolf ließ sich in die Deutsche Akademie für Sprache und Dichtung der Bundesrepublik aufnehmen und erhielt als erste DDR-Autorin überhaupt deren Georg-Büchner-Preis. Weitere internationale Auszeichnungen folgten. Erst mit ihrer Unterschrift unter den Protest gegen die Ausbürgerung Wolf Biermanns verlor sie ihr Vorstandsamt im Schriftstellerverband der DDR. Auf dem Alexanderplatz wurde sie zweifellos als »Revolutionärin« wahrgenommen, obwohl sie selbst – wie ihre Reden nach dem Mauerfall belegen – an eine Reform des Sozialismus glaubte und sich für eine Bewahrung des Erbes der DDR einsetzte. Bekanntlich ist diese wichtige und nötige Diskussion im eher populistischen »Schriftstellerstreit«, bei dem es um Stasi-Beziehungen ging, mehr oder weniger untergegangen.

In ihrer Rede am 3. November liegt das Problem der falschen »Erzählung« von Sozialismus und Revolution als Gerüst zugrunde. Wolf beginnt mit der Befreiung der Sprache als Leistung jeder revolutionären Bewegung und spricht die »Demokratie« an, die man nach »steckengebliebenen oder blutig niedergeschlagenen Ansätzen« »nicht wieder verschlafen« dürfe. Aber Wolf spricht auch das Wort »Wende« an, mit dem sie ihre »Schwierigkeiten« habe und malt es als Bild geradezu poetisch aus:

> Ich sehe da ein Segelboot, der Kapitän ruft »Klar zur Wende!«, weil der Wind sich gedreht hat, und die Mannschaft duckt sich, wenn der Segelbaum über das Boot fegt. Stimmt dieses Bild? Stimmte es noch in dieser täglich vorwärtstreibenden Lage?

Es stimme jedenfalls etwas nicht mit den Anspielungen auf das Drehen des Windes und das Ducken, weshalb Wolf das Bild letztlich durch den Begriff der »revolutionären Erneuerung« ersetzen möchte. Was sich dahinter verbirgt, malt sie in zahlreichen kleinen Wiederholungen und Variierungen aus:

> Große soziale Bewegungen kommen in Gang, so viel wie in diesen Wochen ist in unserem Land noch nie geredet worden, miteinander geredet worden, noch nie mit dieser Leidenschaft, mit so viel Zorn und Trauer, und mit so viel Hoffnung. Wir wollen jeden Tag nutzen, wir schlafen nicht oder wenig, wir befreunden uns mit Mengen neuer Menschen, und wir zerstreiten uns schmerzhaft mit anderen.

Wie es der Schriftstellerin angemessen erscheint, geht Wolf auf die neue Sprache ein, spielt mit den »Wendigen«, die »Wendehälse« genannt werden und die »Glaubwürdigkeit der neuen Politik« blockieren, weil man noch nicht zu Humor fähig sei. »Die Sprache springt aus dem Ämter- und Zeitungsdeutsch heraus, in das sie eingewickelt war«, lautet ein einprägsames Bild. Und ein pointiertes Wortspiel folgt mit dem Satz: »Stell dir vor, es ist Sozialismus, und keiner geht weg!« Die beste Pointe aber kommt erst zum Schluss. Zu »Huldigungsvorbeizügen«, einer schönen Wortschöpfung, zu »verordneten Manifestationen« werde man keine Zeit mehr haben, heißt es – und dann: »Vorschlag für den Ersten Mai – die Führung zieht am Volk vorbei.« Witziger kann kein Paradox sein. Und das Ziel der Rede war erreicht. Wolf wollte die Revolution da lassen, wo sie herkam: beim Volk, beim »Wir – sind – das – Volk!« Und nicht beim Schielen auf nur neue Konstellationen, in denen Einzelne mit ihrer Wende auf Kosten des Ganzen dominieren würden.

Drei Schriftsteller hielten Reden. Drei Menschen, die die freie Rede nicht gewöhnt waren und wirklich frei auch noch nicht reden konnten. Man denkt auch hier wieder an all die Grabesreden über eine Rhetorik unter der Diktatur oder auch nur im Obrigkeitsstaat. Was wir vorfinden, bezeugt jedenfalls die Lebendigkeit der Redekunst unter Bedingungen eingeschränkter Freiheit. Heym, Hein und Wolf sprechen mit Mitteln der Rhetorik, bieten Redekunst im Rahmen der Tradition – mittlerweile wird es niemanden mehr sonderlich überraschen. Man merkt aber auch wohl den Unterschied zu professionellen Politikern. Heym, Hein und Wolf ist die literarische Formung anzumerken: eine literarische Rhetorik, die eher auf Bilder und Pointen setzt als auf scharfe Antithesen oder all die anderen Elemente der politischen Rhetorik. Aber es gilt eben auch: In dieser brisanten Situation auf dem Alexanderplatz, als sich niemand sicher sein konnte, wie die Dinge ausgingen, halten sich Redner an die üblichen, an die europäischen Traditionen der Kunst. Natürlich musste diese Kunst mit politischer Substanz einhergehen, auch mit der Vergangenheit der Redenden – Schabowski und Markus Wolf wurden trotz wohlgeformter, vielleicht sogar besonders wegen wohlgeformter Worte ausgepfiffen. Es sind immer dieselben Ingredienzien, die Erfolg bringen. Redekunst allein genügt nicht, Sachbezug und Reputation müssen hinzukommen. Aber man darf deutlich betonen: Sachbezug und Reputation allein genügen eben auch nicht.

# Englisches Parlament und Frankfurter Paulskirche

## Englisches Parlament

Die Rückkehr des Politikers erfolgte in Europa auf Samtpfoten. Seit dem Mittelalter regierten die Könige und Fürsten unter Mitwirkung von Adel und Kirche, die sich vor allem die Huldigung und die Steuerbewilligung vorbehielten. In unregelmäßigen Abständen und stets unter dem Druck äußerer Ereignisse tagten dazu Parlamente. In den Nationalstaaten, die sich seit der beginnenden Neuzeit formierten, wurde der Kreis der Beteiligten größer, das Zusammentreffen regelmäßiger. Aber es entwickelte sich auch ein Absolutismus, der die Mitwirkung schmälerte, auf formale Akte reduzierte. Das Regieren fand in Kabinetten statt, Mitwirkung war nur persönlich ausgewählten Beratern des Königs möglich. Das erste große Land in Europa, das sich dieser Tendenz erfolgreich entgegenstemmte (»Ausnahmen« wie die italienischen Stadtrepubliken, besonders Venedig, oder die Schweiz müssen hier beiseite bleiben), war England bzw. das Vereinigte Königreich Großbritannien.

England hatte im Mittelalter die gleichen Startbedingungen wie alle anderen europäischen Staaten auch. 1215 unterschrieb der König die *Magna charta libertatum*, die den Baronen Mitwirkung an der Macht garantierte. Seit dem späten 13. Jahrhundert entwickelte sich daraus ein Beratungsinstrument von zwei Kammern, dem Unterhaus (der *Commons*) mit niedrigem Adel und Städten sowie dem Oberhaus (der *Lords*) mit hohem Adel und Klerus. Im 15. und 16. Jahrhundert, in elisabethanischen Zeiten, war die Bedeutung noch gering. Seit dem Übergang zu den Stuarts mit Karl I. 1603 änderte sich dies jedoch dramatisch. Es setzte ein Ringen zwischen Unterhaus und Krone ein, bei dem der König mehrfach nach Beschwerden und Verweigerungen das Parlament auflöste und dann wieder einberief, um sich finanzieren zu können. Es gab dabei scharfe Debatten mit Abstimmungen, die auch das Parlament selbst vor Zerreißproben stellten – ein für das übrige Europa unvorstellbarer Vorgang. Noch unvorstellbarer dann das Ende Karls I., der im Bürgerkrieg 1649 vom kleinen puritanischen Landjunker Oliver Cromwell besiegt und nach anschließendem Gerichtsprozess enthauptet wurde. Damit war England für einen kurzen Moment Republik. Cromwell schaffte das Oberhaus ab und regierte als Lord-Protektor mit dem verbliebenen »Parlament der Heiligen«, das er am 22. Januar 1655 nach nur fünf Monaten in einer berühmten Rede ebenfalls auflöste und nur noch mit dem Staatsrat weiterregierte, übrigens aufgrund der einzigen schriftlich fixierten Verfassung, die England je besaß.

Welche Rolle hat in diesem Parlament die Redekunst gespielt? Die gerade erwähnte Rede Cromwells ist überliefert und zeigt den Stand deutlich. Cromwell hatte die Macht, aber er übte sie nicht als »Monarch« mit bloßem Befehl aus, sondern musste sein Vorgehen begründen. Es ist charakteristisch, dass Cromwell dies nicht in der Art eines antiken Redners tat. Cromwell sah sich selbst eher als ein von Gott gesandtes Werkzeug, trat entsprechend als Prediger auf, der wie die großen Reformatoren auf die Wucht des Inhalts setzte und die Form eher beargwöhnte. Intellektuelle Beobachter des 18. Jahrhunderts wie David Hume oder Thomas Carlyle haben ihn für den »geheimnisvollen Jargon … voll von niedrigster und gemeinster Heuchelei« kritisiert oder wenigstens von einer »Konfusion der Rede« gesprochen. Tatsächlich sprach Cromwell nicht geschliffen, keineswegs jedoch ohne rhetorische Mittel. Es ist vor allem das große Bild, das die hier herangezogene Rede kennzeichnet. Dieses Bild aber stammt, wie kaum anders zu erwarten, aus der Bibel.

Denn im Mittelpunkt stehen die »Disteln und Dornen«, mit deren Wuchs Gott nach dem Sündenfall die Menschheit bestrafte (Gen 3,17). Cromwell hält den Parlamentariern entgegen, sie hätten mit ihren Schandtaten dafür gesorgt, dass in ihrem »Schatten« eben nur Disteln und Dornen gediehen. Immer neues Blutvergießen gehöre dazu, eine »Verwirrung ..., schrecklicher und gefährlicher als alles, was England bisher erfahren« habe. Und dies durch Männer, »die sich wenig von Tieren unterscheiden«, worauf Cromwell Salomon zitiert: »Ein armer Mann, der die Geringen beleidigt, ist wie ein Mehltau, der die Frucht verdirbt.« Nachdem er von umstürzlerischen Plänen der verschiedenen Parteien gesprochen hat, folgt die wieder aus dem zentralen Bild gewonnene Frage, ob all dies nicht unter ihrem »Schatten« gediehen sei. Dass Cromwell das Heer in großer Stärke behalten wollte, was man ihm am meisten vorwarf, verteidigt er mit dem Totschlagargument des göttlichen Auftrags, mit der »weisen Anordnung des Allmächtigen«, zu der auch die Forderung nach weiteren Geldern gehöre. Aber Cromwell kämpft auch sprachlich, versucht es mit Argumenten, die in starken rhetorischen Fragen vorgetragen sind, wenn er sich für Toleranz in Glaubensfragen einsetzt:

> Hätte es nun nicht den Glaubensstarken wohl angestanden, für eine gerechte Freiheit zu wirken, damit niemand mehr um seines Glaubens willen verfolgt würde und zu leiden hätte? Haben sie nicht selber noch kürzlich unter dem Druck der Verfolgungen geseufzt? Und kam es ihnen nun zu, andere zu unterdrücken? Ist es ehrenhaft, selber Freiheit zu verlangen und sie anderen nicht zu gewähren? Gibt es eine größere Heuchelei, als wenn die, die selber von den Bischöfen unterdrückt wurden, ihrerseits die ärgsten Unterdrücker werden, sobald sie von dem Joche befreit sind?

Man kann Cromwell einiges vorwerfen, was die Überzeugungskraft dieser Rede mindert. Aber nicht, dass er das Überreden vernachlässigt. Cromwell geht auf sein Publikum ein, spricht es an und setzt in den rhetorischen Fragen auf eine durchaus weltliche Form von Pathos. Man kann dies als ein »Ringen« mit dem Parlament bezeichnen, auch wenn er gerade dabei war, es abzuschaffen.

Aber es kehrte nach Cromwells Tod 1658 zurück, ebenso ein neuer König: Jakob II. wieder aus dem Hause Stuart. Als dieser 1688 in der Glorreichen Revolution diesmal auf unblutige Weise vertrieben und durch Wilhelm von Oranien ersetzt wurde, war in Großbritannien die Zukunftsform der konstitutionellen Monarchie verwirklicht (in der *Bill of rights* 1689). John Locke 1690 hat sie in seinen *Zwei Abhandlungen über die Regierung* philosophisch gerechtfertigt: Der liberale Staat handelt auf der Grundlage von Vernunft und Übereinkunft – die Übereinkunft aber kommt im Reden zustande. Dies vollzieht sich im Parlament mit seinen beiden Kammern, in denen mit den liberalen Whigs und den konservativen Tories Parteien entstehen. Nichts kommt nun ohne Debatten zustande, ohne Redner, die ihre Ziele vertreten und vertreten müssen. Das englische Parlament nimmt damit jedenfalls zum ersten Mal nach der Antike wieder »demokratische« Züge an. Nicht in dem Sinne, dass das »Volk« an den Entscheidungen beteiligt gewesen wäre, denn Großbritannien bleibt eine Gesellschaft mit scharfen Standesgrenzen und streng geregeltem Zugang zu politischer Mitwirkung über Wahlen in einem engen und steuerbaren Kreis von Wahlberechtigten. Erst die nächste große europäische Revolution, die französische, wird die Verfassung noch einmal einen Schritt weiter in Richtung Demokratie entwickeln. Seither gibt es in Europa nicht mehr nur die britische, sondern die grundsätzliche Option einer Verfassung mit der Beteiligung der Bürger.

Diese Option hat die politische Rede nicht möglich gemacht (sie war ja in den Landtagen, wie gesehen, schon vorhanden), aber sie hat die politische Rede nachhaltig verändert bzw. erneuert. Auch Deutschland sollte an dieser aufregenden Entwicklung teilnehmen. An der Person Robert Blums ist es unter anderen Gesichtspunkten schon deutlich geworden. Wie aber sah dieses erste Parlament aus, mit dem Deutschland wenigstens im unverbindlichen Experiment seine ersten demokratischen Erfahrungen machte? Welche Rolle spielte bei den Abgeordneten die Rede?

## Frankfurter Paulskirche

Als Robert von Mohl, Staatsrechtler und für kurze Zeit auch Justizminister, in seinen *Lebenserinnerungen* über die Teilnahme am ersten deutschen Parlament von 1848/49 berichtete, machte er eine höchst bemerkenswerte Aussage: Es habe viele gute Redner gegeben, bringt er zum Ausdruck, obwohl sie alle aus den Ständeparlamenten keine einschlägigen Erfahrungen mitbringen konnten. Und noch ein Hinweis ist interessant: Die Beredsamkeit in Frankfurt sei »der französischen weit ähnlicher als der englischen« gewesen. Beim Reden »vom Platze aus« gehe der »rednerische Schwung« verloren, in Frankreich dagegen drängten »Volksveranlagung, Gewohnheit und Räumlichkeit zu weiter ausholenden und künstlich zubereiteten Reden«. Schließlich liest man: »Nun liegt aber in dem Betreten einer Rednerbühne an sich eine Aufforderung zu gehaltenerem, geschmückterem Vortrage.« Wenn sich heutige Historiker den Kopf zerbrechen über die Wandlungen der Redekunst, erfährt man hier also höchst Einfaches. Die Rhetorik verdankt sich nicht irgendwelchen Theorien, sondern beginnt schon mit den Räumen, in denen Redner ihrem Publikum gegenüberstehen. Hat von Mohl damit wirklich recht gehabt?

Es ist etwas daran an seinen Bemerkungen. Das englische Unterhaus tagte in einer räumlichen Enge, die die gegnerischen Parteien zur Auseinandersetzung förmlich Auge in Auge zwang – woran niemals etwas geändert wurde. In Frankreich hatte man erstmals Redner und Publikum wie in der Antike getrennt, sie einander weiträumig gegenübergestellt. Daran schloss man in Frankfurt an, als man sich für die Paulskirche als Tagungsstätte entschied. Schon der Ort als solcher hatte symbolische Bedeutung: Die freie Reichsstadt, traditionelle Stätte der Kaiserkrönungen, war seit dem Wiener Kongress 1815 Sitz des Bundestages und damit Hauptstadt des Deutschen Bundes (mit österreichischem Vorsitz). Die Paulskirche – nach der Zerstörung im Zweiten Weltkrieg ist der Innenraum gründlich verändert worden – bot viel Platz, außer den 812 Abgeordneten bis zu 2000 Besuchern auf den Galerien. Die Rednertribüne war zwecks besserer Sicht- und Hörbarkeit erhöht und mit Sitzplätzen für den Vorsitzenden und die Protokollanten versehen – daran hat sich für die meisten nachfolgenden Parlamente in Deutschland nichts Wesentliches mehr geändert. Und zum Reden gab es reichlich Gelegenheit. In den 230 Sitzungen traten ca. 2000 Mal Redner auf, nicht immer vor vollem Haus (es gab auch damals schon Einbrüche bis auf 100 Anwesende), gelegentlich aber in turbulenten Sitzungen mit viel Störung vor allem von den zur Hälfte mit Frauen besetzten Galerien her. Beifall dieser Art war übrigens ausdrücklich verboten, genauso wie das Ablesen von Reden. Die Wirklichkeit sah jedoch anders aus.

Zunächst einmal gab es viel zu lernen, wobei man sich ebenfalls an das französische Vorbild (von dem anfangs schon beim Vergleich mit der Athener Pnyx die Rede war) anlehnte. Dies betraf als Erstes die Ausarbeitung einer Geschäftsordnung mit Kanalisierung der Redeanträge über Rednerlisten nach Pro und Contra. Vor allem merkte man, dass man nicht ohne Parteibildung auskam. Wie sich schon im Pariser Nationalkonvent die monarchistisch orientierten Girondisten rechts platziert hatten, die revolutionären Montagnards links, so nahmen nun auch Konservative und Progressive rechts und links Platz – auch dies mit Wirkung bis in die Gegenwart. Weil in der Kirche Nebenräume fehlten, in denen sich die Abgeordneten hätten treffen und besprechen können, ging man in die umliegenden Gasthöfe, deren Namen dann für die sich langsam entwickelnden Fraktionen einstehen. Im Donnersberg etwa sammelte sich die radikale Linke, im Deutschen Hof die gemäßigte, im Württemberger und Augsburger Hof die Liberalen, im Kasino die liberale Rechte, im Café Milani die konservative. Wie schon in Paris richteten sich die Reden nicht an »das« Publikum, sondern bestärkten Mitglieder in der gemeinsamen Überzeugung und strebten nach Abgrenzung von Gegnern. Und wiederum wie in Paris dominierten die Akademiker, darunter über 200 Anwälte, Richter oder Staatsanwälte, während die Landwirte mit 46, die Handwerker mit 4 Vertretern aufwarten konnten.

Über die Abläufe im Einzelnen sind wir bestens unterrichtet (ich stütze mich im Folgenden auf mein Buch *Geschichte der Stimme*). Nicht nur dass Protokoll geführt wurde und das Ergebnis in die *Stenographischen Berichte* einging. Beteiligte und Beobachter lieferten ausführliche und in der deutschen Öffentlichkeit vielbeachtete Kommentare. Dazu trug vor allem Heinrich Laube bei, einer der einstigen Jungdeutschen mit routinierter Feder. Von ihm (als gewähltem Mitglied der Paulskirche) stammt eine Reportage, die 1849 in drei Bänden als *Das deutsche Parlament* erschien, nachdem einzelne Artikel zuvor in der *Kölnischen Zeitung* abgedruckt wurden. Auf der Linken gehörten Friedrich Hart und Ludwig Kalisch zu den Kronzeugen, an Radikalität noch weit übertroffen von einem Anonymus mit der Schrift *Die Redner der Paulskirche* von 1849. Die Konservativen waren durch den schon genannten Robert von Mohl und Rudolf Haym vertreten. Als neutral einzustufen sind die Berichte der Zeitschrift *Die Gegenwart*. Bei der Beurteilung der Redefähigkeit spielten Parteizugehörigkeiten anfangs noch eine geringe Rolle, Rechte applaudierten auch Linken und umgekehrt. Vorrangig wurde das Auftreten als solches beachtet, man möchte meinen: aufgrund der völlig fehlenden Erfahrung und nicht geringen Überraschung, politische Redner in kaum erhofften Dimensionen agieren zu sehen. Immer wieder stößt man in den Berichten auf das Vertrauen in die (allerdings theoretisch kaum konturierte, eher romantisch verbrämte) Macht der Rede, was nicht zuletzt die vielen Wortmeldungen erklärt.

Die Erfahrungen mussten erst noch gemacht werden, die den romantischen Ideen vom zu Wort kommenden Volksgeist einen Dämpfer versetzten. Jacob Grimm sollte sich nach vier Auftritten und dann angetretenem Rückzug über »diese schreier« äußern, über die in fünfzig Jahren die »ewig sich gleich bleibende natur« hinweggegangen sein werde. Aber ohne eine gehobene Stimme ging es in der Zeit vor dem Lautsprecher nicht. Und auch der Körper insgesamt war gefordert, ja Reden bedeutete wie in antiken Zeiten *Ver*körperung der Rede in stimmlicher, mimischer, gestischer Form. Was Jacob Grimm im Auge hatte, gab es nur in der Wissenschaft: den Übergang zu einer Form von Schriftlichkeit, die beim Argumentieren nicht nur keinerlei körperlicher Merkmale bedurfte, sondern sie beargwöhnte. In der Mitte des 19. Jahrhunderts aber kreuzten sich diese kulturellen Pfade noch einmal: Mündlichkeit und Schriftlichkeit boten je eigene, aber auch jeweils unverzichtbare Möglichkeiten. Für das wissenschaftliche Argumentieren mochte die Mündlichkeit stören, für das politische war sie nötig. Noch einmal kehrten wie schon in London und Paris antike Verhältnisse wieder oder wurden jedenfalls immer noch mit einer gewissen Selbstverständlichkeit nachgeahmt. Aber man bemerkt erstmals auch das Knirschen im Gebälk. Laubes Satz »Die Rhetorik blühte noch« war nicht nur nostalgisch und schon gar nicht anerkennend, sondern durchaus kritisch gemeint.

Wie sehr in der Paulskirche jedoch die alten Traditionen noch Geltung besaßen, lässt sich an den wichtigsten Persönlichkeiten studieren. Dazu zählt der von der Versammlung gewählte erste Präsident, Heinrich von Gagern. Nachdem die Eröffnungssitzung unter dem Versammlungsältesten hoffnungslos im Chaos versunken war, brachte von Gagern allein mit seinem Auftreten Ordnung. *Die Gegenwart* fasste es fast hymnisch zusammen:

> Gagern aber wirkte durch die Würde seiner Haltung, den sittlichen Ernst seiner Worte, die tiefe Kraft seiner Stimme: seine stolze und markige Gestalt mit den männlichen Zügen und den dichten Brauen schien die Versammlung mehr zu beherrschen als zu leiten.

Auch Laube sprach vom »Führer«, der mit seiner »hohen kräftigen Gestalt«, der »männlichen Stimme« und »mächtigen Gebärde« die Situation gerettet habe. Und selbst vom schärfsten Kritiker von Gagerns, unserm Anonymus, ist die Rednergabe konzediert, wenn auch in einer sehr bezeichnenden Einschränkung. Dessen Kunst beschränke sich eben *nur* auf die äußeren Voraussetzungen. Die Gedanken seien dagegen unklar, der Satzstil babylonisch gewesen, jedoch habe er all dies mit seinem Auftreten gerade verborgen:

> Seine große Gestalt, sein ernstes gebieterisches Wesen, seine tiefe, kräftige Stimme, die so gewaltigen Einfluss auf Ungebildete ausüben, sein ganzes Äußere, sein Eigensinn, sein Ehrgeiz bestimmten ihn dazu, eine Rolle zu spielen, und was für eine Rolle?

Worauf eine Schilderung der politischen Unzurechnungsfähigkeit folgt. Auch Ludwig Kalisch spricht von einer imponierenden Haltung, die von Gagerns intellektuelle Unfähigkeit vergessen lasse, ja er sei »mehr Redner fürs Auge als für den Geist« gewesen. Unser Anonymus geht nur am weitesten, wenn er »Agiren, Intriguiren und Komplottiren« nebst »Gestikuliren« als den »Boden« bezeichnet, auf dem »das Volk bei der Nase (herumgeführt werde)«. Aber selbst ein von Mohl auf der Gegenseite bemerkte durchaus, wie allein in den äußeren Bedingungen von Podium und Massenbesuch der Zwang zu einem »Ton der Leidenschaft« lag, der der Auseinandersetzung nicht immer zum Vorteil gereichte.

Nimbus und innerer Gehalt werden also unterschieden, und nicht nur Linke sehen den Widerspruch. Laube, der nach seiner revolutionären Vergangenheit (mit Haftstrafe) zum linken Zentrum übergewechselt war, beobachtete es am schärfsten.

Von Anfang an stellte sich ihm der Eindruck ein, dass es den Beteiligten nicht um Einheit und Freiheit gehe, sondern um *ihren* Weg dazu, *ihre* Form dafür. Eine »krankhaft unpraktische Redewut«, eine »Zeitverschwendung ohne Ende« wirft er der Veranstaltung vor. Und ins Herz eines jeden aufklärerischen Optimismus stößt die Formulierung, es sei »gleichgültig (geworden), was noch geredet wurde«, es habe »im voraus« Abmachungen« gegeben:

> Es liegt auf der Hand, wie illusorisch dadurch das öffentliche Redenhalten gemacht wurde. Man sprach für das Publikum, für die Presse und vielleicht für einige Abgeordnete, die keiner Partei angehörten. Deren Zahl war gering.

Dazu passe ein Politikertypus, der alles als »Komödie« auffasse, als »Turnier«, so wie etwa Fürst Lichnowski, genannt »Fürst Schnatteratowski«, der im Parlament eine Art Ersatz für mangelnde ritterliche Taten sehe und für oder gegen etwas stimme, wenn es ihm nur »etwas näher« stehe. Zuletzt häuften sich die niederschmetternden Erfahrungen, wenn Abgeordnete den Saal verließen, um nicht abstimmen zu müssen, überhaupt eine »prinziplose Opposition« entstanden sei, die sich nur noch gegen das Parlament selbst wende.

Unter diesen Umständen ist es eher überraschend, wenn Laube die Wirkung der Rede überhaupt noch mit dem Vortrag in Verbindung bringt, ja am Bild eines Redners festhält, der mit den Mitteln dieses Vortrags seine Zuhörer in Bann schlägt. Vom »göttlichen Hauch großer Versammlungen« ist ebenso die Rede wie vom »Triumph öffentlichen Verfahrens«, es gibt noch die zündende Rede, die sogar Gegner zum Beifall nötigt. Allerdings merkt man an den Äußerungen über von Gagern, dass sich der Schwerpunkt gegenüber klassischen Vorstellungen verschoben hat. Es ist die Haltung insgesamt, die hervorgehoben wird, die »Fröhlichkeit des Herzen« als »für alle Welt unwiderstehliches Merkmal reinen Gewissens« – eben weniger rhetorische Kunst als moralische Qualität. »Die heitre Zuversicht erscheint nicht auf der Lippe, sie ruht auf dem Grunde des Wesens«, liest man. Erscheinung und Vortrag also wirken wie eh und je zusammen, aber der Charakter des Redners und sachliche Richtigkeit haben Vorrang – ausdrücklich nicht das »Wort des Sprechers«, also *nicht* der klassische Vortrag. Dazu passt es, wenn etwa Alexander von Soiron in schmucklosem, praktischem Vortrag Wichtiges ausspreche oder Georg F. Gervinus' Erscheinung von größerer Macht gewesen sei als »mehr als zehn vortrefflich deklamierende Redner zusammengenommen«. Arnold Duckwitz gewinne trotz »ausdrucksloser Stimme« Vertrauen durch Klarheit, durch Schlichtheit, setze wenig auf schöne Worte oder komplizierte Argumente und ersticke damit trotzdem das »Kläffen« der Gegner. Friedrich Daniel Bassermanns kunstloser Art sei mehr Erfolg beschieden als mancher formellen Beweisführung, ja eine wichtige Rede habe wegen der guten Gründe Geschrei bewirkt, der phrasenfreie Vortrag Hass ausgelöst.

Schließlich braucht man nach direkten Abkanzelungen des Rhetorischen nicht lange zu suchen. Harmlos noch, wenn man liest, Karl Giskra reiße mit einem Feuer der Beredsamkeit hin, das sich anschließend sofort verflüchtige. Der Österreicher Beda Weber wird für seinen Stil à la Abraham a Sancta Clara verspottet, am Altertumsforscher Ernst von Lassaulx die »rhetorische Heerschau aus Figuren- und Sentenzenkasten« bewitzelt. Bei Friedrich von Struve ist es noch Karikatur, wenn der gut durchdringende Tenor sich aufgrund vegetarischer Essgewohnheiten dem »Gemüse« verdanke, während Friedrich F. K. Hecker als »Fleischesser« eine kräftige Bartonstimme besitze. Der Lautheit korrespondiert immer ein Grad an Aufdringlichkeit, ja es ist von einer »Demokratenerscheinung mit lauter, roher Stimme«, von »Schreiern hohler Grundsätze« die Rede und nicht zuletzt von jemandem, »der seine Beweise dadurch zu verstärken sucht, dass er sie schreit, und dass er dem Gegner die Ohren betäubt«.

Wenn man ein Fazit ziehen müsste, könnte nur herauskommen, dass nach Laubes Beobachtung die rhetorisch geformte

Rede ihr Ende erreicht hat. Es gibt noch Lob, aber der Tadel überwiegt. Was sich seit dem Beginn der Neuzeit angedeutet hat: das Plädoyer für Schlichtheit gegen Kunst, scheint zugunsten von Schlichtheit entschieden. Aber Laube spricht als Theoretiker, vielleicht sogar als enttäuschter ehemaliger Linker, der den neuen Agitatoren eins auswischen will. Schon Blum, den Laube besonders schlechtmachte, hatte durchaus Erfolg, wenn auch in erster Linie bei seinen Anhängern. Ich werde am Paradefall Bismarck noch zeigen, dass Redekunst weiter selbst von den Gegnern be- und vor allem geachtet wurde. Man muss nur den leichten Wandel berücksichtigen und darf sich von den pessimistischen, aber auch nostalgischen Zeugnissen einiger Beobachter nicht allzu sehr irritieren lassen.

## *Exkurs zur Beschreibung des Auftretens*

*In den vorangehenden Kapiteln tauchte ständig ein lästiges Problem auf: die Frage nach der Authentizität der Reden. Wie genau wurde mitgeschrieben oder doch nur hinterher als »rednerisch« stilisiert? Wieweit haben wir es mit Autoren zu tun und nicht mit Teams hinter ihnen? In der Neuzeit ist dieses Problem nicht nur gelöst, es ist urplötzlich verschwunden. In der Frankfurter Paulskirche saßen mehr oder weniger unbeteiligte Stenographen, die in ihren* Stenographischen Berichten *höchstens einmal die Zwischenrufe der Rechten stärker berücksichtigten als die der Linken. Daran hat sich übrigens seither nichts Wesentliches geändert. Gewiss liegen auch heute Bearbeitungen vor: stilistische Aufhellungen und Berichtigungen von grammatischen Abwegen, die ausnahmsweise auch einmal (aufgrund von nachträglicher Korrektur) das Gesagte auf den Kopf stellen, wie Studien zu den Mitschriften im Bundestag gezeigt haben. Aber in der Regel entsprechen die Texte, die wir lesen, doch weitgehend wortgenau den Reden, die tatsächlich gehalten wurden.*

*Stattdessen haben wir es mit einem anderen Problem zu tun, das früher zwar auch eine Rolle spielte, aber damals angesichts wichtigerer Probleme schlicht unterging: das Problem der Beschreibung des rednerischen Auftretens. Dazu gehört nach alter rhetorischer Lehre zweierlei: die Stimme sowie Mimik und Gebärden. Die Rhetoriken handeln davon ausführlich und bestätigen so die Bedeutung, die diesem Teil der Rede zugestanden wurde. Nur: Wie getreu sind in diesem Punkt eigentlich die Beschreibungen, die wir besitzen? Was genau erfassen sie von den Tatsachen? Was bedeutet es, wenn man liest, ein Redner habe laut gesprochen oder gestenreich? Oder seine Stimme sei zu hoch, zu schrill, seine Gebärden zu zerfahren, zu bäurisch gewesen? Die Gefahr liegt auf der Hand, dass diese Beschreibungen mit ihren Vokabeln einer Wahrnehmung entsprechen, die nicht mehr die unsrige ist. Ich will das Problem an den soeben behandelten Beispielen verdeutlichen.*

*Man muss zunächst einmal wissen, dass die (politischen) Redner im 18. und vor allem im 19. Jahrhundert an Gestalten gemessen wurden, die auf ähnlicher Bühne agierten: an den Schauspielern. Es hatte eine Weile gedauert, ehe diese sich von den großen Opernsängern emanzipierten, die im Barockzeitalter für das Optimum der Stimm- und Darstellungskunst standen. Das französische Theater mit Racine, Corneille, Molière macht es dann vor, fordert und fördert Schauspieler, die zu großen Stars wurden wie etwa Madame du Parc. Das englische Theater brachte David Garrick hervor, der als Hamlet brillierte. In Deutschland strebte man diesen Vorbildern nach, Lessing arbeitete in seiner* Hamburgischen Dramaturgie *an Porträts von Konrad Ekhof oder Madame Hensel. Eine neue Textgattung entstand, um die Kunst eines Friedrich Ludwig Schröder oder August Wilhelm Iffland festzuhalten. Hier finden wir also penible Beschreibungen, übrigens flankiert von ganzen Kupferstichreihen wie denen von Daniel Chodowiecki. Fast immer geht es dabei um das Paradox einer Kunst, die natürlich wirken soll, aber auf natürliche Weise nie und nimmer zustande kommt. Prompt haben wir die Vergleiche von politischen Rednern mit Schauspielern. Der ältere Pitt etwa wurde, um seinen Ruhm auf die Spitze zu treiben, mit Garrick verglichen.*

*Und nun verwundert wohl weniger der Aufwand an Beschreibungen, von dem schon in der Paulskirche die Rede war. Die ständigen Versuche, auf Stimme und Gebärden, auf die Haltung insgesamt einzugehen, stammen aus dem Theater, das sich selbst wieder auf die Rhetorik stützte. Heinrich Laube, der seinen Berichten vielleicht nicht die objektivsten, aber auf jeden Fall die genauesten Porträts ablieferte, schrieb zuvor über die Wiener Bühnen und legte sein Abgeordnetenmandat 1849 in Frankfurt nieder, um Direktor am Wiener Burgtheater zu werden. Für ihn wie für die gesamte Generation war die rhetorische Aufführung auch nach dem »Untergang« der Rhetorik eine unumstößliche Tatsache. Seine Theaterproben waren wegen der peniblen Kunst gefürchtet, die er hinsichtlich Stimme und Gebärden durchsetzte. In Frankfurt hatte also jemand Politiker beschrieben, der genau wusste, um was es ging. Trotzdem bleibt das Problem, ob wir diese Beschreibungen dann auch verstehen, ob wir die letztlich rhetorische Fachterminologie in die ihr zukommende »Realität« übersetzen können.*

*Einen interessanten Test bot vor einigen Jahren die spektakuläre Auffindung und Veröffentlichung von Aufnahmen einiger Sprechproben auf Edinsonschen Walzen, die von Bismarck stammen (immer noch leicht zugänglich im Internet). Sie schienen das Bild der »Fistelstimme«, das heutige Forscher sich aufgrund zeitgenössischer Beschreibungen zurechtgelegt hatten, als verfehlt zu enttarnen. Bismarcks Stimme klingt jedenfalls keineswegs »weiblich«, nicht übertrieben hoch – und schwach scheint sie auch nicht. Was tun, wenn sämtliche Berichte das Gegenteil bezeugen? August Bebel sprach mit erkennbarem Willen zu präziser Beschreibung von einer »Diskantstimme«. Einer der Parlamentsstenographen und damit ein unbestreitbar guter Kenner schrieb von »einer fast frauenhaft schwachen … Stimme«. Selbst die glühendsten Anhänger Bismarcks räumten hinsichtlich der Stimme eine Schwäche ihres Idols ein. Haben sie alle nicht richtig hingehört?*

*Viel wahrscheinlicher ist etwas anderes. Einmal abgesehen davon, dass die einigermaßen verschrammten Edinsonschen Walzen keinerlei Hinweis auf die Lautstärke geben: Was »weiblich« klingt, könnte durchaus kulturell definiert, von den Zeitgenossen anders beurteilt worden sein als von uns heute. Wenn man weiß, dass die Rhetoriken die »männliche« Stimme (den »Brustton der Überzeugung«) stets als tief bezeichnet haben, beruht die zeitgenössische »Wahrnehmung« weniger auf einem Wahrnehmen als auf einem Abgleichen mit der damaligen Norm, die im Übrigen von tüchtigen Schauspielern bestimmt wurde. Vielleicht war die Rede von der »Fistelstimme« tatsächlich ungenau oder voreilig. Aber sie wird von den Edinsonschen Walzen nicht wirklich widerlegt. Bismarcks Stimme, wie immer sie heute wirkt, wirkte damals eben schwach, was die Assoziation zum »Weiblichen« auslöste. Die »Beschreibungen« waren so gesehen kaum falsch, man muss sie eben nur als Beschreibungen lesen.*

*Etwas günstiger sind die Bedingungen bei der Einschätzung des Vortrags hinsichtlich Mimik und Gebärden. Wildes Fuchteln mit den Armen oder stockgerade Pose sind leichter und unmissverständlicher wiederzugeben. Man muss trotzdem einkalkulieren, dass auch dabei Verzerrung im Spiel ist, die Beschreibungen aus den rhetorischen Lehrbüchern stammen und das »objektive« Bild beeinträchtigen. Jedenfalls fehlt es in diesem Fall an der Möglichkeit des Tests, der den Edisonschen Walzen entspricht, sofern bewegte Bilder erst viel später zur Verfügung stehen. Wieweit zeitgenössische Abbildungen einen Ersatz bieten, ist wieder sehr die Frage, da diese durchaus stilisiert sein könnten – womit man sich einmal mehr im Kreise dreht. Letztlich bleibt nichts übrig, als sich auf das zu verlassen, was wir lesen, und dies in der klaren Erkenntnis, dass uns die wahre Realität genauso verborgen bleiben wird wie im Falle des authentischen Wortlauts der überlieferten Reden.*

# Der ältere Pitt und Winston Churchill

## Der ältere Pitt zur Amerika-Frage

Das 18. Jahrhundert ist die Zeit, in der in Frankreich der Klassizismus seinen Höhepunkt erreichte und nach ganz Europa ausstrahlte – in Deutschland war Gottsched derjenige, der ihn propagierte. Auch England machte keine Ausnahme. Die Begeisterung für die Antike mischte sich hier sogar mit der Vorstellung, der rechte Erbe zu sein, berufen, das zivilisatorische Projekt einer Art Welterlösung zur Vollendung zu bringen. Es ging zunächst einmal mit einer Schulung an den alten Texten einher. Kein Politiker kam ohne Kenntnisse in Griechisch und Latein aus. Der ältere Pitt, Plutarchfan allein schon aufgrund von dessen Darstellungen der antiken Politikergrößen, hielt seinen Sohn dazu an, griechische und lateinische Texte ins Englische zu übersetzen – und zurück. Darüber wurden auch die eigenen Klassiker nicht vergessen: Shakespeare im endenden 16. und Milton im mittleren 17. Jahrhundert. Bedeutende Reden sind gespickt mit Zitaten aus der klassischen und neueren Zeit, stets ohne nähere Angabe und trotzdem mit Erfolg, weil die Zuhörerschaft sich auskannte.

Eine andere Frage ist es, wieweit die klassische Rhetorik zur Anwendung kam. Bei Cromwell war dies ein klarer Fall: Kenntnis ja, auch Übernahme einiger Elemente, aber insgesamt Bemühung um puritanisch-predigthafte Klarheit und Einfachheit. In der einzigen zeitgenössischen Schrift zum Thema mit dem Titel *Parlamentarische Rhetorik* hat William Gerard Hamilton (gest. 1796) in aphoristischer Form Ideen zu Aufbau und sprachlicher Ausgestaltung formuliert, die allesamt taktischer Natur sind und ansonsten Verzicht auf zu viel Kunst für das Richtige halten. Er selbst wurde mit einer rhetorisch ausgefeilten Rede nach seiner Wahl ins Parlament berühmt, aber noch berühmter damit, dass er daraufhin für immer verstummte. Ein Ciceronianismus, wie er in Frankreich auf der Kanzel und in den Gerichtshöfen populär war und wie ihn auch Gottsched kopierte, kam in England nie zur Blüte. Wenn man die *Gedanken über Erziehung* liest, die John Locke 1693 vorlegte, stößt man auf die Ablehnung des französischen Komplimentierwesens im Zeichen von Natürlichkeit und Offenheit, auf das Ideal des *gentleman* gegenüber dem französischen *honnête homme*. Das aber hatte auch Auswirkungen auf die öffentliche Rede. Klassizismus ja, aber in wohldosierter Weise.

Man muss dabei allerdings den entscheidenden Unterschied im Auge behalten. Der französische (und in Deutschland rezipierte) Klassizismus kam am Hof zum Zuge, in panegyrischer Umgebung. In England aber existierte die parlamentarische Rede mit ihrer politischen Entscheidungsfunktion. Seit 1377 gab es für die Debatten im Unterhaus Regeln, die vom Vorsitzenden überwacht wurden. Der Minister mit seiner Partei saß auf der Ministerbank, ihm gegenüber die Opposition – davon war schon kurz die Rede. Nichts von diesen Debatten drang nach draußen, Zuschauer blieben ausgeschlossen. Auch jedwede Veröffentlichung war verboten, um alles zu vermeiden, was vom direkten Meinungskampf hätte ablenken können. Und so sprachen Gebildete für Gebildete, konnten sich darauf verlassen, dass gelehrte und literarische Anspielungen verstanden und goutiert wurden. Wenn ein Beobachter wie David Hume 1742 in seinem Essay *Über die Beredsamkeit* verwundert fragte, wieso in England trotz Parlament keine große Redekunst entstanden sei, hängt dies mit den genannten Umständen zusammen: Es war keine Volksrede, es war etwas für Eingeweihte. Aber in Humes Wort lag auch eine Übertreibung oder jedenfalls eine verfrühte Attacke. Selbst sein größter Widersacher,

Horace Walpole, hat den älteren Pitt geradezu hymnisch als großen Redner bezeichnet.

William Pitt, der ältere (gest. 1778), wie man ihn im Gegensatz zu seinem gleichnamigen Sohn nennt, der ihm als leitender Politiker in Großbritannien folgte, trat 1735 mit gerade einmal 28 Jahren ins Unterhaus ein. Der Vertreter der oppositionellen Whigs soll ein Jahr lang geschwiegen haben. Dann aber profilierte er sich als glänzender Redner, verlangte 1742 die Überprüfung der Regierungstätigkeit des aus dem Oberhaus heraus amtierenden Premierministers Horace Walpole, der daraufhin tatsächlich resignierte. Nach ersten bedeutenden Ämtern als Schatzmeister trat Pitt ins Kabinett ein, wechselte aufgrund von Querelen mit dem König wieder in die Opposition und wurde zuletzt Premierminister. Im Siebenjährigen Krieg (in dem Preußen über Österreich triumphierte und französische Truppen auf dem Kontinent band) trug er maßgeblich zum Sieg Großbritanniens über Frankreich sowohl in Amerika wie in Indien bei. Pitt wurde zum Nationalhelden, bekleidete 1766 im Kabinett das Amt eines Lordsiegelbewahrers und ließ sich gleichzeitig als *Earl of Chatham* ins Oberhaus aufnehmen. Hier hielt er die bedeutenden Reden zur Amerikafrage, die das junge Weltreich gerade in die Krise führte.

Man muss sich dazu die Voraussetzungen in Erinnerung rufen: Die militärischen Anstrengungen des Siebenjährigen Krieges hatten zu einer dramatischen Verschuldung im Staatshaushalt geführt. Nun sollte eine Besteuerung der amerikanischen Kolonien helfen, die dieses Recht postwendend bestritten. 1773 kam es zur berühmten Tea Party im Bostoner Hafen (mit Vernichtung des zu besteuernden Tees), die die förmliche Unabhängigkeitsbewegung in Gang setzte. Im britischen Unterhaus waren die Meinungen geteilt. Die Krone mit dem Oberhaus beharrte auf der lukrativen Kolonialpolitik. Das Unterhaus schwankte zwischen Nachgeben, also einer Befürwortung der amerikanischen Unabhängigkeit, und Beibehaltung des Status quo. Edmund Burke, von Hause aus Philosoph

(*Über das Erhabene*), vertrat in einer Rede als Abgeordneter des Unterhauses 1775 die strikte Anerkennung der amerikanischen Forderungen (»Sklaverei können sie überall haben«). Pitt selbst, zu dieser Zeit längst Oberhausmitglied, stand quer zu seinen neuen Standesgenossen, folgte aber auch nicht der Forderung nach Unabhängigkeit. Er hatte Benjamin Franklin empfangen, mit ihm die Lage diskutiert und die Meinung gewonnen, Freiheitswunsch und Verbleib im Empire ließen sich miteinander vereinbaren. Dabei spielte Sympathie für die Freiheitsbewegung in alter Whig-Tradition eine Rolle, aber auch der Gedanke an die von ihm selbst miterrungene Position der Weltmacht, die sich in erster Linie auf die Kolonien stützte. In einer ersten Debatte plädierte Pitt 1775 für Verhandlungen mit dem Ziel eines Kompromisses (mit Zitat aus Vergils *Aeneis*, wo der Richter der Unterwelt die Toten zuerst anhört, ehe er sein Urteil fällt).

Als Pitt am 18. November 1777 erneut zum Thema sprach, war dem Oberhaus seine Einstellung klar. Pitt wusste, dass es schwer, ja unmöglich sein werde, dieses Oberhaus von seinen Ideen zu überzeugen. 1770 war er gescheitert, als es darum ging, den korrekt gewählten und trotzdem fürs Parlament zurückgewiesenen John Wilkes zu verteidigen. Obwohl auch er selbst an den Qualitäten des Kandidaten zweifelte, berief er sich auf die Unverletzlichkeit der in der *Magna charta* verbürgten Rechte. Im berühmten Bild, dass in die Hütte des Armen zwar Wind und Regen, nicht aber der König eindringen könne, hatte er sich für die Unbedingtheit des Rechts eingesetzt. Aber das starke Argument nützte nichts, das Oberhaus blieb bei seiner Linie. Bei der Amerikarede waren die Voraussetzungen eher noch schlechter. Pitt meldete sich zu Wort, um ausgerechnet der Glückwunschadresse seines Vorredners an den König zur Geburt einer Tochter und zu seiner Politik entgegenzutreten. Natürlich schloss er sich dem ersten Teil an, nicht aber dem zweiten.

Im Gegenteil richtete er sich gegen die »Verblendung«, die »das Ohr seiner Majestät« umgebe und eine »verhängnisvolle und schändliche Situation« habe entstehen lassen. Pitts Forderung lautete einmal mehr: Verhandeln, nicht erobern. Dieser zweite Gesichtspunkt ist rhetorisch scharf akzentuiert, mit der wiederholt aufgenommenen Wendung an seine Gegner: »Sie *können* Amerika nicht erobern.« Pitt stützte sich also auf eine realistische Einschätzung der Lage und rechnete seinen Zuhörern die Unmöglichkeit gewissermaßen vor: Ein ausgesprochen fähiger General konnte mit knapper Not 5000 Franzosen aus Kanada vertreiben. Nun stehe man ganz Amerika gegenüber, habe in drei Feldzügen »nichts erreicht und viel gelitten«. Deshalb gilt:

> Sie mögen die finanziellen Aufwendungen und sonstigen Anstrengungen bis zur Übertreibung steigern, Sie mögen jeden Beistand, den Sie kaufen oder borgen können, noch verdoppeln und vergrößern. Sie mögen handeln und tauschen mit jedem kleinen, erbärmlichen deutschen Fürsten, der seine Leibeigenen verkauft und sie in die Schlachthäuser eines fremden Fürsten schickt. Alle Ihre Bemühungen bleiben vergebens und unwirksam – umso mehr, als sie sich auf diese Söldnerhilfe verlassen, denn es fordert Ihre Feinde zu unüberwindlichen Ressentiments heraus … Wenn ich ein Amerikaner wäre, so wie ich ein Engländer bin, und fremde Truppen mein Land besetzten, ich würde meine Waffen niemals niederlegen, niemals, niemals, niemals …

So stark das Argument mit seinen dramatischen Wiederholungen erscheint, es ist nicht das stärkste dieser Rede. Pitt weiß, dass er Pathos braucht, und sucht es wie immer in der Moral. Schon der Hinweis auf die »erbärmlichen deutschen Fürsten« lebt davon, aber es kommt viel Stärkeres: Die in Amerika kämpfende britische Armee hatte mit Billigung der Führung in Großbritannien Indianer zu Verbündeten gemacht. Dabei war es zu Ausschreitungen (mit »Tomahawk« und »Skalpiermesser«) gekommen, die Pitt wirkungsvoll als unakzeptables Bündnis von Zivilisation und Wildnis anprangert. Vor allem stehe der Ruf der englischen Armee auf dem Spiel: Angesteckt vom »Söldnergeist der Raubgier und der Plünderung«, mit den »entsetzlichen Szenen hemmungsloser Grausamkeit« vertraut, könne sie sich nicht länger »der edlen und großherzigen Grundsätze« rühmen, welche die Würde eines Soldaten ausmachen. Und sie könne ebenso nicht länger mit der Würde des königlichen Banners im Einklang stehen, noch den »Stolz und die Herrlichkeit, den Zustand ruhmreichen Krieges« empfinden, »der den Ehrgeiz zur Tugend erhebt!«

Das letzte Zitat – von Pitt ohne Quelle eingefügt, aber mit Sicherheit trotzdem verstanden – stammt von Shakespeare und soll die Argumentation in eine überzeitliche Dimension rücken. In sechs rhetorischen Fragen (insgesamt sind es in der Rede 23) erinnert Pitt sein Auditorium dann an die moralischen Grundlagen allen politischen Handelns, zu dem weder Plünderei noch irgendwelche Untaten anderer Art gehören können. Und erst auf dieser Grundlage führt er sein eigentliches Ziel in die Debatte ein: Es gehe um die »gebührende Abhängigkeit« Amerikas, um eine »konstitutionelle Abhängigkeit, welche die überlieferte Oberhoheit unseres Landes einschließt«. Er »bewundere« die Amerikaner und gehe davon aus, dass sie sich bei entsprechender Anerkennung im Empire halten ließen, dass die Kontrolle von Handel und Schifffahrt zum »gemeinsamen Glück« beitrage, Amerika vom Schutz der Seemacht profitiere und Großbritannien vom exklusiven Handel. Im Übrigen sei die Gelegenheit zur Aussöhnung günstig: Die Amerikaner lägen mit den Franzosen nach einem ersten Bündnis im Streit. Man solle Amerika also lieber »ansprechen«, als den ohnehin unmöglichen Versuch machen, sie zu »unterwerfen«. Der letzte pathetische Trumpf lautet: In einem gerechten Krieg würde er, Pitt, sich »das Hemd vom Leib reißen«, um sein Land zu unterstützen, in diesem aber (»ungerecht in seinem Prinzip, undurchführbar in seinen Mitteln und vernichtend in seinen Konsequenzen«) werde er keinen einzigen Schilling beitragen.

Die Rede wäre vielleicht nicht in die Geschichte eingegangen, wenn nicht ein Zwischenfall geholfen hätte. Denn in der anschließenden Debatte setzte sich einer der Lords weiter unverblümt für das Bündnis mit den Indianern ein. In einer so schwierigen Situation sei es erlaubt, »alle Mittel anzuwenden, die uns Gott und Natur in die Hände gaben«. Daraufhin ergriff Pitt ein zweites Mal das Wort. Es war auf jeden Fall improvisiert und zeigt, zu welchen rhetorischen Leistungen er auch aus dem Stegreif fähig war – mit entsprechender Wirkung beim Publikum. Schon die ersten Sätze arbeiten mit variierenden Wiederholungen (Synonymen nach den rhetorischen Lehrbüchern):

> Ich bin erstaunt, empört zu hören, dass man sich zu solchen Grundsätzen bekennt, dass man sich in diesem Hause, in diesem Land zu ihnen bekennt, zu Grundsätzen, die in gleicher Weise verfassungswidrig, unmenschlich und unchristlich sind!

Dann geht Pitt auf die Rechtfertigung mit »Gott und Natur« ein und dreht seine Pirouetten auf den »verabscheuenswerten Grundsätzen« angesichts der Realität von »Gemetzeln indianischer Skalpiermesser«, »kannibalischer Folterungen« bis hin zur »Menschenfresserei«, wobei auch dafür noch eine nähere Beschreibung mit dem »barbarischen Verzehren der zerstückelten Opfer« geboten wird. Die Wirkung beruht darauf, dass Pitt keinem Gefühlsausbruch erliegt oder ihn vortäuscht, sondern dass die Beschreibungen in einen argumentativen Rahmen eingelassen sind und am Ende die Erschütterung jedweder Form von Religion (»ob göttlicher oder natürlicher«) begründen. Von da aus ergeht ein Aufruf an das Parlament, solchen Zumutungen zu widerstehen. Und wieder sind es die Wiederholungen, die Anaphern, die dem Pathos rhetorische Form geben:

> Ich fordere die Kirche auf, jene verehrungswürdigen Männer des Evangeliums, die frommen Prediger unseres Glaubens – ich beschwöre sie, sich an diesem heiligen Werk zu beteiligen und die Religion ihres Gottes zu verteidigen. Ich appelliere an die Weisheit und das Gesetz dieser gelehrten Versammlung … Ich fordere die Bischöfe auf, die unbe-

> sudelte Heiligkeit ihrer Gewänder ins Mittel zu legen; die gelehrten Richter, die Reinheit ihrer Würde ins Mittel zu legen … Ich appelliere an die Ehre Eurer Lordschaften … Ich appelliere an den Geist und die Menschlichkeit meines Landes … Ich beschwöre den Genius der Verfassung …

Schließlich endet die Rede mit der entscheidenden Antithese, die auf die eigentlich politische Frage zurücklenkt: Denn die »wilden Höllenhunde«, die man einzusetzen bereit ist, sollen auf die »eigenen Brüder und Landsleute in Amerika« losgelassen werden. Die Auseinandersetzung finde mit Gegnern statt, die »die gleiche Sprache, die gleichen Gesetze, Freiheiten und die gleiche Religion haben wie wir«. Pitt zögert keinen Moment, diese Gegner als »Brüder« ins britische Weltreich einzugliedern. Sofern dies mit Gewalt nicht möglich sei, könne es nur im Einvernehmen geschehen. Zu Beginn seiner Rede hat er dies im Sinne der (gegenseitigen) Vorteilhaftigkeit ausgeführt. Die unverblümte Einlassung des Lords gibt ihm Gelegenheit, die Vorteilhaftigkeit mit dem Moment der Ehrenhaftigkeit zu verbinden – nach der ciceronianischen Ethik die Säulen von Moral und Zivilisation. Daher also das Pathos, das Appellieren und Flehen, das er zum Schluss wiederholt und mit dem Hinweis auf die eigene Schwäche (»Ich bin alt und schwach und im Augenblick unfähig, mehr zu sagen«) noch einmal steigert. Er hätte »diese Nacht nicht schlafen können«, sagt er, »ohne meinem ewigen Abscheu über diese grotesken und ungeheuerlichen Grundsätze Ausdruck gegeben zu haben«.

Die Versammlung war rhetorisch beschlagen genug, um die »Rhetorik« dieser Rede (zu der auch noch nur im Englischen nachvollziehbare klangliche und sprachrhythmische Mittel gehören: *the flattering function of servile compliance or blind complaisance*) nicht nur zu genießen, sondern auch zu durchschauen – und lehnte den Antrag mit 97 gegen 28 Stimmen ab. Der König war für Krieg gewesen, das Oberhaus folgte ihm und legte Pitts Appell mit Bewunderung für die Formulierungen ad acta. Auch der nächste Einsatz Pitts für seine Amerikapolitik, seine letzte Rede überhaupt, wurde abschlägig beschieden. Redekunst allein setzte sich also nicht durch. Aber man kann sicher sagen, dass ohne Redekunst kein Erfolg zu erzielen war. Im britischen Parlament war diese Kunst möglich, ja sie wurde erwartet. Politiker ohne Redekunst machten keine Karriere. Daher eine Ausbildung, die in den Schulen mit dem Studium der Antike begann und an den Universitäten in Debattierclubs geübt wurde. Bis ans Ende des 18. Jahrhunderts, bis zur Französischen Revolution, war das britische Parlament einzig in Europa und setzte auch danach seine Tradition fort.

Um wenigstens eine Andeutung zu geben: 1783, mit 24 Jahren, beginnt die Karriere von Pitts Sohn, dem jüngeren Pitt, als Parlamentsredner und fast ständiger Premierminister bis zu seinem Tod 1806. Als größte rednerische Leistung blieb sein Appell zur Abschaffung des Sklavenhandels 1792 in Erinnerung, eine rhetorisch durchformte Unterhausrede, die in der Morgendämmerung mit einem Vergilzitat endete (»während der Morgen zuerst uns grüßt mit schnaubenden Rossen«). Sie fiel trotzdem gnadenlos durch, weil die finanziellen Interessen der Parlamentarier überwogen (die Abschaffung erfolgte in großen Debatten fast ein halbes Jahrhundert später). Seit 1833 tobte die Schlacht um die Wahlreform mit der Forderung einer Erweiterung des Wahlrechts, wobei sich wieder gut ausgebildete Redner gegenüberstehen: William E. Gladstone und Benjamin Disraeli vor allem, der seinen Intimfeind als »sophistischen Rhetoriker« beschimpfte, »berauscht vom Überschwang seiner eigenen Wortfülle«. Natürlich begleitete diese Redekunst stets die Kritik, Literaten wie Thomas Carlyle oder Thomas De Quincey sprachen vom Parlament als »Schwatzbude« oder hielten angesichts von so profanen Themen wie der Einrichtung von Kohlengasgesellschaften die Zeit der Rede für vorbei. Es wurde trotzdem kunstgerecht geredet. 1936 stellte Lord Crawford im Parlament den Antrag, das Vorlesen von Texten zu verbieten. Man wollte die Konfrontation, auch die harte und gelegentlich aus dem Ruder laufende, die aber zur

Profilierung führte. Der auf Volkstümlichkeit setzende Lloyd George konnte Neville Chamberlains Übereinkunft mit Hitler 1939 als »kriecherisch« verunglimpfen.

Von erheblicher Bedeutung war, dass diese Redekunst nicht nur in speziellen Rhetoriken gelehrt (wie etwa 1783 in den *Vorlesungen über Rhetorik* von Hugh Blair), sondern auch gesammelt und verbreitet wurde (die folgenden Angaben nach Hildegard Gauger). Von William Hazlitt stammt die *Beredsamkeit des britischen Senats* aus dem Jahre 1807. Die Parlamentsdebatten ab 1803 gab Thomas C. Hansard 1812 und später heraus. Aus dem 19. Jahrhundert stammen mehrere Anthologien wie die von R. Cochrane 1877 (*Schatz der britischen Redekunst. Beispiele brillanter Reden der bedeutendsten Staatsmänner*). H. Paul gab 1912 zwei Serien von *Berühmten Reden* aus der Zeit von 1833 bis zur damaligen Gegenwart heraus. Reden von Burke bis Gladstone wurden 1929 gedruckt, *Ausgewählte Reden* zur Britischen Außenpolitik von 1738–1914, zur Kolonialpolitik von 1763–1917 erschienen in Oxford als *The World's Classics*. Bleibt hinzuzufügen, dass alle großen Redner von Cromwell über die beiden Pitts bis Gladstone und Disraeli ihre Anthologien erhielten. Schließlich ist erwähnenswert, dass die Kriegsreden des älteren Pitt sowohl im Ersten wie im Zweiten Weltkrieg als Sonderausgaben erschienen, im Zweiten übrigens mit einem Vorwort von Winston Churchill. Man darf davon ausgehen, dass sich Churchill dabei durchaus als neuen Pitt sah. Der folgende Vergleich stützt sich also auf das Zeugnis oder wenigstens die Initiative eines Beteiligten selbst.

## Churchills Blut-Schweiß-und-Tränen-Rede

Winston Churchill hat eine der Reden gehalten, die zu den Ikonen der Redekunst aller Zeiten wurde: die Antrittsrede als Premierminister im britischen Unterhaus am 13. Mai 1940 (einem

Pfingstmontag). Zwei Druckseiten, überwiegend angefüllt mit trockenen Bemerkungen zu verfassungsrechtlichen Fragen, brachten es zur Übersetzung in zahllose Sprachen und nicht zuletzt auf die Titelseite der *New York Times*. Der Grund liegt in wenigen Bemerkungen am Ende der Rede. Sie trafen nicht nur den Kern der Sache, sondern bieten auch einen hohen sprachkünstlerischen Standard. Churchill, damals schon fast 66jährig, war darauf bestens vorbereitet.

Dem scheint zu widersprechen, dass die Ausbildung eher untypisch verlief: keine Eliteuniversität, kein dortiger Debattierclub – für all dies hatten die Schulzeugnisse nicht ausgereicht. Churchill entstammte dem Hochadel, den Marlboroughs, freilich nicht deren Hauptlinie, so dass schon sein Vater nicht den Titel eines Earl erbte. So suchte er eine Karriere in der Marine, wurde tollkühner Kriegsberichterstatter und erwarb auch als Autor eines Romans ausgerechnet über den großen Redner Savonarola Ruhm und Geld. Seit dem Ersten Weltkrieg bekleidete er hohe politische Ämter, war Minister in verschiedenen Ressorts, in denen er sich mit Misserfolgen und viel Streit innerhalb seiner eigenen konservativen Partei unbeliebt machte. Die letzten zehn Jahre vor Ausbruch des Zweiten Weltkriegs verbrachte er kaltgestellt auf einem Gut mit der Abfassung historischer Werke: einer Geschichte seines Urahns, die das Zeitalter Ludwigs XIV. aufrollte, und der *Geschichte der englischsprachigen Völker* in vier Bänden. Für die sechsbändige *Geschichte des Zweiten Weltkriegs* sollte er 1953 den Literaturnobelpreis erhalten. Darin berichtet er übrigens nicht über seine Rede vom 13. Mai, sondern hebt die Schwierigkeiten hervor, die seiner Ernennung zum Premier entgegenstanden und von den Parlamentariern mit einigem Großmut überwunden wurden.

Dafür gibt es in der *Geschichte der englischsprachigen Völker*, letztlich einer Weltgeschichte aus britischer Sicht, ein kleines Kapitel, das dem Verständnis seiner berühmten Rede sehr dienen kann. Es ist überschrieben mit »Gladstone und Disraeli«

und schildert die Zeit von 1868 bis 1885, in der die beiden Parlamentarier sich im Amt des Premierministers abwechselten: im »persönlichen Zweikampf« zweier begnadeter Redner, deren Reden vom Publikum wie Showveranstaltungen registriert wurden. Churchill zitiert die wechselseitigen Beschimpfungen (»prinzipienloser Irrer«: Disraeli über Gladstone, »Mann noch falscher als seine Lehre«: Gladstone über Disraeli), aber es kommt ihm auf Lehrreicheres an. Das allgemeine Wahlrecht von 1867 hatte die politischen Methoden grundlegend geändert. Wahlen waren nur noch mit Programmen zu gewinnen, die der Masse Fortschritt versprachen. Es genügte nicht mehr, allein den gebildeten Besitzenden zu imponieren, es bedurfte überzeugender Argumente für die große Masse. Disraeli verstand den Wandel früher, aber auch Gladstone hielt zum Entsetzen der Königin eine außenpolitische Rede aus dem Fenster eines Eisenbahnabteils. Churchill sah in dieser Entwicklung den entscheidenden Fortschritt, der die Demokratie endgültig von der Adelsherrschaft befreite. Ihm war klar, dass zur Politik Überredungsarbeit gehörte: überreden zum »Richtigen«.

Am 13. Mai war in dieser Hinsicht eine einmalige Konstellation entstanden. Hitler hatte drei Tage zuvor nach Polen die Beneluxländer mit dem Ziel Frankreich überfallen, eilte von Sieg zu Sieg. England stand vor der Frage: Weiter wie bisher unter Premierminister Neville Chamberlain auf Appeasement setzen oder dagegenhalten? Bislang hatte nur Churchill die englische Außenpolitik gerügt. Nun war auch Chamberlain mit seiner Geduld am Ende. Es sollte ein Kriegskabinett unter Mitwirkung aller drei Parteien, der führenden Konservativen wie der oppositionellen Labourpartei und der Liberalen, gegründet werden. Labour machte eine Bedingung: nicht unter Chamberlain. Das bedeutete: Churchill. Trotz erheblicher Bedenken aufgrund von dessen Vergangenheit und dem jüngsten Fehlschlag beim dilettantischen Versuch, Deutschland an der Besetzung Norwegens zu hindern, gab die frühe und konsequente Abgrenzung von Hitler den Ausschlag. Chamberlain verzichtete, Churchill wurde vom König ernannt. Seine erste Handlung bestand in der Formierung eines Kabinetts von nur fünf Hauptbeteiligten unter Berücksichtigung der drei Parteien und höchster Machtkonzentration in seinen eigenen Händen (auch noch als Schatzkanzler und Verteidigungsminister). Nur in dieser Konzentration schien effektives Handeln möglich. Das musste dem Parlament vermittelt werden. Zur Wirkung aber führte etwas völlig anderes.

Schwer zu sagen, ob Churchill die äußerste Verknappung seiner Bemerkungen bereits als Teil seiner Strategie betrachtete. Er brauchte Zustimmung, wusste um latente Gegnerschaft und konnte sich ein auftrumpfendes Auftreten schlicht nicht leisten. So lautet der Eingangssatz: »Freitags abends erhielt ich den Auftrag Seiner Majestät, eine neue Regierung zu bilden.« Dass dies eine Allparteienregierung sein sollte, entspreche »Wunsch und Wille des Parlaments und der Nation«. Die Führer der drei Parteien hätten zugestimmt, die drei militärischen Ressorts seien besetzt, die weiteren Besetzungen erfolgten in Kürze. Auch die Übergehung sämtlicher Gepflogenheiten bei der kurzfristigen Einberufung erwähnt Churchill, rechtfertigt sie mit der »außerordentlichen Dringlichkeit« und hebt das Einverständnis des Unterhaussprechers hervor. Im Übrigen werde die Sitzung auf den 21. Mai vertagt, die Geschäftsordnung gehe den Abgeordneten so bald wie möglich zu. Churchill ist bereits in der zweiten Hälfte seiner Rede angelangt, als er um Zustimmung zur eingebrachten Resolution bittet und um Entschuldigung für den »Mangel an Förmlichkeit« sowie den Verzicht auf eine »längere Ansprache an das Haus«. Nur nebenbei lässt er als Grund einfließen, dass man sich »im Anfangsstadium einer der größten Schlachten der Weltgeschichte« befinde.

Und dann der Satz, der die Rede für alle Zeiten bekannt machte: »Ich möchte dem Hause dasselbe sagen, was ich den Mitgliedern dieser Regierung gesagt habe: ›Ich habe nichts zu bieten als Blut, Mühsal, Tränen und Schweiß.‹« Aber dieser Satz, durch seine Prägnanz zum geflügelten Wort geeignet, hat die Rede jedenfalls in der damaligen Situation nicht allein bestimmt. Churchill nimmt sich noch Zeit zu zwei kleinen Abschnitten, in denen er über die verfassungsrechtlichen Fragen hinausgeht und eben doch eine Rede hält. Beide Abschnitte sind hochrhetorisch geformt und dürften von der Absicht geprägt sein, den dramatischen Ereignissen eine würdige Form zu geben. Zwei anaphorische Sätze variieren den entscheidenden Inhalt:

> Wir haben eine Prüfung von der allerschwersten Art vor uns. Wir haben viele, viele lange Monate des Kampfes und des Leidens vor uns.

Dann wendet sich Churchill an sein Publikum in einem kleinen Dialog. Die einfache Frage (»Was ist unsere Politik?«) wird einfach beantwortet, aber doch variierend und nicht ohne ein starkes Bild, wobei die Ausführung dann auf extrem schlichte Weise wie mit einem Echo schließt:

> Sie werden fragen: Was ist unsere Politik? Ich erwidere: unsere Politik ist, Krieg zu führen, zu Wasser, zu Lande und zur Luft, mit all unserer Macht und mit aller Kraft, die Gott uns verleihen kann; Krieg zu führen gegen eine ungeheuerliche Tyrannei, die in dem finsteren trübseligen Katalog des menschlichen Verbrechens unübertroffen bleibt. Das ist unsere Politik.

Darauf folgt ein zweiter Dialog, der in seiner Antwort sogar noch schlichter ausfällt, letztlich auf ein einziges Wort reduziert, das Churchill dann in einer längeren Kette von variierenden Beschreibungen buchstäblich auskostet:

> Sie fragen: Was ist unser Ziel? Ich kann es in einem Wort nennen: Sieg – Sieg um jeden Preis, Sieg trotz allem Schrecken, Sieg, wie lang und beschwerlich der Weg dahin auch sein mag; denn ohne Sieg gibt es kein Weiterleben. Möge man darüber im Klaren sein: kein Weiterleben für das Britische Weltreich; kein Weiterleben für den jahrhundertealten Drang und Impuls des Menschengeschlechts, seinem Ziel zuzustreben.

Danach folgen nur noch zwei Sätze, die das anfänglich in verfassungsrechtlichem Kleinklein Ausgedrückte persönlich formulieren:

> Ich übernehme meine Aufgabe voll Energie und Hoffnung, und bin überzeugt, dass es nicht geduldet werden wird, dass unsere Sache Schiffbruch erleide. So fühle ich mich in diesem Augenblick berechtigt, die Hilfe aller zu fordern, und ich rufe: »Kommt denn, lasst uns gemeinsam vorwärtsschreiten mit vereinter Kraft.«

Es wird berichtet, dass die Versammlung nach erkennbarer Beendigung der Rede für einen Moment wie erstarrt war und dann in Ovationen ausbrach. Die Erklärung ist einfach: Churchill hatte das gesagt, was jeder Einzelne dachte, aber kaum zu formulieren wagte. Man wusste in dieser Minute, dass es um die Existenz ging. Churchill hatte das Parlament dazu überredet, das wirklich anzunehmen, was als existentiell (und daneben auch moralisch) geboten erschien. Dazu bedurfte es erheblicher Autorität, und diese Autorität verdankte sich gerade bei Churchill nicht unbedingt einer moralisch lupenreinen Persönlichkeit, sondern einer intellektuell reifen und charakterlich entschlossenen. Churchill hat dazu mit wenigen, aber in der Situation äußerst gekonnt formulierten Worten (auch wenn Kritiker ihnen später eine Anlehnung an Giuseppe Garibaldi und Georges Clemenceau nachsagten) die Grundlage gelegt.

Welche Feinheiten hier eine Rolle spielten, kann man nur im Englischen ermessen. Dabei wirkt die zentrale Viereraufzählung (bei einem eher zufälligen Stabreim der mittleren Glieder) noch ungeschickt und enthielt erst in einer kleinen Umformung ihre durchschlagende Wirkung. Denn das Versprechen von *blood, toil, tears and sweat* wurde als *Blood, Sweat and Tears* zum Titel der in Amerika herausgegebenen Churchill-Reden und erhielt damit seine ebenso sachliche wie klangliche Prägnanz. Die Frage nach der Politik aber war von Anfang an lautmalerisch beantwortet: *It is to wage war*. Die fast strikte Einsilbigkeit der verwendeten Wörter (in einer Rede, in der von 234 Wörtern ohnehin 183 einsilbig waren) wirkt wie gemeißelt, wobei das zentrale *wage war* mit seiner doppelten Betonung aus dem folgenden überwiegend jambischen Rhythmus wie ein Fanal heraussticht: *It is to wage war, by sea, land and air, with all our might and with all the strength that God can give us*. Man muss die Interpretation nicht übertreiben und zu viel Kunst hineininterpretieren. Aber es ist unverkennbar, dass der Sprachrhythmus sitzt. Die Wörter erscheinen schon rhythmisch »bedeutungsvoll«.

Dass diese Rede mit ihrer sprachlichen Gekonntheit kein Zufallstreffer war, lässt sich in den Reden Churchills leicht belegen – Churchill redete häufig und anders als Hitler besonders gern in der Form der Rundfunkansprache (ohne sichtbares Publikum also). Schon am 19. Mai wendet er sich an die vom Bombenterror eingeschüchterte Bevölkerung und wiederholt seine Kriegsentschlossenheit mit den vor dem Parlament geäußerten Gedanken. »Es wäre jedoch töricht, den Ernst der Stunde zu verhehlen«, heißt es, worauf die Antithese auf dem Fuß folgt: »Noch törichter wäre es, den Mut zu verlieren …« Antithese folgt Antithese, um ein Höchstmaß von Spannung zu erreichen:

> Unsere Aufgabe ist es nicht bloß, die Schlacht zu gewinnen, sondern den Krieg zu gewinnen … Dies ist eine der düstersten Epochen in der langen Geschichte Frankreichs und Englands. Sie ist zweifellos auch eine der erhabensten …

Vor allem ist es die Siegesgewissheit, die über alles Unglück hinwegtröstet und den sonst eher humorvollen oder ironischen Churchill zu pathetischen Formulierungen mit stakkatoartigen Wiederholungen greifen lässt:

> Schulter an Schulter … sind das britische und das französische Volk ausgezogen, nicht bloß um Europa, nein, um die ganze Menschheit von der gemeinsten und geisttötendsten Tyrannei zu befreien, die jemals die Seiten der Geschichte verdunkelt und befleckt hat. Hinter ihnen, hinter uns …

> sammelt sich eine Schar zerschmetterter Staaten und niedergeknüppelter Völker …, über die alle die lange Nacht der Barbarei hereinbrechen wird, von keinem Hoffnungsstrahl erhellt, wenn wir nicht siegen; denn wir müssen und wir werden siegen (… *unless we conquer, as conquer we must, as conquer we shall*).

Aber Churchill wusste, dass er nie einen wichtigeren Satz gesprochen hatte als am 13. Mai. Er war sein Markenzeichen geworden neben Victory-Zeichen und Havanna-Zigarre. Entsprechend wiederholte er ihn. Als er am 27. Januar 1942 in kritischer Situation ein Vertrauensvotum vom Parlament forderte, war es dieser Satz, der dafür die beste Werbung bedeutete.

Wo die Parallele zum älteren Pitt liegt? In der Verbindung von unbedingter Moral und sprachlich kunstvoller Darbietung. Weder Pitt noch Churchill beließen es bei der Moral und schon gar nicht bei sprachlicher Kunst ohne Inhalt. Beide gründeten vielmehr ihre Autorität wesentlich auf die Präsentation ihres Anliegens. Pitt scheiterte dabei an etwas, was für die moderne Demokratie typisch wurde: an Mehrheitsverhältnissen und der Konsequenz, dass bestimmte Entscheidungen nur noch formal der Diskussion ausgesetzt sind. Churchill, der sich über die Tücken der Demokratie und der demokratischen Meinungsbildung keine Illusionen machte, gewann seine Zuhörer für etwas, wozu sie letztlich bereit waren. Rein rednerisch bleibt der Unterschied gering, Größe ist beiden Fällen schon aufgrund der Dramatik der Ereignisse zuzusprechen. Und es ist auch nicht der Sieg Churchills, der gerade diese Rede so berühmt machte. Es ist der eigenartige Mechanismus der freiwilligen Unterwerfung unter die perfekte Formulierung. In der europäischen Kultur wird eine Rede nicht leicht zur Ikone, es muss schon dieses Zusammenspiel von Redner und Publikum eine Rolle spielen, das Sicheinlassen auf eine Form von Rationalität, bei der die Ästhetik der Wahrheit erheblich assistiert.

## Maximilien de Robespierre und Ferdinand Lassalle

### Robespierres Revolutionsreden

Die parlamentarische Tradition in England ist reich an brillanten Rednern. Aber schon die äußeren Bedingungen unterschieden sich so stark von den Verhältnissen in Deutschland, dass weniger englische Parlamentarier zum Vorbild wurden als die Redner, die mit der Französischen Revolution in Frankreich auftraten. Die Paulskirche – dies wurde schon deutlich – erinnert mehr an die Nationalversammlung als an das britische Unterhaus. Auch die Parteienbildung bis in die Rechts-Links-Sitzordnung stammt aus Paris. Man studierte entsprechend in Deutschland die Wortführer der Französischen Revolution, beobachtete von Anfang an (mit zunehmendem Schrecken) ihr Auftreten. Und dies nicht nur aus der Ferne, vielmehr gab es einen regelrechten Revolutionstourismus, an dem sich zum Beispiel der bedeutende Reformpädagoge Joachim H. Campe mit seinem blutjungen Schützling Wilhelm von Humboldt beteiligte. Im Übrigen verstand man in Deutschland besser Französisch als Englisch, war demnach in der Lage, sich gerade über die Ereignisse bei unserem direkten Nachbarn aus erster Hand zu unterrichten. Man kannte sie also: Mirabeau wie Sièyes, Danton wie Marat und all die anderen Protagonisten, unter denen niemand die Berühmtheit Robespierres erlangte. Dies hat ohne Zweifel etwas mit dem Schreckensregime zu tun, das er maßgeblich errichtete. Dabei könnte man mit genauso viel Recht auf das Redetalent verweisen. Der Prediger der Guillotine, der selbst nie einer Hinrichtung beiwohnte, war einer der eifrigsten und auch wohl einer der besten Redner der Revolution.

Maximilien de Robespierre stammte aus einer Familie von Advokaten im provinziellen Arras. Den Aufstieg verdankte der vaterlos Aufgewachsene und auf Protektion Angewiesene seiner guten Schul- und Universitätsbildung in Paris am humanistischen Collège Louis-le-Grand. Neben den »Römern« war es das Schrifttum der Aufklärung, das sein Denken bestimmte, vor allem Rousseau mit seinen Vorstellungen von einem unverfälschten Volk, das mit seiner Tugend die Irrwege der Zivilisation vermeidet. Man weiß, wie dies in die unheilvolle Engführung von »Tugend und Terror« führte, die Robespierre zum berüchtigten »Schlächter« machte. Aber Robespierre war auch eine typische Erscheinung seiner Zeit: ein Intellektueller, der in der Revolution nach Möglichkeiten neuer staatlicher Gestaltung suchte. Zu seinen Themen gehörten nicht nur Anklage und Verurteilung, sondern auch Fragen der Innen- wie Außenpolitik, des Brotpreises wie der militärischen Operationen.

Man kann durchaus von einer Ochsentour sprechen, die er dabei absolvierte. Nach seiner Ausbildung und ersten anwaltlichen Tätigkeit bewirbt er sich in Arras um die Wahl zu einem der 568 Mitglieder des Dritten Standes bei der Einberufung der Generalstände und hat Erfolg. Dann beginnt der schwierigere Teil des Aufstiegs, bei dem er konsequent auf die Vertretung der Armen setzt. In der Nationalversammlung, von der schon ganz zu Beginn im Vergleich mit der Athener Pnyx die Rede war, verlangt er in seiner ersten Rede am 20. Juli ein scharfes Vorgehen gegen die Gegner der Revolution, rechtfertigt ausdrücklich Blutvergießen und sieht sich anschließend in den Zeitungen gedruckt. So meldet er sich weiter zu Wort, erlebt es, ausgebuht zu werden, findet aber etwa mit seiner Befürwortung des allgemeinen Wahlrechts breites Echo in der Presse. Insgesamt ist die Bilanz mäßig, auch wenn er (wie schon während seiner Anwaltstätigkeit in Arras) seine Reden auf eigene Kosten drucken lässt. Der Erfolg kommt dann anderswo zustande: bei den Jakobinern. Nun spricht er morgens in der Nationalversammlung, abends im Klub, im Juli 1790 einundzwanzigmal. Mit seiner Forderung nach Pressefreiheit erlebt er den ersten Triumph. Die Zeitungen stürzen sich auf ihn, die Reden nach der Flucht des Königs werden auf den Straßen laut vorgelesen. Als er bei seinem letzten Auftritt vor der Nationalversammlung im September 1791 die Fortführung der Revolution fordert, bereitet ihm die Menge einen regelrechten Triumph.

Dann wird in Paris die Verfassungsgebende Versammlung mit neuen Mitgliedern errichtet. Unter den 745 Abgeordneten sind 136 Jakobiner, besonders wieder Anwälte, daneben Journalisten, Kaufleute. Darin hat Robespierre kein Mandat, ist auf den Jakobinerklub beschränkt, in dem er bald Präsident wird. In den immer größeren Wirren angesichts von Hungersnot und Kriegsgefahr wählen ihn die Pariser 1792 in den Nationalkonvent, in dem die konservativen Girondisten vorläufig die Mehrheit besitzen. Regelmäßig kommt es zu Redeschlachten, in denen Robespierre die radikale Linie vertritt, speziell bei seinem Plädoyer für den Tod des Königs, das uns noch näher beschäftigen wird. Täglich steht er nun im Konvent und bei den Jakobinern auf der Rednertribüne. Schließlich wird er auch noch Mitglied und sogar Präsident im zuletzt zwölfköpfigen Wohlfahrtsausschuss als neuer Exekutive, zu dessen Hauptaufgabe die Liquidierung von »Verrätern« gehört. Im Oktober 1793 werden 93 führende Girondisten und die Königin Marie Antoinette enthauptet, womit die Zeit der Schreckensherrschaft (*terreur*) beginnt. Ihr fällt Robespierre schließlich im Juli 1794 selbst zum Opfer. Nach einem missglückten Selbstmordversuch endet er auf der Guillotine.

Es ist keine Frage: Robespierre verdankt seine Karriere den Reden. Vor allem in der Frühzeit hat er sie am Schreibtisch ausgetüftelt und Wort für Wort abgelesen – oft zur Missbilligung seiner Zuhörer, die ein Ende forderten. Denn diese Reden entsprachen keineswegs den Vorstellungen eines Lakonismus, wie er den Theoretikern vorschwebte. Es waren im Gegenteil weitschweifige Plädoyers in juristischer Tradition – die Rede gegen den Krieg, die er im Dezember 1791 im Jakobinerklub hielt, umfasst 79 heutige Druckseiten. Über den Auftritt in ausgesucht modischer Kleidung (die Jakobinermütze lehnte er ab, weil sie die Frisur verderbe) sind wir bestens unterrichtet. Auf dem Höhepunkt seines Erfolgs schlug man sich um bezahlte Karten auf den Tribünen. Worauf aber beruhte dieser Erfolg, wenn er mit Mitteln erzielt wurde, die nach der Theorie eher unpassend erscheinen? Die Antwort lautet: Robespierre erfüllte durchaus die damaligen Erwartungen. Die bedeutenden Redner sprachen alle in rhetorischer Tradition, entstammten dem gleichen Erziehungssystem und erzielten damit Anerkennung als Intellektuelle. Ohne diese Voraussetzungen wären die radikalen Forderungen kaum erfolgreich gewesen. Es gab nicht nur die (philosophisch) unheilvolle Verbindung von Tugend und Terror, es gab auch die (sprachlich) unheilvolle Verbindung von Rhetorik und Terror. Ich wähle als Beispiel die Rede, in der Robespierre am 3. Dezember 1792 vor dem Nationalkonvent den Tod von König Ludwig XVI. forderte (im heutigen Druck 18 Seiten).

Man muss sich die dramatische Situation vorstellen, die den Konvent fast noch mehr als sonst spaltete. Natürlich wandten sich die Girondisten heftig gegen das Ansinnen, ließen mit Pierre Vergniaud einen ihrer besten Redner auftreten. Selbst für die Jakobiner verstand sich die Forderung nicht von selbst, hatte doch gerade Robespierre einmal eine Rede *gegen* die Todesstrafe gehalten. Jeder Rhetoriker weiß, dass es in einer solchen Situation auf den entscheidenden »Griff« ankommt, auf den Standpunkt, von dem aus man die Sache betrachtet (nach dem Lehrbuch: die Statusfrage). Auch Robespierre hält sich erkennbar ans Lehrbuch, überfällt seine rhetorisch gebildeten Zuhörer förmlich mit ihren eigenen Kenntnissen, die sie natürlich anerkennen müssen: Die Versammlung sei »von der eigentlichen Frage« (dem richtigen Status also) abgewichen, beginnt er und führt dies ebenso provozierend wie effektvoll aus:

> Es gibt hier keinen Prozess zu führen. Ludwig ist kein Angeklagter. Ihr seid keine Richter … Welche Maßnahmen schreibt eine vernünftige Politik denn vor, um die entstehende Republik zu untermauern? Man muss doch wohl die Verachtung für das Königtum möglichst tief in die Herzen eingraben und alle Anhänger des Königs in Schrecken versetzen. Wenn man aber sein Verbrechen vor aller Welt als eine strittige Frage und seinen Fall als Gegenstand einer beeindruckenden, geradezu religiösen und höchst schwierigen Diskussion darstellt, die es wert ist, dass sich die Repräsentanten des französischen Volkes damit beschäftigen; wenn man eine unermessliche Distanz hält zwischen der bloßen Erinnerung an das, was er gewesen ist, und der Würde eines Bürgers, so hat man genau das Geheimnis gefunden, mit dessen Hilfe man den König noch jetzt für die Freiheit gefährlich werden lassen kann. Ludwig war König, nun aber ist die Republik gegründet; die berühmte Frage, die euch beschäftigt, ist allein durch diese Worte schon entschieden.

Viel besser konnte man die Aufmerksamkeit der Zuhörer nicht erlangen. Robespierre behauptet, die Frage nach Tod oder nicht sei schlicht falsch gestellt (was dem *status conjecturae* entspricht, der Erklärung der Unzuständigkeit des Gerichts). Das Urteil ergebe sich bereits aus der Tatsache, dass Frankreich Republik sei, in der ein verbrecherischer König nichts verloren habe, sondern nur der Gefährdung diene. Es sei nichts zu begründen, sondern nur auf die Logik der Tatsachen hinzuweisen. Niemand tue Unrecht, weil das geschehe, was sich von selbst verstehe.

Natürlich weiß Robespierre, dass er damit allein nicht durchkommt. Ein sehr guter Effekt gleich zu Beginn, aber er muss nachlegen. Und er tut dies sofort mit stärksten logischen Mitteln, mit einem ausgewachsenen Paradox wieder ganz aus dem Lehrbuch (bzw. seinen sehr guten Kenntnissen antiker Redner wie Demosthenes oder Cicero):

> Wenn Ludwig tatsächlich Gegenstand eines Prozesses sein

> kann, dann kann er auch freigesprochen werden; er kann unschuldig sein; was sage ich: er wird so lange als unschuldig betrachtet, bis er abgeurteilt ist; aber wenn Ludwig freigesprochen wird, wenn er für unschuldig gehalten werden kann, was wird dann aus der Revolution? Wenn Ludwig unschuldig wäre, so wären alle Verteidiger der Freiheit Verleumder, dann würden die Rebellen zu Freunden der Wahrheit und zu Verteidigern der unterdrückten Unschuld, und alle Manifeste der fremden Höfe wären nur gerechtfertigte Proteste gegen eine herrschende Partei. Sogar die Inhaftierung, die Ludwig bis zu diesem Augenblick erduldet hat, wäre eine ungerechte Qual; die Verbündeten, das Volk von Paris und alle Patrioten des französischen Reiches wären schuldig; dieser ganze große Prozess, der vor dem Tribunal der Natur zwischen dem Verbrechen und der Tugend und zwischen der Freiheit und der Tyrannei geführt wird, wäre schließlich zugunsten des Verbrechens und der Tyrannei entschieden.

Man sieht als heutiger Leser vielleicht in erster Linie die verquaste Berufung auf Natur, Tugend, Freiheit, muss sich aber vergegenwärtigen, dass der damalige Hörer dahinter die Autorität der Aufklärung erkannte. In Verbindung mit dem großen Paradox mussten die Ausführungen für die Anhänger äußerst überzeugend klingen, das Todesurteil aus der gefürchteten Perspektive bloßer Rache oder sonstiger üblen Instinkte jedenfalls herausführen. Auf diese Anhänger kam es Robespierre ganz ohne Zweifel an, rechnete weniger mit einer Überredung der Gegner, die höchstens beeindruckt und erschreckt werden sollten. Und so widmet sich Robespierre der Meinungsfestigung, liefert ein rhetorisches Feuerwerk vor allem in logischer Hinsicht wie die folgende Tirade:

> Wenn eine Nation gezwungen gewesen ist, auf das Recht des Aufstandes zurückzugreifen, tritt sie dem Tyrannen gegenüber in den Naturzustand zurück. Wie könnte dieser Tyrann sich auf den Gesellschaftsvertrag berufen? Er hat ihn selbst

> gebrochen. Die Nation kann den Vertrag bestehen lassen, wenn sie es für angemessen hält und soweit er die Beziehungen der Bürger untereinander betrifft; aber die Tyrannei auf der einen Seite und der Volksaufstand auf der anderen bewirken, dass der Vertrag, soweit er den Tyrannen betrifft, eindeutig gebrochen wurde; beide Seiten treten wieder in einen Kriegszustand miteinander.

Robespierre spricht als Advokat, plädiert mit den üblichen logischen Mitteln, zu denen besonders das Paradox gehört. Aber Robespierre schmückt seine Ausführungen auch mit den üblichen rhetorischen Figuren. Nach den anstrengenden logischen Ausführungen kommen die Parallelismen und Antithesen nicht zu kurz:

> Die Völker richten nicht auf die gleiche Weise wie die Gerichtshöfe; sie fällen keine Urteile, sondern sie schleudern Blitze; sie verurteilen die Könige nicht, sondern werfen sie ins Nichts zurück …

Nach solchen Attacken fühlt sich Robespierre offensichtlich stark genug, selbst in der mehr als ernsten Situation zu kleinen Späßen zu greifen. So erinnert er daran, wie die Römer mit ihrem Tyrannen Tarquinius umgegangen seien, während man heute »Advokaten« zur Verteidigung heranziehe, denen man vielleicht noch »Bürgerkronen« zuerkennen werde. Auch Wortspiele kommen zu ihrem Recht:

> Wir berufen uns auf Formen, weil wir keine Grundsätze haben; wir brüsten uns mit Zartgefühl, weil uns die Kraft fehlt; wir vertreten eine falsche Menschlichkeit, weil uns das Gefühl der wahren Menschlichkeit fremd ist; wir verehren den Schatten eines Königs, weil wir es offenbar noch nicht verstehen, das Volk zu achten; wir sind den Unterdrückern gegenüber nachsichtig, weil wir kein Herz für die Unterdrückten haben.

Selbst die eigentliche Todesforderung ist in ein Wortspiel gekleidet: »Ich persönlich verabscheue die Todesstrafe, ich hege gegen Ludwig weder Liebe noch Hass, ich hasse nur seine Vergehen.« Vor allem hüllt Robespierre seine Forderung in ein abschließendes grandioses Paradox. Er habe die Todesstrafe abgelehnt, die Nationalversammlung (»Ihr aber«) sie dagegen für arme Wichte eingeführt:

> Ihr verlangt eine Ausnahme von der Todesstrafe einzig für den, der sie allein legitimieren könnte: für einen entthronten König im Schoße einer noch nicht gefestigten Republik! Ein König, dessen Name allein schon der Nation den auswärtigen Krieg zuzieht!

Womit Robespierre zum Schluss kommt: zur Erklärung des Königs als »Verräter an der französischen Nation und als Verbrecher gegen die Menschheit«. Ein »deutliches Exempel« möge statuiert werden, das den Völkern das »Gefühl für ihr Recht« gebe, den Tyrannen »eine heilsame Furcht vor der Gerechtigkeit des Volkes«.

Robespierre hat mit dieser Rede den Befürwortern der Todesstrafe zum äußerst knappen Sieg verholfen – die Abstimmung erbrachte eine Mehrheit von wenigen Stimmen, es ist auch die Rede von einer einzigen. Der Erfolg stellte sich im Wesentlichen nur bei den Anhängern ein, war selbst bei diesen nicht durchgängig vorhanden. Aber wo er eintrat, verdankte er sich nicht zuletzt der alten europäischen Überzeugung, dass logisch Formuliertes richtig ist, gut Klingendes auch wahr sein muss. Auch am 18. Dezember 1791, als Robespierre vor den Jakobinern gegen den Kriegsvorschlag plädierte, sprach er den »wahren Blickwinkel«, den »Kern der Frage« an (der für ihn in der Verbindung von Krieg und Monarchie lag), ging also vom Status der Rede aus. Und auch an antiken Berufungen (in diesem Fall auf Catilina) und wirkungsvollen logischen Spielchen (»Bürger, wollt ihr eine Revolution ohne Revolution?«) hatte es nicht gefehlt. Die damaligen Zuhörer waren eben mit Rhetorik vertraut, es saßen keine Ungebildeten auf den Plätzen, sondern Advokaten, Journalisten, politisch Interessierte. Es gab damals keine Rede, auch nicht von Robespierres Gegenspielern, die auf rhetorisches Können verzichtet, ja die es nicht regelrecht vorgeführt hätten. Wer von einer Macht der Rede sprechen möchte, muss berücksichtigen, dass sich diese Macht in einem Raum von Zustimmung zu den Bedingungen abspielte. Sie hatten in der Französischen Revolution, auch in den schlimmen Zeiten der Terrorherrschaft, noch einmal beinahe antike Dimensionen angenommen.

## Lassalles Reden für den Sozialismus

Deutschland also blickte um 1800 nach Paris und erinnerte sich noch lange an die dortigen dramatischen Vorgänge, auch nach all den Wandlungen, die mit Napoleon und der Restauration verbunden waren. Wenn sich in Deutschland Revolutionäres anbahnte oder nur Widerstand gegen Überkommenes auftrat, kam es zum Vergleich. Dies gilt in besonderem Maße für den Führer der frühen Arbeiterbewegung Ferdinand Lassalle, der möglicherweise der rhetorisch kompletteste Redner seiner Zeit in Deutschland war. Früh taucht die Bezeichnung »deutscher Mirabeau« auf, die als Ehrentitel gemeint war, während ein »deutscher Robespierre« wohl doch zu viele Missverständnisse hervorgerufen hätte. Es hätte trotzdem besser gepasst, wenn man allein an die Redekunst denkt. Auch der Aufstieg aus kleinbürgerlichen Verhältnissen (im Gegensatz zum adligen Mirabeau) und das Bemühen um gesellschaftliche Anerkennung stellt eine Parallele dar, um nicht zu reden von der peniblen Pflege der äußeren Erscheinung, die beide verband: Robbespierres Halstuch ist berühmt, und von Lassalle heißt es, er habe beim Binden dieses Accessoires eine Stunde vor dem Spiegel zubringen können.

Um Ernsthafteres vorzubringen: Ferdinand Lassalle, geboren 1825 in Breslau mit dem noch nicht französierten Namen Lassal, suchte sein Heil zunächst ebenfalls wie Robespierre in einer universitären Ausbildung mit dem Schwerpunkt in der Jurisprudenz, daneben in Philosophie, worin er auch publizierte. Als Jude in der Politik ohne Aufstiegschancen (im Gegensatz zu Benjamin Disraeli, der es etwa gleichzeitig in Großbritannien zum Premier brachte), fand Lassalle einen Ansatzpunkt einmal mehr ähnlich wie Robespierre im Einsatz für die Armen in der damaligen Arbeiterbewegung nach der Märzrevolution. Am 23. Mai 1863 gründete er den Allgemeinen Deutschen Arbeiterverein (ADAV) und wurde dessen erster Vorsitzender – die Geburtsstunde der SPD. Schon ein Jahr später starb der 39-Jährige in einem bizarren Pistolenduell um eine Frau, der ihr Vater die Heirat mit ihm verweigerte und sich im Duell von einem genehmeren Schwiegersohn vertreten ließ. Es ist nicht ausgeschlossen, dass angesichts körperlicher Zerrüttung aufgrund von Syphilis »maskierter Selbstmord« (Gosta von Uexküll) im Spiel war. Übrigens soll auch Robespierre im Tod einen Ausweg angesichts der unausweichlichen politischen Niederlage gesehen haben. Wie kam es im Falle Lassalles zu diesem Senkrechtstart, der uns viel mehr interessiert als das abrupte Ende?

Man kann von ungewöhnlicher Begabung ausgehen, neben viel Übung gerade im Bereich der Redekunst. Dafür gibt es ein interessantes Zeugnis von seinem Sekretär Bernhard Becker:

> Er beherrscht vollständig seine umfangreichen Stimmmittel, hatte mit Sorgfalt die Rhetorik großer Redner und Dichter studiert und verstand die Mimik und Gestikulation so meisterhaft zu benutzen, dass derjenige, der bei seinen Reden kalter Beobachter hätte bleiben können, leicht an einen vollendeten Schauspieler erinnert worden wäre. Doch dieses Schauspielartige konnte nicht widerlich werden, da der geistige Gehalt die als spielende Zugabe erscheinende Darstellung meist überwog und sie in den Hintergrund drängte. Dies war in so hohem Maße der Fall, dass selbst das im Anfang der Reden bemerkliche leichte Anstoßen der Zunge im Laufe des Sprechens nicht mehr gehört wurde.

Nicht nur ein Nahestehender, auch Heine schwelgte in Bewunderung. Marx tauschte sich mit dem Gesinnungsgenossen brieflich und in persönlicher Begegnung aus. Den Sprung in die Gesellschaft mit öffentlicher Beachtung aber schaffte Lassalle dank einer Frau, der Gräfin Hatzfeld. Die befand sich in unglücklicher Ehe mit einem schwerreichen Lebemann und suchte die Scheidung mit entsprechender Abfindung. Der noch blutjunge Lassalle erreichte das Ziel trotz glänzender Verbindungen des Ehemanns in einer langen Prozessflut, die er auch noch zu einer Demonstration der Verkommenheit der höheren Gesellschaft nutzte. Die erfolgreiche Verteidigungsrede im sogenannten Kassettenprozess (bei dem es um Anstiftung zur Entwendung von Beweismaterial zugunsten seiner Mandantin ging) wurde veröffentlicht und bewundert. Die Scheidung mit einer Abfindung, aus der die Gräfin ihrem Retter eine lebenslängliche Rente in erheblicher Höhe zahlen konnte, war eine Sensation.

Lassalle hätte sich am Ziel seiner Wünsche glauben können. Aber 1848, das Jahr des Kassettenprozesses, war auch das Jahr der Revolution in Deutschland. Und nun sprang er auf einen weit gefährlicheren, aber auch weit erfolgversprechenderen Zug auf, setzte sich an die Spitze der in den Märztagen beginnenden Arbeiterbewegung. Die gewaltsame Aufhebung der preußischen Nationalversammlung (die wie die gesamtdeutsche in der Frankfurter Paulskirche eine konstitutionelle Verfassung anstrebte) machte ihn zum Revolutionsredner, zum Anwalt einer demokratisch-sozialen Republik, wofür er wiederholt wegen Volksaufwiegelung inhaftiert, angeklagt und verurteilt wurde. Auch in diesen Fällen benutzte er die Gerichtsverhandlungen nach Möglichkeit als politisches Forum wie etwa das Düsseldorfer Assisengericht (Geschworenengericht) 1848, wo er die vorbereitete Rede zwar nicht halten durfte, sie aber in gedruckter Form verteilen ließ. Man kann hier einen ersten Eindruck der rhetorischen Fähigkeiten gewinnen, mit denen sich Lassalle gegen den Rechtsbruch des Königs aufgrund der oktroyierten Verfassung wendet:

> Warum diese elende Farce, die jedes Kind durchschaut? Warum, warum frage ich, warum zu so viel Gewalt noch diese Heuchelei? Doch das ist preußisch. Viele Regierungen haben Gewalt geübt, doch während man uns das Schwert in die Brust stößt, dabei noch ausrufen: »Und das von Rechts wegen!« das ist preußisch! – Mit welchem Recht konnte man diese Grundrechte [der Preußischen Nationalversammlung] aufheben? Seit wann war General Wrangel [der die Nationalversammlung mit militärischer Gewalt auseinandertrieb] Gesetzgeber Preußens geworden? … die oktroyierte Verfassung … wird deshalb in alle Ewigkeit nichts sein als das Denkmal eines königlichen Meineids! … Noch dreimal hassenswerter als der äußere Feind ist der innere, der des Landes Freiheit niedertritt, noch dreimal fluchenswerter als der fremde Fürst ist der eigene, der gegen des eigenen Landes Gesetze sich empört. Noch dreimal größer als die Schmach, einer fremden großen Nation zu erliegen, ist die Schmach eines Volkes, das eines einzigen Mannes Beute wird …

Lassalle wurde von den Geschworenen übrigens freigesprochen, um allerdings in der nächsten Instanz dann doch verurteilt und festgesetzt zu werden. Aber ein Ziel war erreicht: hohe Popularität, die den »Märtyrer der Freiheit« zum immer begehrteren Redner machte. Die 1860er Jahre wurden zum Höhepunkt dieser Laufbahn. 1862 hielt Lassalle zwei Reden über Verfassungswesen, in denen er den zuhörenden Arbeitern ebenso gekonnt wie polemisch den Unterschied zwischen einer geschriebenen und der tatsächlichen »Verfassung« aufgrund reiner Machtverhältnisse erklärte. 1863 sprach er im April programmatisch zur Arbeiterfrage (mit Begründung der These vom Mindestlohn, der sich aufgrund der Machtverhältnisse immer nur beim Lebensnotwendigen einpendelte), was im Mai zur Gründung des ADAV führte. Im September zog er mit einer Werberede durchs Rheinland, wurde spektakulär mit Wagenkorso und Blumenkränzen abgeholt, sprach dann in Frack und Lackstiefeln vor Tausenden unter dem Titel: *Die Feste, die Presse und der Frankfurter Abgeordnetentag.*

Es geht um die Einschwörung der Arbeiter auf den Kurs des ADAV, und Lassalle setzt dabei auf Abgrenzung von derjenigen parlamentarischen Strömung, die seit ihrer Abspaltung von den Liberalen am ehesten für die Durchsetzung bürgerlicher Rechte kämpfte: von der Fortschrittspartei. Statt sich für die »Rechte des Volkes« einzusetzen, feiere man Feste:

> … überall las, sah, hörte man von Festen, Veranstaltung von Festen, Beschickung von Festen etc. Ist es erhört? Was feierten diese Merkwürdigen? Während die Lage des Landes so ist, dass man in Sack und Asche gehen sollte, feiern sie Feste! Feste, wie sie etwa die Franzosen zu feiern pflegen nach ihren siegreichen Revolutionen, sie feiern sie nach ihren Niederlagen! Um sich den reellen Kampf zu ersparen, feiern sie Feste, stimmen die Geschlagenen hinter Wein und Braten Siegeshymnen an!

Als eigentlichen Grund der »Auflösung und Fäulnis der Fortschrittspartei« aber nennt Lassalle die Presse mit ihrem »Annoncengeschäft«, das jede »Aufklärung« im Kein ersticke:

> Freilich! was ist heiliger als das Verlegerkapital! Ja, mit jener schamlosen Verdreherei aller Begriffe, die unsern Zeitungen schon seit lange geläufig ist, konstruierte man es jetzt geradezu als die Pflicht der Zeitungen, um Gottes willen nicht durch ein männliches Wort das heilige Verlegerkapital zu gefährden! Es ist das gerade so, als wenn ein Soldat … als seine erste Pflicht die aufstellte, sich um keinen Preis der Gefahr auszusetzen, dass ihn eine Kugel treffe … So kam es, dass unsre liberalen Zeitungen, diese modernen Falstaffs, die aber nur so feige und verlumpt sind wie Falstaff, nicht seinen Humor besitzen, noch alle glücklich am Leben sind!

Als Heilmittel gegen die »Zeitungspest« erscheint die »sozialdemokratische Idee« mit der Maßgabe, in einem »sozialdemokratischen Staate« ein Gesetz gegen Zeitungsannoncen zu erlassen, womit das »stehende Heer« der Zeitungsschreiber

»verhungere« oder »Stiefelputzer« werde und an seine Stelle »der Zeitungsschreiber von Beruf« trete.

In der vierstündigen Rede folgen noch zahllose Details mit immer wilderer Polemik. Nur gibt es bei all dem aus rhetorikgeschichtlicher Sicht ein Problem: nämlich die Frage, wieweit überhaupt die politische Agitation hinter dem Glanz der Darstellung verschwand, wieweit die Begeisterung der Zuhörer mehr dem Auftritt dieses Redekünstlers galt als der von ihm vertretenen Politik. Die Beschreibung eines dieser Auftritte, den der Leipziger Arzt Dr. Heyer geliefert hat, zeigt das Problem:

> Plötzlich ein Emporwogen des dunklen Männerheeres, ein Beifallsausbruch, als ob die Donner des Niagara über die Wölbung hereinbrächen – und inmitten des lang hintönenden Rollens hob sich zwischen den Schartekenwänden ein jugendlich freier Kopf auf elegant schlanker Gestalt empor und stand im Lichte. Das war Ferdinand Lassalle, der Diktator, wie ihn schon damals seine Anhänger bezeichneten – eine großartig anziehende Erscheinung. Das länglich bleiche Gesicht war von edlem Schnitt, die Stirne hoch und breit, von schwarzbraunen, kleinen dichten Locken umringelt, die Nase etwas prononciert scharf, aber gerade, nur in der Mitte etwas erhöht, der Mund einigermaßen zugespitzt, die Augen blau und etwas angegriffen – nicht entfernt erinnerte das gemessene, geistig durchleuchtete Gesicht an die orientalische Abstammung des hochbedeutsamen Mannes. Die Haltung war stolz, aufrecht, distinguiert. Das war auch seine Kleidung, tadelloser Salonanzug. Mit untergeschlagenen Armen stand er eine Zeit lang auf seiner Höhe und blickte ringsum auf die tobende Flut; dann hob er leise, ganz nachlässig, ein wenig die rechte Hand – und in demselben Augenblick herrschte Grabesstille in dem weiten, großen Saale. Desgleichen habe ich niemals vorher und nachher erlebt. Den Eindruck, welche diese zauberhafte Beherrschung der Massen auf den Unvorbereiteten machte, konnte ich auf den

> Gesichtern der Umstehenden lesen, sie waren sämtlich ganz blass geworden.

Diesem unbestreitbaren Erfolg stehen unbestreitbare Tatsachen gegenüber, die eine ganz andere Sprache sprechen: Der ADAV brachte es zuletzt auf 4600 zahlende Mitglieder, nach den vielstündigen Reden trugen sich immer nur einige Dutzend, manchmal sogar weniger Arbeiter in die Aufnahmelisten ein.

Lassalle, um es zugespitzt zu sagen, wurde mehr angestaunt als verstanden. Er glaubte zwar, seine Sprache auf das Fassungsvermögen seiner Zuhörer abgestellt zu haben (»Man … muss also auf die Einsicht der Leute, vor denen man plädiert, Rücksicht nehmen und die Argumente finden, die sie überzeugen«). Aber es ist kaum denkbar, dass weitgehend ungebildete Arbeiter seine Anspielungen auf die Gracchen oder Spartacus in Rom, seine Vergil-Zitate oder auch nur den Aufbau seiner pointenreichen Perioden wirklich verstanden. So gesehen ging es Lassalle nicht anders als Robespierre, der in ähnlicher Weise sein Publikum mit ästhetischen Mitteln in den Bann schlug, aber eben genauso wie Lassalle scheiterte. Mit dem Beginn der Moderne, in den Krisenzeiten der Revolutionen, schlug in der Redekunst die Stunde der Charismatiker. Revolutionäre nutzten sie. Auf Dauer setzten sich jedoch Politiker durch mit pragmatischeren Ideen und weniger spektakulären Auftritten.

## *Exkurs zum Charisma*

*Charisma – der Begriff fällt bei der Charakterisierung von besonders erfolgreichen Rednern immer wieder. Es geht um die Ausstrahlung und die Vermutung, dass der charismatische Redner Qualitäten besitzt, die über seine intellektuellen und sprachtechnischen Fähigkeiten hinausgehen. Damit ist jedoch letztlich nur etwas erfasst, was in diesem Buch ständig umkreist wird: die Gewinnung von Autorität im Spiel von Macht und Unterwerfung. Wie in der Ästhetik geht es um das »gewisse Etwas«, das den wirklichen Könner auszeichnet. Dies stimmt auch mit der Wortgeschichte überein, knüpft der Begriff des Charismas doch an die Charitinnen an, die in der griechischen Mythologie für Anmut stehen, für den subjektiven Reiz, der die objektive Schönheit ergänzen muss, um zu gewinnen. Es geht mit anderen Worten nicht um das Was der Rede allein, sondern auch um das Wie. Und nicht das Was, sondern das Wie ist der Nährboden des Charismas. Immer wurden Redner, die sich in dieser Hinsicht besonders auszeichneten, als charismatisch bezeichnet. Charisma galt als durchweg positiver Begriff.*

*Dabei ist es jedoch nicht geblieben. Der große Soziologe Max Weber hat in seinem einflussreichen Buch* Wirtschaft und Gesellschaft *(1920) drei Herrschaftsformen entwickelt: die traditionale, die rationale und die charismatische. Die traditionale entspricht der altständischen Gesellschaft mit ihrer Schichtung, die rationale der modernen Bürokratie. Die charismatische Herrschaftsform schiebt sich gewissermaßen dazwischen, ist ein Produkt der Moderne, das Weber äußerst kritisch sieht: Es geht nämlich um eine Gesellschaft, die sich in der Krise für eine Führungsgestalt begeistert, der sie sich auf Gedeih und Ver-*

*derb unterwerfe. Weber fordert deshalb ihre »Umbildung« zu einer rationalen bzw. bürokratischen Herrschaft. Später wurde diese Theorie übrigens auf die Nazi-Diktatur mit Hitler als dem charismatischen »Führer« angewendet. Damit nahm der Begriff des Charismas noch bedenklichere Züge an. Ein charismatischer Redner ist danach ein Redner, der die Massen narkotisiert, mit allen Mitteln der Irrationalität seinem Willen unterwirft.*

*Aber auch dagegen ist protestiert worden. Der amerikanische Soziologe Richard Sennett hat in seinem viel beachteten Buch* Verfall und Ende des öffentlichen Lebens. Die Tyrannei der Intimität *(1974) eine andere, letztlich noch pessimistischere Rechnung aufgemacht. Webers These von der Entstehung des Charismas aus »Not« sei insofern falsch, als diese Not kein vorübergehendes Produkt der Moderne sei, sondern ihr inhärent. Denn Sennett glaubt, dass sich die Moderne zu ihren Ungunsten von einem wichtigen Prinzip der Aufklärung verabschiedet habe: von deren Kultur der Öffentlichkeit, in der der Einzelne nicht er selbst sein musste, sondern ein Schauspieler, der sich hinter einer Maske verbergen konnte. Die Moderne habe dagegen die authentische Persönlichkeit verklärt, die aus ihrem Inneren heraus agiert und sich damit permanent übernimmt, verdeckt oder übertüncht durch die Bewunderung, die dieses Verhalten hervorruft. So sei der Dirigent entstanden, der Künstler wie Franz Liszt, der mit seinem bloßen Auftreten die Zuhörer in seinen Bann schlägt. Schließlich habe der Politiker den erfolgreichen Künstler nachgeahmt. Das Musterbeispiel sei dabei Alphonse de Lamartine, der Freund Liszts, der in der Zeit der französischen Februarrevolution von 1848 sein Publikum fast nach Belieben lenken konnte. Die eigentliche Macht sei dabei der Tatsache geschuldet gewesen, dass das Publikum allein der »Persönlichkeit« huldigte und deren »Handeln« ignorierte. Denn dieses Publikum habe nicht mehr darauf geachtet, was er sagte, sondern nur noch darauf, »mit welcher Eleganz« er es sagte.*

*Man sieht, wie sehr Sennett bei dieser Diskussion den Redner in den Mittelpunkt stellt, ja an ihm den entscheidenden Wandel der Moderne festmacht. Denn die Pointe der Theorie liegt darin, dass mit der Moderne eine »Disziplin des Schweigens« entstehe, die nicht wie bei Weber eine vorübergehende Erscheinung ist, sondern eine mit der Moderne unausweichlich verbundene. Das Ergebnis der Unterwerfung unter die »Persönlichkeit« sei dabei die »Suspendierung der Ich-Interessen«. Das Volk erlebe die Rednergabe des charismatischen Politikers als »Offenbarung einer überlegenen Persönlichkeit« und lasse daraufhin sein »Eigeninteresse« fahren. Lamartine, so Sennett, konnte seine empörten Arbeiter dazu bringen, sich »angesichts von Kunst still zu verhalten«. In einer »persönlichkeitsbestimmten Kultur« würden »Phrasen« keineswegs, wie Karl Marx gemeint habe, von selbst verschwinden, sondern im Gegenteil über den Klassenkampf siegen. Mit dem »Glauben an die Unmittelbarkeit« als Grundüberzeugung der modernen Gesellschaft sei die »Anfälligkeit für die narkotisierende Wirkung des großen politischen Redners« ein Dauerproblem geworden, das letztlich ins »elektronisch befestigte Schweigen« unserer Gegenwart münde. Nicht dass das Charisma irrational sei, sondern dass es in einer »Kultur der Unmittelbarkeit« gerade umgekehrt als rational gelte, bringe das öffentliche Leben letztlich zum Erliegen.*

*Eine an- bzw. aufregende Theorie, ohne Zweifel. Und sie wird in unserem Zusammenhang noch an- bzw. aufregender dadurch, dass Sennett seine Belege immer wieder aus der Geschichte der Redekunst nimmt – er geht auf Savonarola genauso ein wie auf Richard Nixon, der in seiner berühmten Checkers-Rede in bedrängter Situation die Nation mit der Liebe zu seinem Hund zu Tränen rührte und damit von den Problemen seiner Politik ablenkte. Man muss die These trotzdem prüfen und wird dabei auf Schwachstellen stoßen. Zunächst einmal hebt Sennett selbst hervor, wie leicht der charismatische Redner scheitert. Lamartine tut es sogar genau nach der Weberschen Prognose: Charisma dieser Art wirkt nur in der Not. So gesehen lässt sich kaum sagen, dass das »moderne Charisma« »die Ordnung selbst« ist und dann Krisen produziert. Der charismatische Redner im Sinne*

*Sennetts war und ist eine Realität, aber er war und ist nur eine Alternative. Neben Lassalle, einer Art deutschem Lamartine, gibt es Bismarck. Und neben der Volksmenge, die in der Tat dem charismatischen Redner leicht unterliegt, gibt es die Parlamente, in denen Parteimitglieder sitzen, die völlig andere Formen der Bedrohung für die Redekunst mitbringen, sofern nicht das Hören zum Problem wird, sondern das geradezu systematische Weghören aus Gründen des Fraktionszwangs.*

*Sennett hat zweifellos recht, wenn er auf den Zusammenhang zwischen Rede und Medienwelt hinweist, die den Redner ebenso in eine künstlich überhöhte Position drängt, wie sie den Zuhörer zum Schweigen verurteilt. Aber dieser Effekt stammt nicht unbedingt aus einer Kultur der Unmittelbarkeit. Er stammt eher aus einer Konsumhaltung, die das Politische nicht wirklich ernst nimmt bzw. den Politikern überlässt. Die immer wieder an die Wand gemalten Gefahren für das Überleben von Redekunst stammen ja nicht aus der Erfahrung, dass charismatische Redner ihr Publikum narkotisieren – das ist nach den Erfahrungen mit dem Nationalsozialismus jedenfalls in Deutschland eher unwahrscheinlich geworden. Sie stammen eher aus der Erfahrung, dass die moderne Medienwelt Redner bzw. ihre Auftritte in bloßen Ritualen verkommen lässt. Ich werde im Folgenden zwei Redner behandeln, auf die der Begriff des Charismas in besonderer Weise angewandt wurde: auf Kennedy und Brandt. Bei keinem von beiden kann man entfernt die Diagnosen bestätigt finden, die Weber oder Sennett entwickelt haben.*

*Aber sind die Thesen vom modernen Charisma sowohl bei Weber wie bei Sennett nicht ohnehin viel zu steil und reihen sich letztlich in die üblichen Untergangsphantasien ein? Ich schlage eine flachere These vor, die den Begriff des Charismas da lässt, wo er immer war. Der charismatische Redner ist letztlich der europäische, der nur den einen Eckpunkt seiner Kunst besonders virtuos beherrscht: den Einsatz bzw. den Ausbau der Persönlichkeit – neben den argumentativen und stilistischen Mitteln. Die Moderne hat das Konzept weniger verändert als erneuert, ja es scheint so, dass der charismatische Redner die Form darstellt, in der der klassische Redner sich überhaupt noch einmal gegen Schriftlichkeitsdruck und Massenpublikum als ernstzunehmende Figur durchsetzen konnte. Nur im Rückgriff auf die Ressourcen der Persönlichkeit ließen sich die sprachlichen Künste noch einmal in Stellung bringen. Nur in der Steigerung der Persönlichkeitsfunktion lag so gesehen die Rettung des europäischen Rednerkonzepts überhaupt. Dafür allerdings bedurfte es einer Veränderung der Voraussetzungen im Spiel zwischen Redner und Publikum, für das weder die Redner noch das Publikum die Verantwortung tragen. Es waren die Medien, die die Bedingungen der Redekunst neu definierten.*

# Amerikanische Präsidenten und Deutscher Bundestag

## Die Rhetorik der amerikanischen Präsidenten

Der Einfluss der Medien im Hinblick auf die politische Rede ist früh beobachtet und scharf als neuer Todfeind kritisiert worden. Dies gilt vor allem für das Fernsehen, das dem Bild Vorrang erteilt und das gesprochene Wort auf einen Nebenschauplatz abdrängt. Es gilt aber auch grundsätzlicher für eine Form der Berichterstattung, die die politischen Prozesse in pure Atemlosigkeit versetzt und dem ruhigen Argument jede Grundlage entzieht. Schließlich gilt es für Kommunikationsverhältnisse, die die alte face-to-face-Kommunikation mit ihren speziellen Anlässen und Themen mehr und mehr ritualisiert, Reden wie schon unterm Absolutismus auf zeremonielle Anlässe beschränkt. In all dem schien sich der alte Rationalitätsvertrag förmlich aufzulösen, sofern es weniger um geminderte Anforderungen als um Verzicht auf Argumente ging.

Die erste Gesellschaft, die den angesprochenen Wandel vollzog, war die US-amerikanische. Die Unabhängigkeitserklärung hatte zu einer republikanischen Verfassung mit einem Zweikammersystem von Kongress und Senat unter der Führung des Präsidenten geführt. Die rednerische Auseinandersetzung spielte sich vor allem im Kongress als der Legislative ab, aber die großen Reden wurden früh vom Präsidenten als Vertreter, ja Vorzeigefigur der Nation gehalten. Schon George Washington begründete die Tradition der Antrittsrede (*Inaugural address*), in der er nach der Ablegung des Amtseids die Nation feierte, sie auf ihre grundlegenden Werte festlegte. Hinzu kamen der jährliche Rechenschaftsbericht (*State of the Union ad-*

*dress*, seit 1934 im Januar) sowie die regelmäßigen Haupt- und Nebenreden (*Major* und *Minor addresses*), die seit Theodore Roosevelt und Woodrow Wilson immer mehr zunahmen – zuletzt bis auf mehr als hundert Reden im Jahr. Man hat deshalb von einer »rhetorischen Präsidentschaft« gesprochen und die USA als das Land der Welt bezeichnet, dessen »geistiges Fundament die Rhetorik ist« (Sacvan Bercovitch). All dies aber fand seine letzte Steigerung mit dem Fernsehen, das seit den 1960er Jahren die Szene beherrschte, zum ersten Mal bei der live ausgestrahlten Debatte zwischen Präsident Nixon und John F. Kennedy als Herausforderer. Es wirkte wie ein Erdbeben, als die Analysten zum Ergebnis kamen, dass Nixon der bessere Politiker war, Kennedy aber die anschließende Wahl durch seine Ausstrahlung gewann – und Nixon auch noch den Kommentar abgab, er hätte sich mehr um sein Aussehen als um seine Argumente kümmern sollen.

Ein Nebenergebnis dieser Ereignisse war die Entstehung einer neuartigen Medienwissenschaft, die in zahllosen Untersuchungen der Frage nachging, welche Rolle welcher Art von Redekunst tatsächlich zukam und inwieweit das Fernsehen die Bedingungen des Überredens neu definierte. Wie nicht anders zu erwarten, teilte sich das Lager säuberlich in Optimisten, die (mit der Führerfigur Marshall McLuhan) begeistert die neuen Möglichkeiten ausloteten und die folgenden Wahlkämpfe nach Rezepten der Werbepsychologie ausrichteten. Und in Pessimisten, die die Beredsamkeit im elektronischen Zeitalter (so der Titel eines Buches von Kathleen Hall Jamieson) aussterben sahen, sofern nun Vereinfachungen und Übertreibungen den Platz von Argumenten einnahmen und Wichtiges nicht mehr über die Sprache, sondern über Bilder vermittelt wurde. In diesem Zusammenhang taucht übrigens (bei Paul Goetsch) die Unterscheidung eines »männlichen« und »weiblichen« Stils auf, wobei sich der »weibliche« mit der Betonung von Harmonie und Wohlfühlen in der Gruppe neben »männlicher« Zielverfolgung und Aufgabenerledigung durchsetzen werde. Auch die Hinwendung zu einem eher an der Konversation orientierten Redestil wurde konstatiert und als Abwendung von traditioneller Rhetorik gewertet – mit dem »große Kommunikator« Ronald Reagan als zentraler Figur. Als Beispiele dienten dessen umgangssprachliche Verschleifungen (*we've*) und vielen *wells*, auch Mimik und Gestik des gelernten Schauspielers, die sogar vom Teleprompter unterstützt sein sollten, den übrigens schon Präsident Eisenhower benutzte. Nur am Rande sei auf Roderick P. Hart hingewiesen, der 10 000 Reden von Truman bis Reagan statistisch auf *activity*, *optimism* usf. hin analysierte, um Veränderungen im *Sound of Leadership* zwischen 1945 und 1985 herauszuarbeiten – mit ernüchterndem Ergebnis: Die politische Argumentation wird danach immer mehr überwuchert von Rhetorik.

Die pessimistischen und moralisch/moralistischen Thesen haben jedoch auch Kritiker gefunden. Selbst zu so konkreten Hinweisen wie dem zu Reagans angeblichem Konversationsstil fanden sich Forscher, die eine durchaus stilistisch gewählte Ausdrucksweise ausmachten und Konversationelles eher als fingierte Mündlichkeit durchschauten – die sorgfältig geplante und weitgehend selbst entworfene Antrittsrede zeigt Figürliches wie Parallelismen, Antithesen, ja Alliteration und Reim in Fülle. Die Nachteile einer medialen Präsidentschaft liegen danach in anderen Punkten. Schon der faktische Aufwand macht nachdenklich: In den 1980er Jahren waren ca. 25 000 Angestellte der amerikanischen Regierung auf dem Gebiet der Öffentlichkeitsarbeit beschäftigt. Auch die Personalisierung von Politik engt den Spielraum für rednerische Auseinandersetzung ein und (ver)führt zu Auftritten, die Argumente schlicht durch Selbstdarstellung ersetzen. Aber man muss auch sehen, dass Präsidenten mit ihrem *going public* (wie es als Erster Jimmy Carter allerdings eher erfolglos versuchte) besondere Möglichkeiten politischer Wirkung entfalten können, die ihnen die Verfassung nicht einräumt – de jure steht der Kongress über dem Präsidenten, und erst sein Verhandlungsgeschick macht zusammen mit dem Druck, der von einer mobilisierten Öffentlichkeit ausgeht, den Erfolg aus. Wie man weiß, konnte Reagan anders als Carter mit dieser Situation perfekt umgehen. Obama gehört ebenfalls wieder zu den Opfern des von der Verfassung her angelegten Zwiespalts.

Um jedoch zum entscheidenden Punkt zu kommen. Das Medium Fernsehen *hat* die Politik erheblich beeinflusst. Aber es hat die Redekunst keineswegs abgeschafft. Zu amerikanischen Präsidenten wurden immer wieder (bislang) Männer gewählt, die reden konnten und dabei an die europäische Tradition der Rhetorik anschlossen, ja auf diesen Anschluss einen Teil ihrer Autorität bzw. ihres Erfolgs bei einem Publikum bauten, das weiter Kompetenz mit rhetorischer Kompetenz verband. Das amerikanische Wahlsystem hat daran insofern erheblichen Anteil, als sich die Kandidaten in Reden vorstellen müssen und ihre Parteien diejenigen nominieren, die sich dabei auszeichnen. Die Parteien rechnen eben damit, dass die Nominierten auch vor dem Volk eine entsprechende Wirkung haben – bei einer Zunahme der Präsidentenreden von 1945 bis 1975 um 500 Prozent, zuletzt durchschnittlich einer Ansprache pro Werktag. Dabei weiß man von den Präsidenten, dass sie ihre Reden ernst nahmen und oft in wochenlanger Zusammenarbeit mit ganzen Berater- bzw. Schreiberstäben ausarbeiteten. Dies gilt vor allem für die Antrittsrede, die von ihrem Inhalt her nicht als politische, sondern eher als Festrede anzusehen ist, wohl aber immer wieder zur Demonstration der politischen »Philosophie« genutzt wurde. Und dies in einer Weise, die hohe rhetorische Kunst zeigte. Schon in der Tatsache, dass die Grundlinien festlagen, also nur Nuancen und eben vor allem das Wie der Ausführungen das jeweilig Eigene begründen konnten, lag stets eine Herausforderung, deren Nutzung der Anglist Helmut Viebrock vorbildlich dargelegt hat.

Als John F. Kennedy am 10. Januar 1961 seine Antrittsrede vortrug, hatte er seinen Helfern ausdrücklich das Studium der Vorgänger aufgetragen. Er kannte also die Form der Verpflichtung auf die Werte der USA als Gelübde, wie es vor ihm etwa Franklin D. Roosevelt und Dwight D. Eisenhower praktiziert hatten. Er kannte auch die Berufung auf Gott bzw. Gottes Hilfe, die schon die ersten Präsidenten, George Washington und Thomas Jefferson, ihren Reden als Gebet einfügten. Und Kennedy wusste schließlich, dass seine Zuhörer dies wussten. Entsprechend liegt die Wirkung in einem Aufgreifen als Steigerung, in einer Wiederholung, die mit der Variation die Kompetenz des Redners belegt, ja im Vorzeigen dieser Kunst Autorität und Führungsqualität zu begründen suchte.

So legte Kennedy seine Rede insgesamt als eine Steigerung von Versicherungen an, die Werte der USA zu verteidigen, speziell die Menschenrechte wieder in den Blick zu nehmen. Immer wieder beginnt er die Abschnitte mit dem metaphorischen *Let us* …, in dem er sein Publikum einbezieht, statt es zum bloßen Empfänger der Botschaft zu machen. Zuerst wendet er sich mit diesem Wunsch an Amerika und die befreundeten Nationen, um im nächsten Schritt auf dieser Grundlage die nichtbefreundeten zu warnen. Damit aber ist nur der eigentliche Höhepunkt vorbereitet: der Übergang vom (im Deutschen schlecht wiederzugebenden) *we* zum *you* (*Will you join in that historic effort?*), dem die Angesprochenen mit besonders großem Applaus zustimmen. Genauso hat Kennedy die Gottesanrede aufgenommen und seinem eigenen Konzept eingefügt. Dass Amerika »eine Nation unter Gott« ist und der »göttlichen Providenz« unterliegt, musste 1961 angesichts einer stark laizistisch gewordenen Gesellschaft bedenklich erscheinen. Statt den Gottesbezug jedoch einfach zu streichen, ordnet Kennedy ihn dem Konzept ein, das ohnehin seine Rede beherrscht. Für die Wahrung der Menschenrechte, die so wesentlich zum Neuaufbruch gehören, wünscht sich Kennedy Gottes Segen im klaren Wissen, dass es letztlich die Menschen selbst sind, die dieses Werk auf Erden umsetzen müssen – eine in der leicht paradoxalen Anlage (Gottes Hilfe bei rein menschlicher Initiative) äußerst elegante Einbeziehung Gottes ohne die Implikationen, die mit einer »Providenz« verbunden sind.

Ist die Rede damit in ihrem Gesamtaufbau rhetorisch höchst kunstvoll angelegt, so zeigt sich rednerische Kunst erst recht in den einzelnen Formulierungen. Dazu gehören die zahlreichen Antithesen, die häufig als scheinbare Selbstkorrektur angelegt sind. Schon zu Beginn heißt es: »Wir verfolgen heute nicht den Sieg einer Partei, sondern die Feier des Friedens …« Charakteristisch ist weiter die Gegenüberstellung gegensätzlicher Aussagen in Kreuzstellung (Chiasmus): »Lasst uns niemals verhandeln ohne Furcht, aber lasst uns niemals fürchten zu verhandeln.« Wenn an dieser Stelle großer Beifall notiert ist, gilt dies ohne Zweifel der glänzenden Formulierungskunst, die letztlich dem glänzenden Intellekt des Redners zugeschrieben wird. Das bekannteste Beispiel hat es sogar zum geflügelten Wort gebracht:

> … und so, meine amerikanischen Mitbürger, fragt nicht, was euer Land für euch tun kann, sondern fragt, was ihr für euer Land tun könnt.

Kennedy hat die Formel sogar noch wiederholt bzw. gesteigert:

> Meine Mitbürger in der ganzen Welt: Fragt nicht, was Amerika für euch tun kann, sondern was wir zusammen tun können für den Frieden der Menschheit.

Ebenso eindrucksvoll ist es, wenn Kennedy solche Antithesen ins Paradoxe treibt und damit eine noch größere intellektuelle Leistung vorzeigt:

> Die Welt ist heute außerordentlich kompliziert. Denn Menschen halten in ihren sterblichen Händen die Macht, ebenso alle Formen menschlicher Armut zu beseitigen wie alle Formen menschlichen Lebens.

Zerstörung alles Sterblichen in sterblichen Händen – das ist der intellektuelle Stoff, der Hörer beeindruckt und die Bereitschaft erhöht, demjenigen zu folgen, der zu solchen Leistungen fähig ist.

Kennedy, so lässt sich zusammenfassen, äußert sich jedenfalls in der »Nische« der Antrittsrede kunstvoll auch unter den Bedingungen der medialen Revolution. Und er ist nicht einfach der charismatische Redner, der sich auf seine Erscheinung verlässt, sondern schöpft rhetorische Möglichkeiten der Rede aus – vielleicht wie kein anderer Präsident. Selbst Klangspiele wie Alliteration (*promote and protect*) und Reim (*race has no place*) sind in Fülle zu finden. Für die weltpolitisch folgenreichste Rede Kennedys überhaupt, die Rundfunkansprache vom 22. Oktober 1962 auf dem Höhepunkt der Kuba-Krise, ist sogar ein rundweg klassischer Aufbau mit Einleitung, Erzählung, Argumentation und Schluss ausgemacht worden, wieder begleitet von stilistischen Finessen, die dem Ziel dienten, das inhaltlich vertretene Konzept der »flexiblen Antwort« auf sprachlich attraktive Weise zu vertreten. Kennedy, darauf läuft es hinaus, will wie immer in europäischer Tradition Anerkennung durch vorgezeigte Intellektualität. Die Formulierungen sollen zum »Richtigen« überreden, die sprachliche Überlegenheit soll dem Adressaten die Anerkennung leichter machen. Insofern hat sich so Wesentliches nicht an der politischen Rede geändert. Die moderne Medienwelt diktiert zunehmend die Anlässe und auch die Abläufe der politischen Rede. Die rednerische Ausgestaltung selbst ist davon kaum betroffen.

## Rhetorik im Deutschen Bundestag

Die parlamentarische Demokratie in der Bundesrepublik Deutschland begann am 20. September 1949, als Bundeskanzler Konrad Adenauer seine Regierungserklärung abgab und sich fünf Debatten über zehn Tage hinweg anschlossen. Man hat die gelegentlich mehr als einstündigen Beiträge von 41 Rednern hinterher verklärt, weil es noch kaum parteipolitische Absprachen gab und auch keine Medien, die zu Huldigungen an das Wählervolk zwangen. Es wurde so diskutiert, wie es dem Ideal einer freien Entfaltung von Argument und Gegenargument entspricht. Nur endeten die Debatten damit wiederholt im Chaos, weil einzelne Abgeordnete sich auch durch Ordnungsrufe, Wortentziehungen und sogar Sitzungsausschlüsse nicht disziplinieren ließen. Ein Thema wie die Frage der deutschen Einheit (in der siebten Sitzung) wurde von KPD-Seite gesprengt. Als Adenauer zwei Monate später das von ihm ohne Hinzuziehung des Parlaments ausgehandelte Petersberger Abkommen mit den Alliierten vorstellte, bezichtigte ihn der Oppositionsführer Kurt Schumacher der Lüge und legte nach mit dem Wort: »Der Bundeskanzler der Alliierten!« Im darauf folgenden Tumult schloss der Präsident die Sitzung. Schumacher wurde übrigens insgesamt für 20 Tage von den Plenardebatten ausgeschlossen.

Der Umgangsstil sollte sich verbessern, die Beteiligten lernten mit der Zeit ihre Rollen, bis es zum anderen Problem kam: Die Arbeit ging in Routinen unter und spielte sich vor den berühmten leeren Bänken ab, die das seit 1953 agierende Fernsehen bei live-Berichterstattungen genüsslich vorführte. Ob jedoch Turbulenz oder Routine: Es wurde geredet, und das Parlament mit seinen vom Volk gewählten Abgeordneten war und ist das Instrument, das die Verfassung als das Herz der Demokratie festlegt. Die »Philosophie« besteht dann darin, dass unter dem ständigen Begründungs- bzw. Rechtfertigungszwang das »Beste« herauskommt. Die »Realität« besteht darin, dass zahlreiche Nebenmotivationen eine Rolle spielen, an die die ersten Parlamentarier noch kaum zu denken brauchten. Jede Rede eines Abgeordneten wird von verschiedenen Seiten verschieden beobachtet: von seinen Fraktionskollegen unter Gesichtspunkten der Solidarität, von seinen Wählern unter solchen des Erfolgs für die jeweilige Sache, von den Medien unter solchen des »Nachrichtenwerts«. Sozialwissenschaftler wie Niklas Luhmann diskutierten die Frage, wieweit unter solchen Voraussetzungen überhaupt Argumente bzw. Gründe eine Rolle spielen und nicht schlicht Sachzwänge bzw. Verfahren, so dass »Resonanz« nicht mehr durch »Räsonnanz« zu erzeugen sei, »am Schwall der begründenden Rede … sich nichts festmachen« lasse.

Man kann also die von der Verfassung geforderten Debatten im »Parteienstaat« als Schauspiel (oder auch als Show) betrachten, die Politiker als »Schauspieler«, die ihren Rollen nachkommen, wie es schon Carl Schmitt formuliert hat. 1924 erschien seine Schrift *Die geistesgeschichtliche Lage des heutigen Parlamentarismus*, 1928 seine *Verfassungslehre* – beide Werke eine vernichtende Kritik an der Weimarer Republik, in der er lebte. Statt wie nach der Theorie Diskussion und Öffentlichkeit zu den Grundpfeilern der Demokratie zu machen, seien in Weimar »alle öffentlichen Angelegenheiten in Beute- und Kompromissobjekte von Parteien und Gefolgschaften« verwandelt worden. Wenn Schmitt die Politiker als eine »ziemlich verachtete Klasse von Menschen« bezeichnet, ist der Weg nicht mehr weit zum Schluss, dass »die Epoche der Diskussion überhaupt zu Ende (gehe)«. Für wirkliche Diskussion müsse der »Kampf der Meinungen« gelten, die »Bereitwilligkeit, sich überzeugen zu lassen«. In seiner eigenen Gegenwart aber sah Schmitt eine Reduzierung auf die Aushandlung reiner parteilicher Interessen nach dem Modell des »geschäftlichen Kompromisses« von Kaufleuten:

> Die Lage des Parlamentarismus ist heute so kritisch, weil die Entwicklung der modernen Massendemokratie die argumentierende öffentliche Diskussion zu einer leeren Formalität gemacht hat. Manche Normen des heutigen Parlamentsrechtes … wirken infolgedessen wie eine überflüssige Dekoration, unnütz und sogar peinlich, als hätte jemand die Heizkörper einer modernen Zentralheizung mit roten Flammen angemalt, um die Illusion eines lodernden Feuers hervorzurufen … Die Massen werden durch einen Propaganda-Apparat gewonnen, dessen größte Wirkungen auf einem Appell an nächstliegende Interessen und Leidenschaften beruhen. Das Argument im eigentlichen Sinne, das

> für die echte Diskussion charakteristisch ist, verschwindet. An seine Stelle tritt in den Verhandlungen der Parteien die zielbewusste Berechnung der Interessen und Machtchancen, in der Behandlung der Massen die plakatmäßig eindringliche Suggestion oder … das ›Symbol‹.

Schmitt bestreitet nicht die Fortführung der Redekunst nach dem sogenannten Tod der Rhetorik, sondern spricht von der »Zwecklosigkeit und Banalität« dieser Kunst jedenfalls in den Parlamenten. Wie man weiß, sah Schmitt die Lösung im faschistischen Machtstaat Adolf Hitlers.

Die Antwort auf diese Vorwürfe ist seit langem erteilt worden. Sie beruht darauf, dass Schmitt problematische, ja überholte Ideale zum Maßstab machte. Schmitt orientierte sich an der Frankfurter Nationalversammlung, wo seiner Meinung nach noch echte Diskussion herrschte. Das hat schon Laube nicht mehr geglaubt. Tatsächlich weisen heutige Beobachter darauf hin, dass moderne Demokratien Diskussionen zunehmend nicht mehr nach dem Athener Marktmodell gestalten können. Mitwirkung ist an Repräsentation gebunden, und Repräsentation wird in Institutionen ausgestaltet, die für direkte Diskussion tatsächlich geringe, vielleicht immer geringere Spielräume eröffnen. Man muss aber auch in diesem Fall sehen, dass die Politiker ihre verbleibende Rolle im Rahmen der Tradition spielen, und zwar der rhetorischen Tradition. Kaum ein Redner verzichtet auf die Elemente der Rede, die ihn als sprachlich versiert ausweisen. Immer noch bezeugen die Reden die Rechnung, die europäische Redner von Beginn an aufmachten: nämlich auf rhetorisch gelungene Reden Renommee zu bauen. Anders als in den USA, wo die großen Reden vom Präsidenten ausgehen und die parlamentarische Arbeit eher in den Schatten der Aufmerksamkeit rückt, bringt es die Parteiendemokratie in der Bundesrepublik mit sich, dass deren Vertreter tatsächlich zu Wort kommen und dies nutzen. Am Schlagabtausch zwischen Regierung und Opposition beteiligen sich außer Bundeskanzler und Oppositionsführer die Minister,

Fraktions- und Parteivorsitzende, Generalsekretäre, daneben auch die einfachen Abgeordneten, die in den zahlreichen Ausschüssen Kompetenz erworben haben.

Das deutsche Parlament zeigt dabei in rednerischer Hinsicht eine eigene und auch sich wandelnde Kontur. Ob man an die verfassungsmäßige Konstruktion anschließt und ein Diskussionsparlament in den Anfängen des Deutschen Bundestages von einem Schaufensterparlament unter dem Einfluss der modernen Medienwelt unterscheidet, ob man eine Entwicklung von der parlamentarisch-repräsentativen zur medial-präsentativen Demokratie konstatiert oder ein englisches Redeparlament dem amerikanischen Arbeitsparlament gegenüberstellt und das deutsche als Mischkonstruktion betrachtet: Es werden weiter Reden gehalten, die auf Überredung zielen. Man kann von einer »Mediokratie«, von einer »Kolonialisierung der Politik durch die Medien« sprechen wie Thomas Meyer. Man kann den »Mythos der Rationalität« kritisieren, an dem in der beibehaltenen Debattenkultur oder -unkultur gegen jede Alltagserfahrung festgehalten werde – wenn man antike Marktverhältnisse zugrunde legt und das Parteiensystem ebenso wie die Ausschussarbeit als Abweg betrachtet. Natürlich kommen bei ca. 600 Gesetzesinitiativen pro Legislaturperiode Gesetze nicht allein und auch nicht in erster Linie durch Reden zustande. Aber man muss auch sehen, dass in der Öffentlichkeit die politische Arbeit (schon mangels Einsicht in die der Ausschüsse) an Reden gemessen und durchaus gute von weniger guten Rednern unterschieden werden. Die politische Rede mag sich von ihrem Ideal weit entfernt haben und weiter entfernen, verzichtbar ist sie nicht.

Um wenigstens an einem Beispiel die faktische Redekunst im Parlament zu beleuchten, sei ein Beispiel herausgegriffen, und zwar die Debatte über die Anti-Terror-Gesetze, die am 16. Februar 1978 in dritter Lesung mit der Mehrheit einer einzigen Stimme verabschiedet wurden (hg. von Hermann Vinke und Gabriele Witt). Diese Debatte lag genau in der Mitte der

Regierungszeit der sozial-liberalen Koalition unter Helmut Schmidt und Walter Scheel, hätte um ein Haar deren Ende bedeutet. Denn sie orientierte sich nur teilweise an den Sachgesichtspunkten: den zusätzlichen Forderungen der CDU/CSU nach einer Erweiterung der Gesetze zum Beispiel durch richterliche Überwachung des Verteidigerverkehrs, Sicherungsverwahrung auch für erstmalig verurteilte Terroristen usf. Es ging vielmehr seit der ersten Lesung im Oktober 1977 um die Frage, wer am Terrorismus schuld sei, wobei die Opposition die Verantwortung klar den Regierungsparteien zuschob und, als Abweichler in deren Reihen bekannt wurden, auf das Auseinanderbrechen der Koalition spekulierte. Dabei lagen schockierende Ereignisse erst kurze Zeit zurück: die Befreiung der Geiseln von Mogadischu, der Selbstmord von Andreas Baader, Gudrun Ensslin und Jan Carl Raspe im Hochsicherheitsgefängnis von Stuttgart-Stammheim und die Ermordung von Arbeitgeberpräsident Hanns Martin Schleyer. Der Staat befand sich also durchaus in einer Krise. Die Debatte zeigt, mit welcher Bandbreite rednerischer Kunst von ruhiger Entfaltung der Argumente bis zu polemischer Attacke die Redner darauf reagierten.

Es war der zuständige Justizminister Hans-Jochen Vogel, der die erste Lesung eröffnete und um eine möglichst sachliche Erörterung bemüht war. Dazu gehört eine »Erzählung«, die die wichtigsten terroristischen Ereignisse in ihrer »objektiven« Qualität, und das hieß für Vogel: in der Zurechnung zu den Terroristen selbst und ihrer Bedrohung des Staates zu fassen sucht. Dies zeigt etwa die Antithese im Falle des Gruppenselbstmords:

> Denn dieser Selbstmord war kein Akt der Resignation; es war ein letzter und äußerster Einsatz im Kampf gegen unseren Staat; es war der Einsatz des Mittels der Selbstzerstörung als Waffe zur Verschärfung eines fanatischen Kampfes.

Dabei weiß Vogel um die eigentliche Gefahr, die in einer versteckten und sogar offenen Zustimmung einzelner Gruppen der Gesellschaft liegt, spricht die Gefahr wiederum in einer Antithese an (»Aber nicht nur nach außen erzielen die Terrorbanden Wirkungen. Auch im Inland verändern ihre Gewalttaten unser Dasein«). Nur ist die Verantwortung für Vogel eben klar und wird in vierfacher Wiederholung zugespitzt:

> Nicht dass Menschen getötet werden – so furchtbar das auch ist – ist das Spezifikum des Terrors. Sein Spezifikum ist der frontale Angriff gegen unseren Staat, gegen das Vertrauen der Bürger in den Staat, gegen die Wertordnung unserer Gesellschaft und gegen den Grundkonsens der geistigen und politischen Kräfte, auf dem unsere staatliche und gesellschaftliche Ordnung ruht.

So wendet er sich in weiteren Antithesen der Analyse des terroristischen Weltbilds zu, das sich statt mit »wirklichen Mängeln unserer Ordnung« »mit einem Zerrbild beschäftigte«, um in ein Lob des siebenmal berufenen Staates zu münden, der »die Geiseln rettete und die Väter, Mütter und Kinder … zu ihren Familien zurückbrachte«, der die Bundesrepublik bisher stützte und nun, mit noch mehr Abwehrmitteln ausgestattet, weiter stützen werde.

Vogel konnte bei seinen kunstvoll abgezirkelten Darlegungen mit wenigen Zwischenrufen ausreden und fand sogar gelegentlich den Beifall aller Fraktionen. Dies änderte sich drastisch mit der Wortergreifung von Alfred Dregger, Vorstandsmitglied der CDU. Dabei setzte Dregger die gleichen rhetorischen Mittel wie sein Vorgänger ein, besonders die Antithese. Nur zielten diese in eine völlig andere Richtung. Schon in den ersten Bemerkungen zeigt sich die Verschiebung der Perspektive:

> Meine Damen und Herren, auf dem Bewusstsein der Verantwortung vor Gott und den Menschen beruht das Glück, und auf dem Frevel seiner Missachtung beruht das Elend der Völker. Hätten die heutigen Terroristen etwas weniger von Emanzipation, Konfliktpädagogik und antiautoritäre Erziehung und etwas mehr von ihrer ganz persönlichen

> Verantwortung vor Gott und den Menschen erfahren, dann wäre ihnen und uns vieles von dem erspart geblieben, was wir heute beklagen.

Auch Vogels Erzählung wird von Dregger umerzählt, sofern Mogadischu »kein Sieg, sondern eine Niederlage des Rechtsstaates« gewesen sei, wurden doch der Flugkapitän ermordet und »über hundert Stunden lang« »Passagiere und Besatzungsmitglieder, darunter Alte und Kranke, Frauen und Kinder« gequält. Von da aus zielt Dregger auf die in seinen Augen fehlende Bereitschaft der Regierung, die Gesetze zu verschärfen, formuliert als Paradox, dass »Mördern das Morden (erleichtert werde)«, statt »Bürgern die Freiheit zu gewährleisten«. Acht zusätzliche Bestimmungen sollen dann den Staat mit den Mitteln der Verteidigung ausstatten.

Dregger weiß, was ihm die Regierungsparteien entgegenhalten, nämlich die Freiheit jedes Bürgers und die Verhältnismäßigkeit bei ihrer Bewahrung. Und so verlegt er sich auf Thesen, die die Emotionalisierung besonders fördern, vor allem auf die Schuldfrage. Ihre erste Darlegung erfolgt in ironischen Antithesen:

> Gewiss darf es keine Hexenjagd auf sogenannte kritische Intellektuelle geben. Aber wir können diese sogenannten kritischen Intellektuellen auch nicht in den Stand einer Priesterkaste erheben, die für sich selbst das Recht zur Kritik in Anspruch nimmt, an ihr geübte Kritik aber mit größter Entrüstung zurückweist. Auch unsere Dichterfürsten sollten begreifen, dass unser Respekt ihren literarischen Leistungen gilt, nicht unbedingt dem, was sie politisch zum Besten geben.

Darauf folgen scharfe Attacken auf die Universitäten, wo »geistige Heimatlosigkeit« den »Nährboden« des Terrorismus darstelle. Der *Bonner General-Anzeiger* habe durchaus recht mit der Behauptung, dass die Studenten schlicht »in die Praxis (umsetzten), was Professoren sie gelehrt hätten«. In immer zugespitzteren Bildern führt Dregger diese These aus, hält die »moralische und rechtliche Schuld der Schießenden« für kleiner als die Schuld derer, »die den Hass säen, aus dem Gewalt erwächst« und bezeichnet »manche Fachbereiche deutscher Universitäten« als »Ordensburgen für Systemveränderer und … Klippschulen für Halbgebildete«.

Vogel und Dregger bauen auf pathetische Erzählung und antithetische Formulierungen, Dregger etwas mehr als Vogel auf ungewöhnliche Bilder. Als Willy Brandt (SPD) nach einem wüsten Wortgefecht zwischen Dregger und Herbert Wehner (SPD) das Wort ergriff, suchte er nach einer Beruhigung des Streits mit der Aufforderung an alle Beteiligten, sich nicht länger die Schuld in die Schuhe zu schieben. Sprachlich dienen ihm dazu wieder einmal zahlreiche antithetische Formulierungen:

> Unsere Verantwortung für die sachliche Arbeit muss terroristischen Wahn und demagogische Verirrung überdauern … Es steht dem Parlament gut an, seine Pflichten insoweit nicht anders zu erfüllen als diese Beamten, die draußen für uns tätig sind, maßvoll in den Worten, überlegt im Handeln … Wir sind bereit, alle Vorschläge unvoreingenommen zu prüfen, alle, die der Sicherung unseres demokratischen Staatswesens dienen können. Wir sind nicht bereit, uns an Geländeritten zu beteiligen, durch die die Qualität unseres freiheitlichen Rechtsstaates herabgemindert werden könnte … Das Volk will, dass wir miteinander wetteifern, aber nicht um festzustellen, wer am besten zu schimpfen versteht … Aber nicht jeder Vorschlag der Opposition ist schon deshalb richtig, weil er von der Opposition kommt … Allerdings muss ich es entschieden ablehnen, wenn mancherorts aus der Angst vor freien Menschen der Freiheit selbst ein Strick gedreht werden soll.

Zu diesem Zeitpunkt war die Debatte jedoch so aufgeheizt, dass es zu immer schärferen Zwischenrufen und Repliken kam. Brandt verlangte, von »dummen Zwischenbemerkungen« verschont zu werden, bekam zu hören, man wolle von seiner »dummen Rede« verschont bleiben, worauf Vizepräsident Stücklen Brandt mit einem Ordnungsruf versah. Zu wirklicher Auseinandersetzung über die Anträge kam es kaum noch. Als der SPD-Abgeordnete Olaf Schwencke seine Rede mit der Ankündigung begann, dem Regierungsantrag zuzustimmen, aber gegen sein Gewissen, »um Schlimmeres zu verhindern«, schaukelte sich die Auseinandersetzung erst recht zu Verunglimpfungen hoch. Der Oppositionsführer Helmut Kohl (CDU) wandte sich gegen das »läppische Geschwätz von Gewissen«, das nur den »Machterhalt der Koalition« tarne, und gipfelte in der Sentenz:

> Aber das ist jene intellektuell-moralische Hoffart, die Sie seit Jahren durchs Land ziehen lässt und die zu so makabren Formulierungen führt: Ihre Freiheit ist nicht unsere. Ich antworte Ihnen gern darauf: Ihre Republik ist nicht unsere, und darüber werden wir uns auseinandersetzen.

Ich übergehe die darauffolgenden scharfen Zurufe. Die Debatte war endgültig aus dem Gleis geworfen, die Redner überboten sich anschließend mit Beleidigungen, worunter vielleicht Wehners Bemerkung den Vogel abschoss, wenn er dem Zwischenrufer Philipp Jenninger (CDU) antwortete: »Mann, hampeln Sie doch nicht so herum, Sie sind doch Geschäftsführer und nicht Geschwätzführer.« Als der Vizepräsident den Ausdruck als »nicht parlamentarisch« monierte, setzte Wehner hinzu, der Vorwurf »flankierender Verleumdungsaktionen« seines Vorredners sei ebenfalls nicht parlamentarisch gewesen.

Auch die abschließende Rede von Bundeskanzler Helmut Schmidt war gefüllt mit Attacken. Es ist charakteristisch, dass sich die erste scharfe Antithese dem von der Opposition geäußerten Vorwurf verdankt, er nehme die Debatte nicht ernst, sitze statt auf der Regierungsbank unter seinen Fraktionskollegen. Schmidt replizierte mit einer Antithese, die nur von ihrem sprachlichen Witz lebt: »Ich muss Ihnen sagen: Wir debattieren hier nicht über die Sitzordnung, sondern über die Rechtsordnung unseres Staates.« Schmidt gehört zu den Rednern, die die traditionelle Rhetorik scheuten, in sprachlichem Schmuck wohl falsches Pathos witterten. Die Schärfe, über die auch er reichlich verfügte, stammte eher aus demonstrativ vorgeführter Sachkenntnis – und den ironischen Bemerkungen, die wie aus dem Nichts kommen konnten. Auch in dieser für die Koalition so wichtigen Debatte fasste er den entscheidenden Punkt nicht in ein sorgfältig poliertes Argument, sondern in eine schnoddrige Seitenbemerkung: »Sie kämpfen um die Macht – das ist Ihr Recht –, aber Sie kriegen sie nicht.«

Man hat in den späten 60er Jahren vom »öffentlichen Schweigen« gesprochen und damit zum Ausdruck bringen wollen, dass es mit der Redekunst unter Bedingungen moderner Sachzwänge zu Ende gehe oder zu Ende gegangen sei. Seither verging kaum ein Jahrzehnt, das nicht neue Vorwürfe, neue Beschwörungen des Untergangs der Redekunst hervorgebracht hätte, nun immer mehr im Zusammenhang mit der Herausbildung der modernen Medien. Aber die Prognosen waren so falsch wie die Bestandsaufnahmen – wenn man sie denn wirklich gemacht und nicht stattdessen »philosophiert« hätte. Die eben behandelte Debatte mag für vieles stehen: für den Untergang der Redekunst steht sie nicht. Natürlich hat kein Redner der Regierung einen Abgeordneten der Opposition »überredet« bzw. seine Meinung verändert. Man muss sich nur einmal vorstellen, wie die Politik verfahren wäre ohne das Instrument der Debatte. Und wie sich die Bürger ein Bild der unterschiedlichen Bewertungen hätte machen sollen ohne sie. Wohl kaum ein Redner – Vogel vielleicht ausgenommen – hätte die vorgetragenen Thesen seinen Erinnerungen anvertraut oder in einer vergleichbaren Schrift mit abwägendem Charakter niedergelegt. Aber die scharfen Kanten und manchmal reichlich überzogenen Kontraste entstammen eben Reden. Und sie gehen auf Redner zurück, die wussten, wie man redet. Natürlich hat sich in der Debatte ein Schauspiel abgespielt. Aber das war in Athen im Prinzip auch nicht anders, folgte nur anderen Rahmenbedingungen.

## Exkurs zu den Redenschreibern

Immer wieder stößt man in der Geschichte der Redekunst auf das Problem der Autorschaft – zuletzt in seiner vielleicht dramatischsten Form: Nicht dass Protokollanten durch Unachtsamkeit, Überforderung oder auch mit dem Willen zur Verbesserung Texte von Rednern verfälschen, nun scheinen Redner hinter anderen Autoren förmlich zu verschwinden. Das Vorgetragene ist nur noch Vortrag, der Redner wirklich zum Schauspieler geworden, der Fremdes aufführt. Aber so einfach ist es nicht. In der Tat stehen heutzutage hinter prominenten Rednern häufig Redenschreiber. Für Hitler kam dies noch nicht infrage, auch von Goebbels weiß man, dass er frei vortrug. Der Redenschreiber taucht nicht in der Diktatur auf, sondern in der Demokratie, besser gesagt: in der modernen Mediendemokratie. Angesichts des erhöhten Redebedarfs und nicht zuletzt angesichts der Tatsache, dass die Medien jeden Missgriff zum Ereignis machen, setzten die führenden Akteure auf Teams. In den USA als dem Ursprungsland der Redenschreiber entwickelte sich bei der Regierung ein entsprechendes Büro: das White House Office mit immer zahlreicheren Zuträgern, und dies neben der Abteilung für Öffentlichkeitsarbeit (Public Relations).

Bei dem dabei Zustandekommenden handelte es sich allerdings kaum je lediglich um Diktate, sondern um das Ergebnis gemeinsamer Anstrengung. Von Dwight D. Eisenhower weiß man, dass er den Journalisten Edward J. Hughes beschäftigte, der aufgrund von Stichworten des Präsidenten eine erste Redefassung schuf. Im Falle der wichtigen Antrittsrede zog Eisenhower außer Hughes noch seinen Außenminister John F. Dulles und seinen Bruder Milton hinzu. Insgesamt entstanden fünf Versionen, die

*Eisenhower auch noch dem Kabinett zur Kritik vorlegte. Und selbst die dabei entwickelte endgültige Fassung änderte er am Morgen des Vortrags, indem er ein Gebet einfügte. Andere Präsidenten entwarfen ihre Reden lieber in größerer Selbständigkeit. Dies gilt etwa für Ronald Reagan, der über ein großes Team verfügte, aber deren Vorlagen gründlich überarbeitete und teilweise auch alleine formulierte. Dies gilt weiter für Bill Clinton, der wichtige Reden ebenfalls weitgehend selbst schrieb. Die Regel war jedoch das Team. Selbst ein so guter Formulierer wie Kennedy verließ sich nicht auf sich selbst, sondern arbeitete mit einem Stab zusammen, in dem er vor allem auf den Juristen Ted Sorensen vertraute, der ihn auch sonst beriet. Die schon erwähnte Rede zur Kuba-Krise war allerdings als Patchwork entstanden, wobei Kennedy in diesem überlebenswichtigen Fall auf stilistische Einheit verzichtete – bei den unterschiedlichen Aspekten hatten die jeweiligen Experten mit ihrer je eigenen Diktion das Sagen.*

*Natürlich ergaben sich aus der Teamarbeit auch Probleme. Nicht alle Präsidenten bekannten sich zur Hilfestellung, sondern bestanden auf ihrer eigenen Autorschaft. Von Franklin D. Roosevelt ist bekannt, dass er einen Redetext, der in monatelanger Zusammenarbeit mit seinem Berater R. Morley zustande gekommen war, auf dem Manuskript als seinen eigenen bezeichnete. Auch die wichtige* Four Freedoms-*Rede Roosevelts vom 6. Januar 1941, in der es um die Freiheiten der europäischen Welt gegenüber den damals aktuellen Diktaturen ging, war in einer Gemeinschaftsarbeit entstanden, nachdem der Präsident fünf Seiten als Vorgabe geliefert hatte. Was dann Harry Hopkins, Robert Sherwood und Sam Rosenman ausformulierten, gab Roosevelt trotzdem als eigenes Produkt aus. Umgekehrt entstand in den immer größer werdenden Teams mit bis zu 50 Beteiligten eine Art Wettbewerb um die Behauptung der jeweiligen Beiträge. Robert T. Hartmann, Redenschreiber unter Gerald Ford, sprach ironisch vom Wettstreit um literarische Höhenflüge, bei denen jeder ein Shakespeare sein wollte. Peggy Noonan, Redenschreiberin unter Ronald Reagan, klagte über den kleinsten Nenner, der bei den Endprodukten herauskam. Noch interessanter, dass Redenschreiber offenbar um ihnen wichtig erscheinende Formulierungen erbittert kämpften. So versuchte es Tony Dolan bei Reagan lange vergeblich mit der Formel vom* evil empire, *ehe sie durchdrang und damit ein (nicht unproblematisches) Markenzeichen des Präsidenten schuf. Peggy Noonan setzte bei George Bush gegen den Widerstand anderer Mitarbeiter den Satz durch:* Read my lips: No New Taxes – *wovon der Präsident dann nicht mehr abrücken konnte.*

*Über keinen Redenschreiber in Washington weiß man besser Bescheid als über den von Barack Obama: John Favreau. Im Jahre 2004 lernte Obama ihn kennen, als er noch bei John Kerry engagiert war, der bekanntlich mit seiner Kandidatur scheiterte. Darauf nahm Obamas Leiter der Presseabteilung den arbeitslos gewordenen 23-Jährigen mit gerade einmal Bachelor-Examen in das Schreiberteam auf, wo er von 2005–2013 tätig war, seit 2007 als Chefschreiber. Favreau hat zu sämtlichen großen Reden während der Bewerbung und dann im Laufe der Präsidentschaft Obamas die Vorlagen geliefert. Der Chef diktierte dem ständig in den entsprechenden Gremien Anwesenden die Grundgedanken, Favreau formulierte sie aus, worauf dann das Feilen wiederum von Obama selbst folgte. Nur für die außenpolitischen Reden wie Obamas wichtige Irak-Rede war Ben Rhodes, ebenfalls ein junger Mann, zuständig. Mittlerweile ging Favreau nach Hollywood, um eine neue Karriere als Drehbuchautor zu beginnen. Sein Nachfolger ist Cody Keenan. Einstellungen bzw. Wechsel dieser Art werden in Washington in aller Offenheit gehandelt. Kein Präsident muss fürchten, in seinem Image beeinträchtigt zu sein, wenn er sich dieser Hilfen bedient. Im Gegenteil war eine Einstellung wie die des blutjungen Favreau ein Signal, das Dynamik und Aufbruch signalisieren sollte.*

*In dieser Hinsicht wirkt Deutschland wie ein Land von einem anderen Stern. Adenauer war noch stolz darauf, seine Reden stets auf der Autofahrt von seinem Wohnsitz Rhöndorf ins nahe Bonn entworfen zu haben, was natürlich die spöttische Bemer-*

*kung herausforderte, dass man ihnen dies auch anmerke. Wie in den USA war es wohl schlicht die Zunahme der Reden, die zur Beschäftigung von Redenschreibern führte. Wir haben ein köstliches Zeugnis von Carlo Schmid, der in seinen Erinnerungen den Wandel festhielt:*

> *Bei meiner ersten Reise in die Vereinigten Staaten kam unsere Delegation nicht aus dem Staunen heraus, als wir die Kongressbibliothek besuchten und man uns erklärte, dass dort mehrere hundert Wissenschaftler den Abgeordneten zur Verfügung stehen, um ihnen bei ihren Reden nicht nur mit Fakten behilflich zu sein, sondern für sie auch komplette Redeentwürfe anzufertigen – wenn es gewünscht wird, gleich mehrere zur Auswahl, je nachdem, wie die Debatte läuft. Wir sahen »Mr. Poet«, dessen Aufgabe es war und wohl noch ist, den Kongressabgeordneten wirksame Prologe und dichterisch schwungvolle Schlusspassagen für ihre Reden zu schreiben. Damals konnte ich noch nicht begreifen, dass sich Politiker ihre Parlamentsreden von Dritten schreiben lassen. Inzwischen haben auch bei uns Abgeordnete und Regierungsmitglieder ihre Ghostwriter; wahrscheinlich geht es bei dem hektischen Betrieb unserer politischen Aktivitäten nicht anders. In den ersten Jahren der Bundesrepublik wurden die Reden von denen, die sie hielten, selbst konzipiert. Dies mag mit ein Grund sein, dass die Sitzungen des Bundestages lebendiger und besser besucht waren als in den späteren Jahren.*

*Nur war und blieb dies lange Zeit in der Öffentlichkeit ein (nicht wirklich zu hütendes) Tabu. Willy Brandt arbeitete als Bundeskanzler mit verschiedenen Redenschreibern zusammen, zuletzt mit Klaus Harpprecht, der darüber in seinem Buch* Im Kanzleramt *auch berichtete (einschließlich der Bearbeitungen Brandts mit grüner Tinte). Wichtige Schlagworte wie etwa das der »Neuen Mitte« stammten von Harpprecht, der mit seiner Brillanz allerdings für viele Beobachter die eher schlichte und zupackende Ausdrucksweise Brandts verdeckte. Helmut Schmidt beschäftigte unterschiedliche Redenschreiber, denen er gerne auch einmal mit der demonstrativen Abweichung vom Manuskript ihre Grenzen aufzeigte. Neben Jochen Thies gehörte Thilo von Trotha dazu, der später den Verband der Redenschreiber deutscher Sprache gründete und damit für einen reibungslosen Austausch von Nachfrage und Angebot sorgte (heutiger Chef: Wazrik Bazil). Nur in Stichworten: Redenschreiber von Helmut Kohl waren Michael Mertes und Rolf Braun, von Gerhard Schröder Reinhard Hesse, für Angela Merkel schließlich arbeitete etwa Robert Maier.*

*Fast noch mehr Betätigung als bei den Bundeskanzlern fanden und finden Redenschreiber bei den Bundespräsidenten, die ihre verfassungsmäßig geregelten Aufgaben der Repräsentation und Integration in besonderem Maße durch Reden einlösen. Dafür steht ihnen wie den Bundeskanzlern ein eigenes Büro innerhalb des Bundespräsidialamtes zur Verfügung. Es gibt Mitarbeiter mit festen Verträgen (die auch die Amtszeiten mehrerer Bundespräsidenten umfassen können, wie im Falle von Markus Barth) und auch ad hoc hinzugezogene. Theodor Heuss, selbst einst politischer Journalist, schrieb seine auch schon in die Hunderte gehenden Reden selbst und ließ sie nur vorsichtig von Mitarbeitern vereinfachen (»entheußen«). Gustav Heinemann bezog Ratgeber wie Helmut Gollwitzer ein, Walter Scheel beschäftigte eine ganze »Redefabrik«, wobei auch in seinem Fall brillante Vorlagen wie die von Michael Engelhard anschließend auf Verständlichkeit durchgesehen und korrigiert wurden. Carl Carstens hat die Zusammenarbeit mit den Redenschreibern in seinen* Erinnerungen *ausführlich beschrieben. Roman Herzog, der übrigens zwischen Juli 1994 und Dezember 1996 fast 300mal redete (womit er sogar Richard von Weizsäcker um rund 50 Prozent übertraf), hat aus der Beteiligung von Redenschreibern nicht nur keinen Hehl gemacht, sondern diese Beteiligung sogar mit Formulierungen angesprochen wie: »Man hat mir aufgeschrieben, dass …« oder »Ich soll noch sagen, weshalb …« Man weiß auch, dass Herzog so verfuhr wie international üblich, also selbst Stichworte lieferte und anschließend den vorgeschlagenen Text überarbeitete bzw. zur Neuvorlage zurückgab. Chefredenschreiber bei Joachim*

*Gauck ist – nach Wolfram Stierle – Thomas Kleine-Brockhoff. Im Internet findet sich übrigens ein Aufruf zur Bewerbung als Redenschreiber im Bundespräsidialamt.*

*Wieweit eine Rede nun eher vom Bundeskanzler bzw. Bundespräsidenten selbst oder seinen Mitarbeitern stammt, ist kaum auszumachen. Kein Redner in diesen Ämtern hat jemals völlig alleine agiert, aber keiner hat lediglich Vorgefertigtes übernommen. Interne Bemerkungen werden allerdings nach Auskunft des Presse- und Informationsamtes der Bundesregierung im Zuge der Veröffentlichung vernichtet. Es wirkt schon wie eine Ironie, wenn man die Geschichte der Redekunst kennt: In Zeiten, in denen die Authentizität von Texten auf einfachste Weise zu sichern wäre, geht sie wie im Mittelalter wieder einmal verloren.*

# John F. Kennedy und Willy Brandt

## Kennedy in Berlin

John F. Kennedy hat bei der Etablierung der Redekunst unter den neuen medialen Bedingungen Maßstäbe gesetzt. Er bestritt das erste live gesendete Kandidatenduell, und er führte die live ausgestrahlte Pressekonferenz ein. Kennedy, der seiner öffentlichen Wirkung, zumal in Verbindung mit seiner eleganten Frau, sicher war, setzte aufs Fernsehen und profitierte vom Fernsehen. Es war schon mehr als eine grausame Ironie, dass selbst sein Tod zum Fernsehereignis wurde, wahrscheinlich der überhaupt erste Fall in der Menschheitsgeschichte, dass eine Nachricht in Echtzeit den gesamten Globus erreichte. Auch sonst fehlte es nicht an Spektakulärem in dieser kurzen Präsidentschaft. Der aus deutscher Sicht spektakulärste Auftritt aber fand nicht in den USA statt, sondern in Berlin. Die Rede, die Kennedy dort am 26. Juni 1963 vor dem Rathaus Schöneberg hielt und live sowohl in Deutschland wie den USA miterlebt wurde, gehört wieder zu den Ikonen der Redegeschichte insgesamt. Sie ist ohne die mediale Einbettung nicht denkbar. Aber sie zeigt Eigentümlichkeiten, die man dem medialen Zeitalter nicht zutrauen dürfte. Sie fällt buchstäblich aus jedem Rahmen, wie wir dank der 200-seitigen Untersuchung (samt Edition) von Andreas W. Daum wissen.

Man muss sich kurz die Umstände vor Augen führen. Als am 13. August 1961 der Mauerbau begann, hatte Washington so passiv reagiert, dass sowohl Bundeskanzler Adenauer wie der Regierende Bürgermeister Brandt am amerikanischen Engagement zweifelten und dies auch zum Ausdruck brachten.

Kennedy war verärgert, schickte aber im August 1961 seinen Vizepräsidenten Lyndon B. Johnson zusammen mit Lucius D. Clay, dem populären »Helden der Luftbrücke«, nach Berlin. Johnsons Worte vom Balkon des Schöneberger Rathauses aus: »Ich verstehe den Schmerz und die Wut, die Sie fühlen« sowie »Die USA haben in Berlin ihre heilige Ehre verpfändet«, wurden begeistert aufgenommen. Im Februar des nächsten Jahres folgte auch der Bruder des Präsidenten, Justizminister Robert F. Kennedy, ein bewährter Freund der Stadt, der ebenfalls Jubel auslöste. Zwischenzeitlich hatte es die Aussöhnung mit Frankreich gegeben, die am 22. Januar 1963 zu den Elisée-Verträgen führen sollte. Diesmal war man in Washington irritiert, sofern de Gaulle schon lange Sand in das Getriebe der atlantischen Partnerschaft zwischen der Bundesrepublik und den USA streute. Als der französische Präsident im September 1962 auch noch mit Jubel eine Deutschlandtour absolvierte, bei der er allerdings Berlin bewusst ausklammerte, sann man in Washington auf Gegenmittel. Die Einladung in die Bundesrepublik, die Adenauer dann aussprach, wurde rasch angenommen. Es war vor allem Willy Brandt (der Konkurrent um das Amt des Bundeskanzlers), der dabei Berlin ins Gespräch brachte und aufgrund seiner persönlichen Beziehungen zu US-Vertretern gegen den zögernden Bundeskanzler auch durchsetzte.

Schon die bloße Ankündigung des Besuchs löste in der Bevölkerung Begeisterung aus. Man kann sich heute kaum noch die Schwierigkeiten vorstellen, die der Praxis aufgrund des Viermächteabkommens und der ungeklärten Hauptstadtfrage entgegenstanden. Es setzte ein monatelanges Ringen um Fahrtroute und Begrüßungsmodalitäten ein, denn eines stand von vornherein fest: Der Auftritt würde ein Medienereignis bislang unbekannter Dimension werden. ARD und (gerade erst gegründetes) ZDF schlossen sich zur Sonderberichterstattung zusammen und zeigten von der Landung des Präsidenten in Köln-Bonn bis zu seinem Abflug in Berlin jede Zwischenstation. Für die Reden waren die Podeste und Zuschauerplätze an Orten vorbereitet, die schon von sich aus Symbolkraft ausstrahlten: in der Frankfurter Paulskirche ebenso wie in der Berliner FU und vor dem Schöneberger Rathaus. Auch Orte der bloßen Begegnung waren sorgfältig ausgewählt: die gemeinsame Messe im Kölner Dom (in Analogie zur Messe mit Adenauer und de Gaulle in Reims), das Anhalten am Brandenburger Tor und am Checkpoint Charly vor allem. Kennedy hätte keine Rede halten müssen, um mit seinem Besuch in die Geschichtsbücher einzugehen: Die Triumphfahrt des amerikanischen Präsidenten in der Bundesrepublik und vor allem in Berlin als dem Ort ihrer größten Gefährdung musste allein aufgrund der Bilder wie eine Garantie des Fortbestands wirken. Aber Kennedy redete natürlich, und er redete nach allen Regeln rhetorischer Kunst. In der Paulskirche sagte er: »Amerika setzt seine Städte aufs Spiel, um Ihre Städte zu verteidigen, weil wir Ihrer Freiheit bedürfen, um unsere Freiheit schützen zu können.«

Die wichtigste Rede kennt bis heute jeder, weil in ihr der Satz fiel, der sie zur Ikone machte: »Ich bin ein Berliner.« Was wenige wissen: Diese Rede folgte in wesentlichen Stücken keinem vorbereiteten Konzept, sondern Kennedy gab es im Gegenteil auf, um eine völlig andere Botschaft vorzutragen. Man kann nur vermuten, dass Kennedy vom Empfang und den Eindrücken gerade an der Mauer überwältigt war. Als er mit seinen Spickzetteln das Podium betrat, hatte er sich bereits zusätzlich die drei Sätze notiert, die anfangs wohl nur als Ergänzung gedacht waren: das lateinische *civis romanus sum*, das er umformulierte zu »Ich bin ein Berliner« sowie »Lasst sie nach Berlin kommen«. Noch standen diese Sätze über den maschinenschriftlichen Notizen seiner Redenschreiber: Kennedy sollte über die Blockade sprechen, über den DDR-Aufstand von 1953 und das Chruschtschow-Ultimatum von 1958 sowie über den größten Skandal: den Mauerbau. Vor allem sollte Kennedy an die amerikanischen Vorstellungen über West-Berlin erinnern, die »defensive Minimalposition« vertreten, um das Berlinproblem möglichst zu entschärfen. Nichts davon trug er vor. Und nicht nur das. Kennedy formulierte genau das Gegenteil, fiel zurück in geradezu wilde Kalte-Krieg-Rhetorik. Brandt war versteinert, von Adenauer stammt das Wort, Kennedys Rede sei der Mauer wegen »eine Oktave höher« ausgefallen, ein enger Mitarbeiter soll seinem Chef anschließend bescheinigt haben, zu weit gegangen zu sein.

Was jedoch aus der Sicht dieses Buches das Interessanteste ist: Auch der improvisierende Kennedy bewährt sich als Redner in europäischer Tradition, bietet nach Aufbau und Formulierung rhetorisch Geschliffenes, stellt sich dar als Intellektueller, der das Publikum kennt und sein Handwerk beherrscht – was die geschätzte halbe Million an Zuhörern mit frenetischem Beifall quittierte. Kennedy musste sich für die Einladung bedanken und tat es mit rühmender Nennung des Regierenden Bürgermeisters und Bundeskanzlers. Aber er tat es mit einem Ausdruck, der sich anaphorisch fortspinnen ließ bis zum unerwarteten Höhepunkt. »Ich bin stolz …«, sagt er dreimal und bezieht darin die beiden Einladenden sowie als dritte Person auch noch General Clay ein, der für die Berliner ein Stück ihrer Stadtgeschichte bedeutete. Nachdem ganz klar ist, worauf sich dieser Stolz bezieht, nämlich auf den Auftritt bei Menschen, die zusammen mit den Genannten eine der größten »Krisen« der neueren Geschichte meisterten, bezieht sich Kennedy selbst direkt ein und liest nun ab, was er sich mit Hilfe seiner Dolmetscher notiert hatte:

> Vor zweitausend Jahren war der stolzeste Satz, den ein Mensch sagen konnte, der: »civis Romanus sum [Ich bin ein römischer Bürger].« Heute ist der stolzeste Satz, den jemand in der freien Welt sagen kann: »Ich bin ein Berliner.«

Kennedy war die Wirkung dieses Satzes durchaus klar, denn er hatte diesen Satz schon einmal benutzt, und zwar bei der Verleihung der Ehrendoktorwürde durch die Universität in New Orleans. Das klassische Zitat, das sich ebenso auf Cicero (in der Rede gegen den vor nichts haltmachenden Verres) wie auf den Apostel Paulus (der damit gegen seine Auspeitschung protestierte) zurückführen lässt, wirkt schon als solches wie ein Garant von Solidität und nicht zuletzt als eine Captatio benevolentiae in Richtung der Zuhörer, die damit ebenfalls aufgewertet sind. Aber *dieses* Zitat sagte ja mehr: Es bedeutete schlicht die Erfüllung aller Wünsche, die die Berliner an den Präsidenten der Schutzmacht Amerika haben konnten. Um auch noch der einzigen Gefahr zu entgehen, nämlich dass der Satz als hohles Pathos verstanden werden könnte, fügt Kennedy einen Scherz an, um gewissermaßen auf dem Boden der Tatsachen zu bleiben. Er dankt dem Dolmetscher, der in seiner Überraschung die deutsche Formulierung »mitübersetzt« hatte, für seine »Hilfe«.

Aber es bleibt nicht bei diesem Satz. Vielmehr folgen nun die Passagen, die erst recht nicht vorbereitet waren. Wenige Monate nach dem glücklichen Überstehen der Kuba-Krise greift Kennedy den »Kommunismus« an. Und dies in einer der wirkungsvollsten rhetorischen Steigerungsmöglichkeiten überhaupt, nämlich in einem fingierten Dialog:

> Wenn es in der Welt Menschen geben sollte, die nicht verstehen oder die nicht zu verstehen vorgeben, worum es heute in der Auseinandersetzung zwischen der freien Welt und dem Kommunismus geht, dann können wir ihnen nur sagen, sie sollen nach Berlin kommen.

Dreimal wiederholt Kennedy die Formel in leichter Variierung, zuletzt auch auf Deutsch, wie er es sich notiert hatte. Und auch dabei bleibt es nicht. Kennedy spricht die Mauer als Symbol des »Versagens« an und wiederholt auch diesen Ausdruck, variiert ihn mit der für ihn typischen Antithese in Form der Selbstkorrektur, worauf variierende Beispiele folgen:

> Die ganze Welt sieht dieses Eingeständnis des Versagens. Wir sind darüber keineswegs glücklich, denn … die Mauer schlägt nicht nur der Geschichte ins Gesicht, sie schlägt der Menschlichkeit ins Gesicht. Durch die Mauer werden Familien getrennt, der Mann von der Frau, der Bruder von der

> Schwester, und Menschen werden mit Gewalt auseinandergehalten, die zusammen leben wollen.

Die Passage endet damit, dass Kennedy den »Frieden in Europa« an das »Grundrecht einer freien Wahl« bindet und auch direkt die »Vereinigung« der Familien und der Nation einbezieht – insgesamt »das Recht der Deutschen«, »frei zu sein«. Damit ist das nächste große Stichwort gefallen: die Freiheit, für die Berlin als Symbol einsteht. Kennedy umkreist diese Freiheit kunstvoll, spricht die »Gefahren des Heute« und die »Hoffnung des Morgen« an, weitet die »Freiheit dieser Stadt Berlin« aus in Richtung der »Freiheit überall in der Welt«, ergänzt die Freiheit durch »Frieden« und »Gerechtigkeit«. Nun braucht er nur noch ein Finale und findet es wieder in einer Steigerung mit dem nächsten und letzten Höhepunkt. Er erwächst aus einer Berufung des großen »Tages«, der – in biblischer Anspielung – die Erlösung bringt. Dieser vorletzte Satz der Rede ist eine gekonnt gebaute Periode mit drei anaphorisch eingeleiteten Nebensätzen, ehe die Hauptaussage folgt:

> Aber wenn der Tag gekommen sein wird, an dem alle die Freiheit haben und Ihre Stadt und Ihr Land wiedervereint sind, wenn Europa geeint ist und Bestandteil eines friedvollen und höchsten Hoffnungen berechtigten Erdteiles, dann – wenn dieser Tag gekommen sein wird – können Sie mit Befriedigung von sich sagen, dass die Berliner und diese Stadt Berlin 20 Jahre lang die Front gehalten haben.

Das Ende der Rede aber nimmt den Anfang auf und beweist mit einer letzten Überbietung die intellektuelle Potenz des Redners. Denn erst weil (»deshalb«) alle freien Menschen Berliner sind oder sein wollen, gewinnt das Bekenntnis Kennedys seine argumentative Wucht:

> Alle – alle freien Menschen, wo immer sie leben mögen, sind Bürger dieser Stadt West-Berlin, und deshalb bin ich als freier Mann stolz darauf, sagen zu können: »Ich bin ein Berliner!«

Wie die Fernsehbilder zeigen, schüttelte Kennedy während

des nicht enden wollenden Beifalls unprätentiös locker die Hände von Adenauer und Brandt, die ein kurzes Dankeswort sprachen, das ebenfalls im Beifall unterging. Kennedy hielt danach die nächste Rede in der Universität und las diesmal das Vorbereitete ab: eine Rede, die eine ganz andere Vision entwickelte, nämlich die einer allmählichen Entspannung, einer Beendigung des Kalten Krieges mit dem Angebot von Verständigung und Abrüstung. Dieser Politik sollte die Zukunft gehören, sechs Jahre später setzte Brandt sie während seiner Kanzlerschaft tatsächlich um. Aber die bedeutendere Rede hatte am Schöneberger Rathaus stattgefunden. Dort war das gelungen, was europäische Redner immer angestrebt haben: die Vermittlung von Gedanken, die an die des Publikums anschlossen – mit der Autorität dessen, der kunstvoll formulieren kann. Kennedy hatte den Berlinern Gewissheit über den Beistand der USA vermittelt, die Berliner vertrauten jedenfalls für diesen Moment diesem Redner, der nicht nur mit seinem Charisma oder gar bloßen Aussehen überzeugte, sondern ebenfalls mit seiner sprachlich vorgezeigten Intellektualität. Dass diese Kunst improvisiert war, konnte damals niemand wissen. Ausgerechnet ein Höhepunkt medialer Inszenierung war in seinem sprachlichen Kern spontan entstanden.

## Brandts erste Regierungserklärung

Als Kennedy vier Monate nach seinem Berlinbesuch ermordet wurde, war auch Willy Brandt unter denen, die der Witwe kondolierten. Jacqueline Kennedy schrieb ihm darauf einen Brief, in dem sie von »vielen Ähnlichkeiten« sprach, die sie zwischen ihrem Mann und Brandt finde. Tatsächlich wurde Brandt als der »deutsche Kennedy« bezeichnet, nicht ohne Kritik an einer Nachahmung, die Brandt nach einer frühen Begegnung in Washington verfolgte, um sich als »modern« zu präsentieren. Dabei fehlten Brandt die Möglichkeiten von Auftritten, wie sie amerikanischen Präsidenten offenstehen. Aber auch Brandt schätzte und nutzte die Chancen der politischen Rede in hervorgehobener Situation, vertraute auf ihre Wirkung auch angesichts der Kritik an Fenster-Parlamentarismus oder bloß medialer Schauveranstaltung. Mehrfach gelangen ihm Reden, die große Wirkung entfalteten, wie etwa bei einer Kundgebung anlässlich des Falls der Mauer am 10. November 1989 vor dem Schöneberger Rathaus, wo er anders als Kennedy nun zu Bürgern aus beiden Teilen der Stadt reden konnte. Aber auch angesichts eher ritueller Anlässe, die der deutsche Parlamentarismus wie jeder andere kennt, entwickelte Brandt Ehrgeiz.

Keine Rede ist dabei so »rituell« wie die Regierungserklärung, an der im Falle von Koalitionen auch der Partner beteiligt ist – von den Redenschreibern ganz abgesehen. Oft reagierten Redner auf dieses Problem mit Zurückhaltung, ja geradezu der Weigerung, über vereinbarte Punkte hinaus Zukunftsweisendes, gar Visionäres zu bieten. Dies gilt jedoch nicht für die Regierungserklärung, die Willy Brandt am 28. Oktober 1969 vor dem Deutschen Bundestag in Bonn ablegte. Im dritten Anlauf hatte er sein Ziel erreicht, zum ersten Mal seit Gründung der Bundesrepublik überhaupt stellte die SPD in einer Koalition mit der FDP den Kanzler. Alle Wahlkämpfe waren überschattet gewesen von persönlichen Angriffen auf Brandt, von der demonstrativen Anspielung auf die uneheliche Geburt im ursprünglichen Namen Frahm bis zum Vorwurf der Flucht ins Ausland in der Zeit des Nationalsozialismus. Die Wahl selbst fiel in eine Zeit des Aufbruchs, der von der Studentenbewegung geprägt war. Zwei Jahre zuvor war es zur Erschießung von Benno Ohnesorg während des Besuchs des Schahs von Persien gekommen. Nur unter erheblichen Unruhen konnte die Große Koalition 1968 die Notstandsgesetze beschließen. Außenpolitisch hatte Brandt die Öffnung nach Osten angekündigt. Die Republik war in wenigen Jahren eine andere geworden. An die

Regierungserklärung vom 28. Oktober knüpften sich entsprechend hohe Erwartungen.

Auch wenn die Frage nach der Authentizität der Rede angesichts der Teamarbeit letztlich offenbleibt, bietet die Konservierung in den *Stenographischen Berichten* ein gutes Bild des Ablaufs mit Beifalls- und Missbilligungsbekundungen bis hin zu den Zwischenrufen einschließlich Namensnennung. Dabei wird klar: Die Opposition ging von reiner »Rhetorik« aus, quittierte mit »Lachen« gute Formulierungen, denen keinerlei sachliche Qualität zugebilligt wurde. Die Regierungsparteien spendeten im Minutentakt »Beifall« bzw. »lebhaften Beifall«, um ihre Solidarität mit dem Vorgetragenen auszudrücken. An einer einzigen Stelle ist »Beifall bei den Regierungsparteien sowie bei der CDU/CSU« notiert. Aber man darf nicht nur an die Reaktion im Publikum denken. Es gab die Beobachtung durch die Medien in Form von Fernsehkameras und Reportern, die für ihre Zeitungen schreiben. Und es gab das »Volk«, das sich an den Medien orientierte. Jeder Satz ist so gesehen mehrfach adressiert – genauso wie die Reaktion des Publikums im Parlament selbst. Es ist immer wieder erstaunlich festzustellen, wie unter diesen Umständen sprachliche Mechanismen zur Anwendung gelangen, die unter völlig anderen Bedingungen erfunden worden sind.

Man kann zunächst von einem Grundkonzept ausgehen: von einer »Aussage«, die das Programm signalisieren soll und dafür eine gewisse Form von Einzigartigkeit, mindestens Neuartigkeit, auch Wiedererkennbarkeit bei der zukünftigen Arbeit zugrunde legt. Regierung und Opposition wissen um die Probleme dieser Formulierung angesichts der Sachzwänge und der Unvorhersehbarkeit der Ereignisse. Aber ein Verzicht käme einer Kapitulation gleich. Brandt hat in diesem Punkt ein Maximum gewagt: die Ankündigung, »mehr Demokratie wagen« zu wollen. Das Maximum liegt darin, dass die ganz und gar unverbindliche Formulierung als »sachliche« Aussage gemeint war und vom politischen Gegner auch ernst genommen wurde. Allerdings nicht gleich, denn es war nicht dieses Wort, das erhebliche Unruhe auslöste, sondern seine leichte Umformulierung im vorletzten Satz der Rede: »Wir stehen nicht am Ende unserer Demokratie, wir fangen erst richtig an.« Rhetorisch gesehen handelt es sich um eine Steigerung, die zunächst an durchaus gemeinsames Gedankengut aller Beteiligten anschloss, dann eine noch nicht wirklich bemerkte Pointe realisierte, um zum Schluss an die Grenzen der Belastbarkeit zu gehen.

Dabei steht am Anfang der Rede das, was schlicht den guten Sitten einer Regierungserklärung geschuldet ist: das Versprechen der Wahrnehmung der wichtigsten Aufgaben der Regierung überhaupt, nämlich der Sorge um Sicherheit, Zusammenhalt, Frieden sowie der Erhalt von Wohlstand und Rang der Bundesrepublik in der Welt. Den ersten Hinweis auf das eigene Profil enthält die zusammenfassende Antithese, die noch völlig zurückhaltend als bloße Folgerung aus den genannten Selbstverständlichkeiten angekündigt wird (»also«): Die Politik werde »im Zeichen der Kontinuität und im Zeichen der Erneuerung stehen«. Noch geht es um das Wohlwollen der Zuhörerschaft, und so stattet Brandt den notwendigen Dank an die Vorgänger ab, in dreifacher Variation: »Niemand wird die Leistungen der letzten zwei Jahrzehnte leugnen, bezweifeln oder geringschätzen.« Mit Geschick wird auch der politische Gegner zur Zustimmung gebracht, sofern die »Beständigkeit unserer freiheitlichen Grundordnung« durch die Absage an den Extremismus belegt wird – genau hier kommt es zum »Beifall bei den Regierungsparteien sowie bei der CDU/CSU«.

Aber man merkt, dass wie in einem Schachspiel die Figuren auch in ihren unscheinbaren Bewegungen auf Angriff gestellt sind. Die Demokratie – jetzt fällt der Begriff zum ersten Mal – habe ihre Probe durch die »Fähigkeit zum Wandel« bestanden. Es ist nicht die Kontinuität, es ist die Erneuerung, die im Vordergrund steht. Schon im nächsten Satz folgt eine geschichtliche Erinnerung an Kampf, Verteidigung und Wiederaufbau der Demokratie – drei wichtige Aspekte – und auch eine inhaltliche Füllung im Gegensatzpaar von »sachlichem Gegeneinander« und »nationalem Miteinander« von Regierung und Opposition. Die Sätze sind wohlgeformt, die Begriffe genau austariert. Und Logik kommt ins Spiel: Es wird nur »so viel Ordnung« geben, wie zu »Mitverantwortung (ermutigt)« wird. »Außerordentliche Geduld im Zuhören« gehört ebenso dazu wie »außerordentliche Anstrengung, sich gegenseitig zu verstehen«. Erst in dieses Spannungsgefüge hinein, das niemand bezweifelt und weder von Beifall noch von Missbilligung begleitet ist, platzt der Satz: »Wir wollen mehr Demokratie wagen«, mit starker Betonung nicht auf »mehr«, sondern auf »Demokratie«. In vier anaphorischen Sätzen ist es der erste. Es folgen inhaltliche Ausfüllungen in Richtung von Durchsichtigkeit sowie die Einrichtung von Anhörungen, ehe sich Brandt mit einem vierten »wir« speziell an die junge Generation wendet.

Man kann den Eklat, den die sorgfältigen Formulierungen für einen Moment hinausgezögert haben mögen, förmlich in seiner Entstehung verfolgen. Der Oppositionsführer Rainer Barzel muss leicht schockiert gewesen sein, wendet sich mit seinem ersten Zwischenruf aber nicht gegen das Demokratiewagen, sondern gegen die Anhörungen, zuerst als skeptische Frage (»Anhörungen?«), dann in schärferer Formulierung (»Die Regierung will uns gnädigst anhören?!«), worauf sich ein Wortgefecht mit Herbert Wehner ergibt:

> Abg. Wehner: Beruhigen Sie sich! Das heißt neudeutsch ›Hearing‹, nichts anderes!« Abg. Dr. Barzel: Dann soll er es doch richtig sagen!

So kann Brandt weitgehend ungestört den Hauptteil seiner Rede vortragen, der das Demokratiewagen in den wichtigsten Einzelheiten entfaltet – und man kann sagen: in sorgfältigster Satzgestaltung unter ständigen Antithesen, Anaphern, wiederholenden Umschreibungen usf. Ich führe ein Beispiel an:

> Mitbestimmung, Mitverantwortung in den verschiedenen Bereichen unserer Gesellschaft wird eine bewegende Kraft

> der kommenden Jahre sein. Wir können nicht die perfekte Demokratie schaffen. Wir wollen eine Gesellschaft, die mehr Freiheit bietet und mehr Mitverantwortung fordert. Diese Regierung sucht das Gespräch, sie sucht kritische Partnerschaft mit allen, die Verantwortung tragen, sei es in den Kirchen, der Kunst, der Wissenschaft und der Wirtschaft oder in anderen Bereichen der Gesellschaft.

Wenn man noch Sätze wie die hinzunimmt, in denen Brandt die »Wünsche der gesellschaftlichen Kräfte« mit dem »Willen der Regierung« zu vereinen verspricht oder das Ziel mit »Stabilisierung ohne Stagnation« umschrieben wird, ist auch noch die Alliteration, also ein reines klangliches Element, im Spiel.

Brandt bietet jedenfalls viel rhetorische Kunst. Und er tut dies, weil er wohl davon ausgeht, dass die Sorgfalt der Formulierungen für die Sorgfalt des Regierens steht – auch wenn die Opposition darin nur ein Ablenkungsmanöver sieht. Auf den Satz »Die Schule der Nation ist die Schule« hält das Protokoll »lebhaften Beifall bei der SPD und Beifall bei der FDP« fest sowie »Lachen bei der CDU/CSU« – wenn man so will: die Reaktion der unbegrenzten Begeisterung der SPD, die sich auch nicht durch etwas viel Pathos abschrecken lässt, über die schon deutlich vorsichtigere Reaktion bei der FDP, die den Braten riecht, bis zur offenen Ironie gegenüber dem fragwürdigen Versuch, mit Worten Probleme zuzudecken. Den Satz »Diese Regierung redet niemandem nach dem Mund« quittiert die Opposition ebenfalls mit Lachen, diesmal nicht wegen des rhetorischen Schmucks, sondern wegen der sprichwörtlichen »Phrase«. Der rhetorische Schmuck geht vielmehr weitgehend kommentarlos durch, wobei die Rede immer mehr davon wagt, vor allem auf dem Gebiet der Wiederholungen und Antithesen:

> Wir haben so wenig Bedarf an blinder Zustimmung, wie unser Volk Bedarf hat an gespreizter Würde und hoheitsvoller Distanz. (Lebhafter Beifall bei den Regierungsparteien.) Wir suchen keine Bewunderer; wir brauchen Menschen, die kritisch mitdenken, mitentscheiden und mitverantworten.

> (Beifall bei den Regierungsparteien.) Das Selbstbewusstsein dieser Regierung wird sich als Toleranz zu erkennen geben. (Lachen bei der CDU/CSU.)

Was wohl wenige gerade auch bei der Opposition zu diesem Zeitpunkt der Rede bemerkten, war die Klimax, die ständige Steigerung der Aussage hinsichtlich des Mehrs an Demokratie, auf das die Rede von Anfang an angelegt war. Man war wohl bei der Opposition auf eine Sonntagsrede eingestellt, der man einiges Pathos nachsehen muss und bei der es genügt, durch gelegentliches Lachen zu dokumentieren, dass man die Absicht durchschaut und sich die Auseinandersetzung auf später und speziellere Gegenstände aufspart. Aber Brandt wollte keine Sonntagsrede halten und endete mit einer Aussage, die dann auch den Eklat auslöste. Es ist nicht unwichtig zu sagen, dass diese Aussage sprachlich wohlgeformt ist, nur dass diesmal die Wohlgeformtheit nicht ausreichte. Es geht um die beiden Schlusssätze, die im Tumult untergingen:

> Nein: Wir stehen nicht am Ende unserer Demokratie, wir fangen erst richtig an. (Abg. Dr. Barzel: Aber Herr Brandt! Weitere Zurufe von der CDU/CSU.) Wir wollen ein Volk der guten Nachbarn sein und werden im Inneren und nach außen. (Anhaltender lebhafter Beifall bei den Regierungsparteien. – Abg. Dr. Barzel: Das ist ein starkes Stück, Herr Bundeskanzler! Ein starkes Stück! Unglaublich! Unerhört!)

Aus der Sicht der europäischen Redekunst im Ganzen scheint diese Rede missglückt. Ein Teil des Publikums war nicht nur nicht überredet, sondern schlicht entsetzt. Aber man kann es auch anders sehen. Die Spielregeln beim Reden sind nicht nur wohlbekannt, sie sind auch anerkannt. Man weiß, was man sagen kann, Regeleinhaltung wie Regelverletzung sind unter Kontrolle und lassen sich strategisch nutzen. Wer hier nach der Wahrheit der Aussage fragen würde wie in der Wissenschaft, würde zeigen, dass er nicht mitspielen kann. Der Redner steht vor dem Problem, dass jedes Wort als Klischee empfunden wird. Will er Aufmerksamkeit erzeugen, muss er die Klischeehaftigkeit durchstoßen. Brandt tut genau dies. Der Beifall ist dabei nur die andere Seite der Missbilligung. Der Oppositionsführer konnte unmöglich die letzte Steigerung der These durchgehen lassen, hätte ohne den Protest seine Kontrollpflicht aufs gröbste verletzt. Natürlich las man den Satz als Affront, dass die Vorgänger ein Demokratiedefizit hatten. Der Protest war also notwendig. Aber hatte die Aussage auch einen Inhalt? Sachlich-fachlich kaum. Sie war lediglich ein Signal für »Aufbruch«. Allerdings sollte dies das Ergebnis der Überredung sein: Hier steht jemand bzw. eine Regierung, die Aufbruch will. Das war verstehbar, und es gehört zum Verstehen, dass die Aussage in einer ganz bestimmten Weise formuliert war.

Womit unser Ausgangspunkt erreicht ist: Unterwerfen verlangt Anerkennung. Anerkennung erhält man nach europäischer Überzeugung nicht oder jedenfalls noch nicht durch empathiefördernde Angebote des Verstehens, sondern durch »überzeugendes« Auftreten, durch Autorität auf intellektueller und ästhetischer Grundlage. Dazu kann auch ein Eklat gehören, ja gerade der Eklat bezeugt, dass es im Spiel um die Macht genaue Grenzen der Zumutbarkeit gibt. Dies führt noch einmal zurück zum Vergleich mit Kennedy. Auch in diesem Fall gab es einen allerdings ganz unvorhergesehenen, von Kennedy selbst ursprünglich nicht beabsichtigten Eklat beim plötzlichen Angriff auf den »Kommunismus« (der dann in der nächsten Rede wieder zurückgenommen wurde). Wieder wird die Zumutbarkeit bis aufs äußerste gedehnt. Es gibt in europäischen Reden nicht nur den Rationalitätsvertrag, der dem Redner zubilligt, die Glaubwürdigkeitslücke mit anderen Mitteln zu überbrücken. Es gibt offenbar auch die insgeheime Vereinbarung, Reden in dieser Hinsicht als Test auf die Belastbarkeit des Rationalitätsvertrags zu benutzen. Womit sich zum Schluss noch ein bislang nicht beachtetes Kriterium für »Größe« ergeben könnte: Es läge im Mut und vor allem in der professionellen Manier beim Überschreiten gewohnter Grenzen. Man sieht einmal mehr, dass dies nichts mit der Wahrheit oder gar einer der Rede inhärenten Wahrheit zu tun hat. Es gehört zum europäischen Konzept einer Rede, die nicht Macht besitzt, sondern der unter gewissen Voraussetzungen Macht zugebilligt wird. Von diesen Voraussetzungen handelten die vorangehenden Kapitel. Der Blick auf Kennedy und Brandt bilden dabei nicht den schlechtesten Abschluss.

# Epilog

## Was zu beweisen war

Das wichtigste Ergebnis dieses Buches lautet: Der europäische Redner ist keine universelle, sondern eine historisch fixierbare Erscheinung, mit klarem Start und durchgehender Tradition über nun schon zweieinhalb Jahrtausende hinweg. Der klare Start ergibt sich aus der Überlieferungslage, ja man kann der Entstehung der europäischen Redekunst in Griechenland regelrecht zusehen. Sie wurde von uns gut bekannten Akteuren in einer ebenfalls gut bekannten sozialen und politischen Umgebung ausgebildet: zu einem Narrativ, in dem die Macht der Rede zu einem Mythos wurde. Auch die anschließende Entwicklung ist höchst eindrucksvoll: Das Jammern über den Niedergang der Redekunst und mangelnde Fähigkeiten der Redner ist mehr als widerlegt, es ist eine Art Sport, der diese Redekunst von Anfang an begleitete. Allein die Quantitäten, die Zahl der überlieferten Reden, sprechen eine klare Sprache. Im Übrigen besaß das einmal etablierte Modell genug Potential, um sich den veränderten Umständen immer wieder neu anzupassen. Man kann – zusammengefasst – Redner und Reden europäischen Zuschnitts über weiteste Zeiträume hinweg miteinander vergleichen, weil entscheidende Maßstäbe die gleichen geblieben sind. Richard von Weizsäcker macht neben Perikles keine schlechte Figur, Johannes Chrysostomos neben Obama auch nicht. Oder anders ausgedrückt: Der im Westen ausgebildete Glaube an die Macht der Rede hat Maßstäbe erzeugt, die von Perikles bis Obama im Wesentlichen auf gleiche Weise erfüllt wurden.

Aber so viel ist klar: In den Maßstäben liegt die Bewährungsprobe für die These. Es wäre möglich, dass diese Maßstäbe zu weit gefasst sind, so weit, dass alles mit allem ohne Erkenntniswert verschmilzt. Man kann nicht nur eine Überkomplexität erzeugen, der man aufgrund zu spezieller Bedingungen nicht Herr wird, sondern auch eine aufgrund zu allgemeiner, so dass sich nur noch trügerische Synthesen ergeben. Daher die Frage: Worin genau bestehen die Maßstäbe europäischer Redekunst? Wo liegt so viel Spezifisches, dass es sich abgrenzen lässt von anderen Kulturen, in denen europäische Redekunst aufgrund unterschiedlicher Erwartungen vermutlich ebenso wirkungslos wäre wie umgekehrt nichteuropäische bei uns? Die hier gegebene Antwort lautet: Es ging und geht europäischer Redekunst um die Gewinnung der Hörer auf der Grundlage von Autorität. Man folgt dem, den man anerkennt, zu dem man (meistens ja nicht nur metaphorisch) aufschaut. Wie gewinnt man solche Autorität? Dadurch, dass der Redner sein Publikum versteht, seine Gedanken aufnimmt und mit argumentativen und sprachlichen Mitteln arbeitet, die Eindruck machen. Kurz gesagt, geht es dieser Art von Redekunst um »Kunst«, um vorzeigbares und vorgezeigtes Können. Die lehrende Rhetorik hat dies schon immer so gesehen und ihre Anweisungen als *ars* präsentiert. Nur ist die Rhetorik mit ihrer Kunst häufig im Namen von Natürlichkeit angegriffen worden, um 1800 als intellektueller Diskurs regelrecht ausgetrocknet. Redner aber gab es weiter, und sie redeten unverdrossen in den alten Bahnen. Beobachtet man konsequent statt der Rhetorik die Redner, gibt es (bislang) keinen wirklichen Einbruch. Auch diejenigen, die sich mit der Ablehnung von rhetorischer Kunst brüsteten, hielten sich an sie, wenn es darauf ankam – oder scheiterten.

Also Kunst. Besitzen Redner anderer Weltregionen wirklich keine? Das ist so nicht gemeint. Gemeint ist eine spezielle Form von Kunst, die sich einerseits von bloßer Natürlichkeit absetzt und der man andererseits etwas zutraut, was die Wissenschaft nicht leistet, allerdings auch nicht benötigt. In gewissem Sinne geht es um das Überdecken eines notorischen Problems beim Überzeugungsprozess: um die Glaubwürdigkeitslücke, die immer entsteht, wenn Meinungen nicht bewiesen, sondern nur empfohlen werden können. In Europa ist man auf die Idee gekommen, diese Lücke durch Ästhetik zu überbrücken. Der Hörer, das Publikum, fühlt sich geehrt, blickt empor und unterwirft sich. Das Publikum lässt sich in das Spiel hineinziehen, anerkennt die Kunst, ja (um es etwas sprachspielerisch auszudrücken) ästimiert die Ästhetik. Natürlich sind damit Entwicklungen, Veränderungen, Anpassungen verbunden. Aber nicht beim grundsätzlichen Vertrauen in die Kunst, bei der hohen Bewertung kunstvoller Präsentation von Ideen oder Forderungen. Nur zu deutlich darf sich diese Kunst nicht zeigen, so dass neben die Kunst auch noch ein kunstvolles Verbergen von Kunst tritt.

In der fernöstlichen Kultur Chinas, um wenigstens ein großes Gegenbeispiel anzudeuten, scheint dagegen jede Form von Kunst Verdacht ausgelöst zu haben. In den *Gesprächen* des Konfuzius, als Kompilation verschiedener Entstehungsstufen datiert auf die Zeit vom 6. vorchristlichen bis zum 3. nachchristlichen Jahrhundert, stößt man nirgends auf ein Lob rednerischer Fähigkeiten, stattdessen auf entschiedene Reserve gegenüber »Zungenfertigkeit«. Dazu zwei Zitate in der Übersetzung von Ralf Moritz:

> Wer schnell mit dem Wort ist, macht sich oft unbeliebt. Wer nichts von Moral und Sittlichkeit weiß, wozu braucht der redegewandt zu sein?
>
> Wer nach den richtigen moralischen Grundsätzen handelt, wird schon auch reden können. Wer jedoch reden kann, vertritt nicht immer schon die richtigen Grundsätze.

Noch deutlicher ist die Warnung, sich vor »zungenfertigen Rednern fernzuhalten«, weil sie »verführen«. Ganz ähnlich hört es sich im Taoismus an, wo die kunstvolle Rede offenbar ebenfalls als kontraproduktiv angesehen wurde. Im Buch *Tao Tê King* von Lao-Tse, datiert auf ca. 300 n. Chr., gelten »viele

Worte« als »Verlust«, seltenes Reden als Gebot der Natur. Man liest in der Übersetzung von Günther Debon, der die im Original versförmigen Vorbilder nachzuahmen sucht, etwa folgende Äußerungen:

> Wünsche nicht zu funkeln gleich einem Juwel, / Zu klingeln gleich einem Klangstein!
>
> Ein Wissender redet nicht; / Ein Redender weiß nicht.
>
> Durch schöne Worte kannst / Du Würde dir erhandeln; / Kannst überbieten andere / Nur durch dein rechtes Wandeln.
>
> Wer gut ist, disputiert nicht; / Wer disputiert, ist nicht gut.

Ob man all dies ohne Eindringen in die Voraussetzungen richtig begreift? Jedenfalls steht es im Widerspruch zum Konzept von Kunst, das sich bei uns so durchgesetzt hat wie das Konzept eines Verzichts auf sie im Fernen Osten.

Noch einmal: also Kunst. Aber gab es nicht auch in unserer Kultur Widerstand, ja Ablehnung dieser Kunst? Hatte nicht die Rhetorik ihren Einbruch, ja war nicht die Rede vom Tod der Rhetorik? Man kann sich schlecht damit herausreden, dass damit die Theoriedebatte gemeint ist, die rhetorische Poetik als Ästhetik fortgeführt wurde und die Anleitungen zur Redekunst zu Anleitungen zur Schreibkunst wurden, wie man es an den Schulordnungen am Ende des 18. Jahrhunderts ablesen kann. Denn auch wo tatsächlich weiter *geredet* wurde, zeigten sich Konsequenzen. Der Pädagoge Johann G. Ph. Thiele sagt es klar (zitiert nach Heinrich Bosse):

> Der gewöhnliche Gebrauch der Redekunst ist also heutigen Tags in Staats- und Rechtshändeln, auf Kanzeln, Lehrstühlen und in Schriften. In allen diesen Fällen aber ists mehr um Unterricht als Ueberredung zu thun; und da vollends Staats- und Rechtsgeschäfte schriftlich getrieben werden, so wird schon dadurch derjenige Theil dieser Kunst unbrauchbar, der den Hörer gewinnen soll; Stimme, Wortpracht, Stellung der Gründe; der Leser entbehrt dies alles, und kann seinen Mann so oft und mit kaltem Blut überlesen, daß er ihm hin-

> ter die Künste kömmt. Eben daher sind auch unsre Zeiten für Taschenspiele mit Worten und ihren Bedeutungen, die sonst in Werth waren, zu lichte.

Es gibt also nicht nur die Verurteilung der Rhetorik im Namen der Wissenschaft, wie wir es von Kant her kennen, der in der *Kritik der Urteilskraft* (1790) vom »Unding einer Wissenschaft« sprach, »die schön sein will«. Es gibt einen Umschwung auf allen Ebenen, den man getrost als Bruch der Tradition bezeichnen darf. Aber es wurde ja weiter geredet, und zwar in rhetorischen Traditionen. Der europäische Redner war um 1800 eben *nicht* ausgeschieden, sondern lebte weiter. Wie konnte dies geschehen?

Man muss dazu noch einmal auf Thiele zurückkommen. Was genau hat er gesagt? Dass die Schriftlichkeit den Tod der Rhetorik bewirkte. Sobald man überwiegend las, sei die Kunst gewissermaßen nicht genügend geschützt gewesen, damit der Rationalitätsvertrag obsolet geworden. Die entdeckten »Rauschmittel« (Friedrich Kittler) hätten den Rausch abgeschafft. Übriggeblieben sei reiner »Unterricht«. Aber die Stelle steht im Kontext von Überlegungen zur »Bildung« von »Jünglingen … durch Lektüre«. Und dort heißt es auch:

> Junger Redner, junger Dichter, willst du groß werden, so kenne die, die vor dir groß waren, stiehl ihnen Begriffe ab, lerne wie sie Gedanken ordneten, um zu des Hörers Seele den Weg zu finden, sein Herz zu entflammen, seine Entschlüsse zu lenken …

Herauskommt also, dass Thiele immer noch von Redekunst und Rednern ausgeht, nur auf einer anderen als wissenschaftlichen Ebene – eben in Analogie zum Dichter. Diese Redner finden keine Anregungen in der Rhetorik mit Regeln zur Produktion, sondern in großen Vorbildern, die nur noch den Geschmack bilden, mit dessen Hilfe sich dann die Produktion gewissermaßen von selbst ergibt. Thiele geht davon aus, dass damit das Fintenhafte in der Rhetorik wegfällt. Aber er hält an allem fest, wofür dieses Fintenhafte gedacht war. Es geht ja weiter um »Wege« in die Seele des Hörers, um »Entflammen« und »Lenken«.

Man kann es auch so ausdrücken: Um 1800 schwindet mit dem Aufkommen des Geniegedankens das Vertrauen in formale Regeln von Kunst und die damit gegebene Lernbarkeit. Nur lernte man eben weiter rhetorische Kunst, jetzt eben aus selbstgewählten Vorbildern – überhaupt in eigener Verantwortung statt im geregelten Unterricht. Noch etwas zugespitzter könnte man sagen, dass rhetorisches Können zu einer Art Geheimwissen wird, im stillen Kämmerlein angeeignet und dort durchaus auch ausprobiert, um in der Öffentlichkeit dann als Naturtalent aufzutreten. Was also tatsächlich ein Ende fand, war das schulmäßige Lernen im Reden, schärfer: der Glaube, die Produktion mit Hilfe von Regeln bewältigen zu können. Das öffentliche Reden mit dem Ziel des »Überredens« fiel keineswegs weg oder beschränkte sich auf bloßen »Unterricht«. Weshalb konnten die Politiker, die bald auch in Deutschland auftraten, reden? Weil sie es statt in der Schule und auf mündlichem Wege von schriftlichen Vorbildern gelernt hatten. Erst viel später richtete man etwa in England und in den Vereinigten Staaten Debattierclubs ein, die an den Universitäten entsprechendes Training anboten – bei uns mit erheblicher Verzögerung. Die rhetorische Kunst blieb so oder so erhalten, der vom Tod der Rhetorik nie erreichte Mythos von der Redemacht erhielt sie. Wenn Heinrich Laube bei seiner Kommentierung der Ereignisse während der Frankfurter Nationalversammlung leicht kritisch schrieb: »Die Rhetorik lebte noch«, bestätigt er diese Entwicklung für die Mitte des 19. Jahrhunderts. Und beim 19. Jahrhundert blieb es nicht.

Etwas anderes ist es, wenn man statt vom Tod der Rhetorik davon spricht, dass die Redekunst jedenfalls in der Politik ihren Sinn verloren habe. Dazu gibt es die schon angesprochene mindestens 100jährige Parlamentarismuskritik, die immer wieder neu aufflammt – zuletzt bei Roger Willemsen, der nach seiner Beobachtung des »Hohen Hauses« während des Jahres

2013 zu einem ernüchternden Ergebnis kommt. Darin geht allerdings weder ein, dass Diskussion in den nichtöffentlichen Ausschüssen stattfindet, noch dass sich auch das Plenum von Zeit zu Zeit Redeschlachten wie im Falle der Terrorismus-Debatte leistet. Im Übrigen liegt gerade dieser Art von Kritik ein besonders naiver Glaube an die Macht der Rede zugrunde, demzufolge nur der »Verlust an Autonomie« zu bekämpfen wäre, um »das Politische« wieder in Kraft zu setzen (Uwe Pörksen). Auch Erhard Epplers Erinnerung an das von George Orwell 1946 geprägte Bild, wonach Politiker zu Phrasen greifen, wie sich »Kavalleriepferde beim Hornsignal« von selbst in eine Reihe stellen, deutet die »Krise der Politik« als Folge verratener Rationalität. Damit aber ist das Problem einer Umsetzung von Rationalität in Institutionen nicht gelöst, sondern nur »idealistisch« beiseitegeschoben. Die Macht »wahrer« Rede ist nicht die Lösung, sondern das Problem, das man nicht dadurch aus der Welt schafft, dass man es zum Mythos macht. Rede kann mit den Mitteln europäischer Kunst Macht gewinnen, hat es oft getan, und zwar zum Guten wie zum Bösen. Was Perikles und Obama sowie all die anderen herangezogenen Redner wirklich eint, ist nichts anderes als die Wahl von Mitteln, die für die europäische Kultur typisch sind. So gesehen ist es genau umgekehrt, als man wohl gemeinhin zu glauben scheint: Nicht eine irgendwie mythische Macht der Rede verdankt sich »natürlichen« Mitteln, sondern »künstliche« Mittel begründen das europäische Konzept einer sehr erfolgreichen Form von machtvoller Rede.

Und in Zukunft? Vorläufig steht nur eines fest: Es war eine Illusion, die europäische Redekunst von ihrer historischen Entstehung zu trennen – worauf sich jeder Vergleich mit anderen Kulturen, jede Form erneuter Synthese und vor allem jeder Abbruch der Tradition grundsätzlich verbietet. Nein, die Macht der Rede war von Anfang an eine durchsichtige Konstruktion, folgte einer fixen Idee: der Idee des Überwältigens durch (Anwendung von) Kunst. Das Überraschende liegt dann einzig in der Dauerhaftigkeit des Erfolgs über die unterschiedlichsten sozialen und politischen Voraussetzungen hinweg. Ägyptologen sagen uns, dass die antike Kultur am Nil über ganze Jahrtausende hinweg ihre Grundlagen bewahrte – mit der Konsequenz, dass Schrifttafeln gelegentlich nicht einmal auf tausend Jahre genau zu datieren sind. Man ist gewohnt, in der europäischen Kultur mit mehr Fortschritt zu rechnen, ja überhaupt die europäische Kultur auf Fortschritt aufzubauen. Aber in puncto Redekunst gibt es eben auch diese geradezu »ägyptische« Kontinuität. Wenn wir aus der Trauerrede des Perikles alle Anspielungen auf das Zeitgeschehen tilgen, dürfte eine Datierung ebenfalls schwierig sein. Richard von Weizsäcker ist ebenfalls nur deshalb leicht zu lokalisieren, weil jeder die Zeitbezüge kennt. In ihrer Redekunst unterscheiden sie sich dagegen sehr viel weniger als der zweieinhalbtausendjährige Abstand vermuten lässt.

So gesehen steht nur eines fest: Das Konzept europäischer Redekunst erweist sich als erstaunlich stabil, die fixe Idee des Überwältigens durch (Anwendung von) Kunst hat immer noch Erfolg, ja bezeugt eine Form von Nachhaltigkeit, die wohl nicht zuletzt für die Befestigung des Mythos von der »Natürlichkeit« dieser Art von Kunst verantwortlich ist. Das heißt jedoch nicht, dass alles beim Alten bleiben muss. Wenn es keine quasi-naturwüchsige Macht der Rede gibt, wenn sich diese Macht lediglich der europäischen Ausgestaltung verdankt, gibt es nur Möglichkeiten des Redens, die es zur Macht bringen oder auch nicht. Ob dabei die verschiedenen Kulturen wie bisher nebeneinanderher oder auch aneinander vorbei leben werden, ob es neue Synthesen geben wird – dies ist offen. Mit Übernahmen von Fernöstlichem hat Europa in der Vergangenheit eher schlechte Erfahrungen gemacht: Es waren Moden, die rasch verpufften. Dass umgekehrt die fernöstliche Welt, wie bislang unter kolonialistischen Vorzeichen gewohnt, weiter bereit ist, Europäisches aufzunehmen, ist eher unwahrscheinlich. Wenn überhaupt, werden neue Synthesen am ehesten aus der globalisierten Medienwelt kommen, die schon jetzt das alte Konzept der Redekunst gehörig aufgemischt hat.

Das aber dürfte nicht nur die Redekunst betreffen, sondern die Grenze zwischen Mündlichkeit und Schriftlichkeit überhaupt verrücken. Es könnte die zum Publikum versammelte Hörerschaft aufheben und damit den Redner weniger verändern denn schlicht überflüssig machen. Ob sich die Anlässe öffentlichen Redens jedoch tatsächlich weiter zurückentwickeln und nur noch in der Form von zeremoniellen Auftritten übrig bleiben? Und Kommunikation entpersonalisiert wird, womit das »Unterwerfen« in immer fernere Erinnerungen rückt? Möglich ist es. Dann wäre eine sehr lange und sehr erfolgreiche Geschichte der Redekunst tatsächlich zu Ende gegangen.

# Danksagung

Das vorliegende Buch ist das Ergebnis langer Beschäftigung mit der Rhetorik und greift an einigen Stellen auf ältere Arbeiten zurück. Aber noch nie stand die Redekunst als europäische Erscheinung im Blick. Dazu führte mich die Lektüre von Büchern, die den (mir) gewohnten Eurozentrismus sprengen: etwa *Die Verwandlung der Welt* von Jürgen Osterhammel, David Abulafias *Das Mittelmeer* oder Kai Vogelsangs *Geschichte Chinas*. Mir kam die Idee, in »meinem« Fachgebiet die Probe aufs Exempel mit den Rednern zu machen, die europäische Redekunst einmal möglichst konsequent als europäische Erfindung zu betrachten bzw. herauszupräparieren. Es passte sehr gut, dass mich der Leiter des Instituts für Allgemeine Rhetorik in Tübingen, Dietmar Till, zu einer Vorstellung des noch nicht abgeschlossenen Buches in sein zusammen mit Joachim Knape abgehaltenes Forschungsseminar einlud. Ich habe von diesem Auditorium – mehr geballte Kompetenz ist in Deutschland dank der einmaligen Ausstattung dieses Instituts nicht vorhanden – viel gelernt und bin sicher, dass es dem Buch genützt hat.

Genützt hat auch die Beziehung zu chinesischen Universitäten, die mir Walter Pape vermittelt hat. Nicht nur dass sich bei Vorträgen und anschließenden Diskussionen in Peking, Shanghai und Guangzhou mancher Eurozentrismus gewissermaßen von selbst verflüchtigte. Ich konnte in Gesprächen mit Kollegen in China, vor allem mit Thomas Zimmer, der in Shanghai Sinologie lehrt, wenigstens versuchsweise ausloten, wieweit sich tatsächlich europäische und fernöstliche Vorstellungen von Reden, Rednern und Redekunst unterscheiden. Ich hoffe, in zukünftig geplanten Lehrveranstaltungen in China das Begonnene vertiefen zu können. Im Übrigen konnte ich auch bei Lehrveranstaltungen in näherer Umgebung Erfahrungen sammeln. Einige Kapitel des Buches habe ich mit Prager Studenten durchgesprochen. Bei dieser Gelegenheit erfuhr ich zum Beispiel, dass der von mir als etwas »exotisch« angekündigte Johannes Kapistran aufgrund seiner böhmisch-mährischen Hussitenpredigten im Geschichtsbewusstsein des heutigen Tschechien durchaus verwurzelt ist.

Hilfen gab es ansonsten in meinem Kölner Umfeld, zuvörderst bei den Bibliothekarinnen des Germanistischen Instituts, Frau Eder und Frau Knopp-Sullivan, die mir immer wieder bei der Recherche geholfen haben, auch in nervtötenden Fällen. Mancher Tipp kam in beiläufigen Gesprächen zustande, zum Beispiel hätte ich Rosa Luxemburg vermutlich nicht als Rednerin aufgenommen, wenn mir nicht eine Studentin beim Blick aufs vorläufige Inhaltsverzeichnis ins Gewissen geredet hätte, es nicht bei meiner ›Männerwirtschaft‹ zu belassen. Der Byzantinist und Neogräzist Hans Eideneier, mit dem ich schon lange Gedanken über die antike Kultur austausche, hat den Text gelesen und für Verbesserungen formaler wie inhaltlicher Art gesorgt. Von besonderem Gewicht war schließlich das Interesse, das mir Alexander Roesler als zuständiger Lektor von Anfang an entgegenbrachte. Er hat auch das Konzept der Paarbildung unterstützt, als es noch wenig ausgereift und die Bedeutung für die Konzeption im Ganzen noch nicht wirklich deutlich war. Ohne diesen Zuspruch wäre es wohl bei einer schlichteren Darstellung im gewohnten Gänsemarsch geblieben.

Schließlich bedanke ich mich bei meiner Frau und unseren beiden Töchtern mit ihren Kindern, die mich immer leicht murrend an meinem seit langem als »letztes« angekündigten Buch arbeiten ließen, statt mehr Zeit für die Familie zu erübrigen. Ich widme ihnen das Buch als Wiedergutmachung – und Kreditsicherung für neue Vorhaben.

# Literaturverzeichnis


Abraham, Richard: Rosa Luxemburg. A Life for the International. Oxford u. a. 1989

Allhoff, Dieter-W.: Rhetorische Analyse der Reden und Debatten des ersten deutschen Parlamentes von 1848/49 insbesondere auf syntaktischer und semantischer Ebene. München 1975

Alter, Peter: Winston Churchill (1874–1965). Stuttgart 2006

Aristophanes: Komödien, hg. von Hans-Joachim Newiger. München 1976

Aristoteles: Rhetorik, hg. von Franz G. Sieveke. München 1980

Aristoteles: Physiognomica, hg. von Paul Gohlke. Paderborn 1961

Bebel, August: Ausgewählte Reden und Schriften. Bd 1, hg. von Rolf Dlubek und Ursula Herrmann. Berlin 1970

Bebel, August: Aus meinem Leben. Bonn 1997

Beck, Hans-Rainer: Politische Rede als Interaktionsgefüge: Der Fall Hitler. Tübingen 2001

Bernhard von Clairvaux: Sämtliche Werke. 10 Bde, hg. von Gerhard B. Winkler. Innsbruck 1995–1999

Berthold von Regensburg: Vollständige Ausgabe seiner Predigten, hg. von Franz Pfeiffer. Berlin 1965

Bismarck, Otto von: Die großen Reden, hg. von Lothar Gall. Berlin 1981

Bismarck, Otto von: Gedanken und Erinnerungen. 3 Bde, hg. von Theodor Heuss. Stuttgart 1950

Black, Jeremy: Pitt the Elder. Cambridge 1992

Blaufuß, Dietrich: Spener-Forschung. In: Pietismus-Forschungen, hg. von Dietrich Blaufuß. Frankfurt/M. u. a. 1986

Blum, Robert: Ausgewählte Reden und Schriften, hg. von Hermann Nebel. Nendeln 1979

Bornscheuer, Lothar: Rhetorische Paradoxien im anthropologiegeschichtlichen Paradigmenwechsel. In: Rhetorik 8, 1989

Bosse, Heinrich: Dichter kann man nicht bilden. Zur Veränderung der Schulrhetorik nach 1770. In: Jb. für Internationale Germanistik 10/1, 1978

Brandt, Willy: Mehr Demokratie wagen. Innen- und Gesellschaftspolitik 1966–1974. Berliner Ausgabe, Bd 7, hg. von Wolther von Kieseritzky. Berlin 2001

Braungart: Hofberedsamkeit. Tübingen 1986

Brecht, Martin: Martin Luther. 3 Bde. Stuttgart 1985–1987

Breuer, Dieter: Der Prediger als Erfolgsautor. Zur Funktion der Predigt im 17. Jahrhundert. In: Beiträge zur Geschichte der Predigt, hg. von Heimo Reinitzer. Hamburg 1981

Burkhardt, Armin: Das Parlament und seine Sprache. Studien zu Theorie und Geschichte parlamentarischer Kommunikation. Tübingen 2003

Burkhardt, Armin und Kornelia Pape (Hgg.): Sprache des deutschen Parlamentarismus. Studien zu 150 Jahren parlamentarischer Kommunikation. Wiesbaden 2000

Caesarius Arelatensis: Sermones. In: Corpus Christianorum. Series latina, hg. von Germain Morin. o. O. 1953, Bde 103 und 104

Caplan, H.: Medieval Artes praedicandi. Ithaca/NY 1934

Churchill, Winston S.: His complete speeches 1897–1963, hg. von Robert Rhodes James. New York/London 1974

Churchill, Winston S.: Reden. 8 Bde. Zürich 1947

Churchill, Winston S.: Der Zweite Weltkrieg. Bern u. a. 1985

Churchill, Winston S.: Geschichte [der englischsprachigen Völker]. Bern u. a. 1958

Cicero, Marcus Tullius: Brutus. Lat./dt., hg. von Bernhard Kytzler. München und Zürich 1986

Cicero, Marcus Tullius: Orator. Lat./dt., hg. von Bernhard Kytzler. München 1980

Cicero, Marcus Tullius: Sämtliche Reden. 7 Bde, hg. von Manfred Fuhrmann. Zürich/München 1982–1985

Cromwell, Oliver: Zur Auflösung des Parlaments. In: Reden, hg. von Karl Heinrich Peter

Cruel, Rudolf: Geschichte der deutschen Predigt. Detmold 1879 (ND Darmstadt 1966)

Daum, Andreas W.: Kennedy in Berlin. Paderborn u. a. 2003

Demosthenes: Rede für Ktesiphon über den Kranz. Griech./dt., hg. von Walter Zürcher. Darmstadt 1983

Derix, Simone: Bebilderte Politik. Staatsbesuche in der Bundesrepublik 1949–1990. Göttingen 2009

Diekmannshenke, Hajo und Iris Meißner (Hgg.): Politische Kommunikation im historischen Wandel. Tübingen 2001

Disch, Ursula: Der Redner Mirabeau. Hamburg 1965
Eckhart, Meister: Werke I und II, hg. von Niklaus Largier. Frankfurt/M. 2008
Engehausen, Frank: Robert Blum in der Nationalversammlung. In: »Für Freiheit und Fortschritt gab ich alles hin.« Robert Blum 1807–1848, hg. von Martina Jesse und Wolfgang Michalka. Berlin 2006
Eppler, Erhard: Kavalleriepferde beim Hornsignal. Die Krise der Politik im Spiegel der Sprache. Frankfurt/M. 1992
Eybl, Franz M.: Abraham a Sancta Clara. Vom Prediger zum Schriftsteller. Tübingen 1992
Fischer, Joschka: Die rot-grünen Jahre. Köln 2007
Fischer, Peter (Hg.): Reden der Französischen Revolution. München 1974
Fried, Johannes: Karl der Große. Gewalt und Glaube. München 2013
Fromm, Hans: Zum Stil der frühmittelhochdeutschen Predigt. In: Neuphilologische Mitteilungen 60, 1959
Fuhrmann, Manfred: Die Tradition der Rhetorik-Verachtung und das deutsche Bild vom »Advokaten« Cicero. In: Rhetorik 8, 1989
Gall, Lothar: Bismarck. Der weiße Revolutionär. Berlin 1980
Gallo, Max: Robespierre. Stuttgart 1989
Gallo, Max: Rosa Luxemburg. Zürich 1993
Gauger, Hildegard: Die Kunst der politischen Rede in England. Tübingen 1952
Gaulle, Charles de: Memoiren 1942–1946. Einheit – Der Ruf. Düsseldorf 1961
Gaulle, Charles de: Rede in Bayeux. In: www.charles-de-gaulle.de
Geiler von Kaysersberg, Johannes: Sämtliche Werke. 3 Bde, hg. von Gerhard Bauer. Berlin/New York 1989
Gill, Ulrich und Winfried Steffani (Hgg.): Eine Rede und ihre Wirkung. Die Rede des Bundespräsidenten Richard von Weizsäcker vom 8. Mai 1985. Berlin 1986
Glau, Katharina: Logos dikanikos. Zur Rhetorik in der griechischen Gerichtsrede. In: Rhetorik 15, 1996
Goetsch, Paul und Gerd Hurm (Hgg.): Die Rhetorik amerikanischer Präsidenten seit F. D. Roosevelt. Tübingen 1993
Göttert, Karl-Heinz: Geschichte der Stimme. München 1998
Göttert, Karl-Heinz: Einführung in die Rhetorik. 4., überarb. Aufl. Paderborn 2009
Göttert, Karl-Heinz: Deutsch. Biographie einer Sprache. Berlin 2010
Göttert, Karl-Heinz: »Die Rhetorik blühte noch«: Zur Einschätzung

des Vortrags in Heinrich Laubes Schriften zum Parlament und zum Theater. In: Rhetorica movet, hg. von Peter L. Oesterreich and Thomas O. Sloane. Leiden u. a. 1999

Göttert, Karl-Heinz: Wider den toten Buchstaben. Zur Problemgeschichte eines Topos. In: Zwischen Rauschen und Offenbarung, hg. von Friedrich Kittler und Thomas Macho. Berlin 2002

Göttert, Karl-Heinz: Wollt ihr den totalen Krieg? In: Sound des Jahrhunderts, hg. von Gerhard Paul und Ralph Schock. Bonn 2013

Gorgias von Leontinoi: Reden, Fragmente und Testimonien. Griech./dt., hg. von Thomas Buchheim. Hamburg 1989

Gottsched, Johann Christoph: Ausführliche Redekunst nach Anleitung der alten Griechen und Römer wie auch der neuern Ausländer. Leipzig 1736 (ND Hildesheim/New York 1973)

Grünert, Horst: Sprache und Politik. Untersuchungen zum Sprachgebrauch in der ›Paulskirche‹. Berlin/New York 1974

Guilhaumou, Jacques: Sprache und Politik in der Französischen Revolution. Frankfurt/M. 1989

Gumbrecht, Hans Ulrich: Funktionen parlamentarischer Rhetorik in der Französischen Revolution. München 1978

Gutzen, D. und M. Ottmers: Christliche Rhetorik, in: Historisches Wörterbuch der Rhetorik, hg. von Gert Ueding, Bd 2, Tübingen 1994

Haffner, Sebastian: Winston Churchill. Reinbek bei Hamburg 1967

Hambsch, Björn: Das tadelnswerte Lob. In: Fest und Festrhetorik, hg. von Kopperschmidt und Schanze

Hansen, Mogens Herman: Die athenische Volksversammlung im Zeitalter des Demosthenes. Konstanz 1984

Harmening, Dieter: Superstitio. Überlieferungs- und theoriegeschichtliche Untersuchungen zur kirchlich-theologischen Aberglaubensliteratur des Mittelalters. Berlin 1979

Hartmann, Christian: Hitler. Reden, Schriften, Anordnungen. Februar 1925 bis Januar 1933. München 1997

Heintze, Horst: Beredsamkeit und Rhetorik in der Französischen Revolution. In: Im Dienst der Sprache, hg. von Horst Heintze und Erwin Silzer. Halle/Saale 1958

Hinderer, Walter (Hg.): Deutsche Reden. Stuttgart 1973

Hirsch, Helmut: Robert Blum. Märtyrer der Freiheit. Köln 1977

Hirsch, Helmut: Rosa Luxemburg. Reinbek bei Hamburg 1969

Hillenbrand, Eugen: Der Straßburger Konvent der Predigerbrüder in der Zeit Eckharts. In: Meister Eckhart, hg. von Klaus Jacobi. Berlin 1997

Hitler: Reden und Proklamationen 1932–1945. 4 Bde, hg. von Max Domarus. Leonberg 1973
Hofer, Johannes: Johannes Kapistran. 2 Bde. Heidelberg 1964/1965
Homer: Ilias. Odyssee. In der Übertragung von Johann Heinrich Voß, hg. von Wolf Hartmut Friedrich. München 1979
Jäger, Wolfgang: Fernsehen und Demokratie. München 1992
Jens, Walter: Von deutscher Rede. München 1969
Jesse, Martina und Wolfgang Michalka (Hgg.): »Für Freiheit und Fortschritt gab ich alles hin.« Robert Blum. Visionär, Demokrat, Revolutionär. Berlin 2006
Johannes Chrysostomus: Des heiligen Kirchenlehrers Johannes Chrysostomus sechs Bücher über das Priestertum, übers. von August Naegle. Kempten und München 1916 (Bibliothek der Kirchenväter)
Johannes Chrysostomus: Kommentar zum Evangelium des hl. Matthäus, übers. von Joh. Chrysostomus Baur. Kempten und München 1915 (Bibliothek der Kirchenväter)
King, Martin Luther: I have a dream. www.dadalos/org
Kittler, Friedrich A.: Autorschaft und Liebe. In: Austreibung des Geistes aus den Geisteswissenschaften, hg. von dems. Paderborn u. a. 1980
Klingshirn, William E.: Caesarius of Arles. Cambridge 1994
Knape, Joachim: Augustinus ›De doctrina christiana‹ in der mittelalterlichen Rhetorikgeschichte. In: Traditio augustiniana, hg. von Adolar Zumkeller und Achim Krümmel. Würzburg 1994
Köbele, Susanne: Bilder der unbegriffenen Wahrheit. Zur Struktur mystischer Rede im Spannungsfeld von Latein und Volkssprache. Tübingen und Basel 1993
Jochum, Michael: Der Bundespräsident als öffentlicher Redner. In: Fest und Festrhetorik, hg. von Kopperschmidt/Schanze
Konfuzius, Gespräche, hg. von Ralf Moritz. Stuttgart 2010
Kopperschmidt, Josef (Hg.): Hitler, der Redner. München 2003
Kopperschmidt, Josef: Öffentliche Rede in Deutschland. In: Muttersprache 99, 1989.
Kopperschmidt, Josef (Hg.): Politik und Rhetorik. Opladen 1995
Kopperschmidt, Josef und Helmut Schamze (Hgg.): Fest und Festrhetorik. München 1999
Kotze, Hildegard von und Helmut Krausnick (Hgg.): »Es spricht der Führer«. 7 exemplarische Hitler-Reden. Gütersloh 1966
Krause-Burger, Sibylle: Joschka Fischer. Stuttgart 1997
Kühn, Heinz: Auf den Barrikaden des mutigen Wortes. Bonn 1986
La Bruyère, Jean de: Charaktere, hg. von Otto Flake. Wiesbaden 1979

Lao-Tse: Tao-Tê-King, hg. von Günther Debon. Stuttgart 2011

Lassalle, Ferdinand: Reden und Schriften, hg. von Friedrich Jenaczek. München 1970

Lehmann, Detlef: Luther als Prediger. Oberursel o. J.

Linsenmayer, Anton: Geschichte der Predigt in Deutschland von Karl dem Großen bis zum Ausgange des vierzehnten Jahrhunderts. München 1886 (ND Frankfurt 1969)

Löhlein-Hofstädter, Elisabeth: Rhetorik der Französischen Revolution. 1993

Lühe, Irmela von der und Werner Röcke: Ständekritische Predigt des Spätmittelalters am Beispiel Bertholds von Regensburg, in: Literatur im Feudalismus, hg. von Dieter Richter. Stuttgart 1975

Luther, Martin: Werke, hg. von Otto Clemen. 8 Bde, Berlin 1962

Luxemburg, Rosa: Ausgewählte Reden und Schriften. 2 Bde, Berlin 1951

Marrou, Henri I.: Christliche Beredsamkeit. In: Zum Augustinus-Gespräch der Gegenwart, hg. von C. Andresen. Darmstadt 1962

Marrou, Henri I.: Augustinus und das Ende der antiken Bildung. Paderborn u. a. 1981

Marschall, Christoph von: Barack Obama: Der schwarze Kennedy. Zürich 2008

Marti, Hanspeter: Die Rhetorik des Heiligen Geistes. Gelehrsamkeit, poesis sacra und sermo mysticus bei Gottfried Arnold. In: Pietismus-Forschungen, hg. von Dietrich Blaufuß. Frankfurt/M. 1986

Meer, F. van der: Augustinus, der Seelsorger. Köln 1958

Menzel, Michael: Predigt und Geschichte. Köln u. a. 1998

Mertens, Volker und Hans-Jochen Schiewer (Hgg.): Die deutsche Predigt im Mittelalter. Tübingen 1992

Meyer, Christian: Athen. Ein Neubeginn der Weltgeschichte. Berlin 1993

Meyer, Thomas: Mediokratie. Die Kolonisierung der Politik durch die Medien. Frankfurt/M. 2001

Morvay, Karin und Dagmar Grube: Bibliographie der deutschen Predigt des Mittelalters. München 1974

Moser-Rath, Elfriede: Dem Kirchenvolk die Leviten gelesen … Alltag im Spiegel deutscher Barockpredigten. Stuttgart 1991

Müller, Dirk: Gesellschaft und Individuum um 1300 in volkssprachlicher franziskanischer Prosa. Köln 2003

Müller, Wolfgang (Hg.): Große Reden aus drei Jahrtausenden. Stuttgart 1952

Münger, Felix: Reden, die Geschichte schrieben. Stimmen zur Schweiz im 20. Jahrhundert. Baden 2014
Murphy, James J.: Rhetoric in the Middle Ages. Berkeley u. a. 1974
Nembach, Ulrich: Predigt des Evangeliums. Luther als Prediger, Pädagoge und Rhetor. Neukirchen-Vluyn 1972
Nicklas, Thomas: Charles de Gaulle. Göttingen/Zürich 2000
Obama, Barack: Election Night Victory speech. www.ag-friedensforschung.de
Paul, Gerhard: Aufstand der Bilder. Die NS-Propaganda vor 1933. Bonn 1992
Paul, Gerhard: BilderMACHT. Göttingen 2013
Peter, Karl Heinrich (Hg.): Reden, die die Welt bewegten. Stuttgart 1959
Perger, Mischa von: Disputatio in Eckharts frühen Pariser Quästionen und als Predigtmotiv. In: Meister Eckhart, hg. von Jacobi
Pernice, Ina Maria: Öffentlichkeit und Medienöffentlichkeit. Die Fernsehberichterstattung über öffentliche staatliche Sitzungen am Beispiel von Bundestag und Bundesrat, Gerichten und Gemeinderäten. Berlin 1998
Pitt, William der Ältere: Rede für den Friedensschluss mit Amerika. In: Reden, hg. von Karl Heinrich Peter
Platon: Der Staat. Griech./dt. von Friedrich Schleiermacher, hg. von Gunther Eigler. Darmstadt 1990
Plinius Secundus [der Jüngere]: Briefe. Lat./dt., hg. von Helmut Kasten. Darmstadt 1990
Pörksen, Uwe: Die politische Zunge. Eine kurze Kritik der öffentlichen Rede. Stuttgart 2002
Poscharsky, Peter: Die Kanzel. 1963
Quintilianus, Marcus Fabius: Ausbildung des Redners. Zwölf Bücher. 2 Bde, hg. von Helmut Rahn. Darmstadt 1975
Reinitzer, Heimo (Hg.): Beiträge zur Geschichte der Predigt. Hamburg 1981
Rensing, Matthias: Geschichte und Politik in den Reden der deutschen Bundespräsidenten 1949–1984. Münster/New York 1996
Rhetorik an Alexander, hg. von Paul Gohlke. Paderborn 1959
Robespierre, Maximilien: Ausgewählte Texte, hg. von Manfred Unruh. Hamburg 1971
Robling, Franz-Hubert: Redner und Rhetorik. Studie zur Begriffs- und Ideengeschichte des Rednerideals. Hamburg 2007
Ruh, Kurt: Deutsche Predigtbücher des Mittelalters, in: Beiträge zur Geschichte der Predigt, hg. von Reinitzer

Sabersky, Dorette: Nam iteratio, affectionis expressio est. Zum Stil Bernhards von Clairvaux. In: Cîteaux 36, 1985

Schilling, Heinz: Martin Luther. München 2012

Schmidt, Jürgen: August Bebel. Kaiser der Arbeiter. Zürich 2013

Schneyer, Johann Baptist: Geschichte der katholischen Predigt. Freiburg 1969

Schnitzler, Norbert: Wittenberg 1522 – Reformation am Scheideweg? In: Bildersturm. Wahnsinn oder Gottes Wille?, hg. von Cécile Dupeux u. a., München 2000

Schütz, Werner: Geschichte der christlichen Predigt. Berlin/New York 1972

Seattle, Häuptling: Meine Worte sind wie die Sterne. In: www.indianerweb.de

Seckendorff, Veit Ludwig von: Teutsche Reden und Entwurff von dem allgemeinen oder natürlichen Recht nach Anleitung der Bücher Hugo Grotius', hg. von Miloš Vec. Tübingen 2006

Sennett, Richard: Verfall und Ende des öffentlichen Lebens. Die Tyrannei der Intimität. Frankfurt/M. 1983

Sobota, Katharina: Argumente und stilistische Überzeugungsmittel in Entscheidungen des Bundesverfassungsgerichtes. In: Rhetorik 15, 1996

Spener, Philipp Jacob: Pia desideria, hg. von Kurt Aland. Berlin 1940

Spener, Philipp Jacob: Kleine Geistliche Schriften. In: Schriften Bd IX.2.3, hg. von Erich Beyreuther. Hildesheim u. a. 2000

Steer, Georg: David von Augsburg und Berthold von Regensburg: Schöpfer der volkssprachigen franziskanischen Traktat- und Predigtliteratur, in: Handbuch der Literatur in Bayern, hg. von Albrecht Weber. Regensburg 1987

Steer, Georg: Bettelorden-Predigt als »Massenmedium«. In: Literarische Interessenbildung im Mittelalter, hg. von Joachim Heinzle. Stuttgart u. a. 1993

Stirner, Hartmut: Agitation und Rhetorik Ferdinand Lassalles in der Tradition der frühen sozialistischen Arbeiterbewegung. Marburg 1978

Stolt, Birgit: Martin Luthers Rhetorik des Herzens. Tübingen 2000

Stolt, Birgit: Docere, delectare und movere bei Luther. Analysiert anhand der ›Predigt, dass man Kinder zur Schule halten solle‹. In: DVjs 44, 1970

Strauch, Solveig: Veit Ludwig von Seckendorff (1626–1692). Münster 2005

Stroh, Wilfried: Die Macht der Rede. Eine kleine Geschichte der Rhetorik im alten Griechenland und Rom. Berlin 2009

Till, Dietmar: Obamas Rhetorik. Narrative Persuasion in politischen Reden. Ersch. demnächst

Thukydides: Geschichte des Peloponnesischen Krieges, hg. von Georg Peter Landmann. Zürich 1962

Todorov, Almut: »Stürmisches Bravo von der Galerie«: Redner und Publikum in der Mitte des 19. Jahrhunderts. In: Rhetorik 14, 1995

Ueding, Gert (Gg.): Historisches Wörterbuch der Rhetorik. 9 Bde und Nachtragsbd. Tübingen 1992–2012

Ueding, Gert (Hg.): Deutsche Reden von Luther bis zur Gegenwart. Frankfurt/M. und Leipzig 1999

Uexküll, Gösta von: Lassalle. Reinbek b. Hamburg 1974

Ullrich, Volker: Adolf Hitler. Die Jahre des Aufstiegs. Frankfurt/M. 2013

Vinke, Hermann und Gabriele Witt (Hgg.): Die Anti-Terror-Debatten im Parlament. Protokolle 1974–1978. Reinbek bei Hamburg 1978

Völker, Paul-Gerhard: Die Überlieferungsformen mittelalterlicher deutscher Predigten. In: ZfdA 92, 1963

Voltmer, Rita: Wie der Wächter auf dem Turm. Ein Prediger und seine Stadt. Johannes Geiler von Kaysersberg und Straßburg. Trier 2005

Weithase, Irmgard: Zur Geschichte der gesprochenen deutschen Sprache. 2 Bde. Tübingen 1961

Weizsäcker, Friedrich von: Rede zum 40. Jahrestag der Beendigung des Krieges in Europa und der nationalsozialistischen Gewaltherrschaft. Gedenkstunde des Deutschen Bundestages und des Bunderates 8. Mai 1985. Bonn 1985

Welzig, Werner: Predigten der Barockzeit. Texte und Kommentar. Wien 1995

Wentzcke, Paul: Die erste deutsche Nationalversammlung und ihr Werk. München 1922

Wieden, Susanne bei der: Luthers Predigten des Jahres 1522. Köln u. a. 1999

Willemsen, Roger: Das Hohe Haus. Ein Jahr im Parlament. Frankfurt/M. 2014

Zellinger, Eduard: Der Beifall in der altchristlichen Predigt. In: Festg. für Alois Knöpfler. Freiburg i. B. 1917

Zulliger, Jürg: Bernhard von Clairvaux als Redner. In: Medium Aevum Quotidianum 27, 1992

# Personenregister

# Sachregister

Karl-Heinz Göttert
**Abschied von Mutter Sprache**
368 Seiten. Gebunden

Wie ist es um die deutsche Sprache bestellt? Wird sie durch Anglizismen ausgehöhlt? Verliert sie an Einfluss in der Welt? Zählt sie in der Wissenschaft noch so wie einst? Spielt sie in der Wirtschaft eine Rolle? Oder in der EU? Karl-Heinz Göttert unternimmt eine umfassende Bestandsaufnahme des Deutschen: Historisch informiert, politisch engagiert und unter Rückgriff auf Zahlen und Fakten beantwortet er alle Fragen rund um die Stellung des Deutschen in Zeiten der Globalisierung – und ganz besonders die eine: Müssen wir uns Sorgen machen?

»Eine kenntnisreiche und geradezu überfällige Diskussionsgrundlage für alle, die sich mit Sprache beschäftigen. Das Werk ist so locker und unprätentiös geschrieben, dass bei der Lektüre keine Sekunde Langeweile aufkommt.«
*Vera Binder, Spektrum.de*

»Götterts Plädoyer für Mehrsprachigkeit überzeugt.«
*Jens Bisky, Süddeutsche Zeitung*